Christina Brauner und Tjark Wegner (Hg.)
Schwaben und die Welt
Globalgeschichte(n) einer Region

landeskundig

Tübinger Vorträge zur Landesgeschichte

Herausgegeben vom Förderverein des Instituts für
Geschichtliche Landeskunde und Historische Hilfswissenschaften
der Universität Tübingen

Band 8

Jan Thorbecke Verlag

Schwaben und die Welt

Globalgeschichte(n) einer Region

Herausgegeben von Christina Brauner
und Tjark Wegner

Jan Thorbecke Verlag

Die Verlagsgruppe Patmos ist sich ihrer Verantwortung gegenüber unserer Umwelt bewusst. Wir folgen dem Prinzip der Nachhaltigkeit und streben den Einklang von wirtschaftlicher Entwicklung, sozialer Sicherheit und Erhaltung unserer natürlichen Lebensgrundlagen an. Näheres zur Nachhaltigkeitsstrategie der Verlagsgruppe Patmos auf unserer Website www.verlagsgruppe-patmos.de/nachhaltig-gut-leben

Bibliografische Information der Deutschen Nationalbibliothek
Die Deutsche Nationalbibliothek verzeichnet diese Publikation in der Deutschen Nationalbibliografie;
detaillierte bibliografische Daten sind im Internet über http://dnb.d-nb.de abrufbar.

Alle Rechte vorbehalten
© 2024 Jan Thorbecke Verlag,
Verlagsgruppe Patmos in der Schwabenverlag AG, Ostfildern
www.thorbecke.de

Umschlaggestaltung: Finken & Bumiller, Stuttgart
Umschlagabbildung: Marienkapelle Ringingen (Burladingen),
siehe Abbildungsnachweise: UMSCHLAG
Gestaltung, Satz und Repro: Schwabenverlag AG, Ostfildern
Druck: Beltz Grafische Betriebe GmbH, Bad Langensalza
Hergestellt in Deutschland
ISBN 978-3-7995-2086-7

Inhalt

Vorwort ... 7

Christina Brauner und Tjark Wegner
Einführung: Schwaben und die Welt. Oder:
wie schreibt man Globalgeschichte(n) einer Region? ... 9

Hartmut Blum
Das Dekumatland in der antiken Welt: Religiöse und
kulturelle Diversität im römischen Südwestdeutschland ... 45

Ellen Widder
Kings of Color? Schwarze Könige in mittelalterlichen
Kirchen Schwabens ... 69

Folker Reichert
Von Ulm in die Welt und zurück: Felix Fabri auf dem Sinai ... 97

Philip Hahn
Beutelsbach – Batavia und zurück: Globale Arbeitsmigration
aus dem Südwesten im 17. und 18. Jahrhundert ... 117

Renate Dürr
... mit einem Cruntz von Perlin und Roßmarin: Taufen im Kontext
von Kriegsgefangenschaft und Versklavung in Württemberg
im 17. und 18. Jahrhundert ... 139

Ulrike Gleixner
Südindien in Schwaben. Verflechtung und Emotion im
pietistischen Missionsnetzwerk: Menschen, Medien, Objekte ... 157

Carsten Gräbel
Koloniale Forschung und Lehre an der Universität Tübingen ... 183

Sabine Holtz
Württemberg in Palästina. Technologische und kulturelle
Verflechtungen (1850–1920) ... 203

Lukas Werther und Attila Dézsi
Wüstewerke, Neckarlager, Weltkrieg: Historisch-archäologische
Perspektiven auf NS-Zwangsarbeit in Südwestdeutschland   221

Bettina Severin-Barboutie
Bewegte Zeiten: Stuttgart going global   247

Thomas Thiemeyer
Heimat provinzialisieren   269

Autorinnen und Autoren   285

Bildrechtenachweis   290

Vorwort

Auf der einen Seite das Nahe, das vermeintlich Bekannte und Kleine, auf der anderen Seite das scheinbar große Ganze: Schwaben und die Welt, eine Verbindung, die manche verwundern mag. Schließlich können Landesgeschichte und Globalgeschichte beim ersten Hinsehen als Gegensätze erscheinen. Hinzu kommt, dass Schwaben nicht gerade als das Tor zur Welt gilt: Zwischen Bayern und Frankreich, zwischen der Schweiz und dem Rheinland sowie Franken als diffuse Größe mitten im Herzen Europas gelegen, sind hier weder ein Frankfurter Flughafen noch die Containerterminals Hamburgs zu finden. Weltstädte, bedeutende internationale Börsen oder religiöse Zentren sucht man vergebens. Und mehr noch: Ausgerechnet eine Globalhistorikerin aus dem Ruhrgebiet und ein Landeshistoriker aus Niedersachsen haben sich zusammengetan, um zu ergründen, wie sich Globalgeschichte(n) Schwabens schreiben lassen. Doch führt die »schwäbische Landesuniversität« in Tübingen nicht nur Fachrichtungen, sondern auch so manche akademischen Biographien zusammen: Über Begegnungen, zunächst im Seminarraum oder auf den Fluren des Hegelbaus, dann auch über dem einen oder anderen Glas Wein und Bier entsteht manchmal ein freundschaftlicher wie fachlicher Austausch, der sowohl Methodendifferenzen als auch Landesgrenzen überwinden kann. Und so reifte im Laufe der Zeit der Plan, das Studium Generale, welches das Institut für Geschichtliche Landeskunde und Historische Hilfswissenschaften jährlich veranstaltet und anschließend in der Reihe *landeskundig* publiziert, zum ersten Mal in einer Kooperation zu organisieren. Durch diese Zusammenarbeit konnten für die Vorlesungsreihe in verstärktem Maß Referent:innen aus ganz unterschiedlichen Fachgebieten gewonnen werden. So war es möglich, den Blick über Epochen- und Fachgrenzen hinaus zu weiten und ein erstes Panorama der Verbindungen Schwabens in die Welt von der Antike bis zum 21. Jahrhundert zu eröffnen: von persischen Kulten am Limes und pilgernden Mönchen im ausgehenden Mittelalter über die frühneuzeitliche Arbeitsmigration aus Beutelsbach nach Batavia bis zur Migration nach Südwestdeutschland im 20. Jahrhundert. Dabei stellt der vorliegende Band sicherlich nicht das letzte Wort einer Globalgeschichte Schwabens dar, sondern trägt erste Befunde und methodische Überlegungen in einem jungen Forschungsfeld auf verständliche Art und Weise zusammen. Auf diese Weise kann er, so hoffen wir, nicht nur unterhalten, sondern auch weitere Forschungen und Diskussionen anstoßen.

All jenen, die sich mit uns auf den Weg gemacht haben, über regionale Globalgeschichte im Allgemeinen und die Globalgeschichten Schwabens im Besonderen nachzudenken, möchten wir an dieser Stelle noch einmal herzlich danken. Alle Kolleg*innen haben sich bereitgefunden, ihre Beiträge, die auf unsere Vorlesungsreihe im Wintersemester 2022/23 zurückgehen, für den vorliegenden Band zu verschriftlichen.[1] Nicht im Band repräsentiert ist hingegen eine Podiumsdiskussion zum Thema »Koloniales Erbe in der Region«, die im Rahmen der Ringvorlesung stattgefunden hat. Für die Teilnahme an diesem fruchtbaren Austausch möchten wir an dieser Stelle noch einmal herzlich Inés de Castro (Linden Museum Stuttgart), Katharina Dehner (Fugger und Welser Erlebnis Museum Augsburg), Bernd Grewe (Institut für Geschichtsdidaktik und Public History, Universität Tübingen), Fabienne Huguenin (Museum der Universität Tübingen (MUT), jetzt München) und Yasmin Nasrudin (Black History in BW, Tübingen) sowie Georg Wendt (Stadtarchiv Aalen) danken.

Ein großer Dank gilt unseren Hilfskräften Alessa Bartruff, Lena Essifi, Michaela Kästl, Katharina Schmitt und Johanna Welz für die gute Zusammenarbeit und die ebenso sorgfältige wie effiziente Redaktion. Nicht zuletzt freuen wir uns, dass der Band in der Reihe *landeskundig. Tübinger Vorträge zur Landesgeschichte* erscheinen konnte. Dies ist den Mitgliedern des *Fördervereins des Instituts für Geschichtliche Landeskunde und Historische Hilfswissenschaften* zu verdanken, die das »Experiment« der »globalen Landesgeschichte« interessiert mitverfolgt und unterstützt haben. Sowohl der *Förderverein des Instituts für Geschichtliche Landeskunde* als auch der *Förderverein Geschichte an der Universität Tübingen* haben zudem zur Durchführung der Vorlesungsreihe beigetragen – ohne diese ideelle wie finanzielle Hilfe wäre weder das Studium Generale in dieser Form noch der vorliegende Band realisierbar gewesen – herzlichen Dank dafür!

Tübingen, Februar 2024
Christina Brauner und Tjark Wegner

---

1 Den Autor*innen wurde freigestellt, die Frage geschlechtergerechter Sprache nach eigenen Vorstellungen zu handhaben. Die adaptierten Lösungen variieren also innerhalb des Bands, sind aber innerhalb der jeweiligen Beiträge konsistent.

Einführung: Schwaben und die Welt. Oder: wie schreibt man Globalgeschichte(n) einer Region?

Christina Brauner und Tjark Wegner

Schwaben und die Welt – ein Gespräch zwischen Landesgeschichte und Globalgeschichte: Das klingt erst einmal nach einer seltsamen Kombination, wenn nicht gar nach der Verbindung von Gegensätzen. In der Tat pflegen beide Parteien gern ihre Vorurteile übereinander: Landeshistoriker*innen, so hört man es tuscheln, sind der heimischen Scholle verhaftet und verlieren über der Freude am lokalen Detail und regionalen Zwist das große Ganze aus dem Blick. Sie schlagen sich nicht nur mit den braunen Wurzeln des eigenen Fachs herum, sondern auch mit den ungebrochenen Ansprüchen an die Landesgeschichte als Agentur für Identitätsstiftung. Kurzum: Landesgeschichte gilt als provinziell, positivistisch und rückständig.

Solche Vorwürfe müssen sich Globalhistoriker*innen nicht machen lassen, turnen sie doch den gängigen Klischees zufolge in luftigen Höhen umher. Entsprechend sporadisch und oberflächlich ist ihr Kontakt zu Quellen und Empirie. Globalhistoriker*innen reiten auf einer Modewelle, die in erster Linie aus Gegenwartserfahrungen gespeist wird und viel Geld und Aufmerksamkeit in die universitären Kassen spült, deren Erklärungen aber kaum weiter als bis ins 19. Jahrhundert tragen, ja letztlich alte Modernisierungserzählungen im neuen Gewand fortschreiben.

Nun ist der vorliegende Band weder eine Zwangsehe noch Ergebnis einer Gruppentherapie. Ganz im Gegenteil, bei aller Überspitzung zeigen schon die eingangs aufgerufenen Klischees: Landesgeschichte und Globalgeschichte können, ja müssen vielleicht voneinander lernen – um blinde Flecken auf der einen wie der anderen Seite auszuräumen, um gemeinsame Interessen wie Probleme zu entdecken, sich mit Raumkonzepten, Identitätsfragen und Epochengrenzen auseinanderzusetzen, um nicht in Gegensätzen, sondern in Beziehungen zu denken. In diesem Sinne sind wir überzeugt: Globalgeschichte beginnt vor Ort.

Wie aber erforscht man Globalgeschichte(n) Schwabens? Darum soll es in diesem Band gehen. Ob die Antworten in dieser Einführung und in den anderen Beiträgen des vorliegenden Bandes dabei auf allgemeine Zustimmung treffen werden, wissen wir (noch) nicht. Schließlich ist die Globalgeschichte Schwabens bisher noch nicht geschrieben und zwischen zwei Buchdeckel gepresst, sondern noch »in der Mache«. Das heißt auch: sie steht jetzt und künftig zur Diskussion. Das aber macht das Unternehmen umso interessanter. Diese Einführung soll daher vor allem erste Denkanstöße und einige übergreifende Fragen an die Hand geben, die auch dabei helfen, die folgenden Beiträge einzuordnen. Bildlich gesprochen: Wenn dieser Band erste Bausteine für eine Globalgeschichte Schwabens liefern möchte, sollen in dieser Einführung mögliche Baupläne vorgestellt, einige Werkzeuge vorgeschlagen und an verschiedenen Beispielen vorgeführt werden. Zunächst aber gilt es Rechenschaft abzulegen über Erkenntnisinteressen und Grundbegriffe, über das »Globale« ebenso wie das »Regionale«. Die Klischees wurden bereits vorgestellt, was aber meint »Globalgeschichte«, was meint »Schwaben« im positiven Sinne? Und wie kann man beides sinnvoll verbinden?

1. Globalgeschichte der Region als Beziehungsgeschichte

Was heißt Globalgeschichte? Wie so oft ist eine präzise Bestimmung angesichts zahlreicher und kontroverser Definitionsversuche nicht ganz leicht. Unter dem breiten Dach der »Globalgeschichte« finden sich Historiker*innen, die den »Wurzeln« der Globalisierung auf die Spur kommen wollen, ebenso wie Freund*innen des analytischen Vergleichs, Expert*innen für kulturelle Verflechtungs- und Austauschprozesse ebenso wie Kenner*innen von globalen Institutionen wie der UNO oder des Jesuitenordens.

Einig sind sich Globalhistoriker*innen immerhin im Gestus der Kritik: Sie alle wollen eine Geschichte schreiben jenseits traditioneller Erzählungen und Einheiten, vor allem jenseits des Nationalstaats. Genau diese Kritik am nationalen Denk- und Beobachtungsrahmen kann einen ersten gemeinsamen Bezugspunkt zwischen Global- und Landesgeschichte darstellen – auch wenn sich die jeweiligen Begründungen und die daraus gezogenen Konsequenzen unterscheiden mögen.[1]

Viele Globalhistoriker*innen, zumal jene, die Anleihen bei postkolonialen Theorien nehmen, sind nicht nur zum Kampf gegen eine nationale Geschichtsschreibung, sondern auch gegen ein bestimmtes Verständnis von Geschichte selbst angetreten, demzufolge »Geschichte« in Europa beheimatet ist und allenfalls auf dem Rücken reiselustiger Europäer*innen in die Welt zieht. Und in der Tat: Folgt man der Logik der universitären Arbeitsteilung, wie sie vielerorts bis heute vorherrscht, sind für Regionen außerhalb Europas und der westlichen Welt erst einmal nicht die Historiker*innen, sondern die Vertreter*innen der sogenannten *area studies* wie Indologie oder Äthiopistik zuständig, und zwar von der Steinzeit bis zur Gegenwart. Der Globalgeschichte geht es so nicht nur um eine räumliche Erweiterung, sondern auch um ein nicht-eurozentrisches Verständnis von Geschichte sowie eine Kritik an hergebrachten Strukturen und Organisationsformen von Wissensproduktion.[2]

Der erste Impuls für eine Beschäftigung mit Globalgeschichte kommt und kam meist aus der Gegenwart, aus aktuellen Erfahrungen einer vernetzten Welt: von Warenketten und global organisierter Arbeitsteilung über grenzüberschreitende Mobilität, Kommunikation und Beziehungen über große Distanzen hin zu weltweiten Pandemien, Modetrends und Finanzkrisen. Inwiefern ist aber Globalgeschichte mehr als eine Geschichte dieser globalen Gegenwart? Manche Wirtschaftshistoriker*innen bezweifeln in der Tat, dass man vor dem 19. Jahrhundert sinnvoll Globalgeschichte betreiben kann. Allerdings definieren sie dabei Globalgeschichte als Globalisierungsgeschichte und betrachten Marktintegration und Preiskonvergenz als entscheidendes Kriterium, um globale Vernetzung zu diagnostizieren.[3] Zeitlich weiter zurück gehen hingegen solche Ansätze, die nicht nur nach globaler Marktintegration, sondern allgemeiner nach weltweiten Verbindungen und Verflechtungen fragen. Hier tritt insbesondere die Frühe Neuzeit hervor, wurden in dieser Zeit doch erstmals dauerhafte, potentiell den Globus umspannende Austauschprozesse etabliert, die bis heute fortwirken – vom Aufstieg der Baumwolle bis zum transatlantischen Sklavenhandel.[4]

Solche Globalgeschichten können helfen zu verstehen, wie die Gegenwart zu einer »globalen« geworden ist. Etwas anders sehen Globalgeschichten aus, die nicht nur nach dem Weg zur Welt heute fragen, sondern nach unterschiedlichen möglichen Welten und Weltzusammenhängen in der Vergangenheit. Solche Globalgeschichten versuchen, so könnte man sagen, das »Globale« zu historisieren.⁵ Dazu gilt es, die jeweils zeitgenössischen Weltbilder und das sich wandelnde Wissen über die Welt einzubeziehen, nach Handlungspotentialen vergangener Vorstellungen von der Welt zu fragen, und nicht zuletzt auch solche Vernetzungen und Verflechtungen in den Blick zu nehmen, die für begrenzte Zeit wirksam waren, dann aber abbrachen. Entsprechend beginnen unsere Globalgeschichten Schwabens nicht erst im 19. Jahrhundert. Vielmehr kommt in diesem Band ein Althistoriker ebenso zu Wort wie zwei Vertreter*innen der mittelalterlichen Geschichte. Während handelsübliche Globalgeschichten meist wirtschafts- und politikgeschichtliche Entwicklungen betonen, zeigen die Beiträge von Hartmut Blum, Ellen Widder und Folker Reichert, welche zentrale Rolle Religion in Verflechtungsprozessen spielt. Dass dies freilich nicht nur für Antike und Mittelalter, sondern auch für die Neuzeit gilt, machen wiederum die Aufsätze von Renate Dürr und Sabine Holtz deutlich.

Indem wir unterschiedliche Weltbilder und -verhältnisse, vergessene Verbindungen und abgebrochene Verflechtungsprozesse diskutieren, lässt sich auch unsere Gegenwartserfahrung selbst hinterfragen. Vielleicht können auf diese Weise gar geschichtswissenschaftliche Erkenntnisse zum besseren Verständnis unserer heutigen Welt wie zukünftiger Entwicklungen beitragen: einer Welt, in der angesichts von Pandemien, Wirtschaftskrisen und wachsendem Nationalismus zunehmend Zweifel an der Vision vom unaufhaltsamen Triumphzug der Globalisierung und am Bild eines friedlichen Zusammenlebens im »globalen Dorf« laut werden. Zweifelsohne sind gerade auch Krisen und Kriege nicht ohne weltweite Verbindungen und globalisierte Märkte, nicht ohne Visionen von Weltmacht und Weltpolitik zu erklären. Eine zentrale Herausforderung für Globalgeschichte besteht darin, konkurrierende Vorstellungen von »Welt«, »Entflechtung« und Stillständen, Abbrüchen und Abwehrreaktionen einzubeziehen. Oder knapper formuliert: Wenn die Globalgeschichte auch künftig der Gegenwart etwas zu sagen haben will, muss sie mehr sein als Globalisierungsgeschichte.⁶

Im Folgenden kann es also nicht darum gehen, die Globalisierungsbilanz Schwabens zu bewerten und eine Leistungsschau der Weltläufigkeit zusammenzustellen – so sehr manchen der neue Landeslogan »The Länd«, mit dem sich Thomas Thiemeyer in seinem Beitrag kritisch auseinandersetzt, dafür auch geeignet scheinen mag. Globalgeschichten Schwabens erzählen vielmehr von überraschenden Verbindungen, zufälligen Verflechtungen und erzwungenen Beziehungen. Das heißt aber auch: Globalgeschichten Schwabens sind nicht immer bequem.

Globalhistoriker*innen wissen, dass »Welt«, dass das »Globale« keine überzeitliche Einheit da draußen ist, ebenso wissen Landeshistoriker*innen, dass das »Land« oder die »Region« kein naturwüchsiger Fakt ist, – und beide wissen zugleich aber auch, dass »Land« ebenso wie »Welt« soziale Realitäten sind und waren. Auf diese Weise lassen sich Globalgeschichten einer Region nicht als eine Verbindung von Gegensätzen begreifen, sondern als genuine Beziehungsgeschichten.[7]

Wie aber schreibt man solche Beziehungsgeschichten? Ein *erster* Ansatzpunkt kann die Einsicht sein, dass Definitionen des »Eigenen« in der Regel erst durch eine Auseinandersetzung mit »Anderen« entstehen: wer oder was Schwaben ist und sind, setzt Abgrenzung voraus, eine Festlegung, wer eben nicht dazu gehört. Und was in der Theorie ebenso wie im Klischee so sauber und klar erscheint, gerät bei der konkreten Begegnung mit Badenern, Zugezogenen oder anderen zur Herausforderung. Diese Einsicht ist weder schwabenspezifisch noch eine neue Erkenntnis der Globalgeschichte, aber doch zentral, um klarzustellen, dass das, was die Region ausmacht, immer schon in Beziehungen gedacht wird.

Zweitens holen Globalgeschichten einer Region Weltbeziehungen aus ihrer scheinbar abstrakten Ferne »da draußen« zurück in ihre Entstehungskontexte. So entsteht globale Mobilität aus konkreten Erfahrungen und Strukturen vor Ort, wird motiviert durch Vorbilder und Netzwerke im Bekannten- und Verwandtenkreis, mitbedingt durch lokale Notlagen oder Konflikte, beeinflusst vom Zugang zu Infrastrukturen und Ressourcen. Zugleich sind die Erfahrungen, die andernorts gemacht werden, wiederum geprägt durch das, was ein Mensch an Wissen, Gewohnheiten und Routinen mitbringt. Anschaulich wird dies etwa in Vergleichen, die helfen, neue Erfahrungen einzuordnen – so etwa, wenn der schwäbische Pfarrerssohn Ulsheimer in unserem ersten Beispiel den Palast des *oba* von Benin mit Tübingen vergleicht, um dessen Größenordnung anzugeben und seinem Publikum zuhause anschaulich zu machen.

Für eine Globalgeschichte, die nicht nur Globalisierungsgeschichte sein will, ist *drittens* ein Nachdenken über die »Regionalität« von Weltbeziehungen wichtig, um auch die unterschiedliche Ausprägung von globalen Verflechtungen in den Blick zu nehmen. Der Fall Schwaben kann etwa auch dazu beitragen, herkömmliche, aber oft wenig reflektierte Vorgehensweisen bei der Erforschung von globalen Beziehungen sichtbar zu machen und zu hinterfragen. So setzen Globalhistoriker*innen oft an den Strukturen von Kolonialreichen an, untersuchen etwa Verbindungen zwischen Kolonie und Mutterland und folgen so implizit weiterhin nationalen Kategorien. Würde man sich mit diesem Ansatz einer Globalgeschichte Schwabens nähern, so wäre das Resultat wohl eine Fehlanzeige: keines der Herrschaftsgebilde im schwäbischen Raum verfügte über überseeische Kolonien. Sehr wohl aber waren Menschen aus dem schwäbischen Raum als Soldaten, Händler oder etwa Missionare in Kolonien unterwegs. Ebendiese Akteure und die von ihnen gestifteten, mehr oder weniger dauerhaften globalen Verbindungen bleiben unsichtbar, wenn man allein auf formale Herrschaftsbeziehungen blickt.[8]

Während dies auch für andere deutschsprachige Regionen gilt, lassen sich aber zugleich auch regionale Spezifika erkennen: So war es im 19. Jahrhundert gerade die tiefe Prägung des ländlichen Schwabens durch den Pietismus, die zu einer bemerkenswerten Präsenz von Akteur*innen aus dem deutschen Südwesten in Indien führte, wie Ulrike Gleixner aufzeigt. Die Basler Mission, die nach ihrer Gründung 1815 rasch zu einer der großen protestantischen Missionsgesellschaften ihrer Zeit aufstieg, rekrutierte bis 1939 die Hälfte ihrer Mitarbeiter*innen, die in überseeische Gebiete entsandt wurden, aus Württemberg, genauer noch: vor allem aus ländlichen Handwerkerfamilien. Auch die Mehrheit derjenigen, die in der Basler Zentrale tätig waren, stammte aus dieser Region.[9] Eine Globalgeschichte der Region trägt auf diese Weise dazu bei, Kolonialismus ohne Kolonien sichtbar zu machen. Dies gilt auch für Wissensproduktion und Wissenschaft selbst: So diskutiert Carsten Gräbel in seinem Beitrag, inwiefern koloniales Engagement und koloniale Verstrickungen auch die Landesuniversität Tübingen betrafen.

Warum nun aber Globalgeschichte(n) Schwabens? Warum nicht über die globalen Verflechtungen Württembergs oder Südwestdeutschlands forschen? Anders als viele andere »Untersuchungsobjekte« landeshistorischer Forschung ist Schwaben eben keine administrative Einheit, kein Territorium wie Württemberg und kein Bundesland wie Schleswig-Holstein. Bekanntlich erschöpft sich soziale Realität aber nicht in administrativen Einheiten. Und bei einem Blick über den verwaltungsgeschichtlichen Tellerrand gewinnt »Schwaben« rasch eine quicklebendige, aber auch schillernde Existenz. Vermutlich seit dem Frühmittelalter gab es Menschen, die sich selbst als »Schwaben« verstanden oder zumindest als solche verstanden wurden – gerade auch dann, wenn sie irgendwo »anders« unterwegs waren.[10] Das macht den Begriff als »Dach« für unser epochenübergreifendes Unternehmen anschlussfähiger als etwa »Württemberg« oder »Baden-Württemberg«.

Zugleich gilt es dadurch aber auch stets Veränderlichkeit und Unschärfe mitzudenken: »Schwaben« hieß nicht zu allen Zeiten dasselbe, der räumliche Zuschnitt variierte ebenso wie Kriterien für Selbst- und Fremdzuschreibung. Das heißt aber auch: Es gibt nicht den »Kern« oder das »wahre Schwaben«, sondern einen historisch variablen *common sense*, erfundene Traditionen und unzählige strategische, mehr oder weniger erfolgreiche Indienstnahmen – vor allem durch das Haus Württemberg bei seinem Aufstieg zu herzoglichen und schließlich gar zu königlichen Würden. Kurzum: Will man Globalgeschichte der Region als Beziehungsgeschichte schreiben, ist »Schwaben« nicht trotz, sondern gerade aufgrund seiner Unschärfe und Veränderlichkeit ein geeigneter Ausgangspunkt. Geeignet erscheint der Begriff vor allem, weil mit ihm in unterschiedlichen Zeiten Zugehörigkeit von Menschen, Dingen und Räumen zugewiesen wurde und wird. Zugleich ist unsere Entscheidung für die »Globalgeschichten Schwabens« ein heuristischer Vorschlag und kein Dogma – und so haben sich einige Autor*innen mit guten Gründen dafür entschieden, in ihren Beiträgen mit anderen Begriffen zu operieren.

Der vorliegende Band ist nicht der erste Versuch, die Landes- und Globalgeschichte zusammenbringen. Verwandte Projekte und Initiativen finden sich etwa für Sachsen, das Rheinland und Schleswig-Holstein.[11] Für den deutschen Südwesten gibt es bislang kein solch umfassendes Unternehmen, immerhin aber einige Aufsätze, die bestimmte Orte oder Epochen in den Blick nehmen, sowie Arbeiten zur Kolonialgeschichte der Region.[12]

Für die wissenschaftliche Auseinandersetzung ist dies ein glücklicher Umstand. So können künftig Vergleiche angestellt werden: Was ist spezifisch an den regionalen Weltbeziehungen? War Schwaben auf ähnliche Weise in globale Prozesse verstrickt wie etwa

Schlesien? Unterschieden beziehungsweise unterschieden sich Weltverhältnisse hierzulande von jenen im Rheinland?

Solche Vergleiche können nicht nur helfen, das Besondere, das Spezifische an einer Globalgeschichte Schwabens herauszuarbeiten. In abstrakterer Weise tragen sie auch dazu bei, die Verbindung von Landesgeschichte und Globalgeschichte selbst noch einmal auf die Probe zu stellen: Inwiefern lohnt es sich für Landeshistoriker*innen nach globalen Verbindungen zu fragen, inwiefern nützt es der Globalgeschichte, die Regionalität von Weltbeziehungen zu erforschen? Auf solche Fragen kann dieser Band sicherlich keine abschließenden Antworten geben. In jedem Fall aber machen die Beiträge und Diskussionen deutlich: Nach Globalgeschichten der Region zu fragen, ist eine gute Übung, um in Beziehungen denken zu lernen.

2. Vier Fallbeispiele und Perspektiven

2.1 Welterfahrung und Karrierechancen: Ein Pfarrersohn auf Reisen

In einem unscheinbaren Einband bewahrt die Württembergische Landesbibliothek ein Manuskript auf, das durch Bilder von Segelschiffen und fliegenden Fischen, Ananas und Wunderbäumen fasziniert.

Der Autor dieses Werks ist ein gewisser Andreas Josua Ulsheimer, Pfarrerssohn aus Gerstetten und gelernter Wundarzt.[13] In seinem Bericht beschreibt Ulsheimer die acht Reisen, die ihn zwischen 1596 und 1609 gleich auf vier Kontinente führten: Zunächst zog er mit einem schwäbischen Regiment in den sogenannten »Langen Türkenkrieg« (1593–1606) und erlebte unter anderem 1596 die Eroberung der ungarischen Festung Eger durch die Osmanen mit. 1598 brach er gemeinsam mit seinem Bruder nach Italien auf, *dem handtwerck nach*. Auf Vermittlung eines württembergischen Landsmanns traten die beiden Brüder als Wachsoldaten in die Dienste des Großherzogs der Toskana. Anders als seinen Bruder hielt es Andreas Josua jedoch nur wenige Monate in diesem Job in Livorno. Er wollte nicht länger auf der *bernhaut* liegen, wie er selbst schrieb, sondern heuerte auf einem friesischen Handelsschiff an. Nach einer ersten Fahrt durchs Mittelmeer gelangte er so um Ostern 1599 nach

Abb. 1: Die Zeichnung eines vor Anker liegenden Schiffs in Ulsheimers Bericht (ca. 1616).

Abb. 2: Es gibt kein *besser gewächs*: Ulsheimers Darstellung einer *Ananassen, wie sie in Brasilia, Guinea und Ost=India wachsen* (ca. 1616).

Amsterdam. Von dort aus schiffte er sich gleich im Juni wieder ein, dieses Mal in die »Neue Welt«, in die Karibik, nach Venezuela und Brasilien. Weitere Reisen führten ihn an die west- und zentralafrikanische Küste und nach Asien, wo er in den Diensten der kurz zuvor gegründeten niederländischen Ostindien-Kompanie insgesamt fünf Jahre in Indien, Sumatra und Java verbrachte. 1609/10 kam er schließlich nach Europa zurück und ließ sich in Tübingen nieder.

Kein Wunder also, dass Ulsheimer in der Literatur als »schwäbischer Weltenbummler« firmiert. Ein geschäftstüchtiger Herausgeber erhob ihn 1971 gar zum Beleg dafür, dass »Fernweh und Schwabentum eine gewisse Affinität aufweisen«. Insofern scheint Ulsheimer geradezu zum Protagonisten einer Globalgeschichte Schwabens berufen.[14] Doch ebenso wie allgemeine Aussagen über »das Schwabentum«, die oft allzu leicht ein historisches Detail zum überzeitlichen Merkmal erheben, sind Weltenbummler-Geschichten allerdings gleichermaßen verführerisch wie gefährlich: Nur allzu rasch verliert man über der Begeisterung für das faszinierende Schicksal des Einzelnen den Kontext und das große Ganze aus dem Blick. Und nur allzu leicht ist es, den pittoresken Geschichten (von denen Ulsheimer jede Menge zu bieten hat) den Vorzug vor den Schattenseiten und Abgründen des mobilen Lebens zu geben – in diesem Fall ganz konkret: Ulsheimers Aktivitäten in der kolonialen Expansion der jungen Niederländischen Republik mit ihrer eigentümlichen Mischung von Handel und Gewalt. Wie solche Erfahrungen wiederum zurück in der Heimat aufgenommen wurden, zeigt Philip Hahn anhand eines schwäbischen Arbeitsmigranten aus Beutelsbach, der im ostindischen Batavia (heute Jakarta) an einem Massaker an der chinesischen Bevölkerung beteiligt war.

Für eine kritische Globalgeschichte reicht es nicht, Geschichten über Weltenbummler zu erzählen. Vielmehr gilt es, auch ungewöhnliche Fälle wie Ulsheimer in die größeren Linien der Migrationsgeschichte einer Region einzuordnen und nach strukturellen Faktoren zu fragen. Lange Zeit durch Agrarkrisen, Bevölkerungsdruck und Bodenknappheit, immer aber auch durch religiöse oder politische Repressalien geprägt, hat Südwestdeutschland eine mindestens ebenso lange Tradition als Auswanderungs- wie als Einwanderungsland.[15]

Vor diesem Hintergrund erscheint Ulsheimer als ein durchaus typischer Fall: Bis weit ins 20. Jahrhundert hinein waren es oft (wiewohl keinesfalls ausschließlich!) arbeitsfähige Männer, oft jüngere Brüder, in ihren Zwanzigern wie der Pfarrerssohn aus Gerstetten, die sich auf den Weg über weite Distanzen machten – manche für immer, andere für einige Jahre oder Jahrzehnte. Typisch erscheint auch Ulsheimers sozialer Status und Beruf: Wie viele von diejenigen, die in der Frühen Neuzeit im Dienst von Handelskompanien unterwegs waren, arbeitete Ulsheimer als Handwerksgeselle. Genauer noch: wie viele von denjenigen, die Aufzeichnungen über solche Reisen hinterlassen haben, war er gelernter Wundarzt. Als solcher hatte er zwar kein Universitätsstudium, sondern eine handwerkliche Ausbildung absolviert, die es ihm erlaubte, kleinere chirurgische Eingriffe vorzunehmen. Der Berufsalltag des Wundarztes war dennoch in besonderem Maße mit Schriftlichkeit verbunden und forderte zur Auseinandersetzung mit gelehrtem Wissen heraus.[16]

Inwiefern sah Ulsheimer sich selbst als »Weltenbummler« oder »Weltläufer«? Welche Vorstellungen von Welt lassen sich in seinem Bericht ausmachen? Bereits in der Überschrift stellt Ulsheimer heraus, dass seine Reisen ihn auf alle vier bekannten Kontinente geführt hatten: Europa, Amerika, Afrika und Asien beziehungsweise Ostindien. Seine Welt ordnete er aber nicht nur nach geographischen Kriterien, sondern auch mithilfe von Gegenüberstellungen wie »christlich« vs. »barbarisch« – wobei aus seiner Sicht freilich auch spanische Katholiken »Barbaren« waren. *Teutsche* konnten dagegen manchmal auch Niederländer sein, Ulsheimers *Vatterland* blieb hingegen stets und eindeutig »Württemberg«. Dies war möglicherweise auch dem prominentesten Leser geschuldet, den Ulsheimer mit seinem Bericht im Auge hatte: Das Manuskript ist dem Herzog von Württemberg gewidmet.

Auf ein ganz praktisches Weltverhältnis verweist wiederum der Moment, in dem sich Ulsheimer explizit und ausdrücklich von seinen Eltern verabschiedete – nicht beim Aufbruch zu seiner Gesellenwanderung und auch nicht beim Dienstantritt als Wundarzt in den Türkenkriegen, aber auch nicht bei der Einschiffung in die Neue Welt. Abschied nahm Ulsheimer vielmehr, bevor er die Alpen gen Süden nach Italien überquerte. Die Alpen bildeten für Ulsheimer somit eine bedeutende Grenze, wie schon Ende des 15. Jahrhunderts für den pilgernden Ulmer Dominikaner, den Folker Reichert in seinem Beitrag vorstellt.[17] Ulsheimers mobiles Leben demonstriert so einerseits die fließenden Übergänge zwischen unterschiedlichen Mobilitätsformen, wie sie die jüngere Forschung an verschiedenen Beispielen, nicht zuletzt aus dem deutschen Südwesten, herausgearbeitet hat. Andererseits zeugen Momente wie das bewusste und bewusst auch im Text (re)inszenierte Abschiednehmen vom Wissen über Distanz, einem Bewusstsein für Grenzen, zugleich aber auch von einem gewissen Stolz auf die eigenen Erfahrungen.

Dass Andreas Josua die Erinnerung an sein mobiles Leben auch nach seiner Rückkehr bewusst pflegte, dokumentiert nicht zuletzt der Bericht selbst: Den handschriftlichen Bericht, der heute in der Württembergischen Landesbibliothek aufbewahrt wird, stellte Ulsheimer sechs Jahre nach seiner Rückkehr fertig, im August 1616. Die Widmung dieser Handschrift an Herzog Johann Friedrich von Württemberg wie auch Layout und Schriftbild lassen vermuten, dass Ulsheimer auf fürstliche Protektion spekulierte und sich nicht zuletzt Unterstützung bei der Drucklegung seines Berichts erhoffte, die freilich nie zustande kam.

Mit Blick auf ein interessiertes und zahlendes Publikum dürfte auch der Titel gewählt sein, den der Bericht trägt, bedient er doch gängige Stereotype ebenso wie Erwartungen an einen frommen Untertan: *Warhaffte Beschreibung ettlicher Raysen wie dieselbigen Mir: Andreas Josua Ultzheimer von Haydenheim auß dem Löblichen Hertzogthumb Württemberg etc: gebürtig, in aigner Person nit ohne sondere grosse gefahr, in Europa, Africa, OstIndien, und America tam Meridionali, quam Septentrionali* [sowohl im Süden als auch im Norden; CB/TW], *auch bey den Wilden, naketen Menschenfressern, zu Land, und auff dem ungeheuren Meer, innerhalb ungefahr XV. Jahren, mit Gottes hülff vollbracht hat.*[18]

Ulsheimer verarbeitete seine Erlebnisse vor einem heimatlichen Erfahrungshorizont, mit klarem Zugehörigkeitsbekenntnis und gezielt für ein schwäbisches Publikum. Dies zeigt sich etwa in den Vergleichen, die er anstellte: Während ihn die Häuser in Brasilien an die Krämerbuden auf dem Jahrmarkt erinnern, sei der Palast des Königs von Benin *ungefähr so groß [...] alß die Statt Tübingen, oder grösser.* Den *Gottesdienst* an der Goldküste beschreibt Pfarrerssohn Ulsheimer hingegen als *allerhand närrische und Zauberische caeremonien [...], nahet aller dings wie die Papist Ihr Mess [halten]* – aus protestantischer Sicht zweifelsohne ein unschmeichelhafter Vergleich für beide Seiten.[19]

Einführung: Schwaben und die Welt | 21

Wohl kaum ohne Hintergedanken betont Ulsheimer mehrfach seine Treue zu seinem württembergischen *Vatterland* und seine Hoffnung, diesem seinem Vaterland zu dienen mit dem, *was Ich ausserhalb mit grosser gefahr und merklichem kosten* erlernt habe. Ganz beiläufig erwähnt er, dass er aus diesem Grund gar Jobangebote aus dem Ausland ausgeschlagen habe.[20] Geradezu als Handlungsaufforderung an den herzoglichen Widmungsempfänger liest sich schließlich eine Anekdote, die er an prominenter Stelle erzählt. Sie betrifft nicht ihn selbst, sondern seinen jüngeren Bruder Cornelius, der 1599 in toskanischen Diensten zurückgeblieben war, als Andreas Josua seine erste Seefahrt unternahm. Cornelius weilte auch im Januar 1600 noch in Florenz, als sich dort hoher Besuch einstellte, hatte doch der reiselustige Herzog Friedrich I. von Württemberg (1557–1608) die Eröffnung des Jubeljahres 1600 zu einer Exkursion nach Rom genutzt.[21] Auf dem Rückweg machte Friedrich in Florenz Halt, wo es ihm nach einem Kraut namens *Hüenerdärm* gelüstete – und *weil die Italiäner nicht gewust was das sey*, kam Cornelius Ulsheimer ins Spiel. Nachdem er sich auf fürstliche Nachfrage *nit allein ein Teutscher: sondern ein Württemberg[er]* zu erkennen gegeben hat, versprach der Herzog, dass er ihm *wann Er wider in Ihrer f[ü]r[st]l[icher] Gn[aden] Landen kommen, gewisse dienst geben wollen.* Friedrich hielt Wort: Cornelius Ulsheimer habe, so berichtet sein Bruder, bei seiner Rückkehr in der Tat einen Job als herzoglicher Trabant erhalten und stehe noch heute als *Raisigen Schulthaiss* zu *Haupersbronn, Schorndoffer Ampts* in württembergischen Diensten.[22]

Ob man die Geschichte so glauben mag oder nicht, in jedem Fall setzt sie eindrücklich in Szene, wie in Begegnungen in der Fremde die geteilte regionale Herkunft situativ Standesgrenzen überwinden konnte. In ähnlicher Weise zeugt Ulsheimers Bericht selbst von einem Versuch, aus der Erfahrung globaler Mobilität Kapital für soziale Mobilität in der Heimat zu schlagen und eigenen Aufstiegschancen zu mehren.

2.2 Schwäbisches Essen, globale Warenketten und koloniale Traditionsstiftung

Heimat geht durch den Magen. Wie Ulsheimers Geschichte über den »Hühnerdarm« bereits andeutet, markiert Essen Zugehörigkeiten, ob bewusst oder unbewusst. Zugleich vermittelt es auch ganz leibliche Fremdheitserfahrungen – vom Entsetzen über den ungewohnten Geschmack und dem Heimweh nach einem Leibgericht bis hin zur Begeisterung für neue Genüsse und leicht konsumierbare Exotik. Solche Erfahrungen kennen wir alle, und genau deshalb ist Essen eines der beliebtesten Themen von Geschichten über globale Verbindungen: Über die Herkunft unseres Essens aus historischer Perspektive nachzudenken, macht im Alltag oft vergessene Verflechtungsprozesse sichtbar. Globalgeschichte steckt eben auch im Kartoffelsalat – ganz zu schweigen von der Maultasche, folgt man den ketzerischen Thesen zu ihrem ganz unschwäbischen Ursprung, die Paul Freedman in einem früheren *landeskundig*-Band präsentiert hat.[23]

An dieser Stelle soll auf derartige Bilderstürmerei verzichtet werden, stattdessen wollen wir einen Blick werfen auf das, was im Spätmittelalter als »schwäbisches Essen« galt. Als Gewährsmann soll ein gewisser Johannes von Bockenheim dienen, ein gebürtiger Pfälzer, der ab 1417 für Papst Martin V. als Koch tätig war. Heute ist er vor allem aufgrund seiner Rezeptsammlung, dem *Registrum coquine,* bekannt, während wir über sein Leben weiterhin wenig wissen.[24] In seiner Rezeptsammlung erweist Johannes sich als weltgewandt, mit einem kulinarischen Gespür für die kulturelle und soziale Diversität der päpstlichen Kurie, das sich in der Klassifikation der aufgeführten Speisen nach prototypischen Essern zeigt: So werden spezifische Mahlzeiten für Fürsten, hochrangige Kleriker und einfache Mönche aufgeführt, aber etwa auch ein recht mysteriöses Rezept für *die Huren.* Vor allem aber enthält die Rezeptsammlung herkunftsbezogene Kategorisierungen: Franzosen und Engländer, Italiener und Ungarn. Auch *Germani* finden sich, jedoch Seite an Seite mit den Alemannen, Friesen, Sachsen und einigen anderen Gruppen, unter ihnen nicht zuletzt die Schwaben.

An der Kurie des 15. Jahrhunderts, wo sich Menschen der gesamten lateinischen Christenheit – und darüber hinaus – begegnen konnten, kannte man »Schwaben« also als spezifische Personengruppe und identifizierte Besucher*innen als »Schwaben«. Was aber wollte man diesen »Schwaben« vorsetzen? Zunächst wird ihnen ein Stockfisch-Gericht mit Kapern, Petersilie und Safran zugedacht, das aber auch den Thüringern und den Hessen schmecken soll. Speziell für schwäbische Gäste der Kurie vorgesehen ist hingegen eine *torta*, eine Art Fladen aus Frischkäse, Eiern, Mehl, Butter, Gewürzen und Zucker.[25] Bereits der Blick auf die Zutatenliste zeigt, dass solch »schwäbisches Essen« nicht allein mit Zutaten aus Schwaben gemacht wurde – Zucker, Safran, Kapern und wohl auch die nicht weiter spezifizierten Gewürze waren Importwaren mit längeren oder auch kürzeren Transportwegen.

Auch wenn die Rede von dem »Originalrezept« scheinbare Eindeutigkeit suggeriert, verändern sich bekanntlich Rezepte und Gerichte im Laufe der Zeit, zumal wenn sie über größere Distanzen hinweg »reisen«. So mag man auch der päpstlichen Küche – selbst unter der Regie eines gebürtigen Pfälzers – einen gewissen Interpretationsspielraum dessen zugestehen, was als »schwäbisch« gelten konnte. Interessanterweise begegnen uns *tortae* mit ähnlichen Zutaten aber auch in Rezeptsammlungen aus Schwaben selbst: in den Kochbüchern von zwei Augsburger Patrizierinnen des 16. Jahrhunderts, Philippine Welser und ihrer Cousine Sabina, etwa finden sich Rezepte für einschlägige *tortae* ebenfalls mit Ingredienzen wie Zucker, Mandeln, Datteln, Rosenwasser, Zimt und Ingwer.[26]

Weder die »schwäbischen« Rezepte des päpstlichen Mundkochs noch die Gerichte aus den beiden Augsburger Kochbüchern entsprechen auf den ersten Blick dem, was heutzutage gern als »traditionell schwäbische Küche« gepflegt wird. Wenn man dem Tübinger Kulturwissenschaftler Utz Jeggle folgt, ist diese »traditionell schwäbische Küche« ohnehin erst eine Erfindung des 19. Jahrhunderts, eine »Fluchtfolge vor den Entfremdungsprozessen der Industrialisierung und Modernisierung«.[27] Zugleich zeigt die römische Rezeptesammlung aber auch, dass die Assoziation von bestimmten Speisen mit regionaler Zugehörigkeit beziehungsweise Differenz eine lange Geschichte hat, vielleicht sogar ihren Anfang eher in der Ferne denn in der jeweiligen »Heimat« selbst nimmt. Immerhin: Im Kochbuch der Sabina Welser findet sich ein Rezept für eine Art Teigtasche mit Füllung – die aber eben nicht Maultasche, sondern »Ravioli« heißt (und mit Spinat hergestellt wurde!).[28] Müssen wir uns also die Maultasche doch als Ergebnis einer schwäbisch-italienischen Verflechtungsgeschichte vorstellen?

Die Suche nach »Ursprüngen« artet bekanntlich rasch in Glaubenskriegen aus, selbst im scheinbar friedlichen Reich der Kulinarik. Bleiben wir daher lieber bei den handfesten Zutaten und schauen uns die Warenketten einmal genauer an, die Zucker, Gewürze und andere Zutaten um 1500 in Augsburger Küchen bringen konnten und uns zugleich weit über Italien hinaus führen. Anhand des Zuckers lässt sich besonders gut zeigen, wie die Verfügbarkeit solcher Waren an globale Prozesse geknüpft war: Schlägt man das Handbuch eines Augsburger Kaufmanns von 1506 auf, so lernt man, dass man Zucker in großen Mengen in Genua einkaufen könne. Dorthin werde er von »Ballerma [Palermo], Medera [Madeira] und auch von Valenza« geliefert.[29] Diese Konzentration von Zuckerproduktion im westlichen Mittelmeerraum war eine vergleichsweise junge Entwicklung: bis ins 14. Jahrhundert hatten europäische Konsument*innen ihren Zucker noch vor allem aus Ägypten, Zypern und Syrien bezogen. Der Aufstieg von Sizilien und Spanien zu spätmittelalterlichen Zentren des Zuckerrohranbaus war eng mit dem Prozess der sogenannten »Reconquista« verbunden, die eben nicht nur eine militärische Eroberung vormals muslimischer Herrschaftsgebiete, sondern auch eine Übernahme wirtschaftlicher Institutionen bedeutete.[30]

Die Erwähnung von Madeira zeigt zugleich, dass die Zuckerwirtschaft um 1500 bereits über das Mittelmeer hinaus in den Atlantik gelangt war. Im Zuge der portugiesischen Expansion verwandelten sich Madeira, die Kanarischen Inseln und São Tomé in regelrechte Zuckerinseln. Sie wurden Laboratorien der späteren Plantagenwirtschaft in der Neuen Welt, wurden hier doch erstmals die technologischen Innovationen der mediterranen Zuckerproduktion mit der Ausbeutung versklavter Arbeiter*innen im großen Stil verknüpft. Als Ulsheimer, der schwäbische Pfarrerssohn aus dem ersten Beispiel, bei seiner Brasilienreise 1602 einige Zeit in einer Zuckermühle verbrachte, konnte er den Plantagenkomplex bereits in vollem Gange beobachten. Nachdrücklich wies er darauf hin, dass der dort von afrikanischen Sklav*innen produzierte Zucker *auch zu Unß herauß* gehandelt werde.[31]

Schon der mediterrane Zuckeranbau des 14. und 15. Jahrhunderts war ein Geschäft von hohem Kapitalbedarf. Wenig überraschend waren daher auch jene oberdeutschen Kaufleute ins Zuckergeschäft involviert, die als europaweit tätige Händler wie als Geldgeber und Finanziers verschiedener Herrscherhäuser bekannt waren, allen voran die prominenten Fugger und Welser aus Augsburg. Bereits seit den 1420er Jahren war die sogenannte große Ravensburger Handelsgesellschaft in die Organisation des Zuckerhandels in Valencia involviert, in den 1450er Jahren erwarb sie dort sogar eine eigene Zuckerraffinerie. Angesichts der aufkommenden Konkurrenz der atlantischen Inseln beschloss man jedoch, die Beteiligung an der Produktion aufzugeben, und beschränkte sich wiederum auf den Zwischenhandel.³²

Ähnliche Entscheidungen trafen auch später die berühmten Augsburger Handelshäuser der Welser und Fugger. Damit wurden sie jedoch nicht unbedingt weniger »global«, wie Mark Häberlein jüngst argumentiert hat: »Indem sie sich in globale Netzwerke der Güterzirkulation einschalteten, leisteten Augsburger Handelshäuser letztlich einen wichtigeren Beitrag zur Globalisierung des frühneuzeitlichen Handels als durch ihr begrenztes direktes Engagement außerhalb Europas.«³³ Dennoch: Manchem späteren Betrachter galt der Rückzug aus den überseeischen Unternehmungen als verpasste Chance, genauer: als verpasste Chance im kolonialen Wettlauf der Zeit. 1923 etwa erklärte der Historiker Aloys Schulte:

*Den Ravensburgern gebührt also der Ruhm, als erste zu den Betriebsformen in fremden Ländern übergegangen zu sein, die dem Kolonialleben den Charakter geben. [...] die Ravensburger hatten zuerst unter den Deutschen die Hand an kolonialer Produktion ruhen, sie zogen sie geängstigt zurück, statt der wandernden Produktion zu folgen [...].*³⁴

Den Welsern wiederum trug ihre Beteiligung an der *conquista* und Kolonisierung Venezuelas zwischen 1528 und 1556 wiederholt lobende Erwähnungen ein: Ihnen bleibe der Ruhm, so hieß es 1895 bei Viktor Hantzsch, »dass sie die ersten Deutschen waren, die nach grossartig angelegten Plänen und unter bedeutenden Opfern versuchten, unserm Volke den ihm gebührenden Anteil an den Schätzen der neuen Welt zu sichern.«³⁵

Hier zeigt sich auch: Wer nach globalen Verflechtungen im deutschen Raum vor dem 19. Jahrhundert fragt, trifft nicht selten auf eine ältere Geschichtsschreibung, die nach Vorboten eines erhofften deutschen Kolonialreichs suchte und historische Akteure an den Weltmachtsträumen des wilhelminischen Zeitalters oder gar den rassistischen Herrenmenschen-Phantasien des Nationalsozialismus maß. Ihre Vertreter reklamierten unterschiedliche Unternehmungen als Teil nationalen Handelns und blendeten dabei deren historische Kontexte ebenso aus wie deren oft transnationalen Charakter.³⁶ Auch aus diesem Grund erscheint es sinnvoll, bei der Frage nach kolonialen Verstrickungen jenseits der Nationalgeschichtsschreibung anzusetzen. Eine Globalgeschichte der Region folgt zunächst den historischen Akteuren selbst, rekonstruiert ihre Wege und ihr Handeln über nationale, territoriale und kulturelle Grenzen hinweg, fragt aber auch danach, welche Rolle wiederum regionale Netzwerke und Zugehörigkeiten für Mobilität, Wissenstransfer und Kommunikation spielten. In diesem Band zeigen dies insbesondere die Beiträge von Philip Hahn, Sabine Holtz und Bettina Severin-Barboutie.

2.3 Weltmarkt und Weltkrieg: Die Oberndorfer Mauser-Werke

Just im Mai 2022 meldete ein Unternehmen aus Baden-Württemberg den besten Quartalsauftakt der Firmengeschichte, eine Verdoppelung des Nettogewinns.[37] Dass ausgerechnet in Zeiten weltweiter Krisenstimmung und Kriegsangst am Neckar die Gewinne stiegen, ist kein Zufall: Bereits seit 1949 verdienen Heckler & Koch im schwäbischen Oberndorf gerade dann, wenn Staaten und andere Organisationen sich auf Gewalt und Krieg vorbereiten. Und bereits seit 1811 wurden in Oberndorf zunächst durch die Königlich-Württembergische Gewehrfabrik, später dann durch die Mauser-Werke Militär- und Jagdwaffen gefertigt und in alle Welt exportiert. Mauser-Gewehre gingen nach Preußen, Österreich und Schweden, nach Serbien, China und ins Osmanische Reich; die Oberndorfer kooperierten und konkurrierten dabei mit Rüstungsunternehmen in Belgien, Großbritannien und den USA.[38]

Heckler & Koch und Mauser können hier für die große Bedeutung von Technologietransfer und Wirtschaftsverflechtung in den regionalen Weltbeziehungen stehen, wie sie auch im vorliegenden Band Sabine Holtz sowie Lukas Werther und Attila Dézsi diskutieren. Das Beispiel dieser Unternehmen warnt zugleich davor, diese spezifische Dimension der regionalen Weltbeziehungen schlicht als Ruhmesblatt für das »Ländle« als Heimat der Weltmarktführer zu verbuchen. Es zeigt vielmehr: Weltmarkt und Weltkrieg, Verflechtung und Gewalt sind keine Gegensätze, sondern können sich auf verschiedene Weisen verbinden oder gar bedingen.

Die Oberndorfer Waffenunternehmen können auf eine lange Geschichte als *global player* zurückblicken. Überraschen mag die Tatsache, dass sie zugleich einen besonderen Platz in der lokalen Integrationsgeschichte einnehmen und in der städtischen Geschichtskultur gar mit Diversität und Vielfalt assoziiert werden. Nicht nur kamen bereits durch die Errichtung der ersten Waffenfabrik 1811 fremde, genauer gesagt: alt-württembergisch-protestantische Arbeiter in das bis dato gut katholische Städtchen. Vor allem brachte der internationale Rüstungsexport Ende des 19. Jahrhunderts für mehrere Jahrzehnte osmanische Offiziere und Ingenieure ans Neckarufer: eine Abnahmekommission für die Großaufträge des osmanischen Heeres.

Abb. 3: Der sogenannte »Türkenbau« in Oberndorf ist unten rechts vor dem Panorama des Neckartals zu erkennen.

Für sie errichtete man 1887 eigens im »maurischen Stil« den sogenannten »Türkenbau« auf dem Werkgelände. Auch wenn dieses Gebäude 1961 abgerissen wurde, in Oberndorf dient es bis heute als Erinnerungsort für die lange Geschichte der deutsch-türkischen Zusammenarbeit vor Ort. In der Lokalberichterstattung werden etwa die interkulturellen Familien hervorgehoben, die während dieser sogenannten »Türkenzeit« entstanden. Kulturelles Wissen floss wiederum auch in die Waffen selbst ein: In Oberndorf wurden so auch Gewehre mit osmanischer Beschriftung gefertigt – keine orientalistische Aneignung, sondern ein spezialisiertes Produkt für die osmanischen Kunden.

Die Gebrüder Wilhelm und Paul Mauser wurden wiederum in zahlreichen Publikationen als Beispiele für schwäbischen Erfindergeist gerühmt, die Weltmarkt mit Heimatliebe, Geschäfts- und Familiensinn verbunden hätten. Schauen wir uns als Beispiel einen Artikel aus der Fachzeitschrift *Der Deutsche Volkswirt* an, betitelt mit »Entwicklung der Mauserwerke« und verfasst von Diplomingenieur Rudolf Ludwig Mehmke (geb. 1889).[39] In dem 1934 erschienenen Beitrag beschreibt Mehmke ausführlich den Aufstieg des Oberndorfer Betriebs zum Weltmarktführer – einen Aufstieg, den er nicht als eigennütziges Gewinnstreben, sondern als geradezu notwendige Folge von verantwortlichem unternehmerischem Handeln vor Ort darzustellen sucht:

Ein großer Nachteil der industriellen Arbeit für den Wehrbedarf ist es, daß dieser stoßweise aufzutreten pflegt. Qualitätsarbeit erfordert aber eine in Generationen geschulte Arbeiterschaft. Und einen solchen Stamm tüchtiger Arbeiter möchte ein sozial denkender Unternehmer nicht arbeitslos werden lassen [...]. Im Dienst größerer Gleichmäßigkeit des Beschäftigungsgrades begaben sich die Mauserwerke daher schon früh mit ihren Erzeugnissen auf den Weltmarkt [...].[40]

Mehmke geht es dabei um nichts weniger als den Anteil Mausers an der deutschen Weltgeltung, wie bereits die ersten Zeilen deutlich machen:

Die Namen einer Reihe deutscher Unternehmerpersönlichkeiten sind zu nationalen Gütemarken geworden. Eine kleine Anekdote aus der Vorkriegszeit beleuchtet dies. Ein deutscher Forschungsreisender wird in einem entlegenen Teil Innerasiens von den einheimischen Trägern nach seinem Hei-

matlande befragt. Deutschland? Ein nebelhafter Begriff! Als aber der Reisende von deutscher Arbeit zu sppechen [sic] begann und Namen wie Zeiss und Mauser fielen, da waren die von Geografiekenntnissen nicht beschwerten Jäger und Nomaden auf einmal im Bilde. Das unübertroffene Gewehr, das Fernglas waren die Begriffe, die sie mit den beiden Namen und nunmehr mit Deutschland verbanden.[41]

Daran schließt sich eine Erzählung über den entbehrungsreichen, aber letztlich doch unwiderstehlichen Siegeszug der schwäbischen Qualitätsware an, ein Siegeszug, der die beste Handfeuerwaffe der Welt ins *große[n] Völkerringen, [in den] Schlamm Flanderns, wie [in den] Schnee und [die] Sümpfe Rußlands, in [die] Eisregionen der Alpen, wie [in den] glühenden Wüstensande* führte.

Dass dieser Siegeszug auch viel mit mühsamer Kommunikations- und Lobbyarbeit zu tun hatte, dass er lokales Wissen um Gepflogenheiten ebenso erforderte wie einen souveränen Überblick über die internationale Konkurrenz, und schließlich: dass er nicht allein mit Gewinnen und sicheren Arbeitsplätzen am Neckar, sondern auch untrennbar mit den blutigsten Seiten des weltweiten Kriegsgeschehens und dem Verlust von Menschenleben verbunden war, kommt aus guten Gründen nicht zur Sprache. Allerdings wäre es zu einfach, Texte wie den Artikel Mehmkes als simple Produkte deutscher Weltmachts- und Weltmarktsphantasien zu verdammen – denn: kein Rüstungsunternehmen konnte und kann Weltmarktführer werden ohne die entsprechende Nachfrage, ohne die weltweite Existenz von unzähligen bewaffneten Konflikten mit ihren jeweils eigenen, komplexen Geschichten.

Genau an diese Dimension globaler Wechselwirkungen von Waffen- und Gewaltmärkten erinnert auch, dass Mehmkes Artikel 1934 auf Deutsch und Türkisch und in einer zweisprachigen Sonderausgabe des *Deutschen Volkswirts* erschien, die ganz der Zusammenarbeit der beiden Länder unter ihren neuen Führern gewidmet war. Dass der Autor folgerichtig den »Endsieg« der jungtürkischen Revolution mit Mauserwaffen zelebriert, mag heute als Erinnerung daran dienen, dass transnationale Allianzen gerade auch zum Geschäft von Nationalisten und Rechtspopulisten gehörten wie gehören – und als Warnung davor, Globalgeschichten allein als Archive der Völkerverständigung oder eines unwiderstehlichen globalen Integrationsprozesses zu lesen.

2.4 Vom Vulkanausbruch zum Volksfest: Der Cannstatter Wasen

In jedem Herbst, von wenigen Ausnahmen abgesehen, findet seit 1818 in Stuttgart das – nach der Pandemie wieder aufblühende – Cannstatter Volksfest statt. Doch was haben Bierzelte, Brathendl in vorgeblich famoser Qualität, Achterbahnen und Lebkuchenherzen mit Globalgeschichte zu tun? Ohne Zweifel besteht der Wunsch der Veranstalter, in alle Welt auszustrahlen, und in der Tat zieht das Fest auch internationale Gäste an. Um den historischen Zusammenhängen auf die Spur zu kommen, ist jedoch vor allem ein Blick auf das landwirtschaftliche Hauptfest weiterführend, das mittlerweile alle vier Jahre parallel zum Wasen ausgetragen wird und einst das Kernanliegen des herbstlichen Treibens am Neckarufer ausmachte. Blicken wir also noch einmal knapp 200 Jahre zurück, so begegnen uns aufgrund eines Vulkanausbruchs in Indonesien trübe Aussichten: Zum Wetter des Jahres 1816 vermerkte, wie Wilfried Setzler ausfindig gemacht hat, Johann Daniel Georg Memminger im ersten Band des *Württembergischen Jahrbuchs*:

Unausgesetzt nass und kalt war der Sommer, überdies mit ganz ausserordentlichen Erscheinungen in der Atmosphäre verknüpft. So wie sich die Sonne blicken liess, brachen auch sogleich die furchtbarsten Gewitter aus, welche meist von ebenso verderblicher als schauerlicher Wirkung waren. Die Sonne selbst schien in einem Zustand der Revolution begriffen zu sein.[42]

Keineswegs traf die Beschreibung des Jahreswetters nur auf Württemberg und die angrenzenden Gebiete zu. In weiten Teilen Mittel-, Süd- und Westeuropas zeichnete sich das Jahr 1816 durch übermäßigen Regen, wenige Sonnenstunden und eine unterdurchschnittliche Temperatur aus. Doch auch im nordöstlichen Amerika war das Wetter viel zu kalt, während es in China und Indien zu Überflutungen durch übermäßigen Regen kam. Der Blick zurück auf den Neckar zeigt, dass die Beobachtungen Memmingers auch für den deutschen Südwesten kein Einzelfall waren. So häuften sich die Meldungen über schlechtes Wetter im Jahr 1816 überall im Land wie darüber hinaus, sodass sich rasch eine weit unterdurchschnittliche Ernte abzeichnete. König Friedrich von Württemberg jedoch, anscheinend vor allem um die Mast seines Jagdviehs besorgt, reagierte kaum auf die Situation, die sich immer weiter zuzuspitzen drohte. Kurz nachdem jedoch sein Sohn Wilhelm die Regierungsgeschäfte übernommen hatte, initiierten er und seine Frau Katharina eine ganze Menge staatlicher Maßnahmen: Importzölle wurden gesenkt, Ausfuhrbeschränkungen erteilt, Beamte zum organisierten Kauf von Getreide und Hülsenfrüchten Richtung Norden geschickt; in Russland wurden bei Zar Alexander I., dem Bruder Katharinas, Hilfslieferungen erbeten. Katharina selbst verschrieb sich der Gründung eines »Wohltätigkeits-Vereins«, dessen Ziel es war, im gesamten Königreich lokale Einrichtungen für Armenspeisungen zu etablieren. Diese waren nicht nur privat finanziert, sondern wurden auch von wohlhabenderen Ehrenamtlichen getragen. Bisweilen konnten die dadurch entstandenen Lokalgruppen mit bereits bestehenden örtlichen Initiativen zusammenarbeiten. Dies war insofern von großer Bedeutung, als dass durch die vorherigen Verwaltungsreformen unter Wilhelms Vaters Friedrich unter anderem das Fürsorgewesen zentralisiert und die Zuständigkeit von den Städten auf die Ministerien verlagert worden war, sodass vor Ort Lücken bei der Versorgung Hilfsbedürftiger weniger rasch und effizient geschlossen werden konnten.[43]

In der Universitätsstadt Tübingen fiel die Lage weniger dramatisch aus als andernorts in Württemberg, wurde den Professoren doch traditionell ihr Gehalt teilweise in Lebensmitteln ausgezahlt. Doch auch hier war eine Zusammenarbeit zwischen Spital, einer im Frühjahr 1816 gegründeten »Privat-Armen-Anstalt« und des Wohlfahrtsvereins notwendig, um das Leid vieler Armer zu lindern, waren schließlich die Lebensmittelkosten förmlich explodiert. So verkauften einige Professoren die für sie entbehrlichen Teile ihrer Naturalbesoldung. Für Dinkel verlangten die Hochschullehrer dabei das Sechsfache des Vorjahrespreises – was aber bloß ein moderates Drittel des aktuellen Marktpreises darstellte. Für weite Teile der Bevölkerung, erst recht für diejenigen, die wegen der aus der Gesamtsituation folgenden Wirtschaftskrise im stark landwirtschaftlich geprägten Königreich ihre Arbeit verloren hatten, waren Lebensmittel schlichtweg unbezahlbar; Hunger war allenthalben die Folge.[44] Eine hohe Übersterblichkeit setzte bereits im Winter ein und hielt dann, auch in Kombination mit zahlreichen Krankheiten, im südwestdeutschen Raum, der Nordschweiz und andernorts bis zur Einfuhr der Ernte 1817 an. Da sowohl die staatlichen Gegenmaßnahmen als auch die privaten Initiativen nur einen Teil des Leids verhindern konnten, kam es in der Folge zu weiten Auswanderungswellen. Aus Württemberg selbst emigrierten viele Men-

Abb. 4: Eine Postkarte vom Cannstatter Volksfest, links ist eine Viehprämierung dargestellt.

schen Richtung Russland beziehungsweise die Donau hinunter, auch auf die Krim, die erst Katharina die Große vom Osmanischen Reich erobert hatte; viele zog es aber auch Richtung Norden und Westen, vor allem in die USA.

Spätestens mit dieser Auswanderungswelle wird die globale Dimension des Jahres ohne Sommer erkennbar, wie Wolfgang Behringer resümiert. Doch erlaubt es die Zeit um 1816/17 wegen der globalen Ausmaße, wenngleich mit sehr unterschiedlicher Ausprägung, nicht nur, Wechselwirkungen oder Verflechtungen zwischen dem deutschen Südwesten und der großen weiten Welt zu verfolgen. Vielmehr bieten die Ereignisse in Folge des Tambora-Ausbruchs auch die Möglichkeit, zu vergleichen, wie Menschen weltweit zur selben Zeit mit ähnlichen Herausforderungen umgingen, die aus derselben Ursache erwuchsen, und so auch globale Verbindungen zu rekonstruieren, die den Zeitgenoss*innen meist verborgen blieben. Machten die Menschen eher den Staat beziehungsweise die politische Führung für Defizite in der Nahrungsmittelversorgung verantwortlich oder suchte man nach religiösen Erklärungen? Wie widerstandsfähig und stabil waren die unterschiedlichen Gesellschaften in Anbetracht des Hungers in vielen Teilen der Welt? Auch wenn vielen nicht bekannt war, was der Auslöser für die weltweiten Probleme der Nahrungsmittelversorgung war und die Information, dass es zu einem weitreichenden Problem kommen könnte, sich nur schrittweise verbreitete,[45] versuchten die Zeitgenossen, sich in der Krisenzeit für die Zukunft vorzubereiten. In Ausstellungen und Museen begegnen uns bis heute die sogenannten Hungerbrote und Gedenkmünzen, die als Ermahnung und Erinnerung hergestellt wurden. Noch während der Krise suchte man aber auch ganz praktisch nach neuen Wegen, um die Lebensmittelversorgung zu sichern: So wurde experimentiert, aus welchen Zutaten man jenseits des Getreides Brot backen könne, etwa aus Baumrindenmehl. In Bayern wurde das Oktoberfest um ein zentrales Landwirtschaftsfest ergänzt, das mittels Preisverleihungen dazu anregen sollte, Erfindungen zur Produktivität in der Landwirtschaft voranzubringen. Davon inspiriert gründete der neu angetretene württembergische König Wilhelm nicht nur eine landwirtschaftliche Versuchsanstalt, aus der schließlich die heutige Universität Stuttgart-Hohenheim erwachsen sollte, sondern er initiierte auch das Cannstatter landwirtschaftliche Fest, aus dem sich der Cannstatter Wasen entwickeln sollte und das demselben Zweck dienen sollte: Innovationen der Landwirtschaft zu fördern.[46]

3. Resumée

Ein Pfarrerssohn von der Alb auf vier Kontinenten, globale Warenketten in der schwäbischen Küche, militärische Exporte aus Oberndorf in alle Welt und das Cannstatter Volksfest als Reaktion auf einen Vulkanausbruch in Indonesien – wie diese Beispiele zeigen, gibt es reichlich Material für Globalgeschichten Schwabens. Sie machen anschaulich, wie sich die Region als relationale Größe verstehen lässt, man nach der regionalen Prägung von Weltverbindungen und -erfahrungen fragen und vergleichend unterschiedliche Ausprägungen und Konsequenzen globaler Phänomene untersuchen kann. Dabei haben wir drei Instrumente oder Strategien genutzt, die abschließend noch einmal kurz rekapituliert werden sollen.

Erstens: Menschen folgen

Mit Ulsheimer und seinen Reisen richtete sich der erste Blick, wenig überraschend, auf Mobilität und die Bewegung von Menschen – ein klassisches Thema einer Globalgeschichte, die sich als

Geschichte globaler Verbindungen versteht. Indem wir historischen Akteuren auf ihren Wegen folgen, lässt sich zugleich nach der zeitgenössischen, praktischen Bedeutung von Grenzen fragen und die Rolle von Zugehörigkeit und Herkunft untersuchen. Dabei gilt es ebenso die regionale Prägung von Welterfahrungen zu diskutieren wie die Versuche, ebendiese Welterfahrungen wiederum vor Ort zu inszenieren und als Ressource zu nutzen.

Die Frage nach der Regionalität von Weltbeziehungen schärft dabei auch den Blick für strukturelle Faktoren und Kontexte jenseits der einzelnen Biographie. Protagonisten einer Globalgeschichte können eben nicht nur Weltenbummler wie Ulsheimer sein, sondern auch sein Bruder, der aus Florenz rasch wieder nach Württemberg zurückkehrte, oder deren Eltern, die im heimischen Gerstetten zurückblieben. Aus einem Vergleich ihrer unterschiedlich bewegten Leben lässt sich einiges über Übergänge zwischen Mobilitätsformen, das Verhältnis von strukturellen Faktoren, kommunikativen Netzwerken und individuellen Momenten lernen. Hier wäre auch zu fragen: Wie verändert sich Globalgeschichte, wenn man sie aus der Perspektive der Zuhausegebliebenen erzählt? Inwiefern wird »Zuhausebleiben« und »Zuhausebleibenkönnen« gerade durch globale Verbindungen ermöglicht?

Zweitens: Dingen folgen

Dingen folgen ist eine weitere klassische Strategie der Globalgeschichte. Diese Strategie kann auf ganz unterschiedliche Weise eingesetzt werden: So können »Warenketten« massenproduzierter Güter wie Zucker von der Rohstoffgewinnung bis zum Endverbraucher, manchmal gar zum Recycling verfolgt und so oft kaum bewusste Wechselwirkungen erkannt werden. Warenketten lassen sich gerade nicht an einem einzelnen Ort beobachten und rufen dennoch oder gerade deshalb Fragen nach Handlungsmacht vor Ort hervor. Daher ist es kein Wunder, dass sich gerade anhand des Essens eine sehr lange Geschichte des »moralischen Konsums« schreiben ließe.

Dingen folgen kann aber auch bedeuten, einzelne Objekte mit ihren einzigartigen »Biographien« zu untersuchen, wie es Ulrike Gleixner in diesem Band vorführt. Solche Objektgeschichten decken auch düstere und oft verdrängte Seiten von Objekttransfers auf – gewaltsame Aneignung in Kriegen, unter Bedingungen von Verfolgung oder kolonialer Gewalt. Die Provenienzforschung setzt sich dezidiert mit solchen gewaltsamen Aneignungsprozessen auseinander und ist dann auch mit ganz handfesten Fragen nach der Zukunft der betroffenen Objekte konfrontiert. Davon sind auch die südwestdeutschen Museen betroffen; nicht zuletzt ist das Linden-Museum in Stuttgart in den letzten Jahren prominent mit ersten Restitutionen in Erscheinung getreten.[47]

Drittens: Globale Ereignisse untersuchen

Ein zentraler Aspekt aktueller Globalisierungserfahrungen ist das Erleben von globaler Gleichzeitigkeit: in harmloser Gestalt, wenn auf allen Kontinenten die Fußball-Weltmeisterschaft oder die Olympischen Spiele verfolgt werden, in weniger harmloser Form, wenn eine Pandemie innerhalb kürzester Zeit fast jeden Ort auf der Erde erreicht und Menschen weltweit vor existentielle Herausforderungen stellt. Vor dem 20. Jahrhundert sind »globale Ereignisse«, die annähernd zeitgleich als solche erlebt werden, eher selten auszumachen. Sehr wohl aber gab es Ereignisse mit weltweiten Konsequenzen, die den Zeitgenossen freilich nicht unbedingt als solche bewusst waren. Ein eindrückliches Beispiel für ein derartiges Ereignis ist der Ausbruch des Tamboras. Solche Ereignisse, ob menschengemacht oder nicht, können Historiker*innen heute nutzen, um zu untersuchen, wie Gesellschaften in verschiedenen (Welt-)Regionen zeitgleich auf dieselben Herausforderungen reagierten oder auch wie unterschiedlich sich ein und dasselbe Ereignis an verschiedenen Orten auswirkte. Dabei gilt es auch, das Wissen und die Informationen in den Blick zu nehmen, die sich über solche Ereignisse verbreiteten, die Weltbilder zu untersuchen, in die sie eingeordnet wurden, und so auch die unterschiedlichen Handlungsoptionen zu rekonstruieren, die globale Ereignisse vor Ort erzeugten.

Globalgeschichte einer Region zu schreiben, bedeutet, Beziehungen und Wechselwirkungen untersuchen, aber nicht relativieren, nach scharfen Begriffen suchen, aber mit Sinn für Unschärfe, große Fragen stellen, aber im Kleinen damit anfangen. Und damit haben wir vor Ort, in Tübingen, begonnen, mitten in Schwaben, dessen Grenzen und damit verbundene Assoziationen sich in der Vergangenheit als deutlich flexibler herausgestellt haben, als die von so manchem Territorialstaat oder Land. Auf den ersten Blick mag diese Unschärfe und Veränderlichkeit ein Problem darstellen, einem relationalen Ansatz, wie wir ihn hier versuchen, kommt ein solches Konzept eher entgegen, entzieht sich »Schwaben« doch schon von vorneherein einer Verwendungsweise als überzeitliche Kategorie oder territoriale Einheit mit starren Grenzen.

Globalgeschichte in relationaler Absicht nimmt Sichtweisen der beteiligten Zeitgenossen ernst, geht aber nicht in ihnen auf. Die Chance wie die Herausforderung der Geschichtswissenschaft, egal welcher Spielart, liegt eben auch in dem Blick aus der Distanz, zeitlich wie analytisch. Ein solcher Blick kann Verbindungen dort aufzeigen, wo sie nicht oder nur selten bewusst waren oder gar aktiv verdrängt wurden und werden. Genau darin liegt das aufklärerische, manchmal auch unbequeme Potential von Geschichtswissenschaft gegenüber anderen Gebrauchsweisen der Vergangenheit.

ENDNOTEN
1. Vgl. auch CONRAD: Global History, S. 4: »Global history […] has a polemical dimension.« Zum komplexen Verhältnis von National- und Regionalgeschichte STEBER: Region, v. a. Abs. 10–16.
2. Siehe CHAKRABARTY: Provincizialing Europe; CONRAD/RANDERIA: Eurozentrismus; vgl. auch von CONKLIN AKBARI: Medieval Ethiopia und SCHÄBLER: Verhältnis.
3. Siehe etwa die Diskussion bei DE VRIES: Limits.
4. Vgl. aus der Fülle der Literatur als aktuelle Beispiele nur BECKERT: King Cotton; FRENCH: Born in Blackness.
5. Vgl. z. B. DODDS PENNOCK/POWER: Cosmologies; HAAS: Worlding Knowledge.
6. Grundsätzlich dazu GÄNGER/OSTERHAMMEL: Denkpause; das Konzept »Dis:konnektivität« als einschlägigen Zugang stellen WENZLHUEMER u. a.: Forum Global Disconnections vor. Siehe auch die Auseinandersetzung mit jüngeren Arbeiten zur (De)Globalisierungsgeschichte aus regionalhistorischer Perspektive bei KÜSTER: Handlungs- und Erfahrungsebene.
7. Konzeptionell hilfreich: LANGTHALER: Orte; GÄNGER: »Lokal«; PAULMANN: Regionen und Welten. – Anders als Paulmann unterscheiden wir dabei jedoch nicht zwischen einer traditionellen Landesgeschichte mit einem politisch-essentialisierenden Raumverständnis und einer relational denkenden Regionalgeschichte; dies scheint eher eine bestimmte, inzwischen weitgehend überlebte Debattenkonstellation zu reflektieren denn den aktuellen Stand von Selbstbeschreibung und Methodik der Regional- beziehungsweise Landesgeschichte.
8. BRAUNER u. a.: Encountering the Global. Allgemein zu diesem Ansatz der »transimperialen Geschichte«: HEDINGER/HEÉ: Transimperial History und SCHÄR: Switzerland.
9. JENKINS: Württemberg, bes. S. 33f. Vgl. demgegenüber zur Rolle Badens in der Basler Mission: MACK: Mission.
10. Siehe u. a. KELLER: Alamannen und Sueben; PATZOLD: Was ist schwäbisch?; MERTENS: Landesbewusstsein.
11. Vgl. v. a. RUTZ: Globalisierungsdiskursen; DERS.: Reisen; AUGE: Schleswig-Holstein; MICHELS: Düsseldorf. Daneben liegen zahlreiche Publikationen vor, die sich mit den kolonialen Verbindungen einer Region oder eines Ortes beschäftigen; siehe z. B. BECHHAUS-GERST/FECHNER/MICHELS: Nordrhein-Westfalen.

12 Explizit als Verbindung von Global- und Regionalgeschichte: PAULMANN: Regionen und Welten (zum deutschen »Südwesten« im 19. und 20. Jhdt.); HÄBERLEIN: Globalgeschichte (zu Bayerisch-Schwaben in der Frühen Neuzeit). Zur Kolonialgeschichte im regionalen Kontext vgl. etwa GREWE u. a.: Freiburg; GISSIBL/NIEDERAU: Weltläufigkeit (zu Mannheim und Nordbaden); DE CASTRO u. a.: Schwieriges Erbe (zum Linden-Museum und zu Württemberg) und jüngst die Tagung »Baden-Württemberg (post-)kolonial. Geschichtswissenschaftliche und zivilgesellschaftliche Perspektiven«, veranstaltet von der Akademie der Diözese Rottenburg Stuttgart, Fachbereich Geschichte, in Zusammenarbeit mit Bernd-Stefan Grewe, Johannes Großmann (beide Universität Tübingen) und der Initiative »Black History in Baden-Württemberg«, Weingarten, 17.–19.11.2022; vgl. PAULUS/SCHEIM: Tagungsbericht.

13 ULSHEIMER: Beschreibung, WLB, Cod. hist. fol. 116. – Eine vollständige kritische Edition fehlt bislang; es liegt eine ältere Teiledition von CRECELIUS: Reisen, sowie eine neuere gekürzte und sprachliche modernisierte Adaption von WERG (Bearb.): Beschreibung, vor. Allein die Kapitel zu West- und Westzentralafrika sind nach aktuellen wissenschaftlichen Standards ediert, kommentiert und ins Englische übersetzt, siehe JONES: German Sources, S. 18–43 und S. 340–356.

14 SELLKE: Schwäbische Weltenbummler, S. 10 (Vorwort des Hg.).

15 Allgemein zur Migrations- und Mobilitätsgeschichte der Region z. B. BAUMANN/KIESSLING: Mobilität und Migration.

16 Zu »Deutschen« in ndl. Handelskompanien siehe GELDER: Avontuur und das aktuelle Projekt von Philip HAHN (Saarbrücken): »Horizonte der Arbeit: Migration und Mobilität in der Frühen Neuzeit, regional bis global«. Zu der prominenten Rolle von Wundärzten vgl. die Überlegungen von KOSLOFSKY/ZAUGG: Barber-Surgeon.

17 ULSHEIMER: Beschreibung, WLB, Cod. hist. fol. 116, fol. 2v–3r.

18 ULSHEIMER: Beschreibung, WLB, Cod. hist. fol. 116, fol. 1r.

19 ULSHEIMER: Beschreibung, WLB, Cod. hist. fol. 116, fol. 14r (Häuser in Brasilien), 52r (Palast in Benin) und 46r (Gottesdienst an der Goldküste).

20 ULSHEIMER: Beschreibung, WLB, Cod. hist. fol. 116, fol. 43v.

21 Zum Kontext BECKER: Wissen. Für eine zeitgenössische Beschreibung der Reise vgl. SCHICKHARDT: Warhaffte Beschreibung Zweyer Raisen, fol. 54v zu der *teutschen Guardi* am großherzoglichen Hof in Florenz. Schickhardt zufolge datiert der Aufenthalt Friedrichs in der Toskana auf Mitte Januar: Am 14. Januar gab Friedrich ein Bankett in Florenz, bei dem auch weitere deutsche Fürsten anwesend waren; am 15. Januar reiste die württembergische Reisegesellschaft weiter nach Livorno; ebd., fol. 56r–57v.

22 ULSHEIMER: Beschreibung, WLB, Cod.hist.fol.116, fol. 5v–6r. Beide genannte Personen werden in PFEILSTICKER: Dienerbuch erwähnt, Cornelius § 178 als Trabant, Andreas Josua § 3184 als Chirurg (Verweis HAERING: Schwäbische Lebensbilder II, S. 461).

23 Vgl. FREEDMAN: Schwäbische Küche.

24 Ob Johannes von Bockenheim tatsächlich selbst in Rom tätig war, hat Laurioux jüngst – entgegen seinen eigenen früheren Thesen – in Frage gestellt; siehe LAURIOUX: Jean de Bockenheim, S. 315–317. Seine Zweifel sind v. a. auf eine Neubewertung der bekannten Indizien gestützt; ausgerechnet der einzige neue Beleg, den er vorgebracht hat, gründet jedoch auf eine Verwechselung von Augs-

burg und Salzburg (ebd., S. 317) – in Salzburg hat Claudia Märtl die Handschrift der Rezeptesammlung verortet, in Augsburg hingegen hat Johannes von Bockenheim 1423 eine Pfründe erhalten; vgl. MÄRTL: Papsthof, S. 51, Anm. 12.

25 MAIER: Registrum Coquine, no. 40 / 41 (*tortae*) und no. 75 (*stocbisch*). Vgl. auch LAURIOUX: Registre de cuisine.
26 Rezepte für *dorten* beziehungsweise *torten* unterschiedlichster Art finden sich in HAYER: Philippine Welser, S. 41–70 und S. 181–188 und STOPP: Sabina Welserin, S. 58–61 und S. 82–95.
27 JEGGLE: Gaisburg und Ulan-Bator, hier nach WEHNERT: Schwäbisches Essen, S. 126.
28 STOPP: Sabina Welserin, S. 56f.
29 MÜLLER: Welthandelsbräuche, S. 177.
30 OUERFELLI: Sucre. Vgl. auch den Klassiker: MINTZ: Sweetness.
31 ULSHEIMER: Beschreibung, WLB, Cod. hist. fol. 116, fol. 22r–22v.
32 LUIBRAND: Avignon.
33 HÄBERLEIN: Globalgeschichte, S. 23.
34 SCHULTE: Ravensburger Handelsgesellschaft, S. 297.
35 HANTZSCH: Reisende, S. 9. Siehe zur Geschichte und Rezeption der *conquista* in Venezuela DENZER: Konquista und nun auch MONTENEGRO: German Conquistadors.
36 Zu diesem Problem auch ZAUGG: Großfriedrichsburg. Allgemein ZANTOP: Colonial Fantasies.
37 Art. Heckler & Koch.
38 KUSSMANN-HOCHHALTER: Oberndorf und TÜRK: Rüstungsindustrie. Vgl. auch die Familienkorrespondenz von Wilhelm Mauser, abgedruckt bei EBELL: Wilhelm Mauser, bes. S. 16–27.
39 Mehmke hatte 1923/24 an der Technischen Hochschule Stuttgart mit einer Arbeit über den »Anteil der Technik an der Entwicklung von Wirtschaft und Kultur im alten Aegypten« promoviert; zu seiner weiteren Laufbahn vgl. die Hinweise in der Entnazifizierungsakte: Landesarchiv Baden-Württemberg, Abt. Staatsarchiv Sigmaringen, Staatskommissariat für die politische Säuberung (Spruchkammer Ehingen), Wü 13 T 2 Nr. 1132/005.
40 MEHMKE: Mauserwerke, S. 45.
41 MEHMKE: Mauserwerke, S. 44.
42 Zitiert nach SETZLER: Stadt, S. 243.
43 Vgl. SETZLER: Stadt, S. 243f.
44 Vgl. bis hier vor allem SETZLER: Stadt, S. 246–253, allgemeinere Aussagen auch bei BEHRINGER: Tamborakrise.
45 Absatz bis hier: Vgl. BEHRINGER: Tamborakrise, S. 22–32 und ZIMMERMANN: Akteurskonstellationen, S. 113f.
46 Vgl. insbesondere SETZLER: Stadt, S. 250f. und S. 265–258, siehe zudem BEHRINGER: Tamborakrise, S. 38.
47 GREWE: Restitution; DE CASTRO u. a.: Schwieriges Erbe.

QUELLEN- UND LITERATURVERZEICHNIS

QUELLEN

Landesarchiv Baden-Württemberg, Abt. Staatsarchiv Sigmaringen, Staatskommissariat für die politische Säuberung (Spruchkammer Ehingen), Wü 13 T 2 Nr. 1132/005.

SCHICKHARDT, Heinrich: Warhaffte Beschreibung Zweyer Raisen/welcher Erste (die Badenfahrt genannt) der DVrchleuchtig Hochgeborne Fürst vnnd Herr/Herr Friderich Hertzog zu Württemberg vnnd Teckh/Graue zu Mümppelgart/Herr zu Heidenheim/Ritter beeder vhralten Königlichen Orden/in Franckreich S. Michaels/vnd Hosenbandts in Engellandt/ etc. im Jahr 1592. Von Mümppelgart auß/in das weitberhümbte Königreich Engellandt: hernach im zu ruck ziehen durch die Niderlandt biß widerumb gen Mümppelgart/wol verrichtet, Tübingen 1603.

ULSHEIMER, Andreas Josua: Warhaffte Beschreibung ettlicher Raysen wie dieselbigen Mir: Andreas Josua Ultzheimer von Haydenheim auß dem Löblichen Hertzogthumb Württemberg etc: gebürtig, in aigner Person nit ohne sondere grosse gefahr, in Europa, Africa, OstIndien, und America tam Meridionali, quam Septentrionali, auch bey den Wilden, naketen Menschenfressern, zu Land, und auff dem ungeheuren Meer, innerhalb ungefahr XV. Jahren, mit Gottes hülff vollbracht hat, 1616, WLB Stuttgart, Cod. hist. fol. 116.

STOPP, Hugo (Hg.): Das Kochbuch der Sabina Welserin, Heidelberg 1980.

WERG, Sabine (Bearb.): Wahrhafftige Beschreibung ettlicher Raysen, wie dieselbigen Mr. Andreas Ultzheimer vollbracht hat (Alte abenteuerliche Reiseberichte), Tübingen/Basel 1971.

LITERATUR

Art. Heckler & Koch. »Bester Auftakt der Firmengeschichte«, in: Berliner Zeitung (06.05.2022), URL: https://www.berliner-zeitung.de/wirtschaft-verantwortung/heckler-koch-bester-jahresauftakt-der-firmengeschichte-li.226351 [zuletzt aufgerufen: 28.08.2023].

AUGE, Oliver: Schleswig-Holstein und die Welt. Globale Bezüge einer Regionalgeschichte, Kiel/Hamburg 2021.

BAUMANN, Reinhard/KIESSLING, Rolf (Hgg.): Mobilität und Migration in der Region (Forum Suevicum, Bd. 10/Tagung des »Memminger Forums für schwäbische Regionalgeschichte«, Bd. 13), Konstanz 2013.

BECHHAUS-GERST, Marianne/FECHNER, Fabian/MICHELS, Stefanie (Hgg.): Nordrhein-Westfalen und der Imperialismus, Berlin 2022.

BECKER, Sebastian: Zirkulation von technischem Wissen zwischen Italien und dem Reich. Eine Spurensuche, in: Sabina BREVAGLIERI/Matthias SCHNETTGER (Hgg.): Transferprozesse zwischen dem Alten Reich und Italien im 17. Jahrhundert. Wissenskonfigurationen – Akteure – Netzwerke, Bielefeld 2018, S. 29–60.

BECKERT, Sven: King Cotton. Eine Geschichte des globalen Kapitalismus, München ²2015.

BEHRINGER, Wolfgang: Die Tamborakrise. Zum Einfluss der Geologie auf die (menschliche) Geschichte, in: Senta HERKLE/Sabine HOLTZ/Gert KOLLMER-VON OHEIMB-LOUP (Hgg.): 1816 – Das Jahr ohne Sommer. Krisenwahrnehmung und Krisenbewältigung im deutschen Südwesten, Stuttgart 2019, S. 5–49.

Brauner, Christina/Dürr, Renate/Hahn, Philip/Overkamp, Anne-Sophie/Siemianowski, Simon (Hgg.): Encountering the Global in Early Modern Germany, New York/Oxford 2024 [im Druck].

Chakrabarty, Dipesh: Provincializing Europe. Postcolonial Thought and Historical Difference, Princeton ²2008.

Conklin Akbari, Suzanne: Where is Medieval Ethiopia? Mapping Ethiopic Studies within Medieval Studies, in: Bryan C. Keene (Hg.): Toward a Global Middle Ages. Encountering the World through Illuminated Manuscripts, Los Angeles 2019, S. 82–93.

Conrad, Sebastian: What is Global History?, Princeton 2016.

Conrad, Sebastian/Randeria, Shalini (Hgg.): Jenseits des Eurozentrismus. Postkoloniale Perspektiven in den Geschichts- und Kulturwissenschaften, Frankfurt a. M. ²2013.

Crecelius, Wilhelm (Hg.): Josua Ulsheimers Reisen nach Guinea und Beschreibung des Landes, in: Alemannia 7 (1879), S. 97–120 und 6 (1878), S. 90–126.

De Castro, Inés u. a. (Hgg.): Schwieriges Erbe. Linden-Museum und Württemberg im Kolonialismus. Eine Werkstattausstellung, Stuttgart 2021.

De Vries, Jan: The Limits of Globalization in the Early Modern World, in: The Economic History Review 63, Heft 3 (2010), S. 710–733.

Denzer, Jörg: Die Konquista der Augsburger Welser-Gesellschaft in Südamerika (1528–1556). Historische Rekonstruktion, Historiografie und lokale Erinnerungskultur in Kolumbien und Venezuela, München 2005.

Dodds Pennock, Caroline/Power, Amanda: Globalizing Cosmologies, in: Past & Present 238, Supplement 13 (2018), S. 88–115.

Ebell, Max: Wilhelm Mauser ein deutscher Erfinder. Sein Leben an Hand seiner Briefe dargestellt von Max Ebell, München 1921.

Freedman, Paul: Die schwäbische Küche, übersetzt von Ariane Hof, in: Sigrid Hirbodian/Tjark Wegner (Hgg.): Was ist schwäbisch? (landeskundig, Bd. 2), Ostfildern 2016, S. 145–166.

French, Howard W.: Born in blackness. Africa, Africans, and the making of the modern world, 1471 to the Second World War, New York 2021.

Gänger, Stefanie: »Lokal«. Bemerkungen zur Sprache der neueren Welt- und Globalgeschichte, in: Gabriele Lingelbach (Hg.): Narrative und Darstellungsweisen der Globalgeschichte (Schriften des Historischen Kollegs), Berlin/Boston 2022, S. 179–188.

Gänger, Stefanie/Osterhammel, Jürgen: Denkpause für Globalgeschichte, in: Merkur. Zeitschrift für europäisches Denken 74, Heft 855 (2020), S. 79–86.

Gelder, Roelof van: Het Oost-Indisch avontuur. Duitsers in dienst van de VOC (1600–1800), Nijmegen 1997.

Gissibl, Bernhard/Niederau, Katharina (Hgg.): Imperiale Weltläufigkeit und ihre Inszenierungen. Theodor Bumiller, Mannheim und der deutsche Kolonialismus um 1900, Göttingen 2021.

Grewe, Bernd-Stefan: Restitution aus der Nähe betrachtet. Die Rückgabe der Witbooi-Bibel und -Peitsche, in: Geschichte in Wissenschaft und Unterricht 71, Heft 9/10 (2021), S. 566–577.

Grewe, Bernd-Stefan u. a.: Freiburg und der Kolonialismus. Vom Kaiserreich bis zum Nationalsozialismus, Freiburg 2018.

HAAS, Stefan: »Worlding Knowledge«. Die Landesgeschichte im Kontext einer globalisierten akademischen Geschichtswissenschaft, in: Arnd REITEMEIER (Hg.): Landesgeschichte und public history (Landesgeschichte, Bd. 3), Ostfildern 2020, S. 33–44.

HÄBERLEIN, Mark: Globalgeschichte und Regionalgeschichte. Bayerisch-Schwaben und die außereuropäische Welt in der Frühen Neuzeit, in: Zeitschrift des Historischen Vereins für Schwaben 113 (2021), S. 11–41.

HAERING, Hermann u. a. (Hgg.): Schwäbische Lebensbilder II, Stuttgart 1940–1957.

HANTZSCH, Viktor: Deutsche Reisende des 16. Jahrhundert (Leipziger Studien aus dem Gebiet der Geschichte, Bd. 1,4), Leipzig 1895.

HAYER, Gerold (Hg.): Das Kochbuch der Philippine Welser, Leipzig 1983.

HEDINGER, Daniel/HEÉ, Nadin: Transimperial History – Connectivity, Cooperation and Competition, in: Journal of Modern European History 16, Heft 4 (2018), S. 429–452.

JEGGLE, Utz: Zwischen Gaisburg und Ulan-Bator, in: Cotta's kulinarischer Almanach 1999/2000, Stuttgart 1998, S. 115–120.

JENKINS, Paul: Württemberg als Hauptsäule der historischen Basler Mission – transregionale Erwägungen über Entwicklungen bis 1914, in: Blätter für württembergische Kirchengeschichte 116 (2016), S. 19–54.

JONES, Adam (Hg.): German Sources for West African History, 1599–1669 (Studien zur Kulturkunde, Bd. 66), Wiesbaden 1983.

KELLER, Hagen: Alamannen und Sueben nach den Schriftquellen des 3. bis 7. Jahrhunderts, in: Frühmittelalterliche Studien 23 (1989), S. 89–111.

KOSLOFSKY, Craig/ZAUGG, Roberto (Hgg.): A German barber-surgeon in the Atlantic slave trade. The seventeenth-century journal of Johann Peter Oettinger, Charlottesville/London 2020.

KUSSMANN-HOCHHALTER, Andreas: Kulturelle Geschichte Oberndorfs. Wir leben Vielfalt! – Migration und Integration. In Oberndorf schon immer?!, in: Internetpräsenz der Stadt Oberndorf. Stadt am Neckar (2019), URL: https://www.oberndorf.de/soziales/migration+und+integration/kulturelle+geschichte+oberndorfs [zuletzt aufgerufen: 28.08.2023].

KÜSTER, Thomas: Die Region als Handlungs- und Erfahrungsebene. Globale Perspektiven einer erweiterten Landes- und regionalen Zeitgeschichte, in: Sabine MECKING (Hg.): Landeszeitgeschichte (Hessisches Jahrbuch für Landesgeschichte, Bd. 70), Marburg 2020, S. 133–150.

LANGTHALER, Ernst: Orte in Beziehung. Mikrogeschichte nach dem Spatial Turn, in: Geschichte und Region/Storia e regione 21 (2012), S. 27–42.

LAURIOUX, Bruno: De Jean de Bockenheim à Bartolomeo Scappi: cuisinier pour le pape entre le XVe et le XVIe siècle, in: Armand JAMME/Olivier PONCET (Hgg.): Offices et papauté (XIVe – XVIIe siècle): charges, hommes, destins (Collection de l'École Française de Rome, Bd. 334), Rom 2005, S. 303–332.

LAURIOUX, Bruno: Le »Registre de cuisine« de Jean de Bockenheim, cuisinier du pape Martin V, in: Mélanges de l'Ecole française de Rome. Moyen-Age, Temps modernes 100, Heft 2 (1988), S. 709–760.

LUIBRAND, Julia: Avignon – Zucker erobert Europa (Die Humpis und Europa, Bd. 3), Ravensburg 2018.

Mack, Julia: Die Basler Mission und ihr Verhältnis zu Baden, in: Jahrbuch für badische Kirchen- und Religionsgeschichte 8/9 (2014/2015), S. 355–361.

Maier, Robert: Die Registrum Coquine des Johannes von Bockenheim im MS. BNF Latin 7054 (Monumenta culinaria, Bd. 3), Gießen 2003.

Märtl, Claudia: Humanistische Kochkunst und kuriale Ernährungsgewohnheiten um die Mitte des 15. Jahrhunderts, in: Herrschaft und Kirche im Mittelalter. Gedenksymposium zum ersten Todestag von Norbert Kamp, hg. in Zusammenarbeit der Braunschweigischen Wissenschaftlichen Gesellschaft mit der Technischen Universität Carolo-Wilhelmina zu Braunschweig, Braunschweig 2000, S. 47–70.

Mehmke, Rudolf Ludwig: Die Entwicklung der Mauserwerke, in: Der Deutsche Volkswirt, Sonderheft 1 (1934), S. 44–46.

Mertens, Dieter: Spätmittelalterliches Landesbewußtsein im Gebiet des alten Schwaben, in: Matthias Werner (Hg.): Spätmittelalterliches Landesbewußtsein in Deutschland, Ostfildern 2005, S. 93–156.

Michels, Stefanie: Düsseldorf und die Welt – Globalgeschichte goes regional, in: Düsseldorfer Jahrbuch. Beiträge zur Geschichte des Niederrheins 88 (2018), S. 69–94.

Mintz, Sidney W.: Sweetness and Power. The Place of Sugar in Modern History, New York 1985.

Montenegro, Giovanna: German Conquistadors in Venezuela. The Welsers' Colony, Racialized Capitalism, and Cultural Memory, Notre Dame 2022.

Müller, Karl Otto (Hg.): Welthandelsbräuche (1480–1540) (Deutsche Handelsakten des Mittelalters und der Neuzeit, Bd. 5), Stuttgart u. a. 1934, ND Wiesbaden 1962.

Ouerfelli, Mohamed: Le Sucre. Production, commercialisation et usages dans la Méditerranée médiévale (The Medieval Mediterranean, Bd. 71), Leiden 2008.

Patzold, Steffen: Was ist schwäbisch? Alamannen und Schwaben am Beginn des Mittelalters, in: Sigrid Hirbodian/Tjark Wegner (Hgg.): Was ist schwäbisch? (landeskundig, Bd. 2), Ostfildern 2016, S. 11–32.

Paulmann, Johannes: Regionen und Welten. Arenen und Akteure regionaler Weltbeziehungen seit dem 19. Jahrhundert, in: Historische Zeitschrift 296 (2013), S. 660–699.

Paulus, Mia/Scheim, Dominic: Tagungsbericht: Baden-Württemberg (post-)kolonial. Geschichtswissenschaftliche und zivilgesellschaftliche Perspektiven, in: H-Soz-Kult (09.06.2023), URL: www.hsozkult.de/conferencereport/id/fdkn-136663 [zuletzt besucht am 20.08.2023].

Pfeilsticker, Walther (Hg.): Neues württembergisches Dienerbuch, 2. Bde., Stuttgart 1957/1963.

Rutz, Andreas: Zwischen Globalisierungsdiskursen und neuer Heimatrhetorik. Herausforderungen für die Landesgeschichte im 21. Jahrhundert, in: Jahrbuch für Regionalgeschichte 39 (2021), S. 17–36.

Rutz, Andreas: Die langen Reisen des Zacharias Wagner (1614–1668), oder: Sächsische Landesgeschichte als »global history«, in: Neues Archiv für sächsische Geschichte 91 (2021), S. 81–111.

SCHÄBLER, Birgit: Zum Verhältnis von Regionalgeschichte (Area History) und Globalgeschichte (Global History) am Beispiel der Osteuropäischen Geschichte, in: Martin AUST/Julia OBERTREIS (Hgg.): Osteuropäische Geschichte und Globalgeschichte (Quellen und Studien zur Geschichte des östlichen Europa, Bd. 83), Stuttgart 2014, S. 307–316.

SCHÄR, Bernhard C.: Switzerland, Borneo and the Dutch Indies. Towards a New Imperial History of Europe, c. 1770–1850, in: Past & Present 257, Heft 1 (2022), S. 134–167.

SCHULTE, Aloys: Geschichte der Grossen Ravensburger Handelsgesellschaft, 1380–1530, Bd. 1: Erster Band (Deutsche Handelsakten des Mittelalters und der Neuzeit, Bd. 1), Stuttgart/Berlin 1923, ND Wiesbaden 1964.

SELLKE, Hartmut (Hg.): Schwäbische Weltenbummler (Kiechel, Ulsheimer, Mauch) (Schwäbische Lebensläufe, Bd. 9), Heidenheim a. d. Brenz 1971.

SETZLER, Wilfried: O gieb mir Brod, mich hungert. Die Stadt und die Universität Tübingen in den Hungerjahren 1816/17, in: Sigrid HIRBODIAN/Tjark WEGNER (Hgg.): Tübingen. Aus der Geschichte von Stadt und Universität (landeskundig, Bd. 4), Ostfildern 2018, S. 237–259.

STEBER, Martina: Region, in: Europäische Geschichte Online (EGO), hg. vom Leibniz-Institut für Europäische Geschichte (IEG), Mainz (19.03.2012), URL: http://www.ieg-ego.eu/steberm-2012-de [zuletzt besucht am 20.08.2023].

TÜRK, Fahri: Die deutsche Rüstungsindustrie in ihren Türkeigeschäften zwischen 1871 und 1914. Die Firma Krupp, die Waffenfabrik Mauser und die Deutschen Waffen- und Munitionsfabriken – Ein Beitrag zu deutsch-türkischen Beziehungen (Ethnien – Regionen – Konflikte, Bd. 13), Frankfurt a.M. 2007.

WEHNERT, Felicitas: Der Geschmack der Sehnsucht. Schwäbisches Essen, in: Die Schwaben: zwischen Mythos & Marke, hg. von Landesmuseum Württemberg, Stuttgart 2016, S. 121–127.

WENZLHUEMER, Roland u. a.: Forum Global Dis:connections, in: Journal of Modern European History 21, Heft 1 (2023), S. 2–33.

ZANTOP, Suzanne: Colonial Fantasies: Conquest, Family, and Nation in Precolonial Germany, 1770–1870, Durham/NC 1997.

ZAUGG, Roberto: Großfriedrichsburg – Brandenburg in Afrika, in: Andreas FAHRMEIR (Hg.): Deutschland. Globalgeschichte einer Nation, München 2020, S. 228–236.

ZIMMERMANN, Clemens: Akteurskonstellationen und politische Kommunikation in der Ernährungskrise, in: Senta HERKLE/Sabine HOLTZ/Gert KOLLMER-VON OHEIMB-LOUP (Hgg.): 1816 – Das Jahr ohne Sommer. Krisenwahrnehmung und Krisenbewältigung im deutschen Südwesten, Stuttgart 2019, S. 113–131.

Das Dekumatland in der antiken Welt: Religiöse und kulturelle Diversität im römischen Südwestdeutschland

Hartmut Blum

1. Vorbemerkung: Die geostrategische und politische Lage des römischen Reiches

Wer immer sich mit dem Thema »Rom im deutschen Südwesten« befasst, wird zunächst mit der Frage konfrontiert, wie und warum die Römer überhaupt dorthin gelangten, denn eine Expansion in die unzugänglichen und unwirtlichen europäischen Binnenräume im Westen und Norden war weder logistisch einfach zu bewerkstelligen, noch kam sie der Mentalität der mediterranen Großmacht entgegen. Ein Beleg für Letzteres ist etwa Tacitus, der gegen Ende des 1. Jahrhunderts n. Chr. in seiner *Germania* darüber schreibt, wie rau (*asper*) und trübselig (*tristis*) es dort sei, und dass dies eigentlich nur die Eingeborenen (*indigenae*) ertragen könnten.[1] Auf der anderen Seite jedoch hatte das römische Reich ein unbestreitbares Sicherheitsproblem mit den Regionen nördlich der Alpen, denn die kleinteilige Stammeswelt Mitteleuropas barg stets das Potential für plötzliche und dynamische Entladungen, die nicht vorherzusehen waren. Mit anderen Worten: Aus fast heiterem Himmel konnten sich kriegerische Vorstöße, Plünderungszüge und Migrationswellen in Richtung Süden entfalten, wie sich zuletzt schmerzlich in dem berühmt-berüchtigten Zug der Kimbern und Teutonen um 120/100 v. Chr. gezeigt hatte, als die Römer mehrere schwere Niederlagen hinnehmen mussten und die keltisch-germanischen Angreifer am Ende nur mit Mühe abwehren konnten. Vor diesem Hintergrund erscheint es dann eher verwunderlich, wie spät das Imperium Romanum eine aktive und auf Dauer angelegte Vorfeldsicherung für Italien einleitete. Bekanntlich war es Cäsar, der bis 50 v. Chr. den Rhein erreichte, und die Donaugrenze wurde gar erst unter Augustus in einer Reihe von Feldzügen, die 15 v. Chr. abgeschlossen waren, gewonnen. All dies geschah wohlgemerkt zu einer Zeit, in der das römische Reich schon längst die unbestrittene Supermacht der antiken Welt war, so dass man, wie gesagt, durchaus fragen darf, weshalb die Römer nicht schon viel früher nach Norden ausgriffen. Dies wiederum ist letztlich den komplexen inneren Verhältnissen Roms geschuldet. Die römische Republik wurde nämlich von einigen wenigen sehr vornehmen Familien regiert (man bezeichnet diese als die römische Nobilität), deren Oberhäupter im Senat saßen und von dort aus den Staat kontrollierten, dabei aber untereinander in einem hochkompetitiven Wettbewerb um Macht und Einfluss standen. Solche Strukturen erschweren natürlich eine an geostrategischen Gesichtspunkten orientierte Außenpolitik aus einem Guss, und zudem scheute der Senat als Ganzes lange Zeit die Einrichtung von Gebieten direkter Herrschaft, sogenannten Provinzen, um seine einzelnen Mitglieder nicht zu mächtig werden zu lassen, da sie als Provinzstatthalter fern von Italien an der Spitze von Armeen ihrem Ehrgeiz allzu freien Lauf hätten lassen können. Als die interne Konkurrenz innerhalb der Nobilität im 1. vorchristlichen Jahrhundert schließlich eskalierte und in eine Serie von Bürgerkriegen um die Alleinherrschaft mündete, war an politische Planungen überhaupt nicht mehr zu denken, und so blieb es den eben erwähnten Protagonisten der beginnenden Monarchie – Cäsar und vor allem Augustus – überlassen, hier Abhilfe zu schaffen.[2]

Augustus konsolidierte das römische Reich durch eine Reihe von Reformen, die das Kaisertum als neue Herrschaftsform begründeten und die dem Imperium rund zweieinhalb Jahrhunderte Stabilität und Frieden bescheren sollten. Insbesondere stellte er das römische Militär auf eine neue organisatorische Grundlage, denn es waren nicht zuletzt Massen unzufriedener Legionäre gewesen, die sich in den vorangegangenen Jahrzehnten für die politischen Ambitionen ihrer Feldherren hatten instrumentalisieren lassen und so der republikanischen Ordnung ein gewaltsames Ende bereiteten. Augustus sorgte daher dafür, dass die römischen Soldaten in Zukunft eine klar geregelte Dienstzeit und eine sichere Altersversorgung bekamen (daran hatte es zuvor gemangelt). Außerdem erhielten sie natürlich mehr Geld – in Form von Münzen, auf denen sie das Konterfei des Herrschers täglich daran erinnerte, wem sie all das zu verdanken hatten. Trotz der Einführung einer neuen Steuer, die diese Reformen finanzieren sollte, waren Soldaten im römischen Reich ab diesem Zeitpunkt kostspielig; Augustus hatte ihre politische Loyalität und die Zustimmung zu seiner Herrschaft im wahrsten Sinne des Wortes teuer erkauft. Da es auch aus herrschaftspolitischen

Gründen ratsam erschien, die Bürgerkriegsarmeen zu demobilisieren (denn jede Truppeneinheit war ein möglicher Anknüpfungspunkt für einen ehrgeizigen römischen Senator, gegen Augustus aufzubegehren), versuchte man in Rom von da an, mit einem Minimum an Bewaffneten auszukommen: Man schätzt, dass nach dem Sieg über Marc Anton und Kleopatra im Jahre 30 v. Chr. die Heeresmacht im Reich halbiert wurde. Übrig blieben rund 150.000 Legionäre und noch einmal so viele Hilfstruppen, sogenannte Auxiliareinheiten, die jetzt allerdings sehr, sehr lange Grenzen zu bewachen hatten, vor allem an Rhein und Donau, von denen oben schon die Rede war, und im Osten am Euphrat und in Mesopotamien.

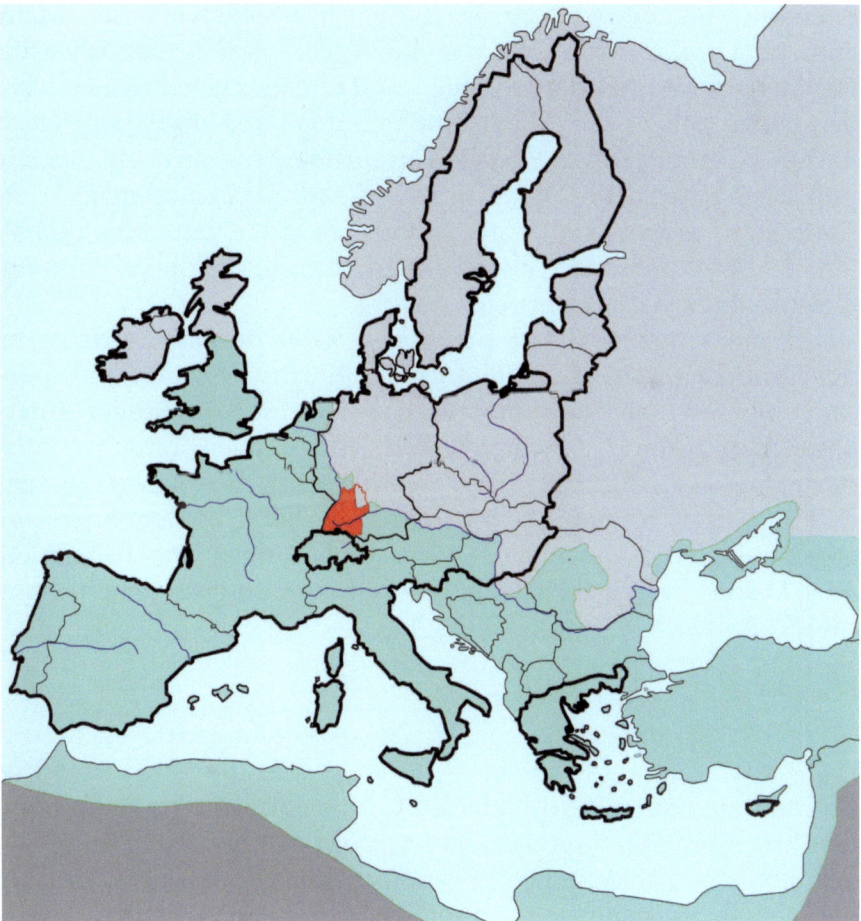

Abb. 1: Imperium Romanum (grün) im 2. Jahrhundert n. Chr. und heutige Grenzen.

Das Dekumatland in der antiken Welt: Religiöse und kulturelle Diversität | 47

Dass das Imperium Romanum der Kaiserzeit somit tendenziell untermilitarisiert war, erkennt man etwa daran, dass die wohl ab 13 v. Chr. am Rhein stationierten Legionen eine Doppelfunktion erfüllen mussten. Zum einen schreckten sie Angriffe der Germanen von jenseits des Flusses auf Gallien ab, aber zum anderen konnten sie durch gut ausgebaute Straßenverbindungen schnell ins gallische Hinterland marschieren, um etwaige Aufstände gegen Roms Herrschaft niederzuschlagen; und so wirkten die Grenztruppen am Rhein zugleich fast wie eine über das Land verteilte Besatzungsarmee. Ein anderes Beispiel dafür, wie knapp kalkuliert das neue Heer des Augustus war, zeigt sich in der Tatsache, dass der großangelegte Zangenangriff auf das Markomannenreich des Marbod in Böhmen im Jahre 6 n. Chr. (sechs Legionen sollten über den Main angreifen, und weitere sechs vom heutigen Österreich aus über die Donau nach Norden ziehen), sang- und klanglos abgebrochen werden musste, als es kurz darauf in Pannonien und Illyrien auf dem Balkan zu einer großen Revolte kam. Anders als einst im zweiten punischen Krieg (218–201 v. Chr.), als die Römer Hannibal und den Karthagern immer wieder neue Legionen entgegenwarfen, konnten in dieser Situation zwei größere Konfliktherde nicht mehr gleichzeitig bewältigt werden.[3]

Zusammengefasst lässt sich also feststellen, dass Soldaten in der römischen Kaiserzeit ein rares Gut geworden waren und sparsam eingesetzt werden mussten; dies erreichten die Römer durch Straßen, durch das Ausnutzen von Flussgrenzen, und, wo dies nicht ging, durch Befestigungen, wie wir gleich noch sehen werden. Das Imperium Romanum geriet dadurch – bis zu seinem Ende – in eine strategische Defensive. Große Eroberungen wie Britannien oder Dakien waren fortan die Ausnahme – und sie hatten ihren Preis.

2. Die Römer besetzen das Dekumatland

Das heutige Baden-Württemberg blieb von all dem lange Zeit unberührt, wenn man von den Gebieten um den Bodensee und südlich der Donau absieht. Die Region rechts des Rheins und nördlich der Donau, die später so genannten *agri decumates* (Dekumatland), geriet erst einige Zeit nach Augustus ins Fadenkreuz römischer Strategen, und zwar im Zusammenhang mit den innerrömischen

Wirren 68/69 n. Chr., die auch als das »Vierkaiserjahr« bekannt sind. Damals war nach dem unfreiwilligen Selbstmord Neros, der sich als denkbar ungeeigneter Herrscher erwiesen hatte, für einen Moment der Bürgerkrieg in das römische Reich zurückgekehrt. Die Dynastie des Augustus war mit Nero erloschen und es stand kein Nachfolger als Kaiser bereit. Infolgedessen hoben die großen Heeresgruppen ihre jeweiligen Kommandeure auf den Schild und entschieden auf dem Schlachtfeld, wer regieren sollte. Im Verlauf dieser Ereignisse rückte die Rheinarmee in Italien ein, es kam zu mehreren blutigen Schlachten, zu Plünderungen und sogar in Rom selbst zu erheblichen Zerstörungen. Dass Kaiser Vespasian, der sich am Ende des Vierkaiserjahres als Kandidat der Euphrat- und Donaulegionen erfolgreich gegen das sogenannte »germanische« Heer und dessen Prätendenten Vitellius durchsetzte, intensiv darüber nachgedacht haben dürfte, wie solch traumatische Vorgänge in Zukunft vermieden werden könnten, liegt auf der Hand, und offenbar waren er und seine Berater der Ansicht, dass man die vitellianischen Truppen noch rechtzeitig mit Verbänden aus dem Donauraum hätte abfangen können, wenn es eine gut ausgebaute Straße zwischen dem oberen Rhein (Straßburg) und der Provinz Rätien und ihrer Hauptstadt Augsburg gegeben hätte – der Plan einer römischen Besetzung von Schwarzwald und Schwäbischer Alb samt Neckarvorland war somit geboren.

Was nun folgte, wissen wir ausschließlich aus archäologischen Quellen: von Ausgrabungen, Bodenfunden und Inschriften. Rom drang ab 70 n. Chr. in das Dekumatland ein und überzog es sukzessive mit einem Netz von Straßen, Siedlungen und Militärposten. Dabei wurde die Grenze zum Germanenland bis ca. 120 n. Chr. in mehreren Etappen vorverlegt und begradigt, und: sie wurde befestigt in Form der jedem Autobahnfahrer in Baden-Württemberg bestens bekannten und seit 2005 in die Liste des UNESCO-Weltkulturerbes aufgenommenen Limesanlagen. In der Provinz Obergermanien wurden Wachttürme, Wall und Graben sowie zeitweise eine Holzpalisade errichtet, in der Provinz Rätien (die Grenze wird im heutigen Rotenbachtal bei Schwäbisch Gmünd vermutet) ebenfalls Wachttürme, die ab etwa 180 n. Chr. mit einer durchgehenden Steinmauer verbunden wurden. Wenn man sich die Rekonstruktionen dieser Befestigungen vor Augen führt, wird freilich auf den ersten Blick klar, dass sie keineswegs als unüberwindliches Annäherungshindernis gedacht gewesen sein können. Es ging vielmehr wieder einmal darum, Besatzungssoldaten »einzusparen«, denn mit der Ausdehnung des römischen Gebietes über Rhein und Donau hinaus war eine neue Grenze entstanden, die natürlich bewacht werden musste, und dies weitgehend ohne dass man sich zu deren Schutz größerer Flüsse hätte bedienen können. Dennoch mussten im 2. und 3. Jahrhundert n. Chr. insgesamt etwa 20.000 Soldaten am Limes stationiert werden, wofür man allerdings keine Legionssoldaten einsetzte, die das römische Bürgerrecht besaßen, sondern samt und sonders Hilfstruppeneinheiten aus anderen Provinzen des Reiches.[4]

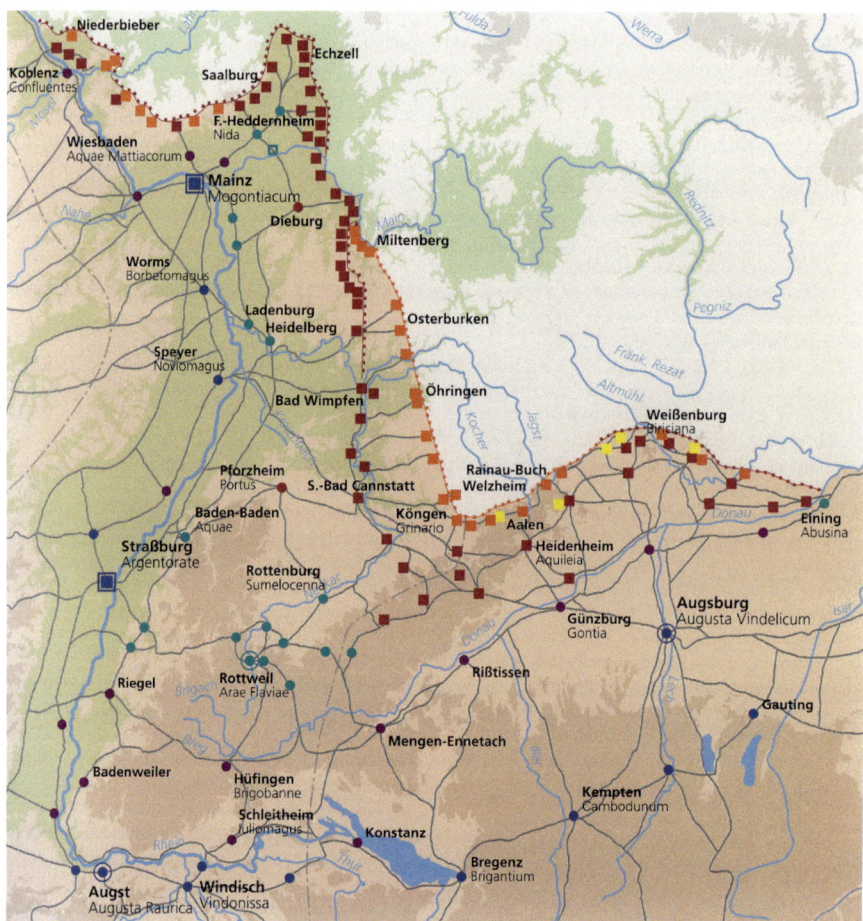

Abb. 2: Obergermanisch-raetischer Limes, letzte Ausbauphase ab ca. 115 n. Chr.

3. Bevölkerung und Kultur in den *agri decumates*

Der Raum, in den die Römer damals einrückten, war weitgehend menschenleer, auch wenn dies mitunter anders dargestellt wird: Die archäologischen Befunde sprechen hier eine recht eindeutige Sprache, und sie werden von der schriftlichen Überlieferung bestätigt. Laut Tacitus nämlich war der hercynische Wald, das heißt die Mittelgebirge östlich des Oberrheins bis hin zum Bayerischen Wald, von jeher das angestammte Siedlungsgebiet der keltischen Helvetier gewesen;[5] diese aber saßen schon zu Cäsars Zeiten nur noch südlich des Bodensees und des Hochrheins, wo sie sich beständiger germanischer Angriffe zu erwehren hatten.[6] Sie waren also von Germanen (vermutlich Sueben) aus dem Dekumatland nach Süden verdrängt worden. Die Germanen wiederum waren in der Folge von den Römern zurückgeschlagen worden, zunächst durch Cäsars Sieg über Ariovists Sueben im Jahre 58 v. Chr., und dann in Form der Abwanderung der suebischen Markomannen unter Marbod 8 v. Chr. aus der Maingegend nach Böhmen, um dem römischen Druck auszuweichen. Um Christi Geburt war das Gebiet des heutigen Südwestdeutschlands daher sehr dünn besiedelt, und noch der kaiserzeitliche Geograph Ptolemaios spricht in diesem Zusammenhang von der sogenannten »Helvetier-Einöde«[7]. Dass die *agri decumates* im Zuge der römischen Okkupation praktisch ganz neu besiedelt wurden, scheint denn auch hinter dem taciteischen Verdikt zu stehen, man dürfe die Einwohner des Dekumatlandes keinesfalls als Germanen betrachten, es handle sich bei ihnen vielmehr um leichtfertige und abenteuerlustige Gallier, die eingewandert seien.[8]

Zunächst aber kamen Soldaten, man würde gerne sagen: »aus aller Herren Länder«, richtiger ist jedoch: »aus allen Ländern des [römischen] Herrschers«. Dabei sind die gerne als Beleg hierfür angeführten Benennungen der römischen Auxiliareinheiten nach Untertanenvölkern (so sind im Dekumatland zum Beispiel eine »Thraker-Kohorte« [heutiges Bulgarien], mehrere »Aquitanier-Kohorten« und auch Treverer [aus der Gegend um Trier] und Dalmater bezeugt) insofern etwas irreführend, als die ursprünglich »nationale« Basis der Hilfstruppenaushebung in den meisten Fällen bis 100 v. Chr. längst einer individualisierten Rekrutierung gewichen war. Zwar dienten in den *Auxilia* damals immer noch Provinzbewohner ohne römisches Bürgerrecht unter römischen Offizieren, doch kamen sie mittlerweile aus allen möglichen Regionen des Reiches, die ethnische Homogenität der Kohorten war verschwunden, und nur noch deren jeweilige Namen kündeten davon, dass dies einst anders gewesen war. Von dieser Regel gibt es allerdings wichtige Ausnahmen, nicht zuletzt die Numerus-Soldaten aus Britannien (möglicherweise eine Art Pioniertruppe), die *Brit(t)ones*, die zunächst in den Odenwald kamen und später dann beispielsweise in Welzheim belegt sind.[9] Es gab im Dekumatland sogar eine Art »Landsmannschaft« dieser Britannier, in Walldürn bei Tauberbischofsheim wurde ein Altar für die Göttin Fortuna gefunden, den die *gentiles Brit(onum)* (wörtlich: die »Britannisch-Stämmigen«) gestiftet haben. – Daneben zeigen aber auch die Einzelbelege für Soldaten und Veteranen am Limes im Hinblick auf deren Herkunftsgebiete einen verblüffend weiten geographischen Horizont: Um eine ausgesprochene Besonderheit handelt es sich bei der Grabinschrift für einen Offizier der *legio XI* aus Mailand, die man in Wutöschingen bei Waldshut entdeckt hat, denn sie ist – anders als üblich – nicht auf Stein, sondern auf einer Bronzetafel aufgebracht. Hier greifen wir offensichtlich noch die Frühphase der Okkupation, in der auch Legionen im Dekumatland operierten. Ebenfalls aus Italien, genauer gesagt aus Piacenza, stammte Veturius Dexter, der in einer Freiwilligenkohorte römischer Bürger diente, und dessen Grabstein in Baden-Baden gefunden wurde. Ob Quintus Lucius Afer, dessen Entlassungsurkunde man in Faimingen bei Dillingen (unweit von Heidenheim) ausgegraben hat, tatsächlich ein Afrikaner war, wie man aus dem Beinamen »Afer« ableiten wollte, ist eher zu bezweifeln, denn solche *cognomina* konnten durch alle möglichen Umstände veranlasst sein und wurden bekanntlich über Generationen hinweg vererbt; das Militärdiplom bezeugt aber immerhin auch seinen Reiteroffizier Marcus Ulpius Dignus aus Cibalae im Osten Kroatiens. Einen »echten« (Nord-)Afrikaner hingegen haben wir mit Quintus Terminus vor uns, er kam aus dem tunesischen Sicca an den Neckar, sicherlich als Soldat, denn er stiftete den »Göttern des Exerzierplatzes«, den sogenannten *Campestres*, in Benningen einen Altar. Vom Schwarzen Meer wiederum stammte Manlius Magnus, nämlich aus Sinope in der heutigen Türkei, der als Offizier der bereits erwähnten *Brit(t)ones* der Fortuna eine Inschrift weihte, und zwar in Eulbach im Odenwald. In die erste Hälfte des 3. nachchristlichen Jahrhunderts, mithin die Endphase der römischen Präsenz rechts des Rheins, datiert schließlich der Grabstein der Brüder Aurelius Saluda und Aurelius Regrethus aus Bad Cannstatt. Wie die Namensform »Aurelius« nahelegt, hatten die beiden (oder ihre unmittelbaren Vorfahren) das römische Bürgerrecht erst 212 n. Chr. durch die sogenannte *Constitutio Antoniniana* erhalten, als Kaiser Caracalla alle freien Reichsbewohner zu Römern erklärte und ihnen im Zuge dessen sein Gentilnomen »Aurelius« vermachte (Caracallas voller Name lautete Marcus Aurelius Antoninus). Besonders viele solcher »Aurelier« kennt man aus dem Osten des römischen Reiches, wo das Bürgerrecht zuvor noch nicht so weit verbreitet gewesen war, und auch Aurelius Saluda und Aurelius Regrethus dürften ursprünglich dort beheimatet gewesen sein, denn auf ihrem Grabstein ist ein sogenannter Kataphraktenreiter abgebildet, der die Brüder als Angehörige dieser Spezialeinheit von Panzerreitern, die seit severischer Zeit, also ab etwa 200 n. Chr., in Syrien und Nordmesopotamien ausgehoben wurde, ausweist.[10] Die Zivilbevölkerung, die sich im Schutze der römischen Armee dann nach und nach im Dekumatland ansiedelte, kam demgegenüber hauptsächlich aus den angrenzenden Regionen, Tacitus trifft mit seiner oben zitierten Aussage also durchaus ins Schwarze. Dies zeigt eine Fülle von Inschriften, die Personen aus Gallien, den Alpenländern und dem Nordbalkan belegen. Exemplarisch seien an dieser Stelle etwa mehrere Helvetier in Rottenburg genannt, die also »zurück« gesiedelt waren, oder ein Mediomatriker aus dem heutigen Lothringen, den es nach Brackenheim verschlug. Immerhin fand man auf dem Heiligenberg bei Heidelberg die Grabinschrift des Marius Apollinaris aus Askalon in Palästina, doch ob dieser nicht doch ein Soldat oder Veteran war, muss offenbleiben.[11]

Dieser doch sehr beachtlichen ethnisch-geographischen Buntheit in der Herkunft der Bewohner des Limesgebietes steht freilich etwas gegenüber, das wir als zivilisatorisch-kulturelle Einförmigkeit, ja Eintönigkeit wahrnehmen – ein Blick in die unmittelbare Nachbarschaft Tübingens mag hier schon genügen. Ob es nun die Ausgrabungen in Rottenburg unter dem Parkhaus »Sprollstraße« sind oder diejenigen in Hechingen-Stein: Überall treffen wir dieselbe römische Kultur an, die im Westen fast schon kanonisch ohne große Variationsbreite reproduziert wurde und an die sich im Ostteil des Imperiums eine etwas variantenreichere, aber eben doch immer noch ganz typische kaiserzeitliche materielle Kultur anschloss. Ihre baulichen Kennzeichen sind – in bemerkenswerter Homogenität von Schottland bis an den Euphrat und an den Sahararand – Theater, Arenen, Aquädukte, Thermen mit Fußbodenheizungen, Villen mit Mosaiken, und immer wieder Straßen, seien es Fernstraßen auf Trassen, die heute noch genutzt werden, Prachtstraßen oder Säulenstraßen in Städten, sowie Städte mit rechtwinkligem Straßenmuster und rechteckigen, von Säulengängen eingefassten Platzanlagen. Die Entstehung und Ausbreitung dieser universellen kaiserzeitlichen römisch-griechischen Zivilisation wird von der modernen Forschung in einer »formativen Periode« in dem Jahrhundert zwischen ca. 30 v. Chr. und 70 n. Chr. verortet, ein Vorgang, der, bezogen auf den Westen des römischen Reiches, traditionell als »Romanisierung« bezeichnet wird und zu dem unter anderem auch eine außerordentliche Großzügigkeit der Römer in der Gewährung ihres Bürgerrechts gehört, die in der oben erwähnten *Constitutio Antoniniana* gipfelte. Dabei gab es schon lange vorher »Automatismen der Integration«, etwa, dass Auxiliarsoldaten nach ihrem Dienst römische Bürger wurden, wie oben bereits erwähnt.

In einem berühmt gewordenen Kapitel aus der Biographie seines Schwiegervaters Gnaeus Iulius Agricola beschreibt Tacitus diesen Prozess der Romanisierung am Beispiel Britanniens, wo Agricola von 77 bis 84 n. Chr. als Statthalter wirkte:

Der folgende Winter wurde mit überaus heilsamen Maßnahmen verbracht. Denn um die verstreuten und rohen und darum leicht zum Krieg geneigten Menschen an Ruhe und Muße durch Genüsse zu gewöhnen, ermunterte er [Agricola, HB] sie persönlich, unterstützte sie öffentlich, dass sie Tempel, Märkte, Häuser errichten sollten, wobei er die Raschen lobte und die Trägen schalt: So war Wetteifer um die Ehre an Stelle des Zwanges getreten. Dann ließ er die Söhne der Fürsten in den freien Künsten bilden und stellte die Begabung der Britannier über die Bemühungen der Gallier, so dass die, welche eben noch die römische Sprache abwiesen, jetzt Beredsamkeit begehrten. In der Folge kam sogar unser Aussehen zu Ehren, und die Toga wurde häufig. Und allmählich ging man zu Annehmlichkeiten und Ausartungen über, zu Säulenhallen, Bädern und erlesenen Festgelagen. Und das hieß bei den Unerfahrenen Kultur [humanitas], während es ein Teil der Knechtschaft war.[12]

Man sieht deutlich, dass die Romanisierung auch bei Tacitus viel mehr ist als ein bloßes Bauprogramm: Er skizziert einen kompletten, tiefgehenden Kulturwandel, der alle Lebensbereiche der Betroffenen gewissermaßen umkrempelt. Vor allem aber arbeitet der taciteische Agricola in diesem Zusammenhang auf fast schon zynische und hinterhältige Weise eine herrschaftspolitische Agenda ab, deren Ziel es ist, den Untertanen ihren Freiheitssinn abzugewöhnen und sie gewissermaßen zu »zähmen«; eine Darstellung, die so pointiert und zugespitzt ist, dass sie unweigerlich die Frage herausfordert, ob das wirklich stimmt. Und tatsächlich, man kann bei der schon mehrfach thematisierten Bürgerrechtspolitik der Römer gewisse pragmatische Aspekte kaum in Abrede stellen: Wer für Rom in den *Auxilia* kämpfte, bekam Geld, eine Altersversorgung und eine rechtliche Besserstellung als *civis Romanus* – Kooperation und Loyalität wurden also belohnt durch sozialen Aufstieg und Privilegien, und einen vergleichbaren Mechanismus kann man auch in Bezug auf die Führungseliten der Provinzbevölkerung beobachten. Gerade in Gallien kennen wir sehr viele Stammesadelige, die unter Augustus und seinen Nachfolgern römische Bürger wurden. Unter Kaiser Claudius erhielten diese Familien 48 n. Chr. Zugang zum römischen Senat, und wir finden sie dementsprechend als Offiziere und Statthalter im Heer und in der Provinzialverwaltung wieder, pikanterweise bisweilen als Anführer separatistischer Revolten – der wohl berühmteste Fall ist Arminius, der Sieger der Schlacht im Teutoburger Wald 9 n. Chr., der sogar ein römischer Ritter, also Angehöriger der zweitvornehmsten sozialen Gruppe im Imperium, war. In der Regel funktionierte die Gleichung »Belohnung für treue Dienste« jedoch auch bei den provinzialen Oberschichten, und mit dem Instrument des latinischen Stadtrechts, das Provinzstädte erhielten, wenn sie sich in Sprache und Verwaltung an das römische Vorbild anglichen (die bauliche Romanisierung war zumeist der allererste Schritt), wurde ein weiterer Automatismus für den Weg ins römische Bürgerrecht geschaffen. Hierbei erhielten die Stadträte latinischer Gemeinden gemeinsam mit ihren Familien die *civitas Romana*, was das *ius Latii* zu einer Art Vorstufe für die vollständige Aufnahme einer Provinzgemeinde in den römischen Bürgerverband werden ließ.

Summa summarum lässt sich durchaus sagen, dass die Römer in der Kaiserzeit – mit Erfolg – versuchten, die Ressourcen ihrer Untertanen für die Beherrschung ihres Weltreiches einzusetzen: Ihre Wehrkraft für die römische Armee (dies war im Übrigen der Gedanke hinter der oben erwähnten ethnisch basierten Hilfstruppenaushebung: Man entzog dadurch den Provinzialen das Potential für Aufstände und setzte diese Kräfte an anderer Stelle und unter römischem Kommando herrschaftsstabilisierend ein), ihre Elite für führende Positionen in Militär und Administration. Und so beherrschten oder verwalteten sich die Untertanen im Grunde genommen bis zu einem gewissen Grad selbst – kein neuer Gedanke, man kennt das zum Beispiel schon aus dem persischen Achämenidenreich, und noch die Briten sind in ihren Kolonien, zuvorderst in Indien, auf die gleiche Weise verfahren.

Allerdings, und auch das lehren diese Parallelen, ist die Ausbreitung der eigenen Zivilisation, so, wie das die Römer propagierten und umsetzten, historisch eher selten, sie ist ja auch mit Kosten verbunden, nicht nur mit finanziellen (obwohl der diesbezügliche Aufwand im Imperium Romanum zweifellos erheblich war), sondern auch mit »Akkulturationsstress«, einer sozialpsychologischen Verunsicherung vieler Untertanen, die zu Aufständen führen kann, so dass die meisten Weltreiche bei der angestrebten »Selbstverwaltung« ihrer Untertanen eher »minimalinvasiv« vorgingen. Aus diesem Grund denkt die moderne Forschung überwiegend, dass die Nutzenerwägungen und der unbestrittene tatsächliche Nutzen bei der Romanisierung letztlich nicht im Zentrum standen, sondern diese einer spezifischen Ideologie beziehungsweise einem Diskurs folgte, nämlich einem gemeinsamen Zivilisierungsprojekt, welches davon ausging, dass die städtische Lebensweise nach griechisch-römischem Vorbild die Menschen ihre eigentlichen Potentiale erst ausschöpfen lasse und ihre Verbreitung die Welt somit besser, menschlicher mache. Diese Auffassung findet sich in zahlreichen Werken der antiken Literatur (verwiesen sei auf das am Ende dieses Beitrags angeführte Zitat von Aelius Aristides), für Rom bedeutete sie eine Verpflichtung, das Licht der Zivilisation in die hintersten Winkel der Welt zu tragen, weswegen sie im selben Atemzug eine glänzende Rechtfertigung der römischen Herrschaft war – wie Plinius der Ältere es mustergültig ausdrückt:

> [Italien ist ein Land], das nach dem Willen der Götter dazu ausersehen ist, … die zerstreuten Mächte zu vereinigen, die Sitten zu veredeln, die verschiedenartigen und rohen Sprachen so vieler Völker durch die Gemeinsamkeit der Umgangssprache zusammenzuführen, den Menschen Menschlichkeit zu verleihen [humanitatem homini daret], kurz, das alleinige Vaterland aller Völker auf dem ganzen Erdkreis zu werden.[13]

Das lässt an Deutlichkeit nichts zu wünschen übrig; für die meisten Untertanenvölker waren Zivilisation und Romanisierung hingegen ein Angebot, das – wie sich am Resultat erkennen lässt – letzten Endes überzeugte und bereitwillig angenommen wurde, so dass sich das römische Reich im Laufe der Kaiserzeit aus einem Zwangsverband unterjochter Völker schließlich in eine gewiss multiethnische, aber kulturell eben eintönige Gemeinschaft römischer Bürger verwandelte – auch im Dekumatland.[14]

4. Kulte und religiöse Vielfalt

Es gibt einen einzigen Bereich, der im Imperium Romanum in puncto kulturellen Anpassungsdrucks scheinbar (!) eine Ausnahme bildete, und zwar der Bereich »Religion und Kultus«. – »Jedes Volk hat seine Religion, Laelius, wie wir die unsere«, sagte schon Cicero in seiner Rede für Flaccus,[15] und dieses Bonmot gilt gemeinhin als Leitspruch der religiösen Toleranz, durch die sich die Römer – betont sei bereits an dieser Stelle: angeblich – auszeichneten.

In der Tat waren die Götter, die auf dem Gebiet der *agri decumates* bezeugt sind, wirklich so bunt wie die Menschen, die dort lebten. Natürlich kamen zunächst die römischen Staatsgötter ins Land, die kapitolinische Trias Iuppiter, Iuno und Minerva, die man von zahlreichen Weihealtären kennt, innerhalb wie außerhalb der Militärlager. Damit verbunden war häufig der Kult für den Herrscher und seine Familie, die *domus divina*, der sicherlich in erster Linie politische Implikationen transportierte, aber durchaus auch römische Identität gestiftet haben dürfte. Zu diesen rein römischen Göttern kommt etwas hinzu, das man in Anlehnung an Tacitus[16] gerne als *interpretatio Romana* bezeichnet: keltische und germanische Götter, die man mit einer römischen Gottheit identifizierte und ihnen entsprechende Doppelnamen gab. So fand man in Sontheim an der Brenz (Landkreis Heidenheim) einen Altar für den Heilgott Apollo-Grannus, dem in Faimingen und in Neuenstadt am Kocher imposante Heiligtümer errichtet wurden, und aus Badenweiler im Markgräflerland stammt ein Altar für Diana Abnoba, die Göttin des Schwarzwaldes (bei Ptol. geogr. 2,11,7 wird der Schwarzwald »Abnoba-Gebirge« genannt). Ein weiteres Beispiel für eine doppelte Benennung ist schließlich Mars Caturix, den man in Böckingen bei Heilbronn verehrte, hier hört man die keltische Namenswurzel ganz deutlich. Keltisch-germanische Götternamen konnten aber auch für sich alleine stehen, man erkennt hier eine Abstufung »römisch« – »römisch/einheimisch« – »einheimisch« bei der Namensgebung. Ein Altar aus Bad Cannstatt etwa ist Abnoba (ohne den Namenszusatz Diana) gewidmet, und in dem eben erwähnten Böckingen entdeckte man eine Weihung für Taranucnus, der wahrscheinlich mit dem keltischen Donner- und Wettergott Taranis zu identifizieren ist. Besonders populär unter den rein einheimischen Gottheiten, die im Dekumatland vorkommen, war die Pferdegöttin Epona, deren Kult im gesamten keltischen Raum verbreitet war, und in gewisser Weise gehören auch die berühmten Iuppiter-Giganten-Säulen in diesen Kontext, denn es gibt sie fast nur in Obergermanien, und man hält sie insofern – trotz Iuppiter – nicht für einen genuin römischen Kult, sondern für eine Art gallorömischen Synkretismus, der aus der Kombination einheimischer und römischer Elemente etwas vollkommen Neues erschuf.

Abb. 3: Eponarelief aus Köngen.

Neben römischen, römisch-einheimischen und einheimischen Gottheiten gab es am Limes jedoch auch exotische Kulte, die mutmaßlich zumeist mit der Armee ins Land gekommen sein werden, beispielsweise den Isis-Kult, der durch eine Osiris-Statuette aus Baden-Baden belegt wird. Ein typischer Soldatenkult war der des Iuppiter Dolichenus, einer syrischen Gottheit (ursprünglich der Wettergott Hadad, dann Baal, dann Zeus aus Doliche), die in typischer Haltung stehend auf einem Stier auf einem Bronzeblech abgebildet wird, das man in Aalen gefunden hat. Der bei weitem am häufigsten im Dekumatland anzutreffende »orientalische« Kult freilich, und ebenfalls ein Soldatengott, war bekanntlich Mithras; man hat in Baden-Württemberg mehrere Mithras-Heiligtümer, sogenannte Mithräen, ausgegraben. Herausragende Fundstücke in diesem Zusammenhang sind die beiden großen Mithras-Reliefs, die 1838 in Heidelberg-Neuenheim am Fuß des Heiligenberges sowie 1861 in Osterburken zutage kamen. Die kultische Landschaft im römischen Südwestdeutschland gibt auf den ersten Blick also das Bild einer beeindruckenden Vielfalt ab.[17]

Abb. 4: Mithrasrelief aus Heidelberg.

Dennoch gab es eine Romanisierung auch im sakralen Bereich, und mit der vielgerühmten religiösen Toleranz der Römer war es in gewisser Hinsicht ebenfalls nicht weit her. Um diese eventuell etwas unerwartete Feststellung zu verstehen, ist es erforderlich, sich in der gebotenen Kürze mit dem Wesen der römischen Religiosität zu befassen. Wer das tut, wird schnell erkennen, dass die vielen verschiedenen Gottheiten sowie gerade die Tatsache, dass hier nichtrömische Namen und ausländische Götter eine Rolle spielen, *etwas typisch Römisches sind*, die römische Religion war nämlich ein sogenanntes »offenes polytheistisches System«. In diesem Punkt unterschieden sich die Römer grundlegend von den Griechen. Zugespitzt und vereinfacht kann man das wie folgt charakterisieren: In der griechischen Religion war das Götterpantheon ab einem bestimmten Moment kanonisch fixiert, was dazu führte, dass nur noch sehr schwer eine ganz neue Gottheit hinzukommen konnte. Dies lag nicht zuletzt an der Mythologie, den verschiedenen Geschichten, die man sich über genau die Götter erzählte, die es eben gab, und dahinter stand wiederum eine zutiefst anthropomorphe Gottesvorstellung (das heißt, man dachte sich die Götter als [freilich allmächtige] Menschen), die es ermöglichte, sich entsprechende Mythen über Götter, die sich wie Menschen verhalten, auszudenken. Eine wichtige Konsequenz dieses »abgeschlossenen Polytheismus« war es, dass fremde Gottheiten, auf die man traf, gräzisiert werden mussten. Die Griechen haben diese also (besonders ab der hellenistischen Zeit, als sie in der Folge des Alexanderzuges in den Vorderen Orient und nach Ägypten vordrangen) umbenannt. Aus Ammon oder Baal wurde dann einfach Zeus – das ist die *interpretatio*, die wir oben schon kennengelernt haben, die aber eigentlich eher etwas Griechisches war (*interpretatio Graeca*), nichts Römisches. In Rom blieb der Götterhimmel demgegenüber immer offen, was mit einer grundlegend anderen Gottesvorstellung dort zu tun hat. Ursprünglich waren römische Gottheiten unsichtbare Wirkkräfte, gerne verbunden mit einem ganz spezifischen Ort, sogenannte *numina* (die Forschung spricht daher vom »numinosen Charakter« der römischen Götter), und obgleich die Römer schon früh und unter griechischem Einfluss eine Verehrung der Götter in Menschengestalt übernommen haben, blieb dieser numinose Kern stets präsent, was man unter anderem daran sehen kann, dass es keine eigentlich römischen Göttersagen gibt (denn von Wirkkräften kann man sich keine Geschichten erzählen). Damit aber unterblieb eine

Fixierung des Pantheons, wie sie in Form der olympischen Götter bei den Griechen vorlag; für die Römer war stets klar, dass die Welt voll ist mit allen möglichen Göttern, zumal ausländischen, und auch dies lässt sich aus dem obigen Cicero-Zitat herauslesen – da konnte es manchmal sogar hilfreich sein, fremde Götter einzugemeinden, um sich deren Unterstützung zu sichern. Der wohl berühmteste Fall einer solchen »Adoption« ist die Einholung der Magna Mater, der kleinasiatischen Göttermutter, während des zweiten punischen Krieges im Jahre 204 v. Chr. nach Rom.

Entscheidend war für die Römer mithin nicht, *wer* verehrt wurde; sehr wohl spielte dagegen eine Rolle, *auf welche Weise* die Verehrung ablief, denn darin, genauer: in der Reziprozität von Opfer/Kultus und göttlichem Gunsterweis, erschöpfte sich letztlich, wie bei jeder echten Kultreligion, die römische Religiosität. Hier durfte man keine Fehler machen, um die Götter nicht zu erzürnen und deren Wohlwollen nicht zu verlieren, und hier sehen wir eben im keltischen und germanischen Bereich durchaus eine Angleichung der Verhältnisse an römische Vorgaben, die mindestens ebenso abrupt und gründlich verlaufen ist, wie wir das in der materiellen Kultur beobachten können. – Wie aber sahen diese Vorgaben aus, was verstanden die Römer unter einer »zivilisierten« Religion? Antwort: Götter hatten Menschengestalt zu haben, man machte sich Bilder, Statuen und Statuetten von ihnen, man brachte ihnen – häufig unblutige – Opfer dar, legte Gelübde ab und schenkte ihnen Weihegaben. Dies wurde in Inschriften vermerkt, man errichtete Altäre, und man baute vor allem Heiligtümer – steinerne Tempel – und es ist bezeichnend, dass dabei in den Provinzen im Norden und Westen des römischen Reiches in der Kaiserzeit ein ganz eigenständiger architektonischer Typus entwickelt wurde, der sogenannte gallorömische Umgangstempel. Was war auf der anderen Seite unzivilisiert, wurde nicht geduldet und verschwand deshalb? Antwort: Opfergruben, heilige Haine und Gewässer sowie zum Beispiel Götter in Tiergestalt – die Forschung vermutet ja übrigens, dass Epona ursprünglich eine Göttin in Pferdegestalt war.[18]

Mit anderen Worten: Die Römer waren also gar nicht so tolerant in religiösen Dingen, wie man ihnen das immer wieder gerne unterstellt; es waren für sie lediglich andere Punkte wichtig als die, auf die wir heutzutage achten würden. Zentral war für sie die Kult*ausübung*. Es lohnt sich in diesem Zusammenhang, die oben zitierte Stelle bei Cicero in ihrem Kontext zu lesen, denn dann stellt sich heraus, dass Cicero mit seinen diesbezüglichen Ausführungen keineswegs ein Bekenntnis für religiöse Toleranz ablegen wollte; sie sind vielmehr das Zeugnis einer zutiefst empfundenen Abneigung des Römers gegen die Juden und ihre Religion sowie Ausdruck einer (freilich auf Gegenseitigkeit beruhenden) religiösen »Unverträglichkeit« von Poly- und Monotheismus (und interessanterweise geht es auch hier um die Ausübung):

> *Jedes Volk hat seine Religion, Laelius, wie wir die unsere. Schon vor der Einnahme Jerusalems, als die Juden noch mit uns in Frieden lebten, vertrug sich die Ausübung ihrer Religion schlecht mit dem Glanz unseres Reiches, mit der Größe unseres Namens, mit unseren altüberkommenen Einrichtungen.*[19]

Dennoch wurde das Judentum, im Unterschied zu dem aus ihm entstandenen Christentum, trotz aller Konflikte und Probleme von den Römern niemals verboten; es genoss den Respekt, der einem altehrwürdigen Gott entgegenzubringen war. Wie anders erging es dagegen der keltischen Druidenreligion, zu der nach allem, was wir wissen, auch Menschenopfer gehörten. Dies war in den Augen der Römer eine solch grässliche Barbarei,[20] dass zunächst Augustus römischen Bürgern die Teilnahme an diesem Kult untersagte, bevor sie unter Claudius dann schließlich ganz verboten wurde.

5. Fazit

Wir müssen uns im Rahmen eines Bandes mit dem Titel »Schwaben und die Welt« natürlich abschließend der Frage stellen, wie vielfältig, »internationalistisch« und »global« das römische Dekumatland denn nun wirklich war – haben wir tatsächlich die plusquamperfekte Erfüllung der kühnsten Träume der globalistischen Vordenker unserer neuen Regierungs-Image-Kampagne von »The Länd« vor uns? Ist das »alles schonmal dagewesen«? Ich glaube, eher nicht. Zwar war im römischen Südwestdeutschland durchaus »die Welt zu Gast«, und Multiethnizität war erkennbar kein Problem. Aber: in kultureller Hinsicht kann von Diversität keine Rede sein, auch in Kultus und Religion nicht; das Dekumatland unterschied sich diesbezüglich in beinahe nichts vom Rest der römischen Welt. Die wenigen Besonderheiten, die wir kennen (oben war die Rede von den Iuppiter-Giganten-Säulen und vom gallorömischen Umgangstempel), waren in ihrer Verbreitung keineswegs auf das heutige Baden-Württemberg beschränkt und werden von der Forschung auch nicht als Ausdruck einer regionalspezifischen Identität gewertet, sie waren keine »Absicht«. Das ist kein Zufall: Zivilisation gab es in der damaligen Vorstellung nämlich nur eine einzige, und wer modern sein wollte, musste mit ihr konform gehen. Die Idee, kulturelle Diversität als Tugend und Errungenschaft zu begreifen, fehlte der griechisch-römischen Kultur hingegen vollkommen.

Global war diese Kultur zweifellos, aber auf eine völlig andere Art, als man sich Globalität heute denkt: im Bewusstsein der römischen Kaiserzeit umspannte die Zivilisation tatsächlich die gesamte antike Welt – allerdings nur insofern, als der nicht-römische Rest der Welt getrost ignoriert werden durfte, wie man bei dem griechischen Rhetor Aelius Aristides in seinem Lobpreis auf das römische Weltreich aus der Mitte des 2. Jahrhunderts n. Chr. noch einmal nachlesen kann, einem wahrhaftigen Monument kultureller Arroganz, dem wohl nichts mehr hinzuzufügen ist:

Alle, die früher auch über die weitesten Landgebiete herrschten, haben über die Völker selbst wie über nackte Körper geherrscht ... Man könnte es so ausdrücken: jene seien Könige gewesen über Einöden und Zwingburgen, ihr allein Herrscher über Städte. ... Wie an einem Festtag hat der ganze Erdkreis sein altes Gewand, das Eisen, abgelegt, sich festlichem Schmucke und allem, was das Leben froh macht, nach Lust und Belieben zugewandt. ... Städte stehen strahlend in Glanz und Anmut, die ganze Erde ist wie ein Paradiesgarten geschmückt ... Man kann nur die bemitleiden, die außerhalb eures Reiches stehen, dass sie von solchen Segnungen ausgeschlossen sind – wenn es überhaupt noch solche gibt![21]

ENDNOTEN

1 Tac. Germ. 2,1.
2 Die beste kompakte Darstellung der römischen Geschichte auf Deutsch ist immer noch BRINGMANN, Römische Geschichte; speziell zu den Römern in Germanien vgl. WOLTERS, Römer in Germanien – beide Werke mit weiterführender Literatur.
3 Zu den Heeresreformen des Augustus vgl. RAAFLAUB, Militärreformen; die überdehnten Grenzen des Imperiums betont BRINGMANN, Römische Geschichte, S. 71; 73. Auf die Doppelfunktion der Rheinlegionen geht z. B. TIMPE, Arminius-Studien, S. 88–104, besonders 100 ein, zur Bedeutung Marbods sowie der Tatsache, dass der Feldzug gegen ihn abgebrochen werden musste, vgl. TIMPE, Okkupation.

4 Zum Vierkaiserjahr vgl. MORGAN, 69 AD, zur Besetzung des Dekumatlandes KEMKES, Vom Rhein an den Limes. Eine Aufstellung der römischen Militäreinheiten in den Provinzen Obergermanien und Rätien im 3. Jh. n. Chr. findet sich bei OKAMURA, Alamannia Devicta, Bd. 1, Table 1 auf S. 55.

5 Tac. Germ. 28,2.

6 Caes. BG I 2,3.

7 Ptol. geogr. 2,11,10

8 Tac. Germ. 29,4: *levissimus quisque Gallorum et inopia audax dubiae possessionis solum occupavere* (»Gerade die Leichtfertigsten und durch ihre Armut kühn gewordenen unter den Galliern haben den Boden von zweifelhaftem Besitzrecht eingenommen.«).

9 Dass das Dekumatland vor der Ankunft der Römer nur dünn besiedelt war, zeigen die Bodenfunde, vgl. WIELAND, Die späten Kelten. Die Bildung ethnisch homogener Einheiten unter römischem Kommando hatte natürlich den Sinn, den unterworfenen Stämmen die Wehrkraft zu entziehen und diese gleichzeitig für eigene Zwecke zu nutzen, vgl. unten sowie TIMPE, Arminius-Studien, S. 60–62. In claudischer Zeit wurde sie durch eine individualisierte Rekrutierung ersetzt, vgl. dazu und zu den diesbezüglichen Ausnahmen (z. B. die *Numeri*) WOLTERS, Volksaufgebote, zu den *Britones* speziell sowie allgemein zu den Soldaten, die ins Land kamen, REUTER, Fremde kommen ins Land.

10 *gentiles Brit(onum)*: IMPERIUM ROMANUM, Abb. 94, CIL XIII 6592; Bronzetafel aus Wutöschingen: IMPERIUM ROMANUM, Abb. 107, WIEGELS, FBW 12, 1987, S. 610–613; Veturius Dexter: IMPERIUM ROMANUM, Abb. 90, CIL XIII 11717; Militärdiplom des Quintus Lucius Afer (mit Erwähnung Ulpius Dignus): IMPERIUM ROMANUM, Abb. 92, AE 1995, 1182; Quintus Terminus aus Sicca: IMPERIUM ROMANUM, Abb. 93, CIL XIII 6449; Manlius Magnus: IMPERIUM ROMANUM, Abb. 91, CIL XIII 6502; Aurelius Saluda und Aurelius Regrethus: KEMKES/SCHEUERBRANDT, Der Limes, Abb. 293, AE 2006, 931; zur *Constitutio Antoniniana* vgl. Cass. Dio 78,9 sowie JACQUES/SCHEID, Rom und das Reich, S. 315f., zu den Kataphrakteneinheiten HOFFMANN, Bewegungsheer Bd. 2, S. 110, Anm. 602.

11 Zur zivilen Besiedlung des Dekumatlandes vgl. REUTER, Fremde kommen ins Land, sowie KAKOSCHKE, Ortsfremde v. a. 574–580; zu Helvetiern in Rottenburg: CIL XIII 6369 und 6372; Grabstein des Mediomatrikers: KEMKES/SCHEUERBRANDT, Der Limes, Abb. 251, CIL XIII 6460; Marius Apollonaris: IMPERIUM ROMANUM Abb. 95, CIL XIII 6409.

12 Tac. Agr. 21.

13 Plin. nat. 3,39.

14 Zur Romanisierung vgl. WOOLF, Becoming Roman, zur Zivilisationsidee ebd. v. a. S. 48–76. Zu Arminius vgl. TIMPE, Arminius-Studien und WOLTERS, Schlacht im Teutoburger Wald; andere Beispiele für Anführer antirömischer Aufstände, die zugleich das Bürgerrecht besitzen, sind etwa Iulius Civilis und Iulius Classicus, die im Vierkaiserjahr agieren. Zur urbanen Ausstattung der kaiserzeitlichen Städte vgl. KOLB, Bemerkungen, zur städtischen Zivilisation KOLB, Stadt.

15 Cic. Flacc. 28,69: *sua cuique civitati religio, Laeli, est, nostra nobis*.

16 Tac. Germ. 43,4.

17 Zu den Kulten im Dekumatland vgl. KEMKES, Bei allen Göttern; SEITZ, Tempel und Heiligtümer, und HENSEN, Unsagbar, geheim, verboten. Apollo Grannus in Sontheim: IMPERIUM ROMANUM, Abb. 65, CIL III 5870; Diana Abnoba aus Baden-

weiler: IMPERIUM ROMANUM, Abb. 492, CIL XIII 5334; Abnoba aus Bad Cannstatt: IMPERIUM ROMANUM, Abb. 63, CIL XIII 11746; Mars Caturix: IMPERIUM ROMANUM, Abb. 231, CIL XIII 6474; Taranucnus: IMPERIUM ROMANUM, Abb. 65, CIL XIII 6478; Epona mit Pferden: IMPERIUM ROMANUM, Abb. 230; Iuppiter-Giganten-Säulen: IMPERIUM ROMANUM, Abb. 235, 248; Oisiris-Statuette aus Baden-Baden: IMPERIUM ROMANUM, Abb. 264; Iuppiter-Dolichenus-Blech: IMPERIUM ROMANUM, Abb. 266. Zu Mithras vgl. auch KORTÜM/NETH, Mithras im Zabergäu, Relief aus Heidelberg: IMPERIUM ROMANUM, Abb. 258; Relief aus Osterburken: KEMKES/SCHEUERBRANDT, Der Limes, Abb. 162.

18 Zu den Grundlagen der römischen Religiosität und zur numinosen Gottesvorstellung vgl. GALL, Aspekte römischer Religiosität und MUTH, Vom Wesen römischer ›religio‹; zur Romanisierung im religiösen Bereich vgl. insbesondere WOOLF, Becoming Roman, S. 206–237, zum galloromischen Umgangstempel SEITZ, Tempel und Heiligtümer.

19 Cic. Flacc. 28,69.

20 Suet. Claud. 25,5 spricht von einer *dira immanitas.*, einer – so wörtlich – »grässlichen Unmenschlichkeit«.

21 Aristeid. 92–99.

QUELLEN- UND LITERATURVERZEICHNIS

QUELLEN

AE = L'Année épigraphique, Revue des Publications épigraphiques relatives à l'Antiquité Romaine, Paris 1888ff.

Aristeid. = AELIUS ARISTIDES: Die Romrede des Aelius Aristides, hg. und übers. von Richard KLEIN, Texte zur Forschung Bd. 45, Darmstadt 1983.

Caes. BG = C. JULIUS CAESAR, Der Gallische Krieg, lat.-dt. von Georg DORMINGER, 3. bearb. Aufl. München 1973.

Cic. Flacc. = Cicero, Rede für L. Flaccus, in: MARCUS TULLIUS CICERO, Die Prozessreden Bd. 1, lat-dt. von Manfred FUHRMANN, Zürich/Düsseldorf 1997.

CIL = Corpus Inscriptionum Latinarum, Berlin 1863ff.

Plin. nat. = C. PLINIUS SECUNDUS d. Ä., Naturkunde, lat.-dt. von Gerhard WINKLER in Zusammenarbeit mit Roderich KÖNIG, Bücher III/IV, Darmstadt 1988.

Ptol. geogr. = KLAUDIOS PTOLEMAIOS, Handbuch der Geographie, griech.-dt. von Alfred STÜCKELBERGER und Gerd GRASSHOFF, Einleitung und Buch 1–4, Basel 2006.

Suet. Claud. = Sueton, Leben des Claudius, in: GAIUS SUETONIUS TRANQUILLUS, Leben der Caesaren, eingel. und übers. von André LAMBERT, Zürich/Stuttgart 1955.

Tac. Agr. = Tacitus, Agricola, in: PUBLIUS CORNELIUS TACITUS, Die historischen Versuche. Agricola Germania Dialogus, hg. und übers. von Karl BÜCHNER, Stuttgart 1955.

Tac. Germ. = Tacitus, Germania, in: PUBLIUS CORNELIUS TACITUS, Die historischen Versuche. Agricola Germania Dialogus, hg. und übers. von Karl BÜCHNER, Stuttgart 1955.

LITERATUR

Bringmann, Klaus: Römische Geschichte. Von den Anfängen bis zur Spätantike (C.H. Beck Wissen, Bd. 2012), 11. akt. Auflage, München 2019.

Gall, Dorothee: Aspekte römischer Religiosität. Iuppiter optimus maximus, in: Reinhard Gregor Kratz/Hermann Spieckermann (Hgg.): Götterbilder, Gottesbilder, Weltbilder. Polytheismus und Monotheismus in der Welt der Antike, Bd. 2: Griechenland und Rom, Judentum, Christentum und Islam (Forschungen zum Alten Testament, 2. Reihe, Bd. 18), Tübingen ²2009, S. 69–92.

Hensen, Andreas: Unsagbar, geheim, verboten… Orientalische Gottheiten und Mysterienkulte, in: Imperium Romanum, hg. vom Archäologischen Landesmuseum Baden-Württemberg, Esslingen 2005, S. 217–224.

Hoffmann, Dietrich: Das spätrömische Bewegungsheer und die Notitia dignitatum Bd. 2 (Epigraphische Studien, Bd. 7.2), Düsseldorf 1970.

Imperium Romanum: Roms Provinzen an Neckar, Rhein und Donau, hg. vom Archäologischen Landesmuseum Baden-Württemberg, Esslingen 2005.

Jacques, François/Scheid, John: Rom und das Reich in der Hohen Kaiserzeit 44v.–260 n. Chr., Bd. 1: Die Struktur des Reiches, Stuttgart/Leipzig 1998.

Kakoschke, Andreas: Ortsfremde in den römischen Provinzen Germania inferior und Germania superior. Eine Untersuchung zur Mobilität in den germanischen Provinzen anhand der Inschriften des 1. bis 3. Jahrhunderts n. Chr. (Osnabrücker Forschungen zu Altertum und Antike-Rezeption, Bd. 5), Möhnesee 2002.

Kemkes, Martin: Vom Rhein an den Limes und wieder zurück, in: Imperium Romanum, hg. vom Archäologischen Landesmuseum Baden-Württemberg, Esslingen 2005, S. 44–53.

Kemkes, Martin: Bei allen Göttern… Galloromische Religion an Neckar, Rhein und Donau, in: Imperium Romanum, hg. vom Archäologischen Landesmuseum Baden-Württemberg, Esslingen 2005, S. 200–207.

Kemkes, Martin/Scheuerbrandt, Jörg/Willburger, Nina: Der Limes. Grenze Roms zu den Barbaren, Ostfildern 2006.

Kolb, Frank: Die Stadt im Altertum, München 1984.

Kolb, Frank: Bemerkungen zur urbanen Ausstattung von Städten im Westen und im Osten des Römischen Reiches anhand von Tacitus, Agricola 21 und der Konstantinischen Inschrift von Orkistos, in: Klio 75 (1993), S. 321–341.

Kortüm, Klaus/Neth, Andrea: Mithras im Zabergäu. Die Mithräen von Güglingen, in: Imperium Romanum, hg. vom Archäologischen Landesmuseum Baden-Württemberg, Esslingen 2005, S. 225–229.

Morgan, Gwyn: 69 AD. The Year of Four Emperors, Oxford 2006.

Muth, Robert: Vom Wesen römischer ›religio‹ (Aufstieg und Niedergang der römischen Welt, Bd. 16/1), 1978, S. 290–354.

Okamura, Lawrence: Alamannia Devicta. Roman-German conflicts from Caracalla to the First Tetrarchy (A.D. 213–305), Bd. 1, Ann Arbor 1984.

Raaflaub, Kurt: Die Militärreformen des Augustus und die politische Problematik des frühen Prinzipats, in: Gerhard Binder (Hg.): Saeculum Augustum, Bd. 1: Herrschaft und Gesellschaft (Wege der Forschung, Bd. 266), Darmstadt 1987, S. 246–307.

Reuter, Marcus: Fremde kommen ins Land. Mobilität und ethnische Vielfalt im römischen Südwestdeutschland, in: Imperium Romanum, hg. vom Archäologischen Landesmuseum Baden-Württemberg, Esslingen 2005, S. 97–101.

SEITZ, Gabriele: Tempel und Heiligtümer. Geben und Nehmen als religiöses Prinzip, in: Imperium Romanum, hg. vom Archäologischen Landesmuseum Baden-Württemberg, Esslingen 2005, S. 208–216.

TIMPE, Dieter: Zur Geschichte und Überlieferung der Okkupation Germaniens unter Augustus, in: Saeculum 18 (1967), S. 278–293.

TIMPE, Dieter: Arminius-Studien (Bibliothek der klassischen Altertumswissenschaften, 2. Reihe, Neue Folge, Bd. 34), Heidelberg 1970.

WIEGELS, Rainer: Römische Zeit. Wutöschingen, in: Fundberichte aus Baden-Württemberg, Bd. 12, hg. vom Landesdenkmalamt Baden-Württemberg, Stuttgart 1987, S. 610–613.

WIELAND, Günther: Die späten Kelten. Frühe Kontakte zur römischen Welt, in: Imperium Romanum, hg. vom Archäologischen Landesmuseum Baden-Württemberg, Esslingen 2005, S. 63–70.

WOLTERS, Reinhard: Volksaufgebote, in: Reallexikon für Germanische Altertumskunde 32 (2006), S. 575–578.

WOLTERS, Reinhard: Die Schlacht im Teutoburger Wald. Arminius, Varus und das römische Germanien, München ²2017.

WOLTERS, Reinhard: Die Römer in Germanien (C. H. Beck Wissen, Bd. 2136), 7. durchg. und akt. Aufl., München 2018.

WOOLF, Greg: Becoming Roman. The Origins of Provincial Civilization in Gaul, Cambridge 1998.

Kings of Color? Schwarze Könige in mittelalterlichen Kirchen Schwabens

Ellen Widder

Ein Titel wie »Kings of Color? Schwarze Könige in mittelalterlichen Kirchen Schwabens« kann durchaus zu Verwirrung führen. Er wirkt in seiner Fragestellung sehr modern, in seinem Untertitel hingegen fast schon märchenhaft. Nachgewiesenermaßen zogen Könige aus Schwarzafrika, wie Mansa Musa aus Mali, im 14. Jahrhundert mit großem Nachhall in den Quellen zur Wallfahrt nach Mekka;[1] über eine mögliche historische Präsenz Schwarzer Könige in Schwaben wissen wir jedoch nichts. Dennoch können wir Darstellungen solcher Könige noch heute auf Altären in dortigen Kirchen oder in Museen mit kirchlichen Objekten antreffen. An einem herausragenden Beispiel, dem Hochaltar von Blaubeuren, soll es im Folgenden um die Frage gehen, wieso Schwarze Könige im Mittelalter in christlichen Kirchen erschienen, welche Hintergründe dies hatte, welche Ideen dahinterstanden, welche Gedanken und Wertungen die mittelalterlichen Zeitgenossen damit verbunden haben könnten und ob wir Hinweise auf Diskriminierungen oder gar Rassismus finden. Um den Blaubeurer Altar, ein Spitzenzeugnis der Kunst um 1500, adäquat interpretieren zu können, bedarf es einiger Informationen. Diese betreffen nicht nur sein Umfeld und seine Entstehung, sondern auch grundsätzlichere Fragen: Wofür dienten sogenannte Retabel im Mittelalter? Was wurde auf ihnen dargestellt? Wie wurden sie kultisch eingesetzt? Auf welche Vorlagen bezogen sie sich? Wer gab sie in Auftrag und wer fertigte sie?

1. Blaubeuren – ein Ort mitten in Schwaben

Das ehemalige Benediktinerkloster Blaubeuren, in einem weiten Talkessel der Schwäbischen Alb gelegen, wurde um 1085 gegründet. Im frühen 16. Jahrhundert setzten ihm die Auswirkungen der Reformation ein Ende. Das Kloster fiel an die evangelischen Herzöge von Württemberg, der Konvent wurde geschlossen, in der Folgezeit in ein evangelisches Studienseminar umgewandelt und vor einigen Jahren in ein altsprachliches Gymnasium. Von den Baulichkeiten aus der »Klosterzeit« finden sich auf dem weitläufigen Gelände heute noch der Kreuzgang mit umgebenden Räumen, die Klosterkirche und das Badhaus, die als Museum genutzt werden, sowie einige Wirtschaftsgebäude.

Schon zu seiner Entstehungszeit um das Jahr 1100 dürfte das Kloster in der wasserarmen Region einen Standortvorteil gehabt haben, denn es verfügte mit dem namengebenden Blautopf (lat. *Fons blavus*) über eine ganzjährig ergiebige Quelle. Vom Aufkommen und Aufblühen der benachbarten Städte in den folgenden Jahrhunderten profitierte wohl auch das Kloster durch steigende Einkünfte aus Handel und Verkehr. So lag es wohl nicht nur an einem Brand, wie oft zu lesen ist, sondern auch an dem gestiegenen Wohlstand, dass Abt und Konvent zwischen 1466 und 1501 dazu schritten, die Baulichkeiten weitgehend neu und vor allem prächtiger zu gestalten.

Die wichtigste Stadt in der Nähe war das keine vier Wegstunden entfernt an einem wichtigen Donauübergang liegende Ulm, wo sich aus einer frühmittelalterlichen Königspfalz eine bedeutende Reichsstadt entwickelt hatte. Sie erreichte schon im 14. Jahrhundert weitgehende politische Autonomie und konnte sich bis zum 16. Jahrhundert ein ausgedehntes Territorium aufbauen. Die Grundlage dafür bildete das von Ulmer Bürgern durch Produktion und Handel erwirtschaftete Vermögen. Im Spätmittelalter blühte in Ulm das Textilgewerbe, dessen Erzeugnisse europaweit exportiert wurden. Aber es florierte nicht nur die Wirtschaft, sondern auch die Kunst. 1377 wurde der Grundstein zum Ulmer Münster gelegt; das Bauvorhaben erstreckte sich über die nächsten anderthalb Jahrhunderte, bis es nach der Reformation zum (vorläufigen) Stillstand kam. Im Umkreis des gewaltigen Kirchenbauwerks entstanden reich ausgestattete Stiftungen von Patriziern und wohlhabenden Bürgern. Sie bescherten Generationen von Baumeistern und Bauhandwerkern, Malern, Bildhauern und Bildschnitzern ein gesichertes Auskommen. Die reiche Stadt wurde so zu einem Zentrum der Spätgotik mit Ausstrahlung auf ganz Süddeutschland und die angrenzenden Gebiete Tirol, Südtirol und Graubünden. Für die Zeit zwischen dem Ende des 14. Jahrhunderts und dem frühen 16. Jahrhundert kennt man für Ulm die Namen von über 50 Malern und Vergoldern sowie 25 Bildhauern und Bildschnitzern; man bezeichnet sie in der Kunstgeschichte als die »Ulmer Schule«.[2]

Es liegt nahe, dass man auf diese Künstler zurückgriff, als man im benachbarten Blaubeuren mit dem Klosterneubau begann. Kernstück eines Klosters ist die Kirche. In Blaubeuren sind wie durch ein Wunder und trotz des Glaubenswechsels in der Reformation bedeutende Elemente der spätgotischen Inneneinrichtung vom Ende des 15. Jahrhunderts erhalten geblieben (siehe Abb. 1). Zu nennen ist das prachtvolle, in Ulmer Werkstätten entstandene, reich geschnitzte Chorgestühl, wohin sich die Mönche mehrmals am Tag begaben, um im festen Jahresrhythmus ihre Gebete und Gottesdienste zu verrichten. Ebenfalls erhalten geblieben ist der überaus kostbare Hochaltar, das zentrale Element der Klosterkirche und ein Hauptwerk der Ulmer Schule. Er wurde ab 1491 ausgeführt und Ende 1493 geweiht. Wir kennen die Namen der Künstler, die allesamt einer Generation entstammten: Die Figuren schnitzte Michel Erhart (* um 1440/45, † nach 1522), die Schreinerarbeiten am Altar übernahm Jörg Syrlin der Jüngere (* um 1455, † 1521), während die Maler Bartholomäus Zeitblom (* um 1455, † um 1518) und der aus der Reichsstadt Memmingen gebürtige Bernhard Strigel (* um 1460, † 1528) das Bildprogramm ausführten und dem Altar seine farbige Fassung gaben.

Abb. 1: Blaubeuren, Chor der Klosterkirche mit dem Hochaltar, 2. Wandlung. Ulmer Schule, 1. Hälfte 1490er Jahre.

Sie schufen einen für die damalige Zeit typischen Flügelaltar. Den Kern bildet der Altarschrein mit Heiligenstatuen. Den Schrein verschließt ein doppeltes Paar von bemalten und geschnitzten Schreintüren, sogenannte Seitenflügel, die paarweise geöffnet und wieder geschlossen werden können. Dadurch sind drei unterschiedliche Ansichten möglich, die man in der Kunstwissenschaft als »Wandlungen« bezeichnet. Die sich immer wieder (ver-)wandelnden Altarbilder waren keine reine »Dekoration« im modernen Sinne, sondern Inszenierung; sie eröffneten und verschlossen den Mönchen im Chorgestühl mehrmals am Tag und in der Nacht einen »Blick in den Himmel« und dienten damit ihrer religiösen Erbauung. Man ging davon aus, dass die Heiligen nicht nur auf den Bildern sichtbar, sondern auch tatsächlich anwesend waren. Bis zur Reformation änderte sich auf diese Weise der Anblick des Altars im festen Rhythmus über das Kirchenjahr; dies sorgte also für eine Art »heiliges Schauspiel« mit einem wechselnden Programm.

An »normalen« Tagen war der Altar geschlossen; die Mönche sahen dann nur seine Außenseite. Diese zeigt Szenen aus der Passion, also der Leidensgeschichte Christi. Die Darstellungen sind zwar »in Farbe«, aber nur in Malerei ausgeführt und unter Verzicht auf Gold. Klappt man hingegen die äußeren Flügel auf, vergrößert sich der Altar auf das Doppelte. Die Ansicht, die dabei zu Tage tritt, wird als »erste Wandlung« bezeichnet. Hier wird eine andere Geschichte erzählt, nämlich Leben und Leiden Johannes' des Täufers, dargestellt als Bildergeschichte in sechzehn Einzelszenen. Ausgeschmückt mit vielen legendarischen Elementen wird die Geschichte des gleichnamigen Einsiedlers und Predigers geschildert, der Jesus im Jordan taufte und ein gewaltsames Ende am Hof des jüdischen Königs Herodes fand. Die Darstellungen auf dem Altar verweisen auf diesen höfischen Kontext: Es handelt sich zwar auch hier »nur« um gemalte Szenen, aber mit durchgehend goldenen Bildhintergründen und geschnitzten vergoldeten Bögen, die jede Szene im oberen Teil einrahmen.

Die erste Wandlung mit ihrer reichen Verwendung von Gold war eine sogenannte »Festtagsseite«. Sie ließ sich aber noch einmal steigern: Komplett geöffnet wurde der Altar in der katholischen Zeit nur an ganz besonderen Tagen wie den hohen Kirchenfesten Weihnachten, Ostern und Pfingsten oder am 6. Januar, dem Fest der »Erscheinung des Herrn« (Epiphanie), und an den Feiertagen der Kirchenpatrone. Diese zweite Festtagsseite des Blaubeurer

Altars, die sogenannte zweite Wandlung, zeigt im Altarschrein fünf vollplastische Statuen, die vor einem Goldgrund platziert und jeweils von goldgeschnitzten Baldachinen bekrönt sind. Das Zentrum bildet die auf einem hohen Sockel stehende Maria, die Mondsichel zu ihren Füßen und auf dem rechten Arm das Jesuskind. Drei Engel schweben über ihr und krönen sie zur »Himmelskönigin«. Rechts und links von ihr befinden sich auf niedrigeren Podesten je zwei Heilige, die Kirchenpatrone von Blaubeuren: unmittelbar zu ihrer Rechten Johannes der Täufer und zu ihrer Linken Johannes der Evangelist. Laut Überlieferung war dieser nicht nur Verfasser eines der vier Evangelien, sondern auch »Lieblingsjünger« Jesu und zugleich sein Cousin. Beide sind erkennbar an ihren Heiligenattributen: das Lamm des Täufers und der Kelch des Evangelisten. Neben ihnen stehen die höchsten Heiligen des Benediktinerordens: der Ordensstifter Benedikt von Nursia, den Abtsstab und das Buch mit der Ordensregel haltend, und auf der anderen Seite seine Schwester, die heilige Scholastika, als Benediktinernonne mit einer Taube als Attribut.

Diese ehrwürdige Versammlung von fünf christlichen »Spitzenheiligen« bildet den Höhepunkt des Altars. Sie werden flankiert von zwei Bildern auf den Innenseiten der nun weit geöffneten inneren Schreintüren. Die Darstellungen sind noch feierlicher als die der ersten Wandlung, unter reicher Verwendung von glänzend poliertem Blattgold. Zudem sind hier die Figuren im Halbrelief gestaltet und vor einen gemalten Bildhintergrund unter goldenem Himmel platziert. Zu sehen sind zwei Szenen aus der Weihnachtsgeschichte im Stall von Bethlehem. Der linke Flügel zeigt das Wunder der »Jungfrauengeburt« in der üblichen verschlüsselten Form: Im Beisein von Maria, Josef und den Hirten wird das Jesuskind in einem von Engeln getragenen Tuch »zur Welt gebracht«. Der rechte Altarflügel setzt die Geschichte fort mit der Anbetung der drei Könige, die dem nackten, halb auf dem Schoß seiner Mutter liegenden Jesuskind feierlich ihre Opfergaben darbringen. Dabei fällt ins Auge, dass einer dieser Könige eine tiefschwarze Hautfarbe hat.

Bevor hierauf weiter eingegangen wird, sollten die bislang gewonnenen Ergebnisse kurz zusammengefasst werden: Die beiden Szenen mit der Jungfrauengeburt und der Anbetung der drei Könige bilden den Rahmen für die zentrale Figurengruppe des Blaubeurer Altarretabels um die Jungfrau Maria mit dem Kind, zwei der verehrungswürdigsten biblischen Heiligen und die heiliggespro-

Abb. 2: Anbetung durch die drei Könige. Blaubeuren, Hochaltarretabel, 2. Wandlung. Innenseite der rechten inneren Schreintür. Ulmer Schule, 1. Hälfte 1490er Jahre.

chenen Stifter des Benediktinerordens (zu dem das Kloster gehörte). Die zweite Wandlung ist somit das »Allerheiligste« des Flügelaltars. Alle Figuren sind entsprechend prunkvoll und kostbar dargestellt; ihre gemalte Kleidung besteht fast vollständig aus hell schimmerndem Gold- und gemusterten Brokatstoffen. Sie bilden damit den passenden Rahmen für eine Himmelskönigin und den Gottessohn.

2. Bildvorlagen

Auf welchen Vorlagen fußte der Besuch des Schwarzen Königs und seiner beiden Gefährten, und woher bezogen die Künstler ihre Anregungen dafür? Es ist nicht die einzige Darstellung eines Schwarzen Königs, die wir aus dem Ulmer Kontext und anderswoher besitzen. Viele Altarbilder und Skulpturen stehen heute nicht mehr an ihrem ursprünglichen Aufstellungsort, sondern sind in der Reformation oder in der Zeit danach untergegangen oder befinden sich, häufig nur noch in Fragmenten, in Museen wie dem der Stadt Ulm oder der Staatsgalerie in Stuttgart. Ihre Datierung zeigt, dass im 15. und frühen 16. Jahrhundert das Interesse an fremden Menschen und Kulturen zunahm. Dies fand seinen Niederschlag in handschriftlichen und gedruckten Texten sowie in der Buchmalerei; es machte aber auch vor Kirchenräumen nicht Halt und wurde dort durch Bibel und Heiligenlegenden vermittelt. Rollen für fremdartig aussehende und gekleidete Menschen gab es viele – fast wie im modernen Film. Man beschränkte sich nicht auf die Darstellung frommer, dunkelhäutiger Herrschergestalten oder alttestamentarischer Propheten im orientalischen Gewand. Neben diesen positiv besetzten Figuren, also den »Guten«, gab es auch die »Bösen«. Ihre Darstellungen ähneln zeitgenössischen Abbildungen von Mongolen oder muslimischen Machthabern. Sogar die in den Westen geratenen Bilder mamlukischer (und später osmanischer) Sultane, die höchsten Würdenträger der islamischen Welt, wurden aufgegriffen. Auf christlichen Bildern kommandieren sie mit grimmiger Miene ihre Schergen und Henkersknechte. Die sich in den zeitgenössischen Berichten und der beginnenden Publizistik spiegelnde Angst vor diesen expansiven Mächten vergegenwärtigt sich, indem diese Figuren auf den Passionsbildern des Spätmittelalters den Sohn Gottes seinem fürchterlichen Schicksal zuführen. Sie wurden karikiert, brutalisiert, verhässlicht und entmenschlicht, indem sie mit entstellten, fratzenartigen Gesichtern und verbogenen Körpern dargestellt wurden. Die spätmittelalterliche Bilderwelt ist voll von solchen angsteinflößenden Figuren.[3]

Dieses lehrt auch die Außenseite des Blaubeurer Retabels, das heißt die Ansicht, die am häufigsten zu sehen war. In der dort dargestellten Passionsgeschichte sind die Peiniger und Folterer Christi zu sehen, die Henker, die im Auftrag einer bösartigen Autorität handeln und gleichzeitig als fremde und gefährlich empfundene Personen aus der eigenen Gegenwart dargestellt werden. So trägt Pilatus das Gewand eines Sultans aus dem Kreis der ägyptischen Mamluken, die von 1291 bis 1516 auch über das Heilige Land herrschten. Die Vorlagen dafür stammten aus zeitgenössischen Skizzen- und Musterbüchern, um diese Zeit auch schon aus dem neuen Mediums des Kupferstiches, das durch seine Reproduzierbarkeit weite Verbreitung fand.

Im Falle von Ulm darf man sich fragen, ob die dortigen Künstler nur aus »zweiter Hand«, also aus Bildvorlagen, für ihre Kunst schöpften. Dafür wirken die Schwarzen Könige auf den erhaltenen Tafelbildern in Aussehen und Kleidung zu individuell. Venedig und Genua, die großen Seerepubliken am Mittelmeer, standen im engen Handelskontakt mit Oberdeutschland. Hier waren Augsburg, Nürnberg, Ulm, Konstanz und Ravensburg »erste Adressen«, wo man bisweilen solchen Fremden sogar begegnete. Aus gesicherten Quellen wissen wir, dass in den Jahren 1416–1418 eine äthiopische Gesandtschaft auf dem Konzil in Konstanz, einer großen internationalen Kirchenversammlung, anwesend war und auch noch woanders Spuren hinterließ.[4] Weiter von Ulm entfernt lagen die historischen Niederlande mit ihrem Zentrum im heutigen Belgien, die seit der »Burgundischen Hochzeit« 1477 zwischen dem Kaisersohn Maximilian I. und der Erbtochter Maria von Burgund unter habsburgische Herrschaft gekommen waren. Ihre reichen Handelsstädte unterhielten im 15. Jahrhundert nicht nur enge wirtschaftliche Verbindungen mit dem damals nach Afrika expandierenden Portugal, sondern auch mit Oberdeutschland. Damit verbunden war ein künstlerischer Austausch; so portraitierte im Jahre 1508 der aus Nürnberg stammende Albrecht Dürer im Haus des portugiesischen Botschafters in Antwerpen einen Schwarzafrikaner.

3. Textvorlagen

Aber es waren keineswegs nur Abbildungen oder der Augenschein, die den Künstlern als Anregungen für die Darstellung von Menschen aus fernen Ländern dienten und den Schwarzen König in die Weihnachtsgeschichte brachten. Hierfür muss der Blick auf die schriftliche Überlieferung gerichtet werden. Gerade in religiösen Zusammenhängen, denn um solche »sensiblen Bereiche« handelte es sich auch bei den Darstellungen auf dem Blaubeurer Altar, konnte kein Künstler seiner Fantasie einfach freien Lauf lassen, sondern es oblag ihm, sich an biblische Vorlagen oder sonstige, von der Kirche gutgeheißene Texte zu halten. Alles andere war gefährlich, da man sich schnell dem Verdacht der Häresie, also der Ketzerei, aussetzte und damit nicht nur seine Reputation, sondern auch sein Leben riskierte. Wir müssen davon ausgehen, dass sich auch im Fall des Schwarzen Königs von Blaubeuren die am Altar beteiligten Künstler an solchen Vorgaben orientierten. Allerdings finden sich im Neuen Testament keine Hinweise auf einen Besuch von drei Königen im Stall von Bethlehem.

Stattdessen liest man in der *Vulgata*, das heißt in der im Mittelalter gebräuchlichen lateinischen Fassung der Bibel, im zweiten Kapitel, Vers 1–12, des Matthäus-Evangeliums, Folgendes: Als Jesus zur Zeit von König Herodes zu Bethlehem in Judäa geboren wurde, kamen »Magier aus dem Osten« (*magi ab Oriente*) nach Jerusalem und fragten Herodes nach dem neugeborenen König der Juden, da sie seinen Stern gesehen hätten und ihn anbeten wollten (*vidimus enim stellam eius in oriente et venimus adorare eum*). Der erschrockene Herodes befragte die jüdischen Gelehrten und erfuhr von ihnen, dass dieser ominöse König der Juden in Bethlehem geboren worden sei. Er schickte die drei Fremden dorthin und befahl ihnen, anschließend nach Jerusalem zurückzukehren und ihm darüber zu berichten. Der Stern führte sie an den Ort des Kindes und blieb dort stehen. Daraufhin gingen sie in das Haus (*domus*) und fanden es mit seiner Mutter Maria. Sie fielen nieder, beteten es an, öffneten ihre Schätze und opferten ihm Gold, Weihrauch und Myrrhe (*et apertis thesauris suis obtulerunt ei munera aurum tus et murram*). Und Gott befahl ihnen, nicht zu Herodes zurückzukehren, woraufhin sie einen anderen Weg nahmen, um in ihre Region zurückzukehren (*per aliam viam reversi sunt in regionem suam*). Im Evangelium löst dies den von Herodes daraufhin befohlenen Kindermord in Bethlehem aus, dem Maria und Josef durch ihre Flucht nach Ägypten entgehen und von wo sie erst nach seinem Tod Jahre später zurückkehren werden.[5]

Der Begriff Magier, lateinisch *Magus*, stammt ursprünglich aus dem Alt-Persischen, hat eine entsprechend lange Geschichte, über die in der Wissenschaft viele Unklarheiten bestehen und die hier nicht erzählt werden kann. Die für uns wesentlichen Aspekte lauten, dass im alten Iran die so bezeichneten Personen mit rituellen Funktionen im Bereich von Astrologie und Magie in Verbindung standen. Ab dem 4. Jahrhundert v. Chr. wurde der Begriff mehrdeutig, oft abwertend gebraucht und bezeichnete Zauberer, Hexenmeister und Wahrsager, aber auch Weise. Als »Weise aus dem Osten« mit Opfergaben für das Christuskind erscheinen sie im

Matthäus-Evangelium und wurden damit »zu einem dauerhaften Bestandteil der christlichen Tradition«[6].

Schon seit der Antike begannen sich weitere Legenden um diesen Besuch zu ranken.[7] Im Mittelalter wurde die kurze Episode in Beziehung zu dem hohen Kirchenfest der »Erscheinung des Herrn« (Epiphanie, 6. Januar) gesetzt und mit weiteren Details ausgeschmückt. In Köln, wo die sterblichen Überreste (*Reliquien*) der drei Weisen seit 1164 ruhten, entwickelte sich die Vorstellung, dass es sich bei ihnen um Könige gehandelt haben muss: auf ihrem goldenen, um 1200 datierten Reliquienschrein sind sie Könige und entsprechend führte die Stadt ab dem 13. Jahrhundert drei Kronen in ihrem Wappen. In der zweiten Hälfte des 13. Jahrhunderts wurde die Erzählung von den drei Magiern zu einem Bestandteil der *Legenda Aurea*, einer nach dem Kirchenjahr geordneten Sammlung von Heiligenlegenden, verfasst von einem genuesischen Dominikaner namens Jacopo de Varazze (alias Jacobus de Voragine). Sie wurde ein enormer Erfolg, wie über tausend erhaltene mittelalterliche Textzeugen eindrucksvoll belegen, und diente wohl mehreren Zwecken: als Materialsammlung für Predigten, zur Erbauung der Ordensbrüder und -schwestern und als Versuch, das »Heiligenjahr« in eine nachvollziehbare Ordnung zu bringen. Wie in der Vulgata ist auch bei ihr lediglich von »Magiern« (*magi*) die Rede. Jacobus de Voragine nutzte den Begriff ganz in der theologischen Tradition sogar zu einer mehrfachen allegorischen Ausdeutung des Wortsinns: *Magus* im Sinne von »Täuscher«, »Zauberer« und »Weiser«. Allerdings war auch hier das Wort »König« nicht zu finden.

4. Die *Historia trium regum* mit ihren Übersetzungen

Dies änderte sich etwa hundert Jahre später. Um das Jahr 1364 entstand ein umfangreicher Text zu Ehren der drei Besucher aus dem Osten. Er trug den Titel *Historia trium regum* (»Die Geschichte der drei Könige«). Sein Verfasser war der Karmelit Johannes von Hildesheim; ebenso wie Jacobus de Voragine ein gelehrter Mönch aus einem Bettelorden. Er stammte aus Hildesheim, wo er vermutlich vor 1320 geboren wurde. Nach dem Besuch der Lateinschule trat er in den 30 Kilometer westlich gelegenen neuen Karmeliterkonvent Marienau ein. Seit etwa 1351 studierte er Theologie am Generalstudium des Ordens in Avignon. Er fiel offenbar auf, denn er wurde von den dort residierenden Päpsten in den kommenden Jahren mit diplomatischen Aufgaben betraut. Ende der 1350er Jahre setzte er seine Studien in Paris fort und kehrte 1361 als Baccalaureus nach Deutschland zurück. Seinem Orden diente er weiterhin als Gesandter und traf 1367 sogar mit dem aus Avignon nach Rom zurückgekehrten Papst Urban V. zusammen. Johannes von Hildesheim starb als Vorsteher (Prior) von Marienau im Jahre 1375.

Die *Historia trium regum* gilt neben den Briefen, die Johannes von Hildesheim mit hochrangigen Zeitgenossen wechselte, als sein Hauptwerk; angesichts seiner weiten Verbreitung kann man es sogar als »Bestseller« bezeichnen. Vermutlich entstand es kurz vor 1364, da in diesem Jahr der Kölner Domherr Florenz von Wevelinghoven († 1393) zum Bischof von Münster erhoben wurde. Als solchem widmete ihm Johannes von Hildesheim sein Werk, wohl anlässlich der 200-Jahr-Feier der Reliquientranslation, also der Überbringung der Gebeine von Mailand nach Köln (1164). Die erbauliche Geschichte dürfte als Maßnahme zur Förderung der Drei-Königs-Wallfahrt in die niederrheinische Metropole gedient haben.[8] Noch weitgehend ungeklärt ist, aus welchen Vorlagen Johannes von Hildesheim bei der Abfassung seines Werkes schöpfte. In Frage kommen u. a. Pilger- und Orientberichte, die in Köln kursierten.[9] Hinzu kam Johannes' eigene Kompetenz als gelehrter und welterfahrener Angehöriger des Karmeliterordens; dies betraf nicht nur Ortskenntnisse, sondern auch Informationen über Land und Leute samt Sitten und Gebräuche. Der *Ordo Frutrum Beatae Mariae Virginis de Monte Carmelo* (OCarm), so lautet die offizielle Bezeichnung des Ordens, bezog sich auf die Gottesmutter Maria und benannte sich nach dem gleichnamigen Gebirgszug im Nordwesten des Heiligen Landes, wo er um 1200 gegründet worden war. Das Ordensideal bestand in der Christusnachfolge mit weltabgewandter Askese in strengster Armut und in Anbindung an die Heiligen Stätten. Seine Angehörigen sahen sich in der Nachfolge des alttestamentarischen Propheten Elias, der lange vor Christi Geburt im Karmelgebirge das Volk Israel bekehrt und die Baals-Propheten vernichtet hätte. Daher betrachteten sie sich als den ältesten christlichen Mönchsorden überhaupt.

Johannes von Hildesheim schuf einen Text, der nicht nur die Vorgeschichte, sondern auch Namen, Herkunft, Rückkehr, Taufe, Erzbischofsweihe, Tod, Heiligsprechung und Nachfolger der drei Könige sowie den Verbleib ihrer Gebeine in einen konsistenten

Erzählzusammenhang brachte und biblisches mit legendarischem Wissen zu einer Einheit verschmolz. Gleichzeitig »entschärfte« er vorhandene Probleme: Dazu könnten kritische Fragen nach der »jungfräulichen Geburt« Marias und der Menschwerdung Christi gehört haben, aber auch solche nach dem Christentum und der »Heiligkeit« der drei Könige, die bei ihrem Besuch in Bethlehem de facto ungetaufte Heiden mit einer dubiosen Profession als »Magier« gewesen waren. Solche Fragen dürften sich nicht nur gelehrte Kleriker, sondern auch kritische Laien in Lateineuropa gestellt und Antworten darauf gesucht haben.

Im Prinzip wandte der hochgebildete Johannes von Hildesheim in seinem Werk die Methode an, die die Scholastik im 12. Jahrhundert entwickelt hatte: Er löste vorhandene Widersprüche auf und schuf neue Querverbindungen zwischen verschiedenen Abschnitten des Alten und Neuen Testaments. Zudem stellte er die Geschichte der drei Könige in einen globalen Zusammenhang und ergänzte sie um das Schicksal ihrer Reliquien bis zu ihrer Reise von Mailand nach Köln 1164, wo sie bis heute liegen. Die »globale Dimension« bezieht sich auf das Weltbild der damaligen Zeit. Zum Verständnis reicht ein Blick auf die um 1300 im niedersächsischen Frauenkloster Ebstorf entstandene gleichnamige Weltkarte. Auf ihr lag Indien, die Heimat der drei Könige, von der wir noch hören werden, weit im Osten, quasi unmittelbar vor dem dort lokalisierten Paradies, und damit am Rand der von Menschen bewohnten Welt.[10]

Die *Historia trium regum* war bereits in der »Handschriftenzeit« ein großer Erfolg, wovon noch heute etwa 50 erhaltene lateinische Manuskripte zeugen. Hinzu traten zahlreiche Übersetzungen: Die älteste bekannte Übertragung ins Deutsche entstand 1389 im hessisch-rheinfränkischen Raum für die Witwe des Adeligen Eberhard VIII. Schenk von Erbach, Elisabeth von Katzenelnbogen († 1391).[11] Die Familie des Ehemannes besaß ein kleines Herrschaftsgebiet im Odenwald nördlich von Heidelberg. Die Übersetzung fand Verbreitung über Schwaben und das Elsass bis in die Schweiz. Sie gelangte in den 1480er Jahren in den Straßburger Frühdruck (siehe Abb. 3) und erlebte insgesamt drei Auflagen. Im 15. Jahrhundert entstand eine zweite deutsche Übersetzung, die sich handschriftlich im bayerisch-österreichischen Raum verbreitete; von ihr existieren heute noch 14 Textzeugen. Beide Übersetzungen wurden später sorgfältig zu einem neuen Text geformt und 1476 als erste deutsche Fassung in der Offizin von Anton Sorg in Augsburg gedruckt. Sie erlebte insgesamt vier Auflagen (1481, 1491, 1494). Dieser Text wurde wiederum zwei Jahre später in niederdeutscher Sprache in Lübeck nachgedruckt. Bis in das 16. Jahrhundert erschienen weitere Fassungen und Bearbeitungen in niederländischer, englischer und französischer Sprache. Für das starke Interesse gerade in nichtkirchlichen Kreisen spricht, dass die in Sprache und Layout dezidiert an Kleriker und ein »internationales« Publikum gerichtete lateinische Fassung erst 1477, also ein Jahr nach der deutschen Fassung, erstmals (in Köln) im Druck erschien.[12]

Der bereits angesprochene Augsburger Druck der *Historia trium regum* von 1476 trug den Titel *Die Legende der heiligen drei Könige* (*Die Legend der heyligen drey künig*) und ist für unsere Fragestellung in mehrfacher Hinsicht von Bedeutung: Zum einen, weil die Stadt zum historischen Raum Schwaben, dem heutigen Bayerisch Schwaben gehört, und zum anderen, weil alle dort erschienenen Auflagen in einem spezifischen Überlieferungszusammenhang stehen. Sie bilden den Anhang zu einem »Haupttext«, bei dem es sich um die

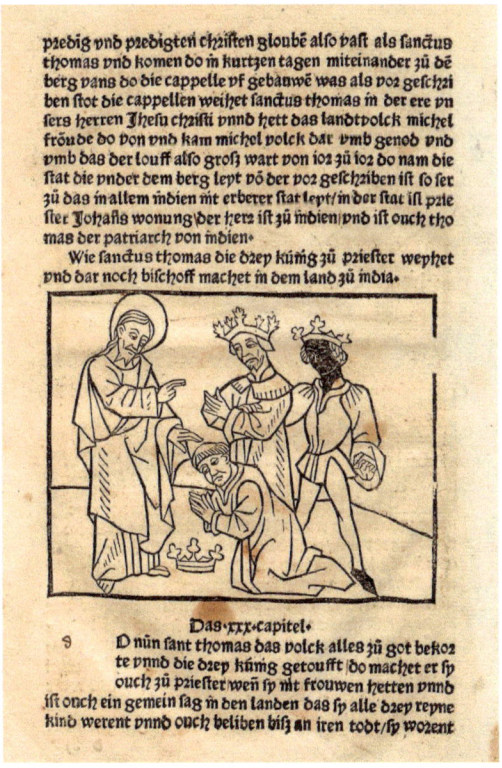

Abb. 3: Priesterweihe der drei Könige durch den heiligen Thomas (Johannes von Hildesheim: *Historia trium regum*, Holzschnitt, Straßburg, Heinrich Knoblochtzer, um 1482, Kap. 29, f. 28v. Bildüberschrift (f. 28v): *Wie sanctus Thomas die drey künig zú priester weyhet vnd dar noch bischoff machet in dem land zú India.*

sogenannte *Neue Ee* handelt.¹³ Mit dieser »Neuen Ehe« ist der Neue Bund gemeint, eine andere Bezeichnung für das Neue Testament. Es handelt sich um eine Kurzfassung des Neuen Testaments mit Schwerpunkten auf dem Marienleben und der Passionsgeschichte. Die angehängte »Legende der heiligen drei Könige« steuerte Wissen über das Heilige Land und das Morgenland bei.

Solche volkssprachlichen Bearbeitungen dienten bis zur Reformation einem größeren Publikum zu religiösem Wissenserwerb und geistlicher Erbauung. Erleichtert wurde dies durch die von Anton Sorg verwendete Drucktype, die aufgrund ihrer klaren Gestaltung ausgesprochen gut lesbar ist und mit sehr wenigen Wortkürzungen auskommt. Gerade die »Orientliteratur«, zu der man den Text zählen kann, bildete eine Augsburger Spezialität. Durch die enge Anbindung an Venedig galt die Stadt als »Einfallstor des Orienthandels in Oberdeutschland«. Eine jüngere Publikation vertrat sogar die Ansicht, dass die Seidenstraße »durchaus nach Augsburg« geführt habe. Über die *Legend der heyligen drey künig* hinaus hatten Augsburger Drucker jedenfalls ein reiches Angebot an Orientalia im Programm.¹⁴

Dieses Leseinteresse dürfte aber nicht nur bei finanzkräftigen und weltläufigen Fernhändlern und Großkaufleuten in der Bischofsstadt Augsburg bestanden haben, sondern auch bei den Bürgern und Künstlern im siebzig Kilometer weiter westlich gelegenen Ulm und wohl nicht zuletzt auch bei den Benediktinern in Blaubeuren – in deren Klosterbibliothek damals die lateinische Fassung stand.¹⁵ Für die religiösen Laien dürfte das Deutsche dabei die Sprache der Wahl gewesen sein. Für die »Authentizität« des Inhalts und damit letztendlich auch für den Erfolg der *Historia* bürgte der Verfasser Johannes von Hildesheim als bibelfester, hochgebildeter, weitgereister, welterfahrener, bis in die höchsten Kirchenkreise anerkannter und damit über jeden Zweifel erhabener Kleriker und Schriftsteller.

Um das Werk und seine Werturteile im Hinblick auf unsere Fragestellung einschätzen zu können, werden im Folgenden die dafür wesentlichen Passagen behandelt. Der *Historia* ist ein Lob der Drei Könige vorangestellt.¹⁶ Es bezieht sich auf eine Prophezeiung im Alten Testament: Ein Seher im Zweistromland namens Bileam (*Balaam*) berichtet über einen Stern auf dem »Berg des Sieges« (*der siglich perg*, alias *Mons Vaus*), der »alle Berge Indiens und des Orients überragt« (*also hoch das er übertraff alle perg in India vnd in Orient*) und in ferner Zukunft von Astrologen gesichtet (werden) wird. Der Text fügt hinzu, dass alle Inder und Chaldäer, die als Händler oder aus Neugierde nach Jerusalem kämen, sternenkundig sind und bestätigen, dass man in Indien und besonders auf dem Berg *Vaus* andere Sterne sieht als in Judäa.[17] Johannes von Hildesheim wendet hier ein gängiges Verfahren der mittelalterlichen theologischen Bibelauslegung an: Es handelt sich um die Gegenüberstellung von Altem und Neuen Testament, wobei das Neue mit der Geburt und dem Opfertod Christi die Vollendung des göttlichen Heilsplans darstellt, während das Alte nur die »Vorgeschichte« ist, die auf sein Kommen verweist. Dieses Verfahren bezeichnet man als »Typologie«.[18]

Die eigentliche Geschichte beginnt mit der Geburt Christi in Bethlehem, der Beurteilung des neu am Firmament erschienenen Sterns durch die Astrologen und der Entscheidung eines jeden der drei Könige, dorthin zu reisen.[19] Es folgen weitere Details: Zu den Königreichen und Ländern der drei Könige sei zu sagen, dass es drei verschiedene Indien gibt. Die meisten Länder sind Inseln im Meer, voll von großen Schlangen, tödlichen Tieren und anderen wundersamen Dingen. So habe König *Aswerus* über 25 Länder zwischen Indien und Äthiopien geherrscht.[20] Diese Information stammt aus keinem geographischen Handbuch, sondern ist gelehrtes (Bibel-)Wissen aus dem Buch Esther im Alten Testament. Ganz ähnlich geht es weiter: Im *ersten Indien* lag das Königreich Nubien, in dem zur Zeit der Geburt Christi König Melchior herrschte, der später in Bethlehem dem Herrn das Gold darbringen sollte. Dort befindet sich auch das Land Arabien mit dem Berg Sinai. Arabien grenzt an das Rote Meer, das von Syrien und Ägypten aus leicht zu befahren ist. Die Überfahrt nach Indien war Händlern und Pilgern aus den Ländern Mitteleuropas auf dieser Seite des Meeres verboten. In den Festungen ließ man dies überwachen, da der Sultan Bündnisse christlicher Fürsten mit dem Priester Johannes, dem Herrscher über Indien, fürchtete. Man ließ die Anwohner dieser Seite des Meeres jedoch passieren, wobei man sie zuvor ausführlich über die Gründe ihrer Reise befragte. Der Priester Johannes hat auf der anderen Seite des Meeres ebenfalls Festungen, in denen Reisende in die Länder des Sultans befragt werden. Nur Mönche (Franziskaner, Augustiner-Eremiten, Karmeliter und Dominikaner) und Händler, die nach Indien wollen, müssen den langen und beschwerlichen Landweg durch das Königreich Persien nehmen (*die müssen gar einen langen verdrossen weg durch das küngreich von Persia ziechen*). Parallel zum Roten Meer fließt der Nil aus dem Paradies durch Ägypten, über den viele kostbare Waren nach *Babilon* (=Kairo) und Alexandria kommen und von dort weiter in die ganze Welt.[21]

Johannes von Hildesheim verbindet hier Vergangenheit und Gegenwart und präsentiert eine ganze Geographie des nahen und fernen Ostens: Das Reich von König Melchior, Herrscher über Nubien und Arabien, wird mit dem Reich des Mamluken-Sultans, Herrscher über Ägypten und benachbarte Gebiete wie das Heilige Land und die heiligen Stätten des Islam (Mekka und Medina), in Beziehung gesetzt. Zu den beiden anderen Königen ist der Text wesentlich kürzer: Laut *Historia* lag im *zweiten Indien* das Königreich *Sodolia*, wo zur Zeit von Christi Geburt König Balthasar herrschte, der dem Jesuskind den Weihrauch schenkte. Auch das *alte Königreich Saba* soll unter seiner Herrschaft gestanden haben, wo es viele wertvolle Gewürze (*manigerley gůter würcz*) gab. Vor allem Weihrauch gedeiht dort besser als anderswo; er tropft von den Bäumen wie hier das Harz (*sund(er)lich wechst da weyroch besser denn in ander(e)n landen vnd tropffet auß den bäumen als hie tůt das harcz*).[22] Aufgrund dieser Angaben wird hiermit der Süden der Arabischen Halbinsel gemeint sein.

Im *dritten Indien* lag das Königreich *Tharsis*, in dem damals König Caspar herrschte, »der unserem Herrn Myrrhe darbrachte«. Ihm gehörte auch die sehr große Insel *Egrozilla*, auf der der heilige Thomas bestattet wurde.[23] Angesichts solcher Hinweise fällt es schwerer, eine geographische Einordnung vorzunehmen, denn die Stadt *T(h)arsis* wird für biblische Zeiten im westlichen Mittelmeerraum verortet.[24] Wenn man den 1375 auf Mallorca entstandenen Katalanischen Weltatlas, eine der bedeutendsten heute noch erhaltenen Weltkarten des Spätmittelalters, zu Rate zieht, dann lag Tharsis (*Tarssia*) in Asien, ungefähr auf halber Strecke zwischen dem Indischen Ozean und dem Kaspischen Meer. Auf dem sechsten Atlasblatt werden die drei bekrönten Könige sogar dargestellt, wie sie vom Stern geführt gen Westen reiten. Ein erläuternder Text fügt in katalanischer Sprache hinzu:

> *Diese Provinz wird* Tarssia *genannt. Von dort kamen die drei sehr weisen Könige, die mit ihren Gaben nach Bethlehem in Judäa reisten; sie beteten Jesus Christus an und sind in der Stadt Köln, zwei Tagesreisen von Brügge entfernt, begraben.*[25]

Die *Historia trium regum* berichtet, dass die drei bis dahin einander noch unbekannten Könige aus ihren Reichen in der wundersam kurzen Zeit von dreizehn Tagen nach Jerusalem zogen, wo sie an einer Wegkreuzung erstmals zusammentrafen, gemeinsam König Herodes aufsuchten und sich anschließend, vom Stern geleitet, nach Bethlehem begaben.²⁶ Damit stellt die Geschichte den Anschluss an den Bericht im Matthäus-Evangelium her und schmückt ihn aber weiter aus: Je näher sie kamen, desto heller leuchtete der Stern; er blieb über einem Stall mit einer Höhle stehen, die er mit Glanz erfüllte (*vnd der steren leytet sy durch die verdeckten gassen [...] biß ann das ennde da das fürschüpff was vor dem hol da got mensch inn geporen ward*).²⁷ Als sie eintraten, sahen sie das Kind mit Maria, seiner Mutter, fielen nieder und huldigten ihm. Dann öffneten sie ihre Truhen und opferten ihm Gold, Weihrauch und Myrrhe.²⁸ Bei der allegorischen Auslegung bezieht sich der Text auf den spätantiken Theologen Fulgentius von Ruspe († 533) und erläutert, dass die drei Gaben drei Eigenschaften in der *einen* Person Christi bedeuten: göttliche Majestät, königliche Macht und menschliche Sterblichkeit. Weihrauch bedeutet Opfer, Gold bedeutet Zins, Myrrhe gehört zum Begräbnis der Toten:

> *So schreibt der meyster Fulgencius das die dreü opffer die die heyligen drey künig prachten dem herren Jhesu Christo bedewten das in Christo wär göttliche krafft vnd mächtigkeyt, küniglicher gewalt vnd tödliche menscheyt. Das opffer das Balthasar pracht was weyrach, der gehört zů dem opffer. Nun sol man nyemant opffern denn got allein. Gold gehört zů dem zins, das bedewt das er ein künig was. Mirr gehört zů der begrebnuß das bedewt das er ein mensch was. Also ist auch cristenlicher gelaub, das wir gelauben das Christus sey warer got und me(n)sch.*²⁹

In diesem Zusammenhang werden die Könige näher beschrieben: Melchior, König von Arabien, der dem Herrn das Gold opferte, war von kleiner Gestalt. Balthasar, der König von Sodolia, der ihm den Weihrauch opferte, war mittelgroß, und zum dritten König heißt es im Druck von 1476: Und König Caspar von Tharsis »und der Insel«, der Myrrhe opferte, der war körperlich der Größte von ihnen und war ein »Schwarzer Mohr« (*Vnd künig Caspar von Tharsis vnd Insule der mirren opffert, der was d(er) grössest an dem leib vnd was ein schwarczer mor*). Das braucht aber niemanden zu wundern, denn es war durch den Propheten David geweissagt im Psalm *Coram illo proci-*

dent Ethiopes etc. Das ist als vil ze tewtsch: Vor ihm werden die moren biege(n) ire knye vnd sein veinde werden lecken die erden.[30] Hier zitiert der Text wörtlich Psalm 71,9 aus dem Alten Testament,[31] wo es unmittelbar daran anschließend heißt: »Die Könige von Tharsis und der Insel bieten Schätze, die Könige von Arabien und Saba Gaben dar« (*Reges Tharsis et insulae munera offerent; reges Arabum et Saba dona adducent*) und schließlich: »und es werden alle Könige der Welt ihn anbeten, alle Völker ihm dienen« (*et adorabunt eum omnes reges terrae; omnes gentes servient ei*).[32]

Diese Verknüpfung von Psalter und Evangelium ist ein Lehrstück für die typologische Bibelauslegung, denn das »Wissen« des Alten Testaments (= Psalm 71,9–11) wurde hier in eine direkte Beziehung zum Neuen Testament (= Matth. 2,1–12) gesetzt. Gemeint ist nichts anderes als die Unterwerfung aller Könige und Völker unter die kommende Herrschaft Jesu Christi. Da im Psalm die Äthiopier, in der Übersetzung als »Mohren« (*moren*) bezeichnet, als erste genannt werden, muss auch einer der drei Könige ein solcher sein. Auch die Frage nach dem Eiland, das Caspar als »König von Tharsis und der Insel« (*Tharsis et Insule*) beherrschte, wurde von Johannes »schlüssig« beantwortet, indem er diesem einen Namen (*Egrozilla*) verlieh und eine dazu passende Geschichte erzählte.[33] Um dies alles plausibel zu machen, werden die drei Könige in der *Historia trium regum* im Anschluss ausführlicher beschrieben: Je näher die Menschen zur Sonne leben, desto kleiner und schwärzer seien sie und auch zarter (*so die lewt der sunnen ye nåcher sind so sy ye kleiner vnd schwårczer seind vnd auch blöder*). Auch heißt es, dass ein Teil von ihnen vom großen Donnern der (aufgehenden) Sonne rasend und taub würde (*Auch sagen etlich, das ein teyl der lewt als nahet gelegenn sein, das sy tóbig vnd dumm werden von dem grossen donern der sunne*). Sie seien zwar klein, aber kundig und reich und weise in weltlichen Dingen (*kündig vn(d) reich vnd weiß in weltlichen sachen*).[34] Das Adjektiv *weiß* bezieht sich hier nicht auf ihre Hautfarbe, sondern auf ihre Weisheit. Dies zeigen handschriftliche Fassungen, wo es heißt: *Daz sin auch gar cleine lüde, rychtig unde wise in werntlichin sachen*[35] beziehungsweise: *et sunt in temporalibus multum astuti et ditissimi mercatores.*[36] Ihre schwarze Hautfarbe, geringe Körpergröße und -kräfte begründete man mit der Nähe zur Sonne, die bei ihrem Aufgang im Osten (!) mit ihrer großen Hitze die Menschen schwärzte. Die dabei verwendeten Adjektive *blöd(er)* und *dumm* hatten nicht ihre heutige abwertende Bedeutung, sondern meinten »zarter« (oder »schwächer«) und »taub«.

Bei der Lektüre fällt auf, dass der Text für seine anthropologische Argumentation im Falle der Schwarzen Äthiopier nur den Osten berücksichtigt. Denn es wird explizit auf den »donnernden« Sonnenaufgang verwiesen, der bei einem Teil von ihnen zu Raserei und Taubheit führe. Nun lag Äthiopien geographisch nicht im Osten, sondern im mittleren Ostafrika, was man in Europa schon im 14. Jahrhundert wusste,[37] ebenso, dass die Menschen in dieser Region »schwarz« waren.[38] Diese Widersprüche, in die sich der Text verstrickte, waren der typologischen Methode geschuldet und folgten keinem Anspruch auf »exakte Geographie«.

Mit dem Besuch der drei Könige im Stall von Bethlehem endet in der *Historia trium regum* die Weihnachtsgeschichte. Der Text ist damit aber keineswegs zu Ende, sondern erzählt in zwölf Kapiteln ihr weiteres Schicksal nach ihrer Heimkehr. Dabei geht es um ihre segensreiche Herrschaft, ihre religiöse Unterweisung und christliche Taufe durch den Apostel und Patriarchen Thomas, ihre anschließende Weihe zu Erzbischöfen[39] (siehe Abb. 3) und schließlich um die Einsetzung eines Nachfolgers, den Priester Johannes zum weltlichen Herrscher der Inder.[40]

Ihr langes Leben beschlossen die drei Könige gemeinsam in der von ihnen gegründeten Stadt *Sodella* am Fuß des Berges *Vaus*. Dort erschien kurz vor Weihnachten ein nie gesehener Stern (*frembder steren*), der den drei Königen ihr seliges Ende (*såliges ennde*) ankündigte.[41] Sie ließen sich daraufhin ein Grab errichten und feierten mit einem festlichen Hochamt Weihnachten. Acht Tage später verschied König Melchior nach Lesung der heiligen Messe im Alter von 116 Jahren und wurde von den beiden anderen bestattet. Dies wiederholte sich zwölf Tage später bei König Balthasar, der mit 112 Jahren von König Caspar zu Grabe getragen wurde. Nach weiteren sechs Tagen starb nach der Messfeier auch Caspar, König von Tharsis und *Insule*, 108-jährig. Ihn trugen die Fürsten und Herren zu Grabe, wo vor aller Augen die beiden zuvor Verstorbenen auseinanderrückten und ihm Platz machten. Man legte den Toten zwischen sie, und »da sie sich zu ihren Lebzeiten liebgehabt hatten, so wollte Gott, dass sie auch im Tode nicht voneinander getrennt würden« (*da leget man den künig Caspar zwischen sii ein vnd als sii einander lieb håtten gehabt in dem leben, da wolt got das sii todt auch nicht voneinander gescheiden würden*). Der neue Stern aber stand so lange über der Stadt, bis ihre Gebeine nach Köln überführt worden waren, »wie man es geschrieben in Indien findet« (*also findt ma(n) geschriben in India*).⁴² Fragt man sich, wo die besagte Stadt der Könige am Rande Indiens zu finden ist, dann stößt man ins Leere. Hier schrieben gelehrte Menschen des 14./15. Jahrhunderts Legenden über Orte »aus biblischer Zeit«, die aber vom biblischen Wissen gar nicht erfasst worden waren.

Es folgt noch eine »Nachgeschichte«, in der Jahrhunderte später die heilige Helena, Mutter des römischen Kaisers Konstantin, die Reliquien der beiden älteren Könige erwirbt. Im Falle von Caspar, dem Schwarzen König, gelingt ihr dies erst nach der Überwindung größter Schwierigkeiten. Als dessen Gebeine endlich zu den beiden andern gelangten, »da erfüllte ein guter und edler Wohlgeruch die ganze Gegend« (*herda ward die gegent all erfült mit einem gar güte(n) vnnd edeln geschmack*).⁴³ Ein solcher Duft gilt in der Literatur, die das Leben und Wirken von Heiligen betrifft (Hagiographie), als untrügliches Zeichen für Heiligkeit.⁴⁴

5. Der Schwarze König auf dem Blaubeurer Altar

Nach diesem Blick auf die wichtigste mittelalterliche Überlieferung zu den drei Königen, ihren Quellen, Arbeitsweisen und Werturteilen, ist es nun an der Zeit, zum Blaubeurer Altar zurückzukehren. Der Besuch der drei Könige beim Jesuskind befindet sich auf der zweiten Wandlung, das heißt an höchst bedeutender Stelle. Aber anders als im Matthäus-Evangelium sind hier keine anonymen Magier (oder Sterndeuter) aus dem Osten dargestellt, sondern drei Könige mit jeweils eigener Individualität: Melchior, der Älteste, kniet vor dem nackten Jesuskind auf dem Schoß seiner Mutter. Mit seiner rechten Hand umfasst er dessen Hände und küsst sie, während er in der linken seine Opfergabe, eine große, runde, mit Goldmünzen gefüllte goldene Dose hält. Rechts und links von Maria stehen die beiden jüngeren Herrscher; jeder von ihnen hält einen goldenen Deckelpokal, in dem sich ihre (hier unsichtbaren) Gaben – Weihrauch beziehungsweise Myrrhe – befinden. Die Geschichte, die hier »erzählt« wird, stammt in dieser Form nicht aus dem Matthäus-Evangelium, sondern aus der *Historia trium regum* des Johannes von Hildesheim. Auch ihr Darstellungszweck hat sich seit biblischer Zeit leicht verändert: Die drei Magier aus dem Osten, die dem

Stern zum neuen König der Juden gefolgt sind, um ihm zu opfern, bilden nicht mehr »nur« den Anlass für den darauffolgenden Bethlehemitischen Kindermord und die Flucht Marias und Josefs nach Ägypten, sondern repräsentieren die Könige des Erdkreises, die dem zum Menschen gewordenen Herrgott, der soeben die Welt betreten hat, huldigen.

Die Künstler, die den Flügelaltar schufen, haben ihr großes Können eingesetzt, um die Bedeutung dieser Szene mit ihrem hochrangigen Personal bildnerisch umzusetzen. Besonders auffällig ist dies im Falle von Caspar, dem Schwarzen und jüngsten der Könige: In der linken Hand hält er seinen kronenbereiften roten Reisehut. Sein goldener Kurzmantel, blau gefüttert und von einem schmalen Gürtel gehalten, entspricht der Mode junger Hochadliger des 15. Jahrhunderts. Mit der gleichen Meisterschaft sind seine hohen Stiefel gemalt, deren helles weiches Leder und das dunkle Futter lebensecht wirken. Im Gegensatz zu den älteren Königen ist Caspar bewaffnet. Das prächtige Großschwert steckt in der Scheide, die an seinem Gürtel hängt, während er an seinen Stiefeln große goldene Sporen als Zeichen seiner Ritterschaft trägt. Sofort ins Auge fallen seine rotseidenen Beinkleider: Auf dem linken Oberschenkel prangen unter einer Krone die Großbuchstaben »M« und »V«, verschlungen zu einem großen perlengestickten Monogramm. Sie beziehen sich offensichtlich auf die von Engeln vollzogene Krönung der Jungfrau Maria im Altarschrein, die den Mittelpunkt der zweiten Wandlung bildet, und können in verschiedener Weise aufgelöst werden: Im Nominativ würde es *Maria Virgo* (= Jungfrau Maria) heißen, im Genitiv *Mariae virginis* hingegen »zur Jungfrau Maria gehörend«. Eine Blumenranke trennt diese Buchstaben-Zeichen-Kombination aus Krone und Monogramm von der ebenfalls in Großbuchstaben und Perlenstickerei ausgeführten deutschsprachigen Devise *Dier zuo lieb* (»Dir zur Liebe«) darunter. Ganz unten steht in großen arabisch-indischen Ziffern die Zahl 100. Bei der Kombination aus Krone, Monogramm und Devise handelt es sich um Elemente aus dem Zeichenvokabular der ritterlich-höfischen Welt, sogenannte »pseudo-heraldische« oder »paraheraldische Zeichen«.[45] Ihren Sinn kann man folgendermaßen deuten: Der ritterliche König Caspar bekennt sich zur gekrönten Himmelskönigin Maria und stellt sich als Gefolgsmann erklärtermaßen in ihren Dienst (und in den ihres soeben auf die Welt gekommenen jungen Sohnes).

6. Spuren von Rassismus auf dem Blaubeurer Altar – ein Fazit

Damit ist der Rahmen geschaffen, um auf die Eingangsfrage, die im Titel dieses Beitrages gestellt wurde, zurückzukommen und sie angemessen zu diskutieren: Waren Caspar, der König von Tharsis und Egrozilla, und seine zahlreichen Ebenbilder auf Altären um 1500 in und außerhalb Schwabens »Kings of Color«? Dies würde bedeuten, dass es sich um Könige gehandelt hat, die aufgrund ihrer Hautfarbe diskriminiert wurden. Rassismus in der Geschichte ist ein Thema, das in der jüngeren Zeit auch in den Fokus der deutschen Forschung gerückt ist. Seit einigen Jahren hat man sich dabei auch der Zeit des Mittelalters zugewandt und ein ergiebiges Forschungsfeld gefunden.[46] Einer der derzeit einflussreichsten Ansätze stammt von der US-amerikanischen Literaturwissenschaftlerin und Mediävistin Geraldine Heng. Sie definiert »Rassifizierung« (»Racemaking«) als eine perfide Strategie von Handelnden, menschliche Unterschiede gleich welcher Art den davon Betroffenen als »wesenseigen« und damit als unveränderlich zuzuschreiben und dies ausschließlich zum Zweck der eigenen Machtausübung.[47]

Unter Nutzung dieser weit gefassten Definition gibt die Darstellung des Schwarzen Königs auf dem Blaubeurer Altar keinen Anlass, rassifizierende Absichten oder Untertöne durch die Auftraggeber oder die ausführenden Künstler des Blaubeurer Altars anzunehmen. Der junge König ist den anderen in Haltung, Stellung und Darstellung ebenbürtig; seine Eleganz ist weder übertrieben noch überzogen, sondern seiner hohen Stellung angemessen. Es gibt sogar einen interessanten Hinweis auf dem Altar, der vor einigen Jahren bei der Restaurierung ans Licht kam: Hinter seiner Figur wurde eine Vorzeichnung gefunden. Es handelt sich um einen skizzierten Kopf im Profil, der ihn karikierend als »bösen« Schwarzafrikaner darstellt (siehe Abb. 4). Diese Vorlage wurde jedoch nicht ausgeführt; stattdessen erhielt Caspar das gleiche Profil wie das Jesuskind, nur mit dunkler Haut und schwarzen Locken. Offensichtlich beherrschte man in den Künstlerateliers der Zeit verschiedene Bildtypen; in diesem Fall entschied man sich genau wie beim Jesuskind für den eines jungen Heiligen.

Sicher ist, dass die typologische Methode der Bibelauslegung in der *Historia trium regum* konsequent Anwendung fand und dies, mit Blick auf ihre Wirkungsgeschichte, überaus erfolgreich. Die drei Könige im Stall von Bethlehem wurden mit den sich Gott un-

Abb. 4: Kopfprofil des Schwarzen Königs (nicht ausgeführte Vorzeichnung). Blaubeuren, Hochaltarretabel, 2. Wandlung, Innenseite der rechten inneren Schreintür. Ulmer Schule, 1. Hälfte 1490er Jahre.

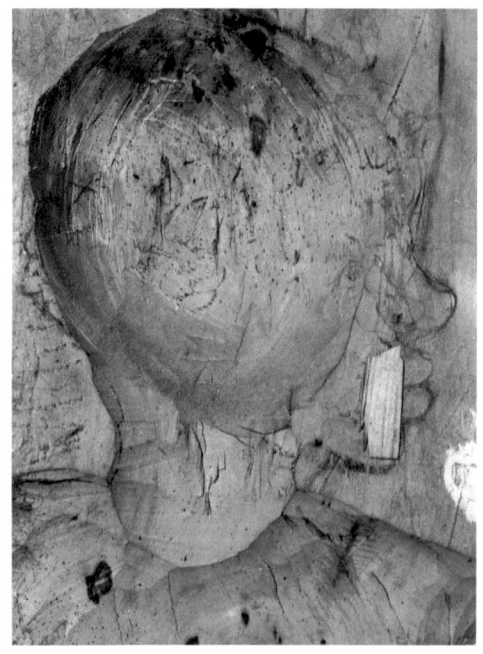

terwerfenden Königen der Welt aus dem 71. Psalm Davids in eine typologische Verbindung gebracht. Derselbe Psalm lieferte mit der Nennung des Königs von Tharsis »und der Insel« (*et Insul(a)e*) sowie denen von Arabien und Saba weitere Vorgaben: Angeführt wurden sie von den »die Knie beugenden Äthiopiern«. Ein Schwarzer König und seine weißen Gefährten wurden in der Weihnachtsgeschichte des Matthäus-Evangeliums damit zur Erfüllung dieser alttestamentlichen Prophezeiung und von den bildenden Künstlern der Zeit in leuchtenden Farben umgesetzt. So ist die *Historia trium regum* von einem gelehrten Theologen des Spätmittelalters zu einer schlüssigen Geschichte geformt worden und schuf die Voraussetzungen für das Auftreten des Schwarzen Königs auf der zweiten Wandlung, das heißt im allerheiligsten Bereich eines spätmittelalterlichen Flügelaltars. Auf dem Blaubeurer Altar erscheint er als schöner, demütiger, frommer junger Herrscher. Nimmt man die Ausführungen der *Historia* hinzu, dann wurde er von den beiden älteren Königen innig geliebt, starb wie sie einen sanften Tod, bekam durch sie einen Ehrenplatz im Gemeinschaftsgrab und verströmte den Wohlgeruch des Heiligen.

Betrachtet man den Altar, dann finden sich jedoch an anderen Stellen durchaus rassistische Bewertungen. Von ihnen war bereits die Rede: Es waren die »bösen« Fremden, die karikiert, entmenschlicht und verteufelt wurden. Das Mittelalter war eine Zeit, in denen sich europäische Menschen vor Muslimen, Mongolen und Schwarzen oft genug zu Tode fürchteten und sie deshalb – also aus einem Gefühl ohnmächtiger Angst heraus – verteufelten. Dies ist von der oben gegebenen Definition von Rassifizierung aber nicht abgedeckt. Schon eher jedoch gilt dies für die ihnen an die Seite gestellten abtrünnigen Christen (= Ketzer) und Unbelehrbaren (= Juden) – hierfür liefert die *Historia trium regum* ausreichende Belege. Das als »böse« Empfundene oder Definierte wurde künstlerisch visualisiert, indem man seine Vertreter mit fratzenhaften Gesichtern, gewalttätigen und unkontrollierten Emotionen, entstellten Körpern und voller Hässlichkeit darstellte; wir kennen dies seit dem Mittelalter aus Höllendarstellungen und heute noch aus Horrorfilmen und Fantasy-Spielen. Aber auch rassistische Darstellungen bedienen sich dieser Ausdrucksmittel. In der Geschichtswissenschaft ist man sich einig, dass die Auseinandersetzung mit Rassismus, seinen Ausprägungen und Auswirkungen notwendig ist. Es ist wichtig, sich genau anzuschauen, welche Stereotypen wirksam waren und sind. Allerdings haben die Quellen auch ein Vetorecht: und in diesem Fall war die Darstellung des Schwarzen Königs Caspar eindeutig nicht rassistisch, auch wenn sich an anderen Stellen des Blaubeurer Altars durchaus Spuren von rassistischer Abwertung erkennen lassen. Der Schwarze König hingegen stellt eine Übernahme der Ergebnisse des als gelungen empfundenen Versuches dar, das Wissen der christlichen Welt zu vernetzen und zu harmonisieren.

ENDNOTEN

1 Devisse/Mollat: Appeal to the Ethiopean.
2 Teget-Welz: Bartholomäus Zeitblom.
3 Strickland: Saracens, Demons and Jews.
4 Krebs: Medieval Ethiopian Kingship, S. 34–59.
5 Matth. 2,13–23.
6 Dandamayev: Magi.
7 Waetzoldt: Drei Könige.
8 Worstbrock/Harris: Johannes von Hildesheim; Rautenberg: Heiligenlegenden, S. 90, 121–146 [u. ö.].
9 Schilling: Historia trium regum.
10 Kugler: Die Ebstorfer Weltkarte 2020.
11 Edition des Textes von 1389 bei Harris: Translation of the Historia Trium Regum, S. 1–69.

12 RAUTENBERG: Heiligenlegenden, S. 90.
13 GÄRTNER: Neue Ehe.
14 WOLF: Deutsche Drucke, S. 52, 55.
15 LEHMANN/BÜHLER: Passionale decimum, S. 517
16 Johannes von HILDESHEIM: Historia, f. 118v–121r [Kap. 2–5]. Da dieser frühneuhochdeutsche 1476 in Augsburg gedruckte Text (im Gegensatz zu seiner lateinischen Vorlage) zwar Kapitelüberschriften enthält, aber keine Kapitelnummerierung, werden im Folgenden die Seitenangaben von 1476 in runde Klammern gesetzt und die Kapitelnummern in eckigen hinzugefügt. Letztere stammen aus dem Druck der lateinischen Fassung von 1477, die in einer neuhochdeutschen Übersetzung zugänglich ist; vgl. CHRISTERN: Johannes von Hildesheim.
17 Johannes von HILDESHEIM, Historia, f. 120v. [Kap. 2]. Die gesamte Vorgeschichte erstreckt sich über f. 120r–125r. [Kap. 2–5].
18 HALL: Typologie.
19 Johannes von HILDESHEIM: Historia (1476), f. 122r–v [Kap. 6].
20 Johannes von HILDESHEIM: Historia (1476), f. 123r [Kap. 9].
21 Johannes von HILDESHEIM: Historia (1476), f. 123r–v [Kap. 10].
22 Johannes von HILDESHEIM: Historia (1476), f. 123v [Kap. 11].
23 Johannes von HILDESHEIM: Historia (1476), f. 123v–124r [Kap. 11]: *Von dem dritte(n) Yndia, das Caspar künig inne was. In dem dritte(n) Yndia ligt ein künigreich, dz heißt Tharsis vnnd zů den zeiten als got mensch ward, was da ein künig, der hieß Caspar, der vnserm herren opffert den mirre(n). Es was auch sein ein mächtig grosse insel, die hieß Egrozilla: in der ligt sant Thomas leiphåfftig*; f. 124r.
24 GRÜNINGER: Tarsis.
25 Atlas catalan 1375: *Aquesta pruuincia es ap(p)ellada·Tarssia, delaqual axiren los III reys fort sauis; eua(n)gueren en Batlem de Judea ab lurs dons, eadoruen J(e)h(s)u Christ; e son sebolits en la ciutat de Cologna a dues iornades de Bruge*s.
26 Johannes von HILDESHEIM: Historia (1476), f. 125r–126r [Kap. 12–15].
27 Johannes von HILDESHEIM: Historia (1476), f. 126r. [Kap. 19].
28 Johannes von HILDESHEIM: Historia (1476), f. 126r–v [Kap. 19].
29 Johannes von HILDESHEIM: Historia (1476), f. 126v [Kap. 20].
30 Johannes von HILDESHEIM: Historia (1476), f. 127r. [Kap. 21].
31 In modernen (katholischen) Bibelausgaben handelt es sich in diesem Fall um Psalm 72; zu den Hintergründen vgl. MILLARD: Psalter, S. 6f.; ferner MÜLLER: Psalmen (AT).
32 Psalm 71,10–11.
33 Johannes von HILDESHEIM: Historia (1476), f. 127r. [Kap. 21]. Zum Namen der Insel vgl. oben, ebd., f. 124r. [Kap. 11]. Zitat oben, Endnote 23. Die wechselnden Namen dieser Insel (*Egrozilla, Egrisula* u.ä.) sind nicht identifiziert, ebenso wenig wie ihre Lage; vgl. HARRIS: Translation of the Historia Trium Regum, S. CXI (mit weiteren Überlegungen).
34 Johannes von HILDESHEIM: Historia (1476), f. 127r. [Kap. 21].
35 HARRIS: Translation of the Historia Trium Regum, S. 17b.
36 HORSTMANN: Liber de gestis, S. 238. Im Kölner Druck von 1477 heißt es: *Et sunt homines in te(m)poralibus multum astuti et ditissimi mercatores*; Johannes de HILDESHEIM: Historia beatissimorum trium regum, f. 14r.
37 Atlas catalan 1375; MARINO: El libro del conoscimiento, S. 55–65.

38   MARINO: El libro del conoscimiento, S. 55–65.
39   Johannes von HILDESHEIM: f. 136v–137r [Kap. 33].
40   Johannes von HILDESHEIM: Historia (1476), f. 137r–v [Kap. 34].
41   Johannes von HILDESHEIM: Historia (1476), f. 137r. [Kap. 35].
42   Johannes von HILDESHEIM: Historia (1476), f. 137v–138r [Kap. 35].
43   Johannes von HILDESHEIM: Historia (1476), f. 142v. [Kap. 40].
44   ANGENENDT: Heilige und Reliquien.
45   SLANIČKA: Krieg der Zeichen.
46   UBL: Rasse und Rassismus.
47   HENG: Invention of Race.

QUELLEN- UND LITERATURVERZEICHNIS

QUELLEN UND REPERTORIEN

Atlas catalan (1375), Paris, Bibliothèque nationale de France (BnF), Département des manuscrits, Espagnol 30, URL: http://gallica.bnf.fr/ark:/12148/btv1b55002481n [zuletzt aufgerufen am 29.11.2023].

CHRISTERN, Elisabeth (Bearb.): Johannes von Hildesheim, Die Legende von den Heiligen Drei Königen, Köln 1963 [Moderne dt. Übersetzung der lateinischen Druckfassung, [Köln]: Johann Guldenschaff 1477].

Ehe, Neue, in: Gesamtkatalog der Wiegendrucke (2017), URL: https://gesamtkatalogderwiegendrucke.de/docs/EHENEU.htm#GW09248 [zuletzt aufgerufen am 30.10.2023].

HARRIS, Sylvia C.: An Early New High German Translation of the Historia Trium Regum by Johannes de Hildesheim. Edited from Pap. Man. No. 15, Stadt und Stiftsarchiv Aschaffenburg, London 1954.

Historia trium regum (Geschichte von den drei Königen), in: Geschichtsquellen des deutschen Mittelalters. Repertorium Fontium 6, 332, URL: https://www.geschichtsquellen.de/werk/3065 [zuletzt aufgerufen am 17.10.2023].

HORSTMANN, CARL (Hg.): Liber de gestis et translacionibus trium regum, from MS. Brandenburg I, 1. 176, in: DERS. (Hg.): John of Hildesheim. An Early English Translation of the »Historia Trium Regum«, edited from the Mss., together with the Latin Text (Early English Text Society, Original Series 85), London 1886, S. 206–312.

Johannes de HILDESHEIM: Historia beatissimorum trium regum, [Köln]: Johann Guldenschaff **1477** [Exemplar Düsseldorf, Universitäts- und Landesbibliothek, Sign. 2 an P. Eccl. 214 (Ink.) – GW M14009], URL: http://digital.ub.uni-duesseldorf.de/id/6571809 [zuletzt aufgerufen am 14.11.2023].

Johannes von HILDESHEIM: Historia trium regum [*Die Legend der heyligen drey künig*], in: Die Neue Ehe, Augsburg: Anton Sorg **1476**, f. 118r–153v [Exemplar München, Bay. Staatsbibliothek, Sign.: Ink N-22 - GW 9248], URL: https://daten.digitale-sammlungen.de/0007/bsb00072797/images/ [zuletzt aufgerufen am 06.11.2023].

Johannes von HILDESHEIM: Historia trium regum, deutsch, in: Handschriftencensus. Eine Bestandsaufnahme der handschriftlichen Überlieferung deutschsprachiger Texte des Mittelalters, URL: https://handschriftencensus.de/werke/744 [zuletzt aufgerufen am 02.11.2023].

Johannes von Hildesheim: Historia trium regum, in: Mirabile. Archivum digitale della cultura medievale. Digital Archives for Medieval Culture, URL: http://www.mirabileweb.it/title/historia-trium-regum-iohannes-hildesheimensis-n-13-title/951 [zuletzt aufgerufen am 17.10.2023].

Kugler, Hartmut (Hg.): Die Ebstorfer Weltkarte. Kommentierte Neuausgabe, 2 Bde., Darmstadt ²2020.

Maggioni, Giovanni Paolo (Hg.): Jacopo da Varazze, Legenda aurea. Edizione critica, 2 Bde. (Millennio medievale 6), Firenze ²1999.

Marino, Nancy F.: El libro del conoscimiento de todos los reinos (The book of knowledge of All kingdoms). Edition, Translation, and Study (Medieval & Renaissance Texts & Studies 198), Tempe, AZ 1999.

LITERATUR

Angenendt, Arnold: Heilige und Reliquien. Die Geschichte ihres Kultes vom frühen Christentum bis zur Gegenwart, Hamburg ²2007.

Becks, Leonie u. a. (Hgg.): Caspar – Melchior – Balthasar. 850 Jahre Verehrung der Heiligen Drei Könige im Kölner Dom [Ausstellungskatalog], Köln 2014.

Beer, Manuela u. a. (Hgg.): Die Heiligen Drei Könige. Mythos, Kunst und Kult [Ausstellungkatalog], Köln/München 2014.

Dandamayev, Muhammad A.: Magi, in: Encyclopædia Iranica, online edition (2012), URL: https://iranicaonline.org/articles/Magi [zuletzt aufgerufen am 28.11.2023].

Devisse, Jean/Mollat, Michel: The Appeal to the Ethiopian, in: David Bindman/Henry Louis Gates (Hgg.): The Image of the Black in Western Art, Bd. 2.2: Africans in the Christian ordinance of the world, Cambridge, MA u. a. 2010, S. 83–152.

Gärtner, Kurt: Neue Ehe, in: Die deutsche Literatur des Mittelalters. Verfasserlexikon 6 (²1987), Sp. 907–909.

Greve, Anna: Farbe – Macht – Körper. Kritische Weißseinsforschung in der europäischen Kunstgeschichte, Karlsruhe 2013, URL: http://books.openedition.org/ksp/259 [zuletzt aufgerufen am 24.06. 2021].

Grüninger, Ann-Christin: Tarsis, in: Das Wissenschaftliche Bibellexikon im Internet (2019), URL: https://www.bibelwissenschaft.de/ressourcen/wibilex/altes-testament/tarsis [zuletzt aufgerufen am 14.02.2024].

Hall, Stuart George: Typologie, in: Theologische Realenzyklopädie 34 (2002), S. 208–224.

Heng, Geraldine: The Invention of Race in the European Middle Ages, Cambridge 2018.

Kehrer, Hugo: Die Heiligen Drei Könige in Literatur und Kunst, 2 Bde., Leipzig 1908/1909.

Koerner, Joseph Leo: The Epiphany of the Black Magus Circa 1500, in: David Bindman/Henry Louis Gates, Jr. (Hgg.): The Image of the Black in Western Art, Bd. 3.1: Artists of the Renaissance and Baroque, Cambridge, MA u. a. 2010, S. 7–92.

Krebs, Verena: Medieval Ethiopian Kingship, Craft, and Diplomacy with Latin Europe, London 2021.

Lehmann, Paul/Bühler, Nonnonus: Das Passionale decimum des Bartholomäus Krafft von Blaubeuren, in: Historisches Jahrbuch 34 (1913), S. 493–537.

Leistenschneider, Eva (Hg.): Jerusalem in Ulm. Der Flügelaltar aus St. Michael zu den Wengen [Ausstellungskatalog], Ulm 2015.

Millard, Matthias: Psalter, in: Das wissenschaftliche Bibellexikon im Internet (2013/2017), online unter: http://www.bibelwissenschaft.de/stichwort/31552/ [zuletzt aufgerufen am 21.02.2024].

Moraht-Fromm, Anna/Schürle, Wolfgang (Hgg.): Kloster Blaubeuren. Der Chor und sein Hochaltar, Stuttgart 2002.

Müller, Reinhard: Psalmen (AT), in: Das wissenschaftliche Bibellexikon im Internet (2013), online unter: http://www.bibelwissenschaft.de/stichwort/31528/ [zuletzt aufgerufen am 21.02.2024].

Nirenberg, David: Rassendenken und Religion im Mittelalter. Über Ideen zur somatischen Reproduktion von Ähnlichkeit und Differenz (Das mittelalterliche Jahrtausend 10), Göttingen 2023.

Rautenberg, Ursula: Überlieferung und Druck. Heiligenlegenden aus frühen Kölner Offizinen, Tübingen 1996.

Schilling, Alexander Markus: Mögliches, Unwahrscheinliches, Fabelhaftes. Die »Historia trium regum« des Johannes von Hildesheim und ihre orientalischen Quellen (Jenaer Mediävistische Vorträge 2), Stuttgart 2014.

Slanička, Simona: Krieg der Zeichen. Die visuelle Politik Johanns ohne Furcht und der armagnakisch-burgundische Bürgerkrieg (Veröffentlichungen des Max-Planck-Instituts für Geschichte 182), Göttingen 2002.

Spicer, Joaneath (Hg.): Revealing the African Presence in Renaissance Europe [Ausstellungskatalog], Baltimore ³2013.

Strickland, Debra Higgs: Saracens, Demons, and Jews. Making Monsters in Medieval Art, Princeton 2003.

Teget-Welz, Manuel: Bartholomäus Zeitblom, Jörg Stocker und die Ulmer Kunstproduktion um 1500, in: Eva Leistenschneider (Hg.): Jerusalem in Ulm. Der Flügelaltar aus St. Michael zu den Wengen [Ausstellungskatalog], Ulm 2015, S. 10–24.

Tymowski, Michał: Europeans and Africans. Mutual Discoveries and First Encounters (African History 10), Leiden/Boston 2020.

Ubl, Karl: Rasse und Rassismus im Mittelalter. Potential und Grenzen eines aktuellen Forschungsparadigmas, in: Historische Zeitschrift 316 (2023), S. 306–341, URL: https://doi.org/10.1515/hzhz-2023-0009 [zuletzt aufgerufen am 18.07.2023].

Waetzoldt, Stephan: Drei Könige, in: Reallexikon zur Deutschen Kunstgeschichte 4 (1955), Sp. 476–501, URL: https://www.rdklabor.de/w/?oldid=106743 [zuletzt aufgerufen am 04.04.2022].

Whitaker, Cord J.: Black Metaphors. How Modern Racism Emerged from Medieval Race-Thinking, Philadelphia, PA 2019.

Wintle, Michael: The Advent of the Black Magus. Moving towards a Continental Hierarchy, in: Klaus Oschema/Christoph Mauntel (Hgg.): Order into Action. How Large-Scale Concepts of World Order Determine Practices in the Premodern World (Cursor Mundi 40), Turnhout 2022, S. 209–236.

Wolf, Klaus: Deutsche Drucke, in: Günter Hägele/Melanie Thierbach (Hgg.): Augsburg macht Druck. Die Anfänge des Buchdrucks in einer Metropole des 15. Jahrhunderts [Ausstellungskatalog], Augsburg 2017, S. 50–55.

Worstbrock, Franz Josef/Harris, Sylvia C.: Johannes von Hildesheim, in: Die deutsche Literatur des Mittelalters. Verfasserlexikon 4 (³1983), Sp. 638–647.

Von Ulm in die Welt und zurück: Felix Fabri auf dem Sinai

Folker Reichert

1. Frater Felix Fabri

Außerhalb Ulms muss man Felix Fabri kurz vorstellen: Geboren vor 1440 in Zürich, aufgewachsen auf Schloss Kyburg bei Winterthur, ausgebildet am Ordensstudium der Dominikaner in Basel, wurde er schließlich nach Ulm geschickt, wo er bis zu seinem Tod im Jahre 1502 als Prediger und Lesemeister des Dominikanerklosters wirkte. Als geistlicher Betreuer mehrerer Frauenklöster bewährte er sich ebenso wie auf Dienstreisen in Angelegenheiten seines Ordens. Die Erinnerung an die alte Heimat verblasste allmählich, die Schweizer Eidgenossen hielt er für rohe Bauern, wild, verlogen und begierig, die göttliche Ordnung zu zerstören. Denn mit ihren Kriegen gegen die Habsburger hätten sie sich treulos gegen die eigene Herrschaft aufgelehnt. Fabri identifizierte sich mit seiner schwäbischen Wahlheimat und hielt die Stadt Ulm für *ruhmreich, vornehm*, ein *Kleinod*.[1] Er war Ulmer aus Leidenschaft und Schwabe aus Überzeugung.

Fabris schriftliche Hinterlassenschaft konzentriert sich deshalb auf die Region, in der er lebte und wirkte. Er verfasste eine bedeutende Geschichte der Stadt Ulm und trug mit einer Beschreibung Deutschlands und Schwabens zum zeitgenössischen Schwabendiskurs bei.[2] Mit geistlichen Traktaten über die Menschwerdung Christi, die Eucharistie und zu anderen zentralen Themen, mit einer gedrängten Erörterung virtueller Pilgerfahrten (die also im Geist absolviert werden konnten) und mit Predigten zu verschiedenen Anlässen kam er seinen seelsorglichen Pflichten nach. Eine lange für verschollen geglaubte Geschichte des Klosters Gnadenzell in Offenhausen wurde erst kürzlich wiederentdeckt.[3] Fabris Œuvre ist vielfältig und lässt noch manche Überraschung erwarten.[4]

Sein bedeutendstes Werk stellt freilich die Beschreibung seiner zweimaligen Pilgerfahrt nach Jerusalem dar, das *Evagatorium in Terre Sancte peregrinationem*. Es handelt sich dabei um nichts Geringeres als den umfangreichsten, detailliertesten und ausführlichsten Reisebericht, den wir aus dem Mittelalter besitzen. Konrad Dietrich Hasslers Ausgabe aus der Mitte des 19. Jahrhunderts füllt drei Bände mit 1600 Seiten. Eine neue, jetzt fast abgeschlossene lateinisch-französische Ausgabe bringt es auf zwölf Bände mit über 4000 Seiten. Gleichzeitig gibt der Autor so viel wie kein anderer seine eigenen Einfälle, Meinungen und Emotionen preis. Weder Marco Polo noch Enea Silvio Piccolomini und auch nicht die frühen Entdeckungsberichte können damit konkurrieren. Oft sucht man in mittelalterlichen Texten vergeblich nach der Individualität und Persönlichkeit des Autors. Bei Felix Fabri wird man fündig. Schon der selbstbewusste Gebrauch der Initialen FFF (Frater Felix Fabri) setzte ein Zeichen, und die vielen Erklärungen, Erörterungen und Exkurse muss man als die Abschweifungen eines unruhigen Geistes verstehen. In der Literaturwissenschaft spricht man von Digressionen und versteht darunter ein Stilmittel zur Auflockerung eines literarischen Texts.[5] Felix Fabri brachte damit sowohl umfassende Bildung als auch stete Neugier zum Ausdruck. Glückliche Umstände sorgten zudem dafür, dass das Werk von des Autors eigener Hand, als Autograph, erhalten geblieben ist – auch das ein seltener Fall.

Abb. 1: Der Anfang von Felix Fabris *Evagatorium*.

2. Reisen ins Heilige Land

Dabei war der äußere Verlauf der beiden Reisen alles andere als originell. Vielmehr entsprachen sie dem üblichen, seit der Mitte des 15. Jahrhunderts feststehenden Muster. Man reiste auf eigene Faust oder in kleiner Gruppe nach Venedig, schloss sich mit anderen Pilgern zu einer »Gesellschaft« zusammen und handelte mit einem der dafür eigens lizenzierten Reeder einen Transport- und Versorgungsvertrag aus. Obwohl die Verträge immer umfangreicher wurden, weil die Pilger auf immer genauere Regelungen bestanden, kam es unterwegs regelmäßig zu Konflikten um die Auslegung der Bestimmungen und die immer gleichen Fragen wurden gestellt: Was können die Kunden verlangen? Wer kommt für unerwartet anfallende Kosten auf? Wer hat an Bord das Sagen?

Auch der Reiseweg war stets der gleiche: Die Schiffe mit den Pilgern an Bord fuhren zunächst an der dalmatinischen Küste entlang, passierten das heutige Albanien und bogen an der südwestlichen Spitze der Peloponnes nach Osten ab. Auf Kreta, Rhodos und Zypern legte man Zwischenhalte ein, auch weil man dort vor türkischen Kriegsschiffen oder Piraten (was unter Umständen auf dasselbe hinauslief) sicher sein konnte. Die Inseln im östlichen Mittelmeer (Dodekanes und Kykladen) ließ man links liegen. Die Überfahrt über den Golf von Antalya galt als die gefährlichste Teilstrecke des Weges. Im Heiligen Land begab man sich in die Obhut der in Ägypten und Palästina regierenden Mamlukensultane und ihrer Behörden, die für sicheres Geleit von Jaffa nach Jerusalem garantierten. In der Heiligen Stadt und bei ihren Ausflügen in der Umgebung (Bethlehem, Jericho, Bethphage und so weiter) wurden die Pilger von den Franziskanern des Zionsklosters betreut. Manche durften dort wohnen.

Der Aufenthalt in Jerusalem dauerte nie sehr lange. Denn das Besichtigungsprogramm wurde routiniert heruntergespult. Es kam auf den Nachvollzug der Heilsgeschichte und den Erwerb von Ablässen bei den zahllosen heiligen Stätten an, nicht auf vertiefte oder gar zeitraubende religiöse Erfahrung. Mit den Muslimen kam es oft zu handfesten Konflikten. Beschimpfungen, Steinwürfe und auch Prügeleien gehörten zum Alltag der Pilger. Das alles ertrug man, weil man sich in der Nachfolge Christi und somit auf dessen Leidensweg sah. Wer sich in die Passionsgeschichte hineinversetzen wollte, musste eben auch selbst viel erleiden. Die Heimfahrt folgte derselben Route wie die Hinfahrt, erwies sich aber oft als strapaziöser. Die Herbststürme machten den Seeleuten zu schaffen, die Folgen des ungewohnten Klimas, der fremden Kost und überhaupt des monatelangen entbehrungsreichen, unbehausten Lebens machten sich bei den Pilgern bemerkbar. Wer die Reise glücklich und einigermaßen unbeschadet überstand, dankte Gott für seine Hilfe.

Dass Fabri sich damit nicht zufriedengab und schon nach drei Jahren erneut zum Heiligen Land aufbrach, war durchaus ungewöhnlich und bedarf der Erklärung. Warum tat er sich die Mühen und Strapazen einer Heiliglandreise ein zweites Mal an?

3. Die Wallfahrt zum Sinai

Schon die erste Reise hätte über Jerusalem hinaus und zum Sinai führen sollen. Doch Fabri fand keine Reisegruppe, der er sich hätte anschließen können. Nur zwei Engländer boten sich an. Doch die sprachen weder Deutsch noch Latein und Fabri kein Englisch. Also verzichtete er auf die Weiterreise und nahm sich vor, es bald noch einmal zu versuchen. Die erste Reise sei für ihn nur ein Vorspiel (*preambulum*) gewesen.

Die Wallfahrt zum Sinai galt als logische, aber anspruchsvollere Fortsetzung der Wallfahrt nach Jerusalem. Man sprach von einer *secunda peregrinatio* und meinte eine Steigerung des Pilgererlebnisses, die nur Wenigen zuteilwurde. Denn damit war eine Steigerung der Schwierigkeiten verbunden. Es gab keine venezianischen Unternehmer mehr, die den Transport besorgten, keine mamlukischen Geleitsleute, die die Reisenden vor den Beduinen beschützten, keine lateinischen Mönche, die sie betreuten und informierten. Sie waren von nun an auf sich selbst und ihre eigenen Fähigkeiten angewiesen.

Sie mussten Esel besorgen, sich einer Karawane anschließen und überhaupt sich in einer fremdartigen, unbekannten und teilweise feindseligen Umwelt orientieren. Besondere Gefahren hielt der Weg durch den heutigen Gaza-Streifen und die Negev-Wüste bereit. Gaza war immer ein schwieriger Ort, und vor den Beduinen musste man sich fürchten. Erst recht die Steinwüsten des Sinai wurden von den Reisenden als Abgrund des Daseins und Höhepunkt ihrer Leiden empfunden. Orientierung gaben nur mehr die Sterne am nächtlichen Himmel und die Knochenhaufen, die am Wegesrand lagen. Hans von der Gruben, fünfzehn Jahre vor Fabri unterwegs, zitierte einen griechischen Mönch und sprach vom *Elend von Sinai*, denn *auf diesem Gebirge wächst weder Laub noch Gras, und es hat eine Farbe wie ein verbrannter Berg.*[6]

Nicht einmal am Ziel hatte man Ruhe. Denn das Katharinenkloster (Abb. 2) wurde von Griechen bewohnt, und mit ihnen stand man – emotional wie kirchenrechtlich – auf Kriegsfuß. Seit 1054 befand man sich im Schisma, Ostkirche und Westkirche hatten sich gegenseitig verflucht, und die damals beanstandeten, vor allem liturgischen Unterschiede, wie etwa das *filioque* im Glaubensbekenntnis, wurden immer wieder diskutiert. Auch die Sinaipilger wussten, dass sich die griechische Kirche der römischen nicht unterstellt hatte. Der Vorwurf des Ungehorsams lag ihnen auf den Lippen. Zähneknirschend mussten die Geistlichen unter ihnen es hinnehmen, dass sie keine Messe an den Altären des Katharinenklosters lesen durften. Und wenn es einmal geschah, dann musste der Ort des Geschehens hinterher aufwändig gereinigt und erneut konsekriert werden. Felix Fabri fasste seine Beobachtungen und Erlebnisse voller Widerwillen zusammen: Die Mönche im Kathari-

Abb. 2: Das Katharinenkloster auf dem Sinai.

nenkloster seien Häretiker und Schismatiker, und das komme daher, *weil sie Griechen sind und weil Griechenland kopflos ist*, will sagen: weil die Ostkirche den Papst in Rom nicht als ihr Oberhaupt anerkannt hatte. Sie führten ein asketisches Leben, und dafür müsse man sie loben; aber in ihrem Glauben und ihren Riten seien sie verblendet.

Als Jahre später ein griechischer Mönch sich nach Ulm verirrte und um Spenden für sein Kloster auf dem Sinai bat, wetterte Fabri von der Kanzel gegen die Orthodoxie und die Orthodoxen: Allesamt seien Schismatiker und Ungläubige. Lateinischen Pilgern werde auf dem Sinai keinerlei Hilfe und Unterstützung zuteil, nichts werde als Almosen gewährt, für alles müsse man bezahlen, sogar den Stock, den man in den Bergen benötige, müsse man kaufen oder mieten. Es ist ein heiliger und würdiger Ort, aber die Bewohner taugen nichts. Gebt dem Mann nichts![7]

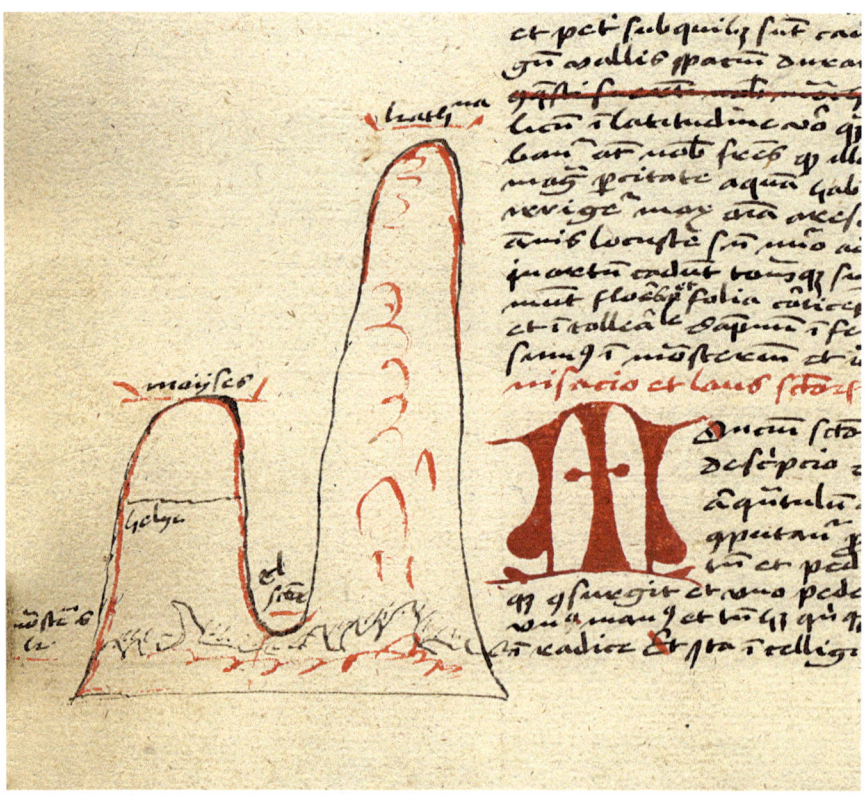

Abb. 3: Mosesberg und Katharinenberg, gezeichnet von Felix Fabri.

Immerhin ermöglichten die Taugenichtse nicht nur Felix Fabri, sondern auch anderen ungezählten Sinaipilgern den Aufstieg zum Moses- und dann zum Katharinenberg und damit eine der tiefsten und erhebendsten Erfahrungen, die man als christlicher Pilger überhaupt machen konnte. Der Aufstieg war mühsam. Manch einer verzagte und musste umkehren. Er führte über 3.700 granitene Stufen auf den Gipfel des Mosesbergs, dann über einen lang gezogenen Anstieg zur Katharinenkapelle auf dem Katharinenberg. Felix Fabri machte die Empfindungen der Pilger anschaulich, indem er seinem Bericht eine eigenhändige, aber nachträglich angefertigte Skizze der beiden Berge beigab (siehe Abb. 3). So steil sind sie nicht, aber ihre gefühlte Steilheit ist mit Händen zu greifen. Paul Walther aus Güglingen, mit Felix Fabri auf den beiden Gipfeln, fand den Katharinenberg doppelt so hoch wie den Mosesberg.[8] Auch das trifft nicht zu, bringt aber ähnlich eindrucksvoll die Mühsal und Leiden zum Ausdruck, die die frommen Bergsteiger empfanden.

4. Den Nahen Osten vor Augen

Für all die Unbilden, Widrigkeiten und Nöte wurden die Sinaipilger gleich vierfach entschädigt. *Erstens* mit einem unvergleichlichen religiösen Erlebnis: Der Sinai war und ist ein heiliger Berg, vielleicht der einzige, der in der christlichen Tradition diesen Rang beanspruchen kann.[9] Hier hatte Gott selbst sich offenbart. Auf dem Mosesberg, auch *mons Dei* genannt, hatte Moses die Zehn Gebote erhalten, und am Fuß des Berges hatte Gott sich in Gestalt eines brennenden, sich aber nicht verzehrenden Dornbuschs dem Propheten gezeigt. Das Gebüsch wird bis heute im Katharinenkloster präsentiert (allerdings nur mehr als Ableger aus nachmittelalterlicher Zeit). Hatten die Pilger in Jerusalem das Grab des Gottessohnes und die Orte seines Wirkens und Leidens besucht, so standen sie nun den Spuren Gottvaters gegenüber. Es gab keinen anderen Ort von vergleichbarer Würde.

Zweitens durften die Pilger mit der heiligen Katharina von Alexandria eine der populärsten christlichen Heiligen verehren. Felix Fabri hatte am Katharinentag 1452 in Basel die Mönchsgelübde abgelegt und fühlte sich ihr zeitlebens eng verbunden. Er nannte sie seine *allerliebste Braut*, mit ihm seit seiner Jugend verlobt. Als er in der ehrwürdigen Kirche des Katharinenklosters die Reliquien, vor allem das Haupt der heiligen Jungfrau betrachten durfte, küsste er diese, füllte etwas Öl ab, das von ihrem Leichnam stammen sollte, und rührte mitgebrachte *Kleinodien* an die Knochen, um etwas von der segensreichen Kraft der Reliquien davontragen zu können. Auch seine Mitbrüder in Ulm, die nicht die weite Reise unternehmen konnten, wollte er damit beschenken. Ähnlich nah kam er der Heiligen, als er sich – wie seine Mitpilger – auf dem Gipfel des Katharinenbergs in jene Bodenvertiefung legte, in die der Engel sie nach ihrem Martyrium gelegt hatte. Anschließend setzte man sich nieder zu einem Picknick.

Drittens erhielten die Sinaipilger vom Abt des griechischen Klosters ein schriftliches Zeugnis, welche heiligen Stätten sie voller Andacht aufgesucht hätten. Auch Fabri wird ein solches Zeugnis bekommen haben. Es ist aber so wie die meisten anderen nicht erhalten geblieben. Ihre »Überlieferungschance« (Arnold Esch) war minimal. Nur ganz wenige Stücke überdauerten Reformation, Aufklärung und ganz allgemein den Zahn der Zeit. Eines davon, hundert Jahre später für den vornehmen Bürger Samuel Kiechel ausgestellt und mit dem Bild der heiligen Katharina geschmückt, blieb – ausgerechnet – in Ulm erhalten. Weil es mit dem dazugehörigen Reisebericht zusammengebunden worden war, entging es der Vernichtung. (Abb. 4)

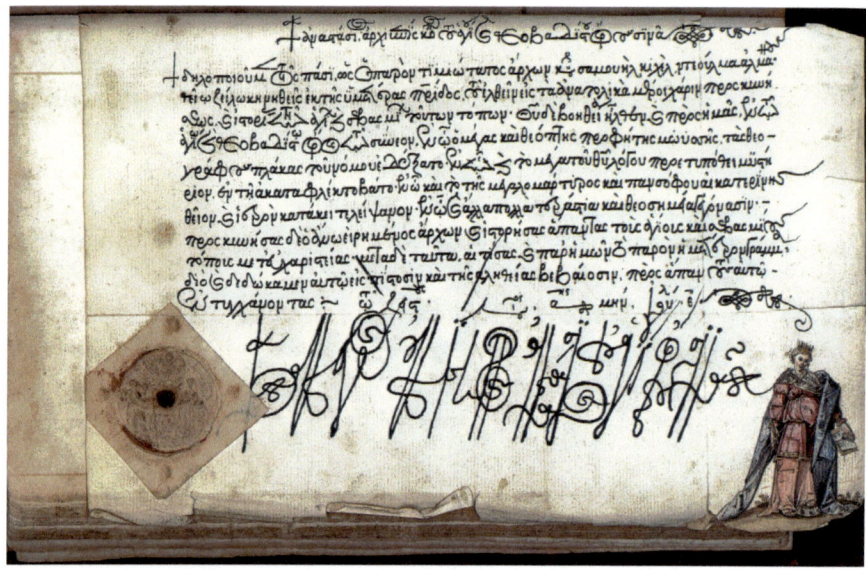

Abb. 4: Pilgerzeugnis für Samuel Kiechel 1588.

Viertens schließlich – und für diesen Beitrag von besonderem Interesse – bot sich dem Reisenden vom Gipfel des Katharinenbergs ein atemberaubender Blick auf die Länder und Meere ringsum. So rein sei dort oben die Luft, so klar die Sicht. Bis in fernste Länder könne man sehen. Als Fabri nach Ulm zurückgekehrt war und das *Evagatorium* niederschrieb, schob er an dieser Stelle einen Exkurs ein, in dessen Überschrift der Autor behauptet, tatsächlich gesehen zu haben, wovon er spricht:

> *Von den Weltgegenden, die wir in den vier Himmelsrichtungen von diesem heiligen Berge aus sehen konnten, sowie eine Beschreibung der Landschaften, Gewässer usw. (De regionibus mundi, quas vidimus in quatuor plagis terre ex hoc sacro monte, et descripcio terrarum, aquarum etc.)*[10]

Das trifft so nicht zu. Fabri selbst musste zugeben, dass er manches wegen natürlicher Hindernisse, manches wegen der großen Entfernung nicht sehen konnte. Vielmehr vermischte er das Wenige, das er optisch wahrnahm, mit vielem, was er außerdem wusste. Der geographische Exkurs stellt eine jener Abschweifungen dar, die dem Buch seinen Namen gegeben hatten. Der Gipfel des Katharinenbergs mit einer unübertrefflichen Fernsicht lud dazu geradezu ein.

Der geographische Exkurs basiert somit nicht so sehr auf Empirie, sondern bietet weit darüber hinaus die Skizze eines Weltbilds, gegliedert nach den vier Himmelsrichtungen, an Ländern, Städten und Flüssen orientiert. Persepolis, Ekbatana und Susa werden kurz behandelt, desgleichen Ninive und Babylon mit ihren Gründern und Monumenten. Afrika ist durch seine seltsamen Menschen und wundersamen Tiere vertreten. Die vier Paradiesflüsse Eufrat, Tigris, Ganges und Nil geben der Vorstellung einen Halt, eine Kette von Gebirgen (die *catena mundi*) durchzieht Asien von Westen nach Osten und teilt den Kontinent in zwei Hälften. Sucht man nach einer Karte, die Fabri als Unterlage benutzt haben kann, kommt vor allen anderen die Weltkarte zur ptolemäischen Geographie infrage, die 1482 beziehungsweise 1486 in Ulm gedruckt worden war und Fabri in der Bibliothek seines Klosters zur Verfügung stand.[11] (Abb. 5) Mehrfach bezog er sich auf die *pictura Phtolomei*.[12]

Fabri nennt auch die Autoren und deren Werke, die ihm dabei halfen, seine geographische Vorstellung mit konkreten Details auszufüllen. Im *Speculum maius* seines Ordensbruders Vincenz von

Abb. 5: Weltkarte aus der *Geographi* des Claudius Ptolemäus, Ulm 1482.

Beauvais hatte er gelesen, dass der sagenhafte Magnetberg den Seeleuten, die den Indischen Ozean befuhren, so sehr zu schaffen mache, dass sie kein Metall an ihren Schiffen zuließen, und bei demselben Autor fand er Nachrichten über den in Mekka verehrten eisernen Sarkophag des (für Fabri *verwünschten*) Propheten Mohammed, der auf wundersame, ja diabolische Weise durch Magneten freischwebend in der Luft gehalten werde. Die Legende war in Europa weit verbreitet.[13] Im *Catholicon* des Giovanni Balbi und (indirekt oder direkt) bei Plinius hatte Fabri sich über den Ursprung des Pfirsichs und seines Namens kundig gemacht, bei Petrus de Abano über Steine, die Menschen in ihr Verderben locken können. Anderes wusste er durch die Heilige Schrift, die *Vitas patrum* und den Kirchenlehrer Hieronymus, aus Werken also, die ein Geistlicher besonders gut kennen musste. Hinzu kamen Erkundigungen, die er bei den Mönchen des Sinai-Klosters eingeholt hatte, sowie eigene Erkenntnisse über ein Volk mit Namen *Zigari* oder *Zigineri*, das aus Mesopotamien stamme, angeblich über Ägypten nach Europa gekommen sei und sich dort als getaufte Christen ausgäbe. Fabri war nicht gut auf sie zu sprechen und lobte Graf Eberhard im Bart, weil er sie nicht in sein Land ließ, angeblich wegen der schlechten Erfahrungen, die er mit ihnen im Heiligen Land gemacht hatte.[14]

Aus all dem formte sich Fabris Weltbild, das er in der heimischen Studierstube abrief, um damit seinen Aufenthalt auf dem Sinai zu illustrieren. Denn dort, auf dem Gipfel des Katharinenbergs, war der äußerste Punkt seiner Reise, der *ultimus terminus tocius peregrinacionis*, erreicht, und der Reisende hatte Anlass, für eine Weile innezuhalten und die Gedanken in die Ferne schweifen zu lassen: zu den Quellen des Nils im Süden, nach Mesopotamien und Persien weiter nördlich, nach Indien und Zentralasien im Osten.

5. Den Fernen Osten im Sinn

Dass Fabris Weltkenntnis noch deutlich weiter reichte, geht nicht aus einem eigenen Kapitel, sondern aus versprengten Notizen hervor. Er kannte nämlich die Werke zweier Autoren, die ihn über die Welt »östlich von Istanbul« informierten. Und da beide Werke in den Debatten seiner Zeit über das Aussehen der Erde eine gewichtige Rolle spielten, nahm er als aufmerksamer Leser und kundiger Beobachter an diesen teil.

Den einen, Odorico da Pordenone, kennen heute nur noch diejenigen, die sich für die Geschichte des Reisens vor 1500 interessieren. Immerhin wird er in seiner Heimat, in Pordenone und Udine, als Seliger verehrt: *beato Odorico*. Als franziskanischer Missionar machte er sich um 1315 auf den Weg nach Indien, kam bis nach China und verbrachte drei Jahre am Hof des damaligen Kaisers und Großkhans. 1330 kehrte er nach Italien zurück und diktierte kurz vor seinem Tod einen Reise- und Rechenschaftsbericht von bemerkenswerter Detailgenauigkeit und anekdotischer Frische. Der Text wurde in zahlreichen Handschriften und mehreren, zum Teil erheblich voneinander abweichenden Versionen verbreitet und erzielte noch mehr Wirkung, als ihn der nach wie vor rätselhafte Jean de/John of Mandeville in seinem eigenen, fingierten Reisebericht ab- und umschrieb.[15]

Felix Fabri kannte Odorico nicht indirekt über Mandeville, sondern hielt ihn für einen äußerst glaubwürdigen Gewährsmann, dessen Buch er all denjenigen empfahl, die Näheres über die fernsten Länder der Erde (*de extremis mundi finibus*) wissen wollten. Denn er habe den Orient durchstreift und mit einem Eid den Wahrheitsgehalt seiner Erzählungen beschworen. So steht es tatsächlich am Ende des Buchs. Zweimal berief sich Fabri auf Odorico, einmal, weil dieser von einem riesigen Kuppelbau in Champa (dem heutigen Zentralvietnam) erzählt und er selbst etwas Ähnliches in Parenzo (Poreć/Istrien) gesehen hatte; ein zweites Mal, als er die Megastadt Kairo mit ihren Menschenmassen beschrieb (die Stadt sei 84-mal so groß wie Ulm), die gleichwohl von der südchinesischen Metropole Hangzhou (damals Lin'an) noch übertroffen werde. Von den Reichtümern, Tempeln und Brücken dieser *Himmelsstadt* (*civitas celi*) hatte Odorico ausführlich berichtet.[16]

Noch mehr konnte man bei Marco Polo über Hangzhou/Quinsai lesen. Auch dessen Buch kannte Felix Fabri. Kurz vor 1300 geschrieben, hatte es in zwei Jahrhunderten eine abwechslungs- und windungsreiche Wirkungsgeschichte durchlaufen. Circa 150 Handschriften, verschiedene Fassungen und zahlreiche Übersetzungen in die wichtigsten europäischen Sprachen bezeugen seine weite Verbreitung. Vor allem die lateinische Übersetzung, angefertigt durch den Dominikanermönch Francesco Pipino in Bologna, trug dazu bei. Zunächst eher als literarisches Werk gelesen, also zu Erbauung und Unterhaltung, wurde erst allmählich sein Reichtum an sachlichen Informationen erkannt. Im 15. Jahrhundert galt Marco Polo als unbestrittene geographische Autorität, hinter der der früher mehr geschätzte »Erfolgsautor« Jean de/John of Mandeville immer deutlicher ins Hintertreffen geriet.[17] Die *Beschreibung der Welt* (*le devisement dou monde*) gehörte deshalb zu den ersten Büchern, die gedruckt wurden. Fabri kannte entweder die deutsche Übersetzung, die 1477 bei Friedrich Creussner in Nürnberg erschienen war, oder den lateinischen Druck von 1483/84 bei Gheraert Leeu in Gouda.[18]

Allerdings wird Marco Polo nur einmal mit Namen genannt, nämlich an versteckter Stelle in der *Descripcio Theutonie et Suevie*. Der Zusammenhang ist merkwürdig: Fabri kolportiert eine populäre Legende, derzufolge alle Habsburger mit einem goldenen Kreuz auf dem Rücken, geformt durch weiß-blonde Härchen, geboren würden. Davon habe er in seiner Jugend gehört, und heute sei es *fama publica*. Es schien ihm glaubhaft, weil *Marcus Venetus* (also Marco Polo) über Georgien berichtet habe, dass dort der königliche Nachwuchs mit einem Adlerzeichen auf den Schultern geboren würde. Wenn so etwas dort möglich war, warum dann nicht etwas Ähnliches im deutschen Südwesten?[19]

Im *Evagatorium* taucht Marco Polos Name nicht auf. Aber Fabri spielt auf den »größten Landfahrer« und glaubwürdigen Berichterstatter an, wenn er – vor allem in einem Nachtrag zum Widmungsschreiben an seine Ulmer Mitbrüder – von der Insel *Zinpanga* beziehungsweise *Sypanga*, deren Lage am anderen Ende der Welt und ihren natürlichen Reichtümern erzählt.[20] Mit den exotischen Namen konnte die ältere Forschung nichts anfangen; aber auch die neuerdings vorgeschlagene Gleichsetzung mit Ceylon/Śri Lanka/Taprobane geht in die Irre. Vielmehr handelte es sich um die Insel Zipangu, der Marco Polo zwei umfangreiche Kapitel gewidmet hatte. Dadurch ging sie in das europäische Weltbild ein, den Kartographen bereitete sie Kopfzerbrechen, kühne Seefahrer versuchten vergeblich, sie zu erreichen. Wie andere Inseln war sie ein schwer fassbarer, ein mythischer Ort.[21]

In der Überlieferung von Marco Polos Buch wurde ihr Name heillos verballhornt und entstellt. *Cianpagu, Cympagu, Cjnpuguj, Sapangu, Simpagu, Zipugu*: das alles und mehr kann man in den Handschriften lesen.[22] Wenn mittelalterlichen Kopisten beim Abschreiben immer wieder Fehler unterliefen, so erst recht bei exotischen Namen, von denen sie noch nie etwas gehört hatten. Die Grundform Zipangu/Cipangu geht auf das chinesische *ri-ben-guo* zurück, und dieses wiederum meint das Gleiche wie das japanische *nihon-koku*: das »Land der aufgehenden Sonne«, Japan. Anders als Felix Fabri meinte, ist Marco Polo nie dort gewesen. Aber er räumte der Insel so viel Platz in seinem Buch ein, weil sie eine spektakuläre Rolle in der Geschichte des mongolischen Weltreichs gespielt hatte. Zweimal – 1274 und 1281 – schickte Khubilai Khan eine Invasionsflotte dorthin. Die erste scheiterte kläglich, die zweite desaströs. Der zweite Versuch mündete mit circa 100.000 toten Mongolen, Chinesen und Koreanern in die größte maritime Katastrophe. Bis heute sind mehrere teils freigelegte, teils rekonstruierte Abschnitte der gegen die Invasoren aufgerichteten »Mongolenmauer« in der Bucht von Hakata zu sehen. Da den Verteidigern heftige Sommerstürme (Taifune) zu Hilfe kamen, sprach man auf japanischer Seite von »Götterwinden« (*kamikaze*) und setzte einen Mythos in die Welt, der in den letzten Monaten des Zweiten Weltkriegs, in ähnlich verzweifelter Lage, wiederbelebt werden sollte. Doch ein weiteres Mal wollten die Götter nicht helfen.

Fabri hatte eine merkwürdige Vorstellung von Japan/Zipangu:
- Es bestehe aus einer einzigen Insel (in Wirklichkeit gibt es vier große und 6848 kleine, nur 416 sind bewohnt).
- Diese Insel besitze eine riesige Hauptstadt, dreimal so groß wie Kairo (Fabris Maßstab für Urbanität), also 252-mal so groß wie Ulm.
- Zipangu sei reich an Gewürzen: Es gebe Pfefferwälder (*silve piperis*), Ingwerfelder (*campi zinziberis*), Zimtäcker (*agri cinammomi*), Haine mit Gewürznelken (*nemora cariofilorum*), Gegenden voller Akazienholz (*regiones ligna sethim*) sowie Gärten voller ölhaltiger Narden (*horti spicanardi*), wie sie im Himalaya wachsen. Außer Ingwer gibt es nichts davon in Japan.

Woher Fabri sein Wissen bezog, wissen wir nicht. Er beruft sich auf eine »moderne« Karte, die er gesehen habe. Verschiedene Karten kommen Fabris Beschreibung sehr nahe:
- die Werke des Henricus Martellus alias Arrigho di Federigho »Martello«, eines Deutschen in Florenz, der sich um 1490 intensiv mit dem Rätsel Zipangu befasste und aus den ihm vorliegenden Informationen die erste Regionalkarte der Insel konstruierte;[23]
- der Erdglobus, den Martin Behaim 1492/93 in Nürnberg herstellen und beschriften ließ;
- Martin Waldseemüllers Weltkarte (*Universalis cosmographia*) von 1507 (siehe Abb. 6), deren Bild von Zipangu am ehesten mit Fabris Beschreibung übereinstimmt, aber keinesfalls von ihr abhängig sein kann.

Sie alle interessierten sich für Zipangu, den »Zankapfel der Kartographen« (Lawrence C. Wroth). Sie alle hielten sich an Marco Polo und machten alle den gleichen Fehler: Sie rechneten Zipangu/Japan zu den indischen Gewürzinseln, von denen es nach Marco Polo 7448 gegeben haben soll. Daraus ergab sich eine Kette von Missverständnissen und phantasievollen Spekulationen. Auch Felix Fabri hatte daran Interesse und nahm an den geographischen Überlegungen seiner Zeit Anteil. Er muss eine andere, aber ähnliche Karte benutzt haben, die jedoch – nach heutigem Wissensstand – verlorengegangen ist.

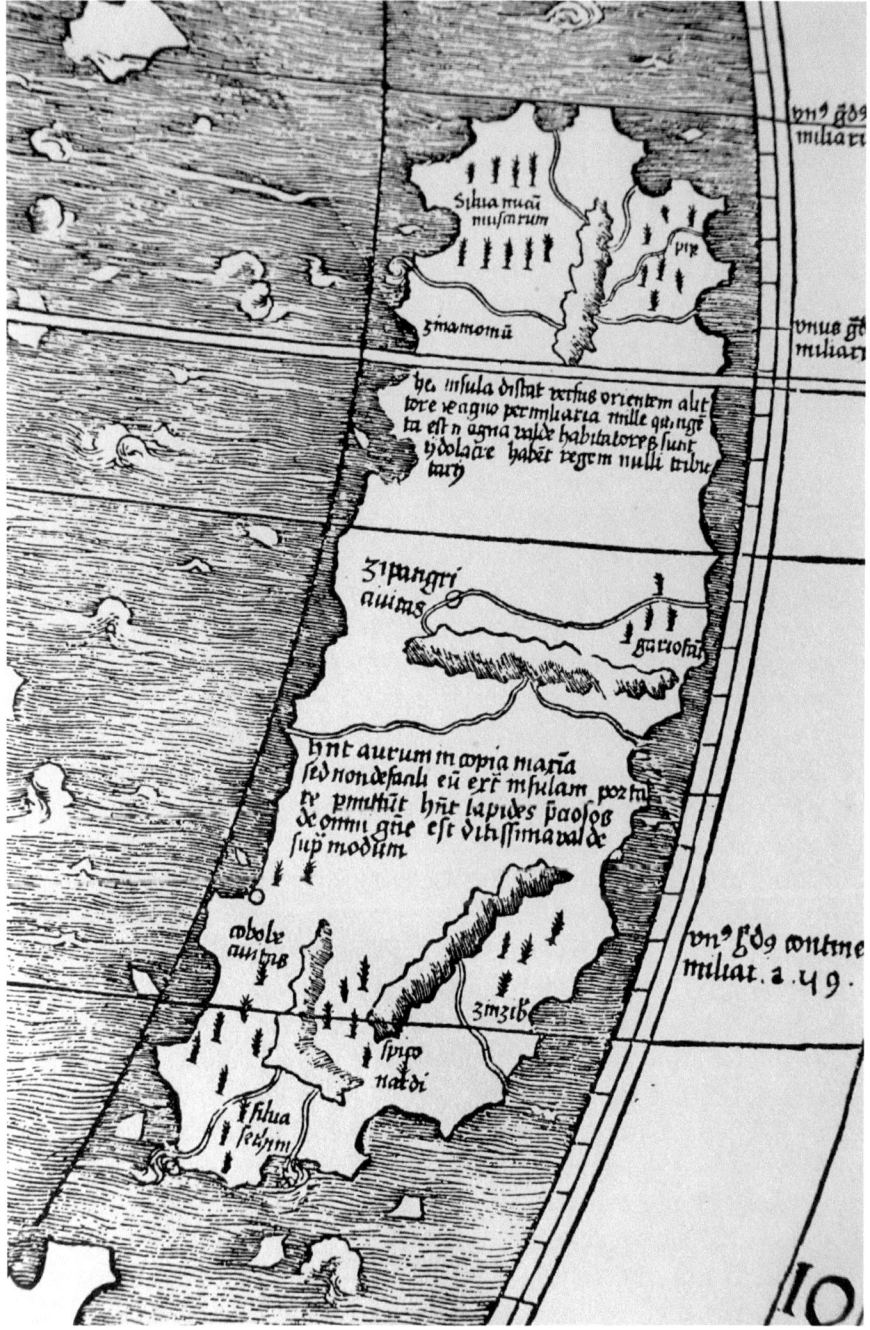

Abb. 6: Martin Waldseemüller: Zipangri/Zipangu (Ausschnitt aus: *Universalis cosmographia*, 1507).

6. Wieder in Ulm

Ende Januar 1484, nach fast zehn Monaten in der Fremde, kehrte Felix Fabri nach Ulm zurück. Kairo hatte ihn mit seiner schieren Größe gefordert. Es herrsche dort ein solches Geschrei und Gedränge, dass *es schien, als sei hier die Ausgelassenheit der ganzen Welt, und das nicht nur an einer Stelle allein, sondern in allen Straßen.*[24] In Alexandria wurden die Pilger durch das Treiben auf dem Sklavenmarkt zutiefst verschreckt. Waren es doch *mit Vernunft begabte Geschöpfe Gottes, erschaffen nach seinem Bilde* (rationabiles Dei creature, ad ymaginem Dei facte), die sich wie anderswo die Pferde abtasten und begutachten lassen mussten. Man empfand *tiefstes Mitleid* (magnam compassionem) mit ihnen und war froh, dieses fremdartige, die Reisenden ebenso beeindruckende wie verstörende Land endlich hinter sich lassen zu können.[25]

Die Überfahrt nach Venedig gelang nicht störungsfrei, aber zügig. Als Fabri von einer Anhöhe über dem Adriatischen Meer in der Ferne die Umrisse der Alpengipfel erblickte, ging ihm das Herz auf: *O wie freute ich mich in meiner Seele darauf, mein Schwaben wiederzusehen!*[26] Als er bei Podestagno (Peutelstein) das venezianische Herrschaftsgebiet und mit ihm den italienischen Sprachraum verließ, fühlte er sich wie zu Hause, denn nur die deutsche Sprache beherrsche er vollkommen; sie sei *die edelste, klarste, menschlichste* (nobilissima, clarissima et humanissima) überhaupt.[27] Und als er endlich am Horizont die charakteristische Ulmer Silhouette, die Türme und Tore, erkannte, stellten sich *Erleichterung, Freude und Fröhlichkeit* (consolacionem, delectacionem et leticiam) bei ihm ein.[28] Alle Not, Mühe und Drangsal ließ er hinter sich, die Heimat lag vor ihm. Im Dominikanerkloster wurde er zuerst durch den Hund, dann von seinen Mitbrüdern freudig begrüßt. Die Heimkehr gehört zum Reisen dazu. Sie bringt die Erfahrung des Fremdseins zum Abschluss. Hätte Fabri das Thema noch weiter vertieft, dann hätte er auf Odysseus verweisen können, den Archetyp des Reisenden, der unbedingt nach Hause zurückkehren wollte, den köstlichen Angeboten der Nymphe Kalypso zum Trotz.

Danach machte sich Fabri an die Niederschrift seines Berichts. Unterwegs hatte er Notizen in Wachstafeln geritzt, deren Inhalt er jetzt mit Lesefrüchten und Bildungswissen zu einem Ganzen verwob. Denn Fabri war ein belesener und gebildeter Mann. In juristischen, historischen und geographischen Fragen kannte er sich aus und ließ seine Leser an seinen Kenntnissen teilhaben. Nicht ohne Stolz vermerkte er, auf welche Referenzwerke er sich bezog. Der moderne Historiker dankt es ihm, können wir doch mit Fabris Hilfe rekonstruieren, was ein aufmerksamer Zeitgenosse kurz vor 1500, am Vorabend der sogenannten Großen Entdeckungen, von der weiten Welt wissen konnte und was er mit seinem Wissen anfing. Er verfolgte die Debatten seiner Zeit über das Aussehen der Erde und wusste, was man damals wissen konnte. Bis nach China und Japan reichte sein Horizont. Seine zwei großen Reisen gaben ihm Gelegenheit, über Gott und die Welt nachzudenken und sein Weltbild zu überprüfen. Ob in der Wirklichkeit des Reisens oder erst bei der Bearbeitung zu Hause: Für die geographische Reflexion war der höchste Gipfel auf dem Sinai der geeignetste Ort. Durch Felix Fabri erhielt die Ulmer Stadtgeschichte eine globale Dimension.

ENDNOTEN

1 FABRI: Errances, Bd. 10, S. 160.
2 FABRI: Tractatus; REICHERT: Descripcio.
3 WEGNER: Edelsteine, S. 325, Anm. 50 mit Hinweis auf die ungedruckte Dissertation von Tabea Scheible.
4 REICHERT/ROSENSTOCK: Welt, S. 262–272.
5 MEYERS: Fabris Latein, S. 73.
6 GRUBEN: Reise- und Pilgerbuch, S. 144.
7 FABRI: Errances, Bd. 7, S. 468–472: ...*Est enim locus sanctus et christianis preciosus et hoc pensant et non interrogant de qualitate locum inhabiluncium, qui nichil ualent.*
8 WALTHER: Itinerarium, S. 207.
9 HIESTAND: Sinai; STILLIG: Heilige Berge; MATHIEU: Mount Sacred, S. 30–32.
10 FABRI: Errances, Bd. 7, S. 368–386.
11 MEINE: Geographia; GAUTIER DALCHÉ: Géographie, S. 306–308; Catalogus et inuentarium, S. 26. Fabri benutzte die Ausgabe von 1486, wie aus einem Hinweis auf Johannes Regers nur dort vorhandenes Register hervorgeht (FABRI: Errances, Bd. 8, S. 324).
12 Vgl. REICHERT: Reisen, S. 240. Zu Fabris kartographischen Kenntnissen: BAUMGÄRTNER: Räume, S. 175–177.
13 REICHERT: Sarg.
14 Zur frühen Geschichte der »Zigeuner« in Europa vgl. BOGDAL: Europa, S. 23–43.
15 ODORICO DA PORDENONE: Relatio; CHIESA: Odoric of Pordenone; SCHMITZ-ESSER: Odorich.
16 ODORICO DA PORDENONE: Relatio, S. 170, S. 186–191.
17 REICHERT: Begegnungen, S. 197–253.
18 REICHERT: Felix Fabri.
19 POLO: Il Milione, S. 28; REICHERT: Descripcio, S. 256.

20 Fabri: Errances, Bd. 1, S. 76–78; Bd. 8, S. 334. – *Der grost landtfahrer* im deutschen Druck von 1477; *ipsius relacio digna fide* bei Francesco Pipino in Polo: De conditionibus, Prolog.
21 Polo: Il Milione, S. 234-242; Reichert: Mythische Inseln, S. 651–654.
22 Pelliot: Notes, Bd. 1, S. 608.
23 Böninger: Deutsche Einwanderung, S. 313–348.
24 Fabri: Galeere, S. 215; Ders.: Errances, Bd. 8, S. 146: *ac si esset ibi totum mundi gaudium, et hoc non in uno loco, sed in omnibus uicis.*
25 Fabri: Galeere, S. 251, S. 255; Ders.: Errances, Bd. 8, S. 572, S. 582.
26 Fabri: Galeere, S. 287; Ders.: Errances, Bd. 10, S. 160: *O quam letabar animo Alemaniam meam uidere.*
27 Fabri: Galeere, S. 313; Ders.: Errances, Bd. 10, S. 380.
28 Fabri: Galeere, S. 322; Ders.: Errances, Bd. 10, S. 430.

QUELLEN- UND LITERATURVERZEICHNIS

QUELLEN

Catalogus et inuentarium librorum omnium qui inuenti sunt Vlmae in bibliotheca summi et parochialis templi, anno 1549. Der erste Katalog der Stadtbibliothek Ulm. Edition und Bestandsanalyse von Bernd Breitenbuch (Veröffentlichungen der Stadtbibliothek Ulm, Bd. 26), Ulm 2018.

Fabri, Felix: Les Errances de frère Félix, pèlerin en Terre sainte, en Arabie et en Égypte. Édition critique par Jean Meyers. Traduction et notes par Michel Tarayre et Jean Meyers, Bd. 1 ff, Paris 2013 ff.

Fabri, Felix: Galeere und Karawane. Pilgerreise ins Heilige Land, zum Sinai und nach Ägypten 1483, bearb. und mit einem Nachwort versehen von Herbert Wiegandt, Stuttgart/Wien/Bern 1996.

Fabri, Felix: Tractatus de civitate Ulmensi – Traktat über die Stadt Ulm, hg., übersetzt und kommentiert von Folker Reichert (Bibliotheca Suevica, Bd. 35), Konstanz/Eggingen 2012.

Gruben, Hans von der: Reise- und Pilgerbuch 1435–1467, hg. von Max von Diesbach, in: Archiv des Historischen Vereins des Kantons Bern 14 (1896), S. 97–151.

Polo, Marco/Rustichello da Pisa: Il Milione – Die Wunder der Welt. Aus altfranzösischen und lateinischen Quellen übersetzt von Elise Guignard, München 2023.

Polo, Marco: De conditionibus et consuetudinibus orientalium regionum, übers. von Francesco Pipino, Gouda: Gheraert Leeu 1483/84.

da Pordenone, Odorico: Relatio de mirabilibus orientalium Tartarorum. Edizione critica a cura di Annalia Marchisio (Edizione Nazionale dei Testi Mediolatini d'Italia, Bd. 41), Florenz 2016.

Walther, Paul: Itinerarium in Terram Sanctam et ad Sanctam Catharinam, hg. von Matthias Sollweck (Bibliothek des Litterarischen Vereins in Stuttgart, Bd. 192), Tübingen 1892.

LITERATUR

Baumgärtner, Ingrid: Felix Fabris Räume, in: Folker Reichert/Alexander Rosenstock (Hgg.): Die Welt des Frater Felix Fabri (Veröffentlichungen der Stadtbibliothek Ulm, Bd. 25), Weißenhorn 2018, S. 173–200.

Bogdal, Klaus-Michael: Europa erfindet die Zigeuner. Eine Geschichte von Faszination und Verachtung, Berlin 2013.

Böninger, Lorenz: Die deutsche Einwanderung nach Florenz im Spätmittelalter (The Medieval Mediterranean, Bd. 60), Leiden 2006.

Chiesa, Paolo: Odoric of Pordenone from the Banks of Noncello River to the Dragon Throne, Pordenone 2004.

Gautier Dalché, Patrick: La Géographie de Ptolémée en Occident (IVe–XVIe siècle) (Terrarum orbis, Bd. 9), Turnhout 2009.

Hiestand, Rudolf: Der Sinai – Tor zu anderen Welten, in: Peter Wunderli (Hg.): Reisen in reale und mythische Ferne. Reiseliteratur in Mittelalter und Renaissance (Studia humaniora, Bd. 22), Düsseldorf 1993, S. 76–102.

Mathieu, Jon: Mount Sacred. Eine kurze Globalgeschichte der heiligen Berge seit 1500, Wien/Köln 2023.

Meine, Karl-Heinz: Die Ulmer Geographia des Ptolemäus von 1482. Zur 500. Wiederkehr der ersten Atlasdrucklegung nördlich der Alpen, Ausstellung und Katalog (Veröffentlichungen der Stadtbibliothek Ulm, Bd. 2), Weißenhorn 1982.

Meyers, Jean: Fabris Latein, in: Folker Reichert/Alexander Rosenstock (Hgg.): Die Welt des Frater Felix Fabri (Veröffentlichungen der Stadtbibliothek Ulm, Bd. 25), Weißenhorn 2018, S. 59–74.

Pelliot, Henri: Notes on Marco Polo, 3 Bde., Paris 1959–1973.

Reichert, Folker: Begegnungen mit China. Die Entdeckung Ostasiens im Mittelalter (Beiträge zur Geschichte und Quellenkunde des Mittelalters, Bd. 15), Sigmaringen 1992.

Reichert, Folker: Descripcio Theutonie et Suevie, in: Ders./Alexander Rosenstock (Hgg.): Die Welt des Frater Felix Fabri (Veröffentlichungen der Stadtbibliothek Ulm, Bd. 25), Weißenhorn 2018, S. 243–262.

Reichert, Folker: Der eiserne Sarg des Propheten. Doppelte Grenzen im Islambild des Mittelalters, in: Ders. (Hg.): Asien und Europa im Mittelalter. Studien zur Geschichte des Reisens, Göttingen 2014, S. 181–195.

Reichert, Folker: Felix Fabri, Marco Polo und die japanischen Inseln, in: Deutsches Archiv für Erforschung des Mittelalters 75 (2019), S. 617–627.

Reichert, Folker: Mythische Inseln, in: Ulrich Müller/Werner Wunderlich (Hgg.): Burgen, Länder, Orte (Mittelalter-Mythen, Bd. 5), St. Gallen 2008, S. 639–658.

Reichert, Folker: Reisen am Limit. Der Blick über die Grenzen der Erfahrung hinaus, in: Berndt Hamm/Frank Rexroth/Christine Wulf (Hgg.): Reichweiten. Dynamiken und Grenzen kultureller Transformationsprozesse in Europa, 1400 – 1520, Bd. 2: Grenzüberschreitung und Partikularisierung, Berlin 2021, S. 235–254.

Reichert, Folker/Rosenstock, Alexander (Hgg.): Die Welt des Frater Felix Fabri (Veröffentlichungen der Stadtbibliothek Ulm, Bd. 25), Weißenhorn 2018.

Schmitz-Esser, Romedio: Odorich von Pordenone. Asienreiseberichte des Mittelalters und ihre »causa scribendi«, in: Mediaevistik 30 (2017), S. 147–175.

Stillig, Jürgen: Heilige Berge. Exzellenz – Entzauberung – Absurdidät, 3 Bde. (Hildesheimer Beiträge zu Theologie und Geschichte, Bd. 8), Hildesheim 2018.

Wegner, Tjark: Die Edelsteine der schwäbischen Krone. Klosterdarstellungen in Felix Fabris lateinischen Schriften, in: Nigel F. Palmer/Peter Rückert/Sigrid Hirbodian (Hgg.): Württemberg als Kulturlandschaft. Literatur und Buchkultur an Klöstern und Höfen im späteren Mittelalter (Kulturtopographie des alemannischen Raums, Bd. 12), Berlin/Boston 2023, S. 313–343.

Beutelsbach – Batavia und zurück:
Globale Arbeitsmigration aus dem Südwesten im 17. und 18. Jahrhundert

Philip Hahn

1. Einleitung

Von *Raisen* schreibt Andreas Josua Ulsheimer aus Gerstetten, der bereits in der Einleitung des vorliegenden Bandes erwähnte Wundarzt, der auf niederländischen Schiffen nach Mittel- und Südamerika, Westafrika, Süd- und Südostasien fuhr, auf dem Titelblatt seiner handschriftlichen Aufzeichnungen. Zutreffender ist wohl, hier von Arbeitsmigration zu sprechen. Um solche global ausgreifende Arbeitsmigration aus Schwaben soll es in diesem Beitrag gehen.[1] Ulsheimer war unter den ersten Schwaben, die um 1600 herum die Chancen nutzten, die sich Arbeit suchenden Europäern auf den Schiffen der niederländischen Handelskompanien boten. Die *Vereinigte Ostindische Kompanie* (kurz VOC) transportierte damals Pfeffer, Nelken, Muskatnuss, Tee, Seide, Porzellan und andere begehrte und wertvolle Güter aus Asien nach Europa. Bis zum Ende des 18. Jahrhunderts heuerten insgesamt ca. eine Million Europäer allein auf den Schiffen der VOC an, davon 200.000 bis 300.000 Menschen aus dem deutschsprachigen Raum. Die VOC war der bedeutendste global agierende Arbeitgeber in der Frühen Neuzeit mit einer multinationalen Belegschaft.[2] Der südwestdeutsche Raum gehörte im 18. Jahrhundert zu den wichtigsten Einzugsbereichen der Kompanie. Die Ursachen hierfür sind – wie im Fall der zeitgenössischen und späteren Auswanderung nach Nordamerika – vielfältig; zu nennen wären etwa die geographische Lage im Einzugsbereich des Flusssystems des Rheins, die Realteilung in der Vererbungspraxis, die Tätigkeit von Werbern und die über familiäre und soziale Netzwerke beförderte Kettenmigration.[3] Freilich waren nicht alle Arbeitssuchenden Wundärzte wie Ulsheimer. Die meisten von ihnen (bis auf wenige Ausnahmen Männer) heuerten als einfache Soldaten, Seeleute oder Handwerker an.

Bei der Musterung wurden die Anheuernden nach ihrem Herkunftsort befragt. Die Musterbücher und Besatzungslisten der VOC gehören deswegen zu den bedeutendsten quantitativ auswertbaren Quellen für globale Arbeitsmigration und sind vom Ende des 17. bis zum Ende des 18. Jahrhunderts lückenlos erhalten, digitalisiert und in einer Online-Datenbank erfasst.[4] Manche der Bewerber nahmen es nicht so genau und gaben nur ihre Herkunftsregion an, darunter insgesamt 79 *Swaaben* (in unterschiedlichen Schreibweisen). Andere flunkerten und taten so, als ob sie Niederländer seien, weil sie sich so bessere Einstellungschancen erhofften. Dies ist etwa für einen Bediensteten aus Memmingen nachgewiesen worden.[5] Manchmal verstand auch der niederländische Schreiber die ausländischen Ortsnamen nicht richtig. Diese Ortsangaben sind also mit etwas Vorsicht zu genießen. Will man mehr über diese Menschen erfahren, so muss man in die Archive der Herkunftsorte gehen und schauen, ob man die Personennamen aus den niederländischen Akten wiederfindet. Das ist mühsam und oft vergeblich, fördert aber immer wieder erstaunlich viele Informationen zu Tage. Dies gilt vor allem für Württemberg mit seinen herausragenden kommunalen Archivbeständen.

Nur in ganz wenigen Fällen sind autobiographische Aufzeichnungen der Migrierenden erhalten: von den deutschen Bediensteten der VOC sind es rund 50 (also ca. 0,02 %), darunter sechs aus Schwaben. Diese sind namentlich schnell vorgestellt: in chronologischer Reihenfolge der bereits erwähnte Andreas Josua Ulsheimer aus Gerstetten (Handschrift, 1616), Albrecht Schmidlapp aus Kirchheim unter Teck (Handschrift, 1628), Christoph Schweitzer aus Stuttgart (Druck, Tübingen 1688), Christoph Frick aus Ulm (Druck, Ulm 1694), Martin Wintergerst aus Memmingen, der sich bei der Musterung *Maarten Leendertsen* nannte und behauptete, aus der niederländischen Provinz Drenthe zu stammen (Druck, Memmingen 1712), und Georg Leonhard Schwartz aus Beutelsbach (Druck, 1748/1774).[6] Letzterer steht (wie bereits im Titel angedeutet) im Zentrum dieses Beitrags, die anderen sollen nur am Rande mitberücksichtigt werden. Am Beispiel des Beutelsbachers möchte ich zeigen, was man über die Migrierenden und ihr soziales Umfeld herausfinden kann, wenn man die unterschiedlichen Quellenbestände – also erstens autobiographische Aufzeichnungen, zweitens die Archivbestände des Herkunftsorts und drittens diejenigen des Arbeitgebers – miteinander kombiniert.

2. Von Beutelsbach nach Batavia

Nachdeme ich ein Jahr zu Ludwigsburg bey Johannes Leidenecker, als Kiefer-Knecht gearbeitet, habe ich mir vorgenommen, eine Reise nach Holland zu thun, weil ich öffters gehört, daß man allda einen guten Lohn bekomme.[7]

Mit diesem ersten Satz stellt sich Georg Leonhard Schwartz seinen Leser*innen als ein wandernder Handwerksgeselle auf der Suche nach gut entlohnter Arbeit vor. Von Neugier, Reiselust, geschweige denn von Ostindien ist hier noch gar nicht die Rede.[8] Das Thema Arbeit ist hingegen ein roter Faden, der seinen gesamten Bericht durchzieht. Wie andere schreibende Ostindienfahrer bedient Schwartz zwar auch das Interesse seiner Leser*innen an Informationen über Menschen, Tiere und Pflanzen in »Ostindien«, will sich aber ausdrücklich *nicht zu lang mit der Landes-Beschaffenheit auffhalte-[n]*, geht es ihm doch primär um *meine eigene Person*.[9]

Wie Schwartz von seinem Geburtsort Beutelsbach (Abb. 1) nach Ludwigsburg gekommen war, darüber wusste später der Beutelsbacher Pfarrer Johann Christoph Harpprecht in seinem Eintrag im Seelenregister zu berichten: Nach *überstandenen Schuljahren* hatte er zunächst eine zweijährige Küferlehre bei seinem Bruder Johannes im Nachbarort Kleinheppach absolviert und dann jeweils ein halbes Jahr im nahe gelegenen Schnait und in Schorndorf gearbeitet. Erst danach ging er weiter nach Ludwigsburg.[10] Dort scheint er dann vom höheren Lohnniveau in den Niederlanden *gehört* zu haben, das vom 17. bis zum 19. Jahrhundert viele Arbeitssuchende aus dem deutschsprachigen Raum anzog.[11] Schwartz machte sich also auf nach Mainz, in der Hoffnung, dort ein Schiff Richtung Nie-

Abb. 1: Ansicht von Beutelsbach, Weinstadt, aus den Forstlagerbüchern von Andreas Kieser (1685).

derlande anzutreffen. Stattdessen heuerte ihn ein Bootskurier aus Bamberg zur Weiterfahrt nach Köln gegen Kost als Ruderer an. Schwartz willigte ein, *weil ich bey dieser Gelegenheit näher zu Holland kam.* In Köln traf er jedoch in einer Herberge *etliche Handwercks Pursche,* die ihm *erzehlten, wie es in Holland so theuer zu zehren sey; und weil ich wenig Geld bey mir hatte, so machten sie mich abwendig, daß ich wieder mit ihnen nach Coblentz reisete.*[12]

Dort fand er Lohn bei einem Meister, der ihm neun Reichstaler für ein halbes Jahr versprach, wenn er als Küfer auf einem Holzfloß nach Holland mitfuhr, das gerade zusammengestellt wurde, was ihm *gantz anständig* vorkam, weil er (nun doch noch) *mit solcher Gelegenheit in Holland kam.* Auf dem Floß hatte er *nichts zu thun, als daß ich dem Volck Bier gab,* während eine Besatzung von mehreren hundert Mann das riesige Floß lenken musste. Wegen Niedrigwasser blieben sie jedoch auf halber Strecke im Rhein stecken und mussten daher zurück nach Koblenz wandern. Unterwegs hatte Schwartz seinen Rock verspielt, sein Schurzfell zerrissen und das Bandmesser in den Rhein fallen lassen, *so daß ich dazumahlen ehender einem Bettelbuben, als einem Kiefer-Knecht gleich sahe.* Über den Winter ließ der Meister ihn *um die Kost schaffen,* bevor nach Fastnacht das Holzfloß schließlich nach Dordrecht zum Verkauf geführt wurde. Damit kam Schwartz zum ersten Mal nach Holland auf einem Holzfloß (vermutlich aus Holz aus dem Schwarzwald), aus dem in den Niederlanden Schiffe gezimmert wurden.[13] Da Schwartz jedoch *schlecht montirt* (das heißt gekleidet) war und nicht genügend Geld verdient hatte, *getrauete* er sich nicht *in Holland aufzuhalten,* wanderte *mit dem andern Volck* wieder zurück nach Koblenz, *welches 60. Stund von Dordrecht ist,*[14] und ließ sich ein weiteres Mal als Flößer anstellen. Vorab beschaffte er sich allerdings *Kleidung,* wohl mit dem Ziel in Sinn, diesmal in Dordrecht unterzukommen. Schwartz verlor also zwar sein Ziel Holland nicht aus den Augen, richtete seine Wanderung aber je nach seinem Wissensstand über die dortigen Bedingungen neu aus und wusste jede sich bietende Gelegenheit zu nutzen.[15]

Zum zweiten Mal in Dordrecht, ging Schwartz in eine Herberge *die drey Mohren genannt, und fragte, ob ich hier keine Arbeit haben könte?* Der Wirt gab ihm Auskunft, dass er ohne *Recommendation* und ohne Sprachkenntnisse *keine Arbeit bekommen* werde. Trotzdem sprach er bei drei Meistern vor, doch sobald er *ihr Geschirr [d. h. Werkzeug, PH] in die Hand brachte, sahen sie gleich, daß ich nicht damit arbeiten konte, weil es alles anderst als* in *Teutschland ist, und wiesen* ihn daher fort.¹⁶ Dann traf er in der Herberge einen alten Mann aus der Schweiz, der sich angeblich von *Bottenlauffen bey den Teutschen* ernährte und der ihm *vieles von Ostindien, wie ein mancher sein Glück darinnen gemacht* erzählte und ihm *darzu Lust* erweckte. Der Mann fuhr mit Schwartz per Schiff nach Rotterdam zu einem *Seelen-Verkäuffer* und empfing dafür von diesem drei Gulden (3 fl.), *nicht anders, als wann er mich verkaufft hätte*. Über diese Praktiken berichten viele Ostindienfahrer, doch ist Schwartz' Umschreibung der *Seelen-Verkäuffer* bemerkenswert, betont er doch, es *seynd solche Leute, die kein Handwerck können, oder sonsten keine Handthierung treiben*.¹⁷ Er begab sich also in finanzielle Abhängigkeit von einem Mann, auf den er aus handwerklichem Stolz heraus herabblickte. In der Berechnung des Seelenverkäufers rangierte ein *Handwercks-Mann* gleich einem Offizier mit 300 fl. in der höchsten Kategorie, gefolgt vom Matrosen (200 fl.) und Soldaten (150 fl.). Zusammen mit noch 13 anderen Männern hatte Schwartz nun für einen Monat *das beste Leben [...] durfften auch nichts arbeiten, so daß ich es mir nicht besser wünschte*. Trotz seiner Wertschätzung handwerklicher *Arbeit* hatte er also nichts dagegen, vorübergehend zur Untätigkeit verdammt zu sein.¹⁸ Nachdem eine Heuer in Rotterdam nicht glückte, wurde er nach Middelburg zur Seeländischen Kammer der VOC geschickt, wo er sich als einer von hundert Soldaten – nicht als Handwerker – auf dem Schiff *Nieuw Walcheren* verpflichtete und einen Schuldbrief über 150 fl. zeichnete. Dass er das Schiff *Niewalcker* nannte, zeigt, wie rudimentär seine Niederländischkenntnisse auf der Hinfahrt noch waren.¹⁹ Das Musterbuch der VOC führt ihn unter dem Namen *Jurien Leonardus Swarts van Scharendorf* (d. h. Schorndorf) und datiert seine Musterung auf den 22. November 1734.²⁰ Der Eindruck, er habe sich *verkaufft*, wurde dann beim Ablegen des Eids noch dadurch bestärkt, dass ihm vorgelesen wurde, welche Entschädigungssummen er bei Verlust einzelner Körperteile bekommen sollte. Die Behandlung seines Körpers als Ware mit einem bestimmbaren Wert beschäftigte ihn sichtlich.²¹ Außerdem vermerkte er in seinem Reisebericht, dass auf seinem Schiff drei Küfer angestellt waren, die die Fässer herstellen und reparieren sollten, in denen die Vorräte und Handelsgüter aufbewahrt wurden. Schwartz war nicht einer von ihnen, sondern einer der 100 einfachen Soldaten an Bord.

Über die Nationalitäten an Bord schrieb er nichts. Schaut man in die Besatzungsliste der *Nieuw Walcheren*, so findet man neben

Niederländern und Menschen aus den Österreichischen Niederlanden (dem heutigen Belgien) drei Franzosen, zwei Engländer, zwei Dänen, einen Schweden und 30 Deutsche. Von diesen kamen die meisten aus Norddeutschland und Preußen, des Weiteren zwei aus Frankfurt, drei aus Hessen-Kassel, je einer aus Sachsen-Meiningen, Mainz, Nürnberg, der Pfalz und aus Bayern. Außer Schwartz stammte also keiner an Bord aus Württemberg oder anderen Territorien und Städten im Südwesten.

3. Landsleute in der Fremde

Nach der Ankunft in Batavia, dem heutigen Jakarta, im Juni 1735 musste Schwartz wie die anderen Neuankommenden zunächst mehrere Wochen exerzieren und dann seinen *Dienst als Soldat* auf dem Kastell leisten. Bereits im Oktober bot sich ihm jedoch eine Gelegenheit, den Soldatendienst zu quittieren. Ein Küfer namens Jerg Schreiner aus Bretten (das zu der Zeit zur Pfalz gehörte) hatte im Kastell angefragt, ob jemand unter den Soldaten *das Kieffer-Handwerck könnte*. An Schwartz verwiesen, bot er ihm an, *wann ich wollte auf meinem Handwerck schaffen, so solte ich nur in seine Werckstatt kommen*. Seinen *Dienst* tun und auf dem *Handwerck schaffen* grenzte er begrifflich also klar voneinander ab. In der Werkstatt waren 500 Zimmerleute, Küfer, Schreiner und Dreher unter dem *Commando* eines Zimmerermeisters auf Kosten der VOC beschäftigt.[22] Dort traf Schwartz noch zwei weitere *Württemberger*: einen Matthäus Niff aus Tamm (bei Ludwigsburg) und einen Michael Felter aus *Michelsbach* (vermutlich Michelbach bei Schwäbisch Hall) an, von denen einer gleich mit ihm zum Meister ging und dafür sorgte, dass er *von den Soldaten loßgeschrieben, und in das Handwercks-Buch gesetzt* wurde. Statt neun fl. bekam er nun 14 fl. Sold und drei Taler für Verpflegung im Monat. Matthäus Niff, der im Musterbuch der VOC *Neff* genannt wird, hatte 1732 als Jungmatrose bei der VOC angeheuert; er blieb in Batavia, wurde 1743 Freibürger und verstarb 1750 ebenda.[23]

Auch der gebürtige Stuttgarter Apothekerlehrling Albrecht Schmidlapp listete in seinem handschriftlichen Reisebericht aus den 1620er Jahren alle *Landsleuth* (wie er sie nennt) auf, die er während seines Dienstes in Batavia getroffen hatte. Sie kamen aus Leonberg, Neuenstadt am Kocher, Nürtingen, Grötzingen im Aichtal,

Grüningen (bei Biberach) und Mömpelgard (Montbéliard): *Landsleuth* war also offenbar für ihn ein flexibler Ausdruck, der geographische Nähe, Einwohner desselben Territoriums oder Untertanen desselben Herzogs bezeichnen konnte. Informationen über die *Landsleuth* in Asien waren für deren Angehörige daheim äußerst wertvoll, selbst wenn sie erfuhren, dass ihr Bruder, Ehemann oder Sohn verstorben war oder, wie im Fall eines Hans Meidlin aus dem Leonberger Amt, *mit einer Indianischen Fraw verheürath, derohalben kein Hoffnung seiner Widerkunfft.*[24] Doch auch für die VOC-Bediensteten selbst scheint die Herkunftsregion ein wichtiger Bezugspunkt ihrer Identitätskonstruktion fern der Heimat geblieben zu sein.[25] Christoph Frick, ein Wundarzt aus Ulm, traf in Batavia ausgerechnet am Datum des in Ulm jährlich begangenen Schwörtags einen ebenfalls aus seiner Heimatstadt stammenden *Landsmann*, und die beiden feierten das große jährliche Fest ihrer Heimat *mit guten Indianischen Schnapp=Bißlein.*[26] Daheim nichts mehr als ein traditionelles Ritual, das längst seine politische Bedeutung verloren hatte, wurde dieser (im Folgejahr erneut gefeierte) Schwörtag in Batavia zu einem Baustein regionaler Identitätsbildung in der Fremde, die jedoch offenbar durchaus mit asiatischer Garküchen-Kultur vereinbar war.

Doch zurück zu unserem Beutelsbacher Schwartz: Er wurde nun für die nächsten fünf Jahre sesshaft in Batavia (Abb. 2). Sein Reisebericht gewährt Einblicke in seinen Arbeitsalltag und unterschiedliche Arbeitsverhältnisse in der Stadt. Morgens früh um 6 Uhr musste er *präcise* in der Werkstatt erscheinen. Mit dem Glockenschlag 11 Uhr begann die Mittagspause; von halb 2 Uhr bis abends halb 6 Uhr hatte er wieder in der Werkstatt zu sein. Es bestand strikte Anwesenheitspflicht, *ob wir gleichwohl nicht arbeiten.* Die Arbeitsmoral in der Werkstatt scheint miserabel gewesen zu sein, *denn was wir daselbsten in einem Monat lang arbeiteten, hätten wir wohl in einem Tag können zu wegen bringen.*[27]

Umso ausgeprägter war die Gruppenidentität in der Werkstatt. Anfangs wunderte sich Schwartz darüber, dass die *Handwercksleute* keine Hemden trugen; *er selbst stund derowegen in der grösten Beschämung, daß ich das meine auch sollte ausziehen.* Es half nichts, denn *[m]eine Cameradden zwungen mich hierzu, wann ich schaffte*, und unterstellten ihm, er wolle ein Brandmal verbergen. Also zog er auch sein Hemd aus und gewöhnte sich bald so sehr daran, dass er auch in der Stadt *nichts anhatte, als ein dünnes paar Hosen, und schämte mich*

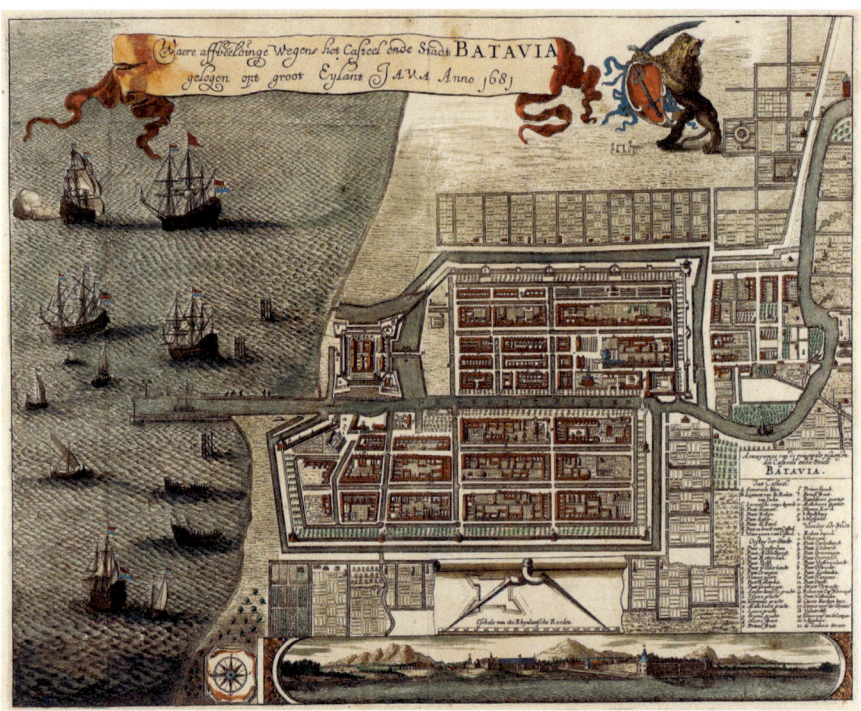

Abb. 2: Stadtplan von Batavia auf Java, koloriert, von Clement de Jonghe (1650/1682). Gegenüber der Festung liegen die Zimmererwerkstätten der VOC und der Chinesen.

nicht mehr.²⁸ Mit dem Verdacht einer Brandmarkung, Zeichen einer früheren Bestrafung oder Versklavung, wollte Schwartz offensichtlich nicht behaftet bleiben. Finanziell war Schwartz trotz des höheren Solds nämlich schlecht gestellt, denn er erhielt nur alle vier Monate einen Monatssold, der Rest wurde abgezogen, *biß der Seelen-Verkäuffer bezahlt ist*. Eineinhalb Jahre lang wurde er also auf diese Weise daran erinnert, dass er in Rotterdam *verkaufft* worden war. Das monatliche Kostgeld wurde ihm alle 14 Tage zur Hälfte ausbezahlt; es reichte nicht aus, um *bey denen Chinesen* zu essen, so dass er *auf die Borg bey ihnen essen* musste. Deshalb mietete er bereits nach einigen Wochen ein Haus außerhalb der Stadt und gründete mit fünf *Cameraden* eine Wohngemeinschaft. Sie legten ihr Kostgeld zusammen, gingen auf dem Markt einkaufen und wechselten sich beim Kochen ab.²⁹ Ob es sich hierbei um eine Wohngemeinschaft von Schwaben gehandelt hat, erwähnt Schwartz leider nicht.

4. Verflechtungen und Verstrickungen in Südostasien

Nach einem Jahr wurde Schwartz die Selbstversorgung *verdrießlich* und er ging stattdessen in die Kost bei einem Dreher aus Brabant, dem er dafür sein Kostgeld gab. Wenn er mittags und abends von der *Arbeit* kam, so hatte er *den grösten Zeitvertreib* mit der *Haußhälterin* des Drehers, *diese mußte mich Mallaisch- und Portugiesisch reden lernen*, was ihm später beim *Kauff-Handel* mit den *Heyden* sehr nützlich war. Besagte Haushälterin war eine *schwartze Sclavin*, die der Dreher für 100 Taler gekauft hatte.[30]

Ein Jahr später wurde sein *Mitcamerad* Jerg Schreiner (der Mann aus Bretten, der ihm den Arbeitsplatz in der Werkstatt vermittelt hatte), ein *Burger* und bot ihm an, in eine Herberge zu ziehen, die er schon seit vier Jahren nebenbei betrieben hatte.[31] Schreiner verfügte nicht nur über eine *schwartze Frau* als *Haußhälterin*, sondern *hatte darbey noch 10. oder 12. eigene Sclavinnen, von welchen er mit Bier- und Wein-schencken schon einen zimmlichen Profit zoge*. Schwartz bekam freie Kost unter der *Condition*, dass er, *wann ich deß Mittags auß meinen Compagnie-Diensten käme, ich ihme nur ein wenig arbeiten [...] damit seine Sclavinnen das Kieffer-Handwerck auch lerneten*.[32] Hatte er also bei der *Sclavin* des Drehers Sprachen gelernt, so war es nun seine Aufgabe, Schreiners *Sclavinnen* sein Handwerk vorzuführen und beizubringen. Beide Situationen verdeutlichen die freilich asymmetrische, aber enge Interaktion zwischen Freibürgern und VOC-Bediensteten auf der einen und Versklavten auf der anderen Seite.[33] Dabei hatte Schwartz selbst erst wenige Monate zuvor seine Schulden bei dem Seelenverkäufer über 150 fl. abbezahlt – eine Transaktion, die Schwartz ja eindeutig als Menschenhandel wahrgenommen hatte.

Schwartz berichtet an anderer Stelle recht ausführlich über Sklavenhandel und Sklavenwirtschaft im Einflussbereich der VOC. Die *Sclaven* stammten *von allerhand Nationen, welche unsere Schiffleute in andern Landschafften aufkauffen, und ihren Profit daran suchen*. Sie kauften sie entweder

> *von Leuthen, die zu viel Sclaven haben, und Geld brauchen, oder auch von armen Eltern, die ihre Kinder nicht wohl verhalten können, und zwar offt nur um einen Sack Reiß. Offt verkaufft der Bruder die Schwester, und die Schwester ihren Bruder, durch eine List.*[34]

Unter den Besitzern gebe es *vornehme Herrn oder Burger*, die über 100 bis 200 *Sclaven* verfügten, *zu ihrer Aufwartung, theils auch nur vor den Staat, theils aber auch zu der Arbeit, in ihren Lust-Gärten*. Andere, die *ihren Sclaven nicht Arbeit geben können*, verliehen sie für zwei bis vier Taler monatlich, oder schickten sie morgens zum Geldverdienen aus (die Frauen *meistens mit Huren*), *und wann sie es nicht aufbringen, so werden sie geschlagen*. Unter *Arbeit* verstand Schwartz also sowohl die (Un)Tätigkeit der eingeschriebenen Handwerker in der Werkstatt der VOC als auch die unfreie Arbeit der Versklavten.

Von den weit verbreiteten Heiraten der *Europäer* mit den *schwartzen Weibsbildern* (wie er sie nennt) hielt Schwartz nichts und vertrat eine rassifizierende, wenn auch durchaus differenzierte Position. Denn er sah einerseits, dass die Europäer die Frauen *nur meistens ihres Geldts halber* heirateten, und andererseits, dass die Frauen nur einwilligten, *weilen die Holländer den Zwang und Oberhand haben*, sie also *gezwungen* wären, *dann wo sie nicht das thäten, wären sie auf der Strasse nicht sicher*.[35] Schwartz, der, wie bereits bemerkt, selbst im Dienst kaum Arbeit leistete, teilte die Meinung vieler anderer Europäer, *[d]iese Frauen aber arbeiten wenig, essen oder käuen den gantzen Tag Einang* (gemeint ist Sirih-Pinang, das heißt das Kauen frischer Sirihblätter gefüllt mit gehackten, getrockneten Betelnüssen und gelöschtem Kalk, eine noch heute in der Region beliebte Droge).[36]

Als im November 1739 ein weiterer *Cammerad* aus der Werkstatt *nach dem Vatterland* abreiste, stieg Schwartz selbst ins Wirtsgewerbe ein. Er hatte schon zuvor vom Branntwein, den er in der Werkstatt austeilen sollte, immer etwas abgezweigt und mit dem Verkauf einigen Profit gemacht. Nun übernahm er für 30 Taler die von dem abreisenden Werkstattkollegen betriebene Herberge mit Wein-, Branntwein- und Bierausschank, denn er hatte *gesehen, daß man auf einer solchen Herberg bald etwas gewinnen könne* und *resolvirte* sich daher, *auch einen Wirth abzugeben*. Das Haus gehörte einem Chinesen, dem Schwartz monatlich vier Taler Hauszins bezahlen musste, und lag ganz in der Nähe der Werkstatt in einem Chinesenquartier. Auch der nicht namentlich genannte *Cammerad* hatte *ein schwartzes Weibsbild zur Bedienung und Führung seiner Haußhaltung* sowie einen weiteren *Sclaven*. Letzteren konnte Schwartz von ihm für 45 Taler übernehmen, jedoch nicht *dieses schwartze Weibsbild*, obwohl er auch sie *gerne von ihm kauffen wollte, so ware doch solches, weil sie frey ware, nicht thunlich*. Statt ihrer fand er *eine andere, welche gut Holländisch reden, und mit dem Kochen wohl umgehen konnte*. Da diese Frau *schon zimlich alt, und schlecht von Ansehen ware*, bekam er sie günstig *nur um 25. Thaler*. Da Schwartz jeden Morgen um 6 Uhr in der Werkstatt sein musste, gab er *meinen Sclaven* (man beachte die Besitzanzeige) vorher Geld, um Lebensmittel auf dem Markt zu kaufen. Mittags hatte er dann selbst *genug zu thun, nur den Gästen aufzuwarten, und von ihnen das Geld einzunehmen*. Er betrieb die Herberge noch neun Monate lang bis zu seiner Abreise, hatte täglich bis zu 16 Kostgänger, schenkte afrikanischen Wein, holländisches und selbst gebrautes Bier aus und erwirtschaftete dabei so viel Gewinn, dass er *20. Centner Thee, und bey 200. Stück Meer-Rohr, Ziz, Mouselin, Porcelan und sonsten noch andere Waaren* einkaufte, die er *mit in mein Vatterland nehmen wollte*.[37]

Schwartz war also zugleich Handwerker und Gastwirt, Pächter eines chinesischen Hauseigentümers, Bediensteter der VOC und Besitzer von zwei versklavten Menschen, kurz, er war auf vielfältige Weise in die hochkomplexe Gesellschaft Batavias integriert.[38] Vor der Abreise aus Batavia verkaufte er seinen gesamten Hausrat. Den männlichen *Sclaven* übernahm ein gewisser Johannes Schlecht, ein Zimmermann aus Echterdingen; *[m]eine Weibs-Person Sclavin hingegen, welche bey Führung meiner Oeconomie bißhero getreu erfunden, und grossen Nutzen von ihro gespühret, gabe ich frey*.[39] Vermutlich hatte er – wie viele andere Europäer in Batavia – auch Sex mit der versklavten Frau gehabt. Schwartz und Schlecht waren nicht die einzigen schwäbischen Sklavenhalter in Batavia. Der Stuttgarter Albrecht Schmidlapp blieb nach dem Auslaufen seiner Dienstzeit bei der VOC noch für ein paar Jahre als Freibürger im Malaiischen Archipel, kaufte sich insgesamt 14 Sklaven (Männer und Frauen), die teils von der Malabarküste verschleppt worden waren, und verschiffte sie nach Banda zur Bewirtschaftung eines Muskatnusswaldes. Bevor er nach Europa zurückkehrte, schenkte er dreien seiner Sklaven die Freiheit (darunter einem, der ihm zweimal das Leben gerettet hatte), verkaufte jedoch die übrigen wieder. In seinem für den Familien- und Bekanntenkreis geschriebenen Manuskript berichtete er freimütig über den Kauf und Verkauf von Menschen als für ihn völlig normale Geschäftspraktiken.[40]

5. Koloniale Gewalt

Damit nicht genug. Der Beutelsbacher Küfer Georg Leonhard Schwartz wurde in Batavia nicht nur zum Sklavenhalter, sondern auch zum Gewalttäter. Chinesen stellten zu dieser Zeit eine der größten nicht-indigenen Bevölkerungsgruppen in Batavia dar, deren Einwanderung seit der Gründung der Stadt 1619 von den Niederländern aus wirtschaftlichen Gründen gefördert worden war. Schon in den 1690er Jahren begann die niederländische Administration jedoch, die Einwanderung zu beschränken – mit wenig Erfolg. Illegal eingeschleuste Chinesen arbeiteten vor allem auf den Zuckerrohrplantagen und in den Zuckermühlen im Umland. Durch Ausbeutung durch wohlhabende Chinesen in Batavia und zunehmende Repressalien durch die niederländische Regierung doppelt belastet, kam es vermehrt zu Unruhen im Umland, die sich schließlich 1740 in einem Aufstand entluden, der von den Niederländern brutal niedergeschlagen wurde.[41] Die Europäer richteten unter der chinesischen Bevölkerung der Stadt ein Massaker an; etwa 10.000 von ihnen kamen dabei ums Leben (Abb. 3). Schwartz erlebte dieses Massaker kurz vor seiner geplanten Abfahrt nach Europa hautnah. Ausführlich und schonungslos offen berichtete er darüber in seinem Reisebericht, auch über seine eigene Mittäterschaft:

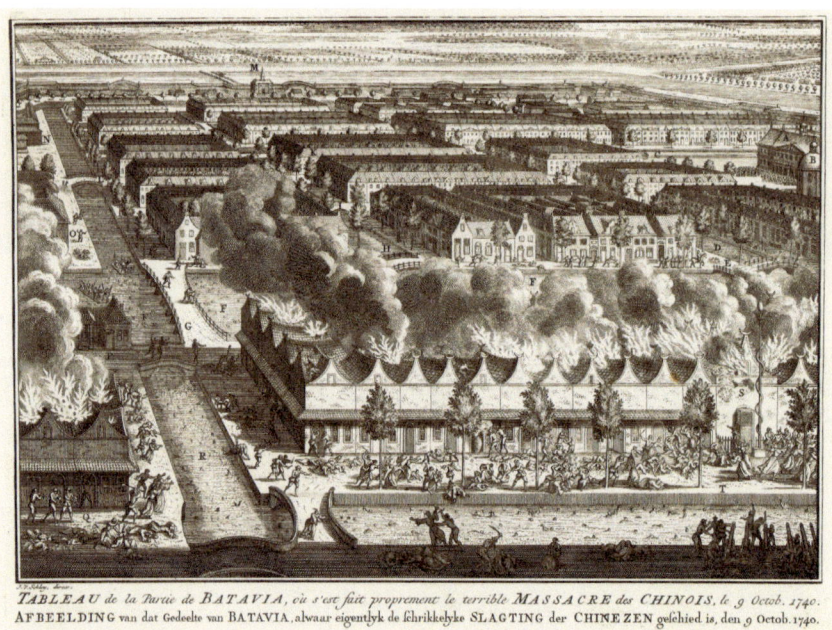

Abb. 3: Massaker an den Chinesen in Batavia (1740), Kupferstich von Jacob van der Schley nach Adolf van der Laan, 1761–1763.

*Um 9. Uhr schickte der Herr General zu uns in das Handwercks-Quartier, und theilte den Befehl aus, daß wir alsobald mit gesammter Hand ausrucken, und alle Chineser in der Stadt caput machen sollten. Dieses ware nun Wasser auf unsere Mühlen, und um eine gute Beute davon zu tragen, wollte ein jeder der erstere im marchieren [sic] seyn. Hierauf gienge das metzgen an. Die Zimmerleuthe, welche Aexte bey sich hatten, und welche mit Gewehr versehen waren, mußten in die Häuser gehen, und die Chineser massacriren. Ich selbsten mußte auch mit machen. Und weil ich wohl wußte, daß mein Nachbar ein fettes Schwein hatte, so wollte ich solches mit lauffen lassen, und in mein Hauß bringen. Als nun der Meister Zimmermann solches gesehen, schlug er mich, und sagte, ich sollte zuerst die Chineser todt schlagen, alsdann erst rauben; nahme deßwegen in Ermanglung einig andern Gewehrs flugs einen Reiß-Stampffer, welcher in einem langen Stück Holtz eines Arms dick bestehet, und schluge damit meinen Nachbar, mit welchem vorhero zum öfftern gegessen und getruncken, todt. Dieses, ob es mir schon erbärmlich vorgekommen, mußte ich dannoch wider meinen Willen, indeme mein Vorgesetzter vor der Thüre stunde, verrichten. Als ich ihne nun umgebracht, gienge ich in seine Cammer, fande daselbst einen Pistohl; diesen nahm ich, und weilen [es] noch viele gemachte Padronen hatte, welche justement recht darein taugten, so gienge ich weiters, und schosse damit alles todt, was ich nur antraf. Da ich nun deren zwey oder drey umgebracht, so ware ich des metzgens schon gewohnt, und machte mir auf die Letze eben so wenig ein Gewissen darauß, ob ich einen Chineser oder einen Hund todt geschlagen.*⁴²

Wie viele Menschen Schwartz in diesem Blutrausch getötet hatte, wusste er vermutlich selbst nicht mehr. Dessen ungeachtet sah er sich selbst auch als Opfer der Ereignisse. Denn während einer achttägigen Gefängnisstrafe, die er anschließend wegen seiner angeblichen, von ihm dementierten Beteiligung an Plünderungen während des Chinesenmassakers zu verbüßen hatte, wurde auch sein Haus ausgeraubt. Bis auf den Tee wurden dabei all die wertvollen Waren, die er mit nach Europa führen wollte, entwendet.⁴³ Da *ein Handwercks-Mann nicht mehr als fünff Centner mitführen* durfte, musste er 15 Zentner seines Tees auf mehrere Mitfahrende verteilen, die er dafür zu einem Drittel am Gewinn des Erlöses in den Niederlanden beteiligen wollte (wobei jedoch einiges schief ging). Für die Rückfahrt hatte er sich privat gut mit Proviant versorgt, auch hatte er nun den Posten eines Küfers an Bord inne. Er blieb damit Handwerker und wechselte nicht noch einmal zurück in den Soldatendienst.⁴⁴

6. Global vernetzte Dörfer in Schwaben[45]

Nach seiner Rückkehr nach Beutelsbach gelang es Schwartz rasch, wieder in seinem Heimatdorf Fuß zu fassen. Wenige Monate nach seiner Ankunft heiratete er Sophia Magdalena Gsell, die Tochter des früheren Dorfpfarrers, der ihn auch getauft hatte (Abb. 4). Schwartz' Bruder Johannes, bei dem er einst sein Handwerk gelernt hatte, lebte immer noch im Nachbardorf und hatte die verwitwete Mutter der Brüder bei sich aufgenommen. 1742 machte Georg Leonhard sein Meisterstück, und im Jahr darauf gebar seine Frau nach einer Fehlgeburt ihren ersten Sohn. Binnen kurzer Zeit war aus dem zurückgekehrten Ostindienfahrer ein Dorfhandwerker und junger Familienvater geworden, als wenn nichts gewesen wäre. Doch vergaß Schwartz Batavia keineswegs – ganz im Gegenteil, denn er scheint in seinem sozialen Umfeld viel davon erzählt zu haben. Der neue Dorfpfarrer Harpprecht, der ihn traute, konnte in seinem ausführlichen Eintrag im Seelenregister des Dorfes einiges über ihn berichten. Er wusste unter anderem, dass Schwartz *mit einer pro 25 Th[aler] verkaufften Sclavin* eine eigene Gastwirtschaft geführt hatte, die *er aber vor s[einer] Abreiße serviert, los gelassen und*

Abb. 4: Haus der Familie Gsell in Beutelsbach, Stiftstraße 44 (1980 abgerissen).

einem Landsmann aus Echterdingen überlassen habe. Auch wenn er offenbar einiges durcheinanderbrachte, war dem Pfarrer also bewusst, dass Schwartz in Batavia versklavte Menschen besessen hatte, und er schien daran nichts Anstößiges zu finden. Außerdem erwähnt Harpprecht, Schwartz habe *der großen Massacre 1740 in Batavia noch vor seiner Abreiße bey[gewohnt]* und *auf Order der Vorgesetzten die rebellierenden Chineser auch helfen massacrieren* müssen. Das nach seiner Hochzeit aufgesetzte Zubring-Inventar, das dasjenige verzeichnete, was die Eheleute jeweils an Besitztümern in die Ehe einbrachten, verweist auf seinen Anspruch auf zwei Drittel des Erlöses von 390 Pfund Tee *von Ostindien*, die noch in Middelburg lagerten. Außerdem besaß er einige wenige Dinge, die er möglicherweise aus Batavia mitgebracht hatte und in einem Dorf wie Beutelsbach durchaus neugierige Blicke wecken konnten, wie ein *bluemetes seidenes gelbes Kamesohl* (eine Art langer Weste) und eine *Tabacc Dose von Schildgrotten*.[46]

Im Sommer 1746 zog Schwartz mit seiner Familie dann nach Münster (bei Cannstatt, heute ein Stadtteil von Stuttgart), wo er eine Stelle als Küfer im herzoglichen Weinkeller antrat. Drei Monate vor seinem Wegzug aus Beutelsbach verließ ein 20-jähriger Mann namens Johann Christian Lenz den Ort mit dem ausdrücklichen Ziel (wie es im Seelenregister heißt), nach Batavia zu gehen. Im Sommer folgte ihm dann ein entfernter Verwandter gleichen Alters namens Johann Georg Goll.[47] Offenbar hatte Schwartz in seinem Heimatdorf genug Verlockendes von Batavia erzählt, um in den jungen Männern den Wunsch zu wecken, dorthin aufzubrechen. Der Bericht über das Massaker der Chinesen scheint sie nicht abgeschreckt zu haben. Außerdem zeigte ihnen Schwartz' Vorbild, dass man in Batavia auf Landsleute stieß, die einem dort weiterhelfen konnten. Anders als Schwartz, der noch auf Umwegen mehr oder weniger zufällig nach Batavia gelangt war, strebten sie nun direkt dorthin. Zumindest im Fall von Johann Christian Lenz war es umso mehr eine bewusste Entscheidung, da fast zeitgleich auch zwei seiner Onkel mit ihren Frauen Beutelsbach verließen, jedoch nicht nach Batavia, sondern nach Pennsylvania.[48] Ihr Neffe hätte ihnen einfach folgen können, doch er entschied sich stattdessen für Batavia. Außerdem unterzeichnete er nicht wie seine Onkel eine Bürgerrechtsverzichtsurkunde; er wollte also offenbar – wie sein Vorbild Schwartz – in ein paar Jahren zurückkehren. Weder er noch der andere junge Mann kamen jedoch zurück. Später, in den 1760er und 1770er Jahren, gingen dann noch mehrere weitere Mitglieder der Familien Schwartz, Gsell und Lenz aus Beutelsbach nach Batavia. Nur einer von ihnen kehrte zurück.

Schwartz nahm seine Geschichte mit nach Münster. Zwei Jahre nach dem Umzug dorthin ließ er das Manuskript seines Reiseberichts von einem anonymen Drucker auf eigene Kosten veröffentlichen (Abb. 5). Schaut man auf den Kopf des Titelblatts, so gewinnt man den Eindruck, dass die Veröffentlichung in erster Linie als kulturelles Kapital in seinem neuen sozialen Umfeld dienen sollte. Mehr als 25 Jahre später, 1774, als Schwartz bereits 63 Jahre alt war, ließ er noch einmal eine überarbeitete Fassung von einem Stuttgarter Buchhändler herausbringen. Der anonyme Bearbeiter dieser Ausgabe gab sich keine Mühe, seine Meinung über Schwartz' Qualität als Autor zu verbergen, denn der *geneigte Leser* müsse sich ihn *als einen zwar guten und ehrlichen, aber als einen Handwerksmann* vorstellen, *der ehedeme in der Schule etwas schreiben, lesen und rechnen*

Abb. 5: Titelblatt der Erstauflage des Reiseberichts von Schwartz.

gelernet habe.⁴⁹ Drei Jahre nach der Publikation dieser zweiten Auflage verließ Schwartz' Sohn Carl Friedrich, geboren in Münster im Jahr 1748 (also dem Jahr der ersten Auflage des Reiseberichts seines Vaters), sein Heimatdorf, um in die Niederlande zu gehen und bei der VOC anzuheuern. Seine Rekrutierung als Ober-Wundarzt auf dem Schiff *Abbekerk* datiert vom 22. Oktober 1777. Auch Carl Friedrich hatten offenbar die Geschichten seines Vaters nach Batavia gelockt. Er ertrank 1779, als sein Schiff auf der Rückfahrt zwischen dem Kap der Guten Hoffnung und den Niederlanden unterging. Daheim in Münster erfuhr offenbar niemand davon, denn noch Jahre später steht im Seelenregister lediglich *ist in Ostindien. Wird als verschollen behandelt*.⁵⁰ Sein Vater starb 1790, fast 50 Jahre nach seiner eigenen Rückkehr aus Batavia, an das er einen seiner Söhne verloren hatte.

Georg Leonhard Schwartz, der Heimkehrer aus Batavia, blieb also in Beutelsbach und Münster kein Einzelfall, sondern wurde zu einem Vorbild für andere, die ihr Glück jenseits des Rems- oder Neckartals versuchen wollten. Außerdem wird deutlich, dass Menschen in Beutelsbach sich bewusst für eine von mehreren Optionen – hier: Pennsylvania oder Batavia – entschieden. Ich stehe erst am Anfang meines Projekts, in dem ich versuche zu verstehen, was solche globale Arbeitsmigration nicht nur für die Migrierenden selbst, sondern auch für ihr familiäres und soziales Umfeld bedeutete.

Eine Verflechtungsgeschichte zwischen Beutelsbach und Batavia, zwischen Schwaben und der Welt mag faszinierend sein. Auch ist es schockierend, wie offen Schwartz über seine Beteiligung an Sklaverei und kolonialer Gewalt berichtete, ohne dass das irgendjemand in Beutelsbach oder Münster gestört hat. Es lohnt sich aber, noch einen Schritt weiterzudenken. Denn solche Biografien wie die von Schwartz gibt es noch heute. Waren es im 18. Jahrhundert noch Schwaben wie Schwartz und mehrere 100.000 andere Menschen aus Deutschland, die auf den Schiffen der VOC fuhren und von denen nur etwa ein Drittel wieder zurückkehrte, sind es heutzutage größtenteils Menschen aus den Philippinen, Kambodscha oder Bangladesch, die unter oft miserablen und lebensgefährlichen Arbeitsbedingungen auf den Frachtschiffen auf den Weltmeeren arbeiten. Kaum jemand bekommt etwas davon mit, dass alle paar Tage ein größeres Schiff verloren geht – 892 in den letzten zehn Jahren.⁵¹ Bereits im 18. Jahrhundert verdrängten unsere europäischen

Vorfahren, dass die von ihnen konsumierten globalen Güter auf Kosten der Gesundheit und des Lebens vieler Menschen in anderen Kontinenten produziert und über die Weltmeere transportiert wurden. Daran hat sich bis heute wenig geändert.

ENDNOTEN

1 Vgl. hierzu auch HAHN: Rather back to Ceylon; HAHN: (Dis)connecting Mobilities.
2 LUCASSEN: The Dutch East India Company.
3 Vgl. FERTIG: Lokales Leben; HÄBERLEIN: Oberrhein.
4 https://www.nationaalarchief.nl/onderzoeken/zoekhulpen/voc-opvarenden-1699-1794 [zuletzt aufgerufen am 04.10.2023].
5 LAUCHNER: Martin Wintergerst, S. 7–135.
6 VAN GELDER: Abenteuer.
7 SCHWARTZ: Reise in Ost-Indien.
8 Wie z. B. bei FRICK: Ost-Indianische Räysen; vgl. VAN GELDER: Abenteuer, S. 76.
9 SCHWARTZ: Reise in Ost-Indien, S. 78.
10 LA Stuttgart, Seelenregister Beutelsbach, KB. Nr. 1006, S. 654.
11 SCHWARTZ: Reise in Ost-Indien, S. 1; LUCASSEN: The Dutch East India Company.
12 Für das Folgende: SCHWARTZ: Reise in Ost-Indien, S. 2–5.
13 Vgl. EBELING: Holländerholzhandel.
14 Laut Google Maps zu Fuß 61 Stunden.
15 Vgl. KOSLOFSKY/ZAUGG: Ship's Surgeon.
16 SCHWARTZ: Reise in Ost-Indien, S. 5.
17 SCHWARTZ: Reise in Ost-Indien, S. 5–6; vgl. VAN GELDER: Abenteuer, S. 76.
18 Vgl. dagegen LIS/SOLY: Worthy Efforts, S. 425 zur Ablehnung von Untätigkeit und Schwelgerei durch Handwerker.
19 SCHWARTZ: Reise in Ost-Indien, S. 9–10.
20 NA Den Haag, Inv. Nr. 12927, fol. 234; der Eintrag Schwartz' in der Besatzungsliste.
21 SCHWARTZ: Reise in Ost-Indien, S. 10–11.
22 SCHWARTZ: Reise in Ost-Indien, S. 80–81, siehe auch ebd., S. 77–78.
23 NA Den Haag, Inv. Nr. 12905, fol. 124.
24 WLB Stuttgart, Cod. hist. 4° 3, fol. 126 r–v (die durchgestrichene Version); vgl. Brief eines Wirtembergers aus Batavia, S. 425–442.
25 Vgl. hierzu FLÜCHTER: Identität, S. 184–186.
26 FRICK: Ost-Indianische Räysen, S. 176–177.
27 SCHWARTZ: Reise in Ost-Indien, S. 100.
28 SCHWARTZ: Reise in Ost-Indien, S. 82.
29 SCHWARTZ: Reise in Ost-Indien, S. 82–83.
30 SCHWARTZ: Reise in Ost-Indien, S. 95–97.
31 SCHWARTZ: Reise in Ost-Indien, S. 78, S. 90 zur Situation von Freibürgern in Batavia.

32 Schwartz: Reise in Ost-Indien, S. 99–100.
33 Vgl. hierzu van Rossum: Labouring Transformations, S. 19–42.
34 Schwartz: Reise in Ost-Indien, S. 69–70.
35 Schwartz: Reise in Ost-Indien, S. 72–74. Zur Situation von Frauen in Batavia Niemeijer: Slavery.
36 Schwartz: Reise in Ost-Indien, S. 74. Abgebildet in Stiftsbibliothek St. Gallen, Cod. Sang. 1311: Reisebuch des Elsässer Weltreisenden Georg Franz Müller, S. 323.
37 Schwartz: Reise in Ost-Indien (1748), S. 105–109, S. 122–124.
38 Vgl. Niemeijer: Batavia.
39 Schwartz: Reise in Ost-Indien, S. 107–109.
40 WLB Stuttgart, Cod. hist. 4° 3, fol. 28v, 101v, 118r, 123r, 125r.
41 Hierzu Blussé: De Chinezenmoord.
42 Schwartz: Reise in Ost-Indien, S. 119–120.
43 Schwartz: Reise in Ost-Indien, S. 105–109, S. 122–124.
44 Schwartz: Reise in Ost-Indien, S. 124–126.
45 Für den Begriff Kaltenbrunner: Dorf.
46 SA Weinstadt, Beutelsbach, Inventur und Theilungs-Buch vom 29.01.1743 bis 05.03.1745, fol. 178v.
47 Goll/Weber: Beutelsbacher Familien 1573–1920, S. 147, S. 236–237.
48 SA Weinstadt, Bürgerrechtsverzichtsurkunden.
49 Schwartz: Reise nach Ostindien, unpag. Vorwort.
50 NA Den Haag, Inv. Nr. 14503, fol. 32; LKA Stuttgart, Kirchenbuch Münster.
51 Vgl. Aisslinger: Sturm.

QUELLEN- UND LITERATURVERZEICHNIS

QUELLEN

Landeskirchliches Archiv Stuttgart (LKA), Seelenregister Beutelsbach, KB. Nr. 1006.
Landeskirchliches Archiv Stuttgart (LKA), Kirchenbuch Münster.
Nationaal Archief (NA) Den Haag, Archivnr. 1.04.02
    Inv. Nr. 12905, fol. 124, (URL: http://hdl.handle.net/10648/cbbf52ff-2b78-c345-85a3-95c9acf10c58 [zuletzt aufgerufen am 04.10.2023]).
    Inv. Nr. 12927, fol. 234, (URL: http://hdl.handle.net/10648/cd2599eb-615f-abcd-83bb-ab7d8ebf64e8 [zuletzt aufgerufen am 04.10.2023]).
    Inv. Nr. 14503, fol. 32, (URL: http://hdl.handle.net/10648/e9b79d04-b43d-7fec-5b93-b24325a00bb8 [zuletzt aufgerufen am 04.10.2022]).
Stadtarchiv (SA) Weinstadt, Beutelsbach, Inventur und Theilungs-Buch vom 29.01.1743 bis 05.03.1745.
Stiftsbibliothek St. Gallen, Cod. Sang. 1311: Reisebuch des Elsässer Weltreisenden Georg Franz Müller (URL: http://www.e-codices.unifr.ch/de/csg/1311/323 [zuletzt aufgerufen am 12.11.2023]).
Württembergische Landesbibliothek (WLB) Stuttgart, Cod. hist. 4° 3: Albrecht Schmidlapps aus Stuttgart Reissbeschreibung in Ostindien.

Brief eines Wirtembergers aus Batavia, in: Schwäbisches Magazin von gelehrten Sachen auf das Jahr 1778, Sechstes Stück, 1778, S. 425–442.

Frick, Christoph: Ost-Indianische Räysen und Krieges-Dienste/ Oder eine Außführliche Beschreibung, Ulm 1692.

Schwartz, Georg Leonhard: Georg Bernhardt [sic] Schwartzens [...] Reise in Ost-Indien, Frankfurt/Leipzig 1748.

Schwartz, Georg Leonhard: Reise nach Ostindien worinnen mancherley Merkwürdigkeiten, Stuttgart 1774.

LITERATUR

Aisslinger, Moritz: Dem Sturm ausgeliefert, in: Die Zeit, Nr. 46 (10.11.2022), S. 13f.

Blussé, Leonard: De Chinezenmoord. De kolonisatie van Batavia en het bloedbad van 1740, Amsterdam 2023.

Ebeling, Dietrich: Der Holländerholzhandel in den Rheinlanden. Zu den Handelsbeziehungen zwischen den Niederlanden und dem westlichen Deutschland im 17. und 18. Jahrhundert, Stuttgart 1992.

Fertig, Georg: Lokales Leben, atlantische Welt: die Entscheidung zur Auswanderung vom Rhein nach Nordamerika im 18. Jahrhundert, Osnabrück 2000.

Flüchter, Antje: Identität in einer transkulturellen Gemeinschaft? »Deutsche« in der Vereenigde Oost-Indische Compagnie, in: Christoph Dartmann/Carla Meyer (Hgg.): Identität und Krise? Zur Deutung vormoderner Selbst-, Welt- und Fremderfahrungen (Symbolische Kommunikation und gesellschaftliche Wertesysteme, Bd. 17), Münster 2007, S. 155–186.

Goll, Martin/Weber, Dorothee: Beutelsbacher Familien 1573–1920. Nach der Kartei Dr. Heinrich Klumpp (1875–1961), Grenzach-Wyhlen 2013.

Häberlein, Mark: Vom Oberrhein zum Susquehanna: Studien zur badischen Auswanderung nach Pennsylvania im 18. Jahrhundert, Stuttgart 1993.

Hahn, Philip: »Rather back to Ceylon than to Swabia«. Global Sensory Experiences of Swabian Artisans in the Service of the Dutch East India Company (VOC), in: Marlene Eberhart/Jacob Baum (Hgg.): Embodiment, Expertise and Ethics in Early Modern Europe. Entangling the Senses (Routledge Studies in Renaissance and Early Modern Worlds of Knowledge), Abingdon/New York 2021, S. 206–233.

Hahn, Philip: (Dis)connecting Mobilities. Creating and Unmaking Global Entanglements in the Early Modern German Town, in: Christoph Cornelissen/Beat Kümin/Massimo Rospocher (Hgg.): Migration and the European City. Social and Cultural Perspectives from Early Modernity to the Present (Studies in Early Modern and Contemporary European History, Bd. 5), Berlin/New York 2022, S. 73–92.

Kaltenbrunner, Matthias: Das global vernetzte Dorf. Eine Migrationsgeschichte, Frankfurt a. M./New York 2017.

Koslofsky, Craig/Zaugg, Roberto: Ship's Surgeon Johann Peter Oettinger. A Hinterlander in the Atlantic Slave Trade, 1682–1696, in: Felix Brahm/Eve Rosenhaft (Hgg.): Slavery Hinterland. Transatlantic Slavery and Continental Europe, 1680–1850 (People, Markets, Goods, Bd. 7), Woodbridge 2016, S. 27–44.

Lauchner, Jürgen: Itur procul atque reditur. Martin Wintergerst 1670–1728, in: Memminger Geschichtsblätter (1985/86), S. 7–135.

Lis, Catharina/Soly, Hugo: Worthy Efforts. Attitudes to Work and Workers in Pre-Industrial Europe (Studies in Global Social History, Bd. 10), Boston 2012.

Lucassen, Jan: A Multinational and its Labor Force. The Dutch East India Company, 1595–1795, in: International Labor and Working-Class History 66 (2004), S. 12–39.

Niemeijer, Hendik E.: Batavia. Een koloniale samenleving in de zeventiende eeuw, Amsterdam 2005.

Niemeijer, Hendik E.: Slavery, Ethnicity and the Economic Independence of Women in Seventeenth-Century Batavia, in: Barbara Watson Andaya (Hg.): Other Pasts. Women, Gender and History in Early Modern Southeast Asia, Honolulu 2000, S. 174–194.

van Gelder, Roelof: Das Ostindische Abenteuer. Deutsche in Diensten der Vereinigten Ostindischen Kompanie der Niederlande (VOC) 1600–1800, Bremerhaven/Hamburg 2004.

van Rossum, Matthias: Labouring Transformations of Amphibious Monsters. Exploring Early Modern Globalization, Diversity, and Shifting Clusters of Labour Relations in the Context of the Dutch East India Company (1600–1800), in: International Review of Social History 64 (2019), S. 19–42.

...*mit einem Crantz von Perlin und Roßmarin:* Taufen im Kontext von Kriegsgefangenschaft und Versklavung in Württemberg im 17. und 18. Jahrhundert

Renate Dürr

In der Frühen Neuzeit war Sklaverei nicht nur ein Phänomen der Neuen Welt und ihrer berüchtigten Zucker- und Baumwollplantagen. Versklavung und versklavte Menschen gab es auch im Heiligen Römischen Reich. Ein erstes Indiz dafür stellen die beiden als *Sklaven* bezeichneten Figuren dar (siehe Abb. 1), die vermutlich aus der Werkstatt des Nürnberger Künstlers Georg Schweigger stammen. Sie sind weit von orientalisierenden Stereotypen afrikanischer Knaben an frühneuzeitlichen Fürstenhöfen entfernt (siehe unten, Abb. 2). Georg Schweiggers Großvater, Salomon Schweigger, hatte mehrere Jahre in Istanbul und Jerusalem verbracht und im Jahre 1608 eine viel beachtete Reisebeschreibung veröffentlicht. Auch mit dem Koran hatte sich Salomon Schweigger jahrelang beschäftigt und schließlich 1616 eine deutsche Übersetzung des Korans aus dem Italienischen vorgelegt.[1] Zwar ist der Zusammenhang, in dem die beiden Holzfiguren entstanden sind, nicht einfach zu rekonstruieren, wie die Nürnberger Stadthistorikerin Claudia Maué erläutert.[2] Dennoch lässt sich an den Bärten erkennen, dass die abgebildeten Sklaven zwei Männer aus dem Osmanischen Reich darstellen sollten, die im Zusammenhang mit den Kriegen zwischen dem Habsburger und dem Osmanischen Reich nach Süddeutschland gekommen waren. Mit gefesselten Händen und gebeugtem Oberkörper erwarten sie ihr weiteres Schicksal. Ohne Kleidung erscheinen sie vollkommen schutzlos. Aus Leipzig weiß man, dass solche Sklavinnen und Sklaven im 17. Jahrhundert auf den Frühjahrs- und Herbstmessen feilgeboten wurden. So hatte im Jahr 1686 ein *frembder Kauffmann aus Ungarn ein schwangeres Türckisches Weib und einen jungen Türcken/ ungefehr von 6 biß 7 Jahren [...] mit sich nacher Leipzig* gebracht und auf der Messe verkauft. Die schwangere Frau kostete einen Zentner Zucker, das Kind zehn Reichstaler.[3]

Abb. 1: Georg Schweigger (?), Zwei Sklaven, ca. 1650.

Dass versklavte Menschen auch im Heiligen Römischen Reich lebten, ist ein Befund, der noch immer Verwunderung hervorruft. Im Vergleich zu der Größenordnung von Sklavinnen und Sklaven, die in Italien, Spanien oder Portugal oder gar in der Brasilien oder der Karibik während des 16. bis 18. Jahrhunderts lebten, war die Anzahl versklavter Menschen im Alten Reich sicher gering. Eine reine Ausnahme, wie die ältere historische Forschung meinte, waren sie allerdings auch nicht. Seit einigen Jahren beginnt man über die Interpretation von Taufregistern, Rechnungen, gedruckten Taufpredigten und vielen anderen Quellengattungen, eine soziale Realität im Heiligen Römischen Reich zu rekonstruieren, die Historikerinnen und Historiker bislang zumeist übersehen hatten, weil sie nicht danach fragten.

Die nach Deutschland verschleppten Männer, Frauen und Kinder, die dieser Beitrag in den Blick nimmt, waren Muslime und Musliminnen oder Anhänger und Anhängerinnen verschiedener polytheistischer Religionen. Zwar versuchte man in allen Territorien des Heiligen Römischen Reiches, muslimische und »heidnische« Zwangsverschleppte von einer Konversion zum Christentum zu überzeugen. Es waren aber fast ausschließlich lutherische Pfarrer, die anschließend die vielfältigen Umstände der Taufen in gedruckten Abhandlungen festgehalten haben. Diese sogenannten *Türken-* und *Mohrenpredigten* sind 50 bis über 200 Seiten stark und wurden zwischen 1574 und 1777 gedruckt. Neben der gehaltenen Predigt erläuterten die Pfarrer auch den Lebensweg des Täuflings sowie alle möglichen Umstände der Vorbereitung und Durchführung der Taufe. Über diese Erzählungen lassen sich also zahlreiche Umstände von Verschleppung, Zwangsmigration und Versklavung dieser Konvertiten rekonstruieren.

Etwa 60% der Taufen in den gedruckten Taufpredigten betreffen muslimische Kriegsgefangene aus dem Osmanischen Reich, 40% sogenannte Heiden, zumeist versklavte Menschen aus Westafrika, manchmal aber auch aus Indien oder dem südamerikanischen Surinam. Etwa die Hälfte der Getauften waren Kinder unter 14 Jahren. Etwa 30% der gedruckten Taufpredigten beziehen sich auf Frauen. Manche Taufpredigten sind aus größeren Städten wie Stuttgart, Nürnberg oder Dresden überliefert. Die Mehrzahl aber kommt aus mittleren und kleinen Städten, wenn nicht Dörfern. Das hat mit der territorialen Zersplitterung des Heiligen Römischen Reiches zu tun. Mit dieser Zersplitterung wird oft die These begründet, Deutschland habe mit den dynamischen und seefahrenden Nationen Westeuropas nicht mithalten können. Darum habe das Alte Reich auch nur wenig Anteil an der Europäischen Expansion, dem globalen Handel und der Sklaverei gehabt. Neuere Forschungen, nicht zuletzt auch die Beiträge in diesem Sammelband, relativieren inzwischen diese These.

Bislang habe ich 50 gedruckte Taufpredigten gefunden. Sie müssen als Spitze des Eisberges betrachtet werden. Denn auffällig sind die Lücken der Überlieferung. Beispielsweise habe ich bislang keine gedruckte *Türken-* oder *Mohrentaufe* aus Hamburg gefunden, obwohl die erste Taufe eines Afrikaners in Hamburg aus dem Jahr 1651 überliefert ist. Auch wurden keineswegs alle Verschleppten getauft. So kann man einer Zusammenstellung türkischer Gefangener aus Kassel von 1700 entnehmen, dass von den dort aufgelisteten 14 erwachsenen Männern und sechs erwachsenen Frauen nur jeweils ein Mann und eine Frau getauft waren.[4] Wie man zahlreichen Taufpredigten entnehmen kann, hatten manche Getaufte zehn, 17 oder 20 Jahre im Alten Reich gelebt, bevor sie getauft wurden. Ein sprechendes Beispiel ist der Lebensweg eines kleinen Mädchens, das sieben Jahre alt war, als es zusammen mit seiner Mutter aus Timișoara im heutigen Rumänien verschleppt worden war. Die beiden lebten zunächst in Wien, bevor sie dann in Regensburg und später in Bamberg ihr Glück als Näherinnen versuchten. Dort starb die Mutter. Die Tochter zog nach Schweinfurt, wo sie im Alter von 24 Jahren um die Taufe bat. Das aber heißt, dass sie 17 Jahre lang als Muslimin im Heiligen Römischen Reich gelebt hatte und ihre Mutter als Muslimin in Deutschland verstorben war.[5] Dieses Beispiel zeigt darüber hinaus, dass nicht alle Menschen, die als Kriegsgefangene ins Alte Reich gekommen waren, dort auch als Sklaven lebten.

Auch die Schilderung des Reutlinger Stadthistorikers Christoph Friedrich Gayler von 1845 über ein Ereignis in der schwäbischen Reichsstadt im Jahre 1689 beruhte vermutlich auf einem ausführlichen Bericht seines lutherischen Amtskollegen. Hier kann man Folgendes lesen:

Im Herbste 1689 sah die Stadt eine Handlung, welche sie nie gesehen, und wohl nie wieder sehen wird. Otto Hilmer von Haimburg, Oberst=Wachtmeister, hatte einen jungen Türken von etwa 15 Jahren hier. Wie er zu ihm gekomen? Wissen wir nicht. Er sprach ziemlich deutsch, ohne jedoch lesen oder schreiben zu lernen; dieser wollte oder sollte ein Christ werden. Prediger Eisenlohr gab ihm alle Tage Religionsunterricht. Der Erfolg wurde zwei Mal in öffentlichem Examen in der Kirche dargelegt; Dienstag, den 29. Okt. vor der Gemeinde und Donnerstag den 7. Nov. […] vor dieser und im Beisein der geistlichen und weltlichen Vorsteher. Hier wurde ihm, nach der alten christlichen Sitte, ein weißes Gewand angelegt, und zwar von der edlen Jungfer Imlin und der Jungfer Mohrin, des Syndikus Tochter. Sonntag, der 24. Trinit., 10. Nov., war der Tauftag. Der Türke wurde vom Rathaus in Procession in die Kirche geführt, zu beiden Seiten derselben genannte zwei Jungfrauen, welche ihn in der Kirche mit einer Anrede bewillkommten, und ihm das weiße Gewand und eine seidene Binde anlegten, und einen grünen Kranz aufsetzten. Dieselben nahmen ihm dieß nach vollbrachter Feier wieder ab. Eisenlohr hielt eine Taufpredigt, nach welcher die Taufhandlung vorging. Unten an den steinernen Staffeln vor dem Altar war eine hölzerne Treppe errichtet, mit einem Teppich überdeckt. Oben lag das Tauftuch mit dem silbernen Taufbecken. Taufzeugen waren: alle Geistliche, als Superintendent M. Enslin, Pfarrer M. Fischer, Vice=Pfarrer Kalbfell, Archidiakon Schaal, Subdiakon List, Spitalpfarrer Stephan Heinlin; vom Rathe: Amts=Bürgermeister Eisenlohr, des Predigers Vater, Bürgermeister Kalbfell; Bürgermeister Beger war nicht dabei, weil er Alters halben nicht so lange stehen konnte – Vice=Bürgermeister Melchior Schmid,

Syndikus Mohr, die Schuldheißen Wucherer und Kurz; auch von Urach, Metzingen, Pfullingen, waren Taufzeugen da. Der Oberst=Wachtmeister stand unter den Zuschauern. Pathinen waren: Frau Kammermeister Forstnerin, nebst Frau Tochter, die Doktor Mohrin und Prediger Eisenlohrin.

Eisenlohr richtete an den Täufling die gewöhnlichen Fragen der Taufformel, und an die Zeugen die, ob sie sich dessen annehmen wollen? Statt seines vorigen namens Mehmet erhielt er, nach dem Bruder des Herzogs Administrator, die Namen Johann Friedrich. Die Feierlichkeit war von guter Musik begleitet; es waren auch Musiker von Urach und Münsingen dabei. Aus der Kirche zog man wieder in voriger Procession auf's Rathhaus, wo ein stattliches Bankett mit Spielleuten und Tanz – Bälle kannte man hier noch nicht, – gehalten wurde.[6]

Diese Beschreibung der Taufe eines muslimischen Kriegsgefangenen ist in mehreren Hinsichten charakteristisch für die Zeit um 1700. Viele Pfarrer betonten das Außergewöhnliche des Ereignisses. Es liegt auf der Hand, dass solche Ausführungen die Neugier potentieller Leserinnen und Leser wecken sollten. Auf die Exzeptionalität des Berichteten hinzuweisen, diente nicht zuletzt auch der Werbung für den Druck. Diesem Narrativ folgend, galten auch in der historischen Forschung Taufen von Juden und Jüdinnen, Muslimen und Musliminnen oder sogenannten Heiden und Heidinnen im Alten Reich als Ausnahmen. Sie wurden darum bis vor einigen Jahren zumeist im Rahmen von Lokalstudien diskutiert. Man schaute sich Einzelfälle an und fand (verständlicherweise) vor allem die besser dokumentierten Fälle. Das führte dazu, dass die ältere, lokalhistorisch orientierte Forschung zumeist betonte, Muslime und Musliminnen aus dem Osmanischen Reich oder Afrikanerinnen und Afrikaner an den deutschen Höfen seien in der Regel gut integriert gewesen. Solche Fälle gab es auch. Nicht wenige ehemalige Musliminnen und Muslime heirateten in die Stadtgesellschaft, in der sie getauft worden waren. Manche Familien lassen sich anschließend über Generationen hinweg verfolgen. Einigen aus der Sklaverei entlassenen, getauften Männern und Frauen gelang ein beachtlicher sozialer Aufstieg.

Zu den bekanntesten Fällen zählt Anton Wilhelm Amo.[7] Amo war als drei- oder vierjähriger Junge aus Westafrika verschleppt worden. Er gelangte über Amsterdam an den Hof des Herzogs von Braunschweig-Wolfenbüttel. Ein Jahr später wurde er getauft.

Anton Wilhelm lernte lesen und schreiben, Deutsch und Latein; er studierte Recht und Philosophie in Halle und Wittenberg und lehrte an den Universitäten Wittenberg, Halle und Jena. Nach 40 Jahren in Deutschland kehrte Anton Wilhelm Amo jedoch nach Ghana zurück. Ein anderer Junge, Yussef, war gerade sechs Jahre alt, als er im Jahre 1688 bei Belgrad von kaiserlichen Soldaten verschleppt worden war.[8] Anschließend verkaufte man ihn für zwölf Dukaten an den Herrn von Borgk in Bayreuth. Der Junge wurde getauft und unterwiesen, durfte studieren und wurde 1717 in Bayreuth zum lutherischen Pfarrer ordiniert. Danach war er Diakon in Emskirchen und Pfarrer in Hagenbüchach, wo er seine ehemalige Dienstmagd heiratete. Schließlich war er 15 Jahre lang Pfarrer in Rüdisbronn, nördlich von Windsheim. Theologisch war er im Übrigen ein Anhänger der Herrnhuter Brüdergemeine.

In dem oben zitierten Bericht des Reutlinger Stadthistorikers fällt auf, mit wie vielen Details die Vorbereitung auf die Taufe und der Taufgottesdienst selbst beschrieben wurden. Das hat damit zu tun, dass im deutschen Luthertum der Frühen Neuzeit keine verbindliche Liturgie, nicht einmal ein einheitlicher Ablauf von Taufgottesdiensten für erwachsene Täuflinge entwickelt worden war. Im Gegenteil ersannen lutherische Pfarrer, Obrigkeiten und Gemeinden immer wieder neue Abläufe für Taufen von Musliminnen und Muslimen oder sogenannten Heiden beziehungsweise Heidinnen. Man war sich darin einig, dass man nicht einfach die Liturgie für die Taufe von Neugeborenen übernehmen konnte. Es gab gedruckte Vorbildtaufen, an denen man sich orientieren konnte. Manchmal fragten die Pfarrer auch bei anderen Geistlichen nach. Wichtig ist dennoch, dass jede Taufe einzigartig war, weil sie bestimmte lokale Kontexte reflektierte.[9]

In zeitgenössischer Rhetorik war die Freiwilligkeit der Taufe eine zentrale Voraussetzung für die Gültigkeit dieses Aktes. Zu allen Tauferzählungen gehört darum der Nachweis, dass die Täuflinge die Grundlagen des Christentums kannten und verstanden. Bei Gayler lesen wir von dem täglichen Religionsunterricht durch den Superintendenten und den zwei Prüfungen, die Mehmet vor der Taufe zu absolvieren hatte. Die Tauffeierlichkeiten selbst begannen dann mit einer Prozession vom Rathaus zur Kirche. Vermutlich unterstrich man damit die Bedeutung von städtischer wie kirchlicher Obrigkeit bei der Taufe. Die zwei Jungfrauen, die in Reutlingen Mehmet in die Kirche begleiteten, symbolisierten möglicherweise darüber hinaus die Beziehungen der Reichsstadt zum Herzogtum Württemberg. Jungfer Mohrin war die Tochter des Reutlinger Syndikus, wie Gayler ausführte; die andere junge Frau entstammte der wohlhabenden und am württembergischen Hof einflussreichen Heilbronner Familie Imlin. Jungfrauen begleiteten im Übrigen häufiger Taufkandidaten, manchmal auch Taufkandidatinnen, in die Kirche. In Fürth fand man etwa gleich 22 Jungfrauen, die die erblindete 19-jährige Hattich in die Kirche geleiteten.[10]

In der Kirche legten die beiden Reutlinger Jungfrauen dem muslimischen Konvertiten ein weißes Tuch über seine Schultern, befestigten eine seidene Binde am Arm und krönten seinen Kopf mit einem grünen Kranz. Weißes Tuch und grüner Kranz lassen sich ebenfalls in vielen Taufen von Muslimen und Musliminnen aus dem Osmanischen Reich oder auch von Afrikanerinnen und Afrikanern nachweisen. Grün war auch der Kranz aus dem Titel dieses Beitrags. Das entsprechende Zitat kommt aus der Taufpredigt des Stuttgarter Hofpredigers Johann Friedrich Hochstetter, die wir uns später noch ein wenig genauer anschauen werden. *In weisser Seide gekleidet/ mit fliegenden Haren/ und umb den Kopf einem Krantz von Perlen und Rosmarin* wurde nach Hochstetter jedenfalls die junge Muslimin Imco von zwei Kavalieren und in Begleitung des gesamten Hofstaates vom oberen Schloss in die Freudentaler Kirche geführt und dort auf einen besonderen Sessel gesetzt.[11]

In Gaylers Zusammenfassung wird schließlich deutlich, dass man für die Taufe ein Podest errichtet hatte, auf das man das Taufbecken stellte. Vermutlich hoffte man, dass so alle Anwesenden die Taufhandlung besser sehen konnten. Darüber hinaus wurden nicht nur sämtliche illustren Taufzeugen und Taufzeuginnen mit Namen genannt. Auch dass der alte Bürgermeister Beger nicht dabei sein konnte, weil er nicht mehr so lange stehen konnte, hielt man fest. Auswärtige Musiker gaben der Feier Glanz; bei Tanz und Musik klang der Tag im Rathaus aus. Deutlich wird: Mit dieser Taufe feierte sich die weltliche und geistliche Obrigkeit der Reichsstadt, wie auch die gesamte protestantische Stadtgesellschaft.

Von dem Täufling wusste Gayler 150 Jahre später jedoch nur noch, dass er circa 15 Jahre alt war und Mehmet hieß. Wo und unter welchen Umständen er in die Hände des Oberstwachtmeisters Otto Hilmer von Haimburg gefallen war, konnte der Reutlinger Stadthistoriker nicht eruieren. Das Taufjahr 1689 legt nahe, dass dieser junge Mann im Zusammenhang mit den Kriegen gegen das Osmanische Reich ins Heilige Römische Reich deutscher Nation verschleppt worden war. Möglicherweise gehörte auch er zu den Gefangenen, die die kaiserliche Armee bei der Eroberung von Ofen, dem heutigen Budapest, im Jahre 1686 gemacht hatten. Aus dieser Schlacht allein sind mehr als 2000 Gefangene nach Deutschland verschleppt worden. Dann wäre Mehmet zum Zeitpunkt seiner Taufe etwa drei Jahre lang in Deutschland gewesen. Dies könnte erklären, warum er schon recht gut Deutsch sprach. Auffällig ist die besonders sprechende Leerstelle bei Gayler, die sich hinter der folgenden Formulierung verbirgt: Otto Hilmer von Haimburg *hatte einen jungen Türken von etwa 15 Jahren hier.* Was genau meinte *einen jungen Türken haben* im 17. Jahrhundert? Dies diskutiere ich im Folgenden exemplarisch anhand einiger Taufpredigten aus dem Umfeld der württembergischen Herzöge.

Einige Geduld mussten die Anwesenden in Freudental aufbringen, die am 17. April 1687 dem Gottesdienst aus Anlass der Kirchweihe ihrer neuen Kirche beiwohnten. Zunächst hielt Hofprediger Johann Friedrich Hochstetter eine Predigt über die Beschreibung von Salomons Tempel im Alten Testament. Darin verglich er den württembergischen Herzog mit dem weisen König Salomo, die nun einzuweihende Kirche mit Gottes *Sitz und heiliger Wohnung.*[12] Anschließend hielt Pfarrer Härlin eine zweite Predigt, mit der er alle Gläubigen zur Buße und Umkehr aufrief. Daraufhin trat Hofprediger Hochstetter noch einmal an den Altar und hielt noch eine Predigt über das Glück im Unglück:

> *Glücklich,* so meinte Hochstetter, seien *im verwichenen Jahr [also wiederum 1686, RD] unterschiedlich viel Personen worden/ welche von Türckischen Eltern geboren/ in dem Türckischen Greuel und Unglauben erzogen und unterrichtet worden/ von dem wahren Drey=einigen GOtt das wenigste gewust/ auch den Weeg zum Leben nicht erkannt haben.*[13]

Daraufhin erläuterte Hochstetter die Alternative, die sich ihm stellte: Habe man doch zu wählen zwischen zeitlichen Gütern oder *himmlischen Gnaden=Schätzen.* Habe man richtig gewählt, würden reißende Wölfe zu gehorsamen Schäflein, giftige Schlangen zu schadlosen Tauben, Kinder des Unglaubens zu Kindern Gottes und Erben des Himmels. Oder kurz gesagt: Nach Hochstetter gebe es die Wahl dazu, *aus verdammten Türcken/ rechtglaubige Christen zu werden.* Die rhetorische Steigerung dieser Aufzählung lässt sich kaum überhören.

Eine dieser Personen, denen sich die Wahl gestellt habe, so Hochstetter weiter, sei die nun zu taufende Muslimin. Auch sie war bei der Schlacht um Ofen gefangen genommen worden. Viele *ihresgleichen* seien gestorben. Sie aber sei *beym Leben erhalten/ und einem der Evangelischen Religion zugethanen Officier zu Theil worden.*[14] Die Formulierung *zu Theil worden* ist als eine verharmlosende und beschönigende Redeweise zu verstehen, mit der die Kontexte von Entführung, Verschleppung und Sklaverei häufiger umschrieben wurden. Hochstetter fährt jedenfalls fort, dass dieser Offizier die Türkin ins Herzogtum Württemberg gebracht habe und sie dort *in unterthänigkeit praesentiret und vor eigen [!] übergeben der Durchl. Fürstin und Frauen/ Frauen Eleonorae Julianae, Herzogin zu Württemberg und Teckh [...].* Imco war der württembergischen Herzogin also geschenkt worden und galt als ihr »Eigentum«.

Die neuere Forschung betont, dass mit dem Status »versklavte Person« sehr vielfältige soziale Realitäten gemeint sein können. Das war in der Antike nicht anders als im Mittelalter, in der Frühen Neuzeit oder heute. Dem Beitrag von Philip Hahn in diesem Band können wir entnehmen, dass die Kontexte von Sklaverei im Pazifik andere waren als auf amerikanischen Plantagen oder auf den Galeerenschiffen im Mittelmeer. Die Forschungen von Rebekka von Mallinckrodt wiederum zeigen, dass es im 18. Jahrhundert vielfältige Debatten unter Juristen im Alten Reich über die Frage gab, wie man den Sklavenstatus rechtlich definieren könne.[15] Denn das Römische Recht war so einfach auf die Verhältnisse im Heiligen Römischen Reich nicht zu übertragen. Insgesamt wird deutlich, dass man im Deutschen die Begriffe »Sklave/ Sklavin«, »Leibeigene/ Leibeigener« oder »jemandes Eigen sein« synonym gebrauchte. Das lässt sich auch manchen gedruckten Taufpredigten entnehmen.

Neben der Herzogin Eleonora Juliana besaß auch Eleonora Charlotte, Herzogin zu Württemberg, Teck und Chastillon, eine »türkische« Sklavin.[16] Mera war mit einem kleinen Kind, das sie auf dem Arm trug, bei der Schlacht um Neuhäusel im August 1685 gefangen genommen und später der Herzogin geschenkt worden. Einige Monate danach gebar sie einen Sohn, der noch vor der Mutter getauft wurde. Zwar scheint Mera in die Taufe ihres Babys eingewilligt zu haben. Dennoch nutzte der zuständige Pfarrer diese Taufe auch dazu, grundsätzlich über die Frage nachzudenken, ob man

Kinder von Sklavinnen gegen den Willen der Mutter taufen dürfe. Unverblümt schrieb Pfarrer Textor:

Falls solche Eltern alß Sclaven/ sich zum Christlichen Glauben durchauß nicht bekehren/ und tauffen lassen wollten/ sey man auch gehalten/ auch <u>wieder ihren Willen ihre Kinder ihnen mit Gewalt zu nehmen und zu tauffen</u>/ indeme daß sie nicht mehr Proprii Juris und ihre eigene Herren/ sondern zu sambt ihrem Kinde/ in unsere Gewalt verfallen währen.

Und mit Blick auf die nun vorzunehmende Taufe des kleinen Jungen:

Gegenwärtiges Kind ist ein heydnisches Kind/ von türckischen Eltern gezeuget und gebohren/ der Vater ist im Streite wieder die Christen geblieben/ die Mutter ist Jure belli an ihrem gefangennehmer verfallen/ von dehme ist sie durch einen andern/ umb ein gewiß Stücke Geld/ alß eine Sclavin rechtmäßig erkauffet worden/ dieser Erkauffer hernach hat selbige an unsere Durchlauchteste Hertzogin verehret und verschencket/ und ist also Ihrer Hoch=Fürstl. Durchlauchtigkeit alß eine Sclavin Erb und Eigen worden […].

Mera war demnach auch im rechtlichen Sinne eine Sklavin am Hofe der Herzogin Eleonora Charlotte. Dieser Sklavenstatus erstreckte sich nach Ansicht des lutherischen Pfarrers auch auf ihr Kind.

Abb. 2: Lorenz von Sandrart, sog. „Miniatur der Familie von Herzogin Johanna Elisabeth von Württemberg", ca. 1730.

Die ältere Forschung hat die Existenz von Afrikanern an den europäischen Höfen als unschöne, aber harmlose, orientalisierende Mode abgetan. Nach dieser Lesart »schmückte« sich die adlige Familie mit zumeist afrikanischen Kindern – ganz so, wie auf dem Gemälde von Lorenz von Sandrart (siehe Abb. 2). Orientalisierende Attribute auf dem Gemälde sind unter anderem die Ananas und die übergroßen weißen Blüten, die das herrschaftliche Weiß der herzoglichen Gesichter aufgreifen. Auch über das schwarze Gesicht des kleinen Jungen rechts unten im Bild wird das »Weiß« der Familie noch einmal hervorgehoben. Während die herrschaftliche Familie steht oder sitzt, ist der Junge in unterwürfiger Bewegung festgehalten. Im Unterschied zur Ananas war er jedoch gerade nicht nur ein orientalisierendes Attribut, mit dem man sich schmückte. Er war ein Kind, das über Verschleppung, Versklavung, Verkauf oder Verschenkung an den württembergischen Hof gekommen war. Nach der Bildunterschrift in der Datenbank des Württembergischen Landesmuseums stellt das Gemälde die Familie der Johanna Elisabeth von Baden-Durlach dar, die seit ihrer Heirat mit Eberhard Ludwig von Württemberg auch Herzogin von Württemberg war. Dass auf diesem Bild auch ein kleiner Junge aus Afrika dargestellt wird, wird dagegen erst in der Bildbeschreibung erwähnt, und zwar in einem Atemzug mit den nicht-menschlichen ›Accessoires‹: »Die Herzogsfamilie ließ sich mit ihren Hunden, einem afrikanischen Pagen, exotischen Pflanzen und einem Papagei vor heimischer Kulisse porträtieren.«[17]

Schließen möchte ich mit der Diskussion eines der bekannteren Fallbeispiele eines Afrikaners am württembergischen Hof. Christian Real, um den es im Folgenden gehen wird, wurde 1668 Hoftrompeter am Stuttgarter Hof. Das macht ihn gewiss besonders. Arne Spohrs Forschungen über schwarze Musiker an deutschen Fürstenhöfen zeigen jedoch, dass Christian Real keine Ausnahme war. Der Musikwissenschaftler und Historiker Arne Spohr hat bislang für die Zeit zwischen 1573 und 1818 zehn schwarze Hoftrompeter, 21 Pauker und circa 100 schwarze Militärmusiker in deutschen Territorien gefunden.[18] Insbesondere die Hoftrompeter und Hofpauker waren oft gut bezahlt und galten in der Regel nicht mehr als Sklaven. Das ändert jedoch nichts daran, dass sie zunächst zumeist von der westafrikanischen Goldküste verschleppt und dann verkauft oder verschenkt worden waren. Auch lässt sich daraus eine Integration in die deutsche Hofgesellschaft nicht unbedingt ableiten.

Auch Christian Reals Geschichte begann in Westafrika. Dort war Joß Kramer, Kaufmann aus Lindau, in den Jahren 1656 und 1657 Vize-Kommandeur der *Schwedischen Afrika-Kompanie*. In den drei Jahren zwischen 1659 und 1662 wiederum wirkte Kramer als Kommandeur der *Dänischen Afrika-Kompanie* im Fort Frederiksborg. Auch hier lässt sich ein Bezug zu Philip Hahns Beitrag in diesem Band erkennen, belegt Joß Kramers Lebensgeschichte doch noch einmal die vielfältigen Beziehungen von Deutschen zu den kolonialen Handelskompanien anderer europäischer Länder im 17. und 18. Jahrhundert. Joß Kramer hatte jedenfalls *vier arme Seelen/ von Mohren/ aus dem Heidenthumb erkaufft/ mit sich heraus in die Christenheit geführt*, wie der Lindauer Pfarrer Jakob Fussenegger in der Vorrede zur Taufpredigt für Christian Real schrieb. Ihn brachte Kramer mit nach Deutschland. Unbekannt ist, was aus den drei anderen Menschen geworden ist, die Kramer gekauft hatte. Von Christian weiß man, dass er als sehr kleines Kind entführt und zunächst an Portugiesen, dann an Niederländer verkauft worden war. Später arbeitete er einige Jahre auf einem Schiff, bevor ihn Kramer auf São Tomé vor der westafrikanischen Küste erwarb und dann nach Deutschland brachte. In Lindau angekommen war der junge Mann aus dem *Königreich Guinea* im Alter von ungefähr 14 Jahren. Kurz nach seiner Ankunft wurde er vom Stadtpfarrer getauft. Zuvor hatte der weitgereiste Kaufmann Kramer Christian Real einem anderen Lindauer Bürger, Valentin Heider, geschenkt, der auch als Taufpate für Christian fungierte und in dessen Haus er nach der Taufe gebracht wurde. Nach der Taufe verließ Kramer Lindau wieder in Richtung Amsterdam. Heider wiederum »übergab« Christian Real dem Herzog Eberhard III. von Württemberg. Damit war der junge Afrikaner im Alter von etwa 14 Jahren neun Mal verkauft und zwei Mal verschenkt worden. Wichtig ist festzuhalten, dass Christian Real auch nach seiner Taufe noch ein weiteres Mal verschenkt worden war. Die Taufe machte also nicht an sich schon frei.

Christian Real lehnte sich auf und versuchte kurz nach seiner Ankunft am württembergischen Hof in Stuttgart zu fliehen. Unter Anwendung von Gewalt wurde er zurück an den Hof gebracht. Einige Jahre später wurde er in die Lehre von Marcell Kerbß gegeben, wo er lernte, Trompete zu spielen. Mit seiner Anstellung als Hoftrompeter im Jahre 1668 verdiente Real gut. Aber schon ein Jahr später, im Jahr

1669, wurde er in Stuttgart nachts auf dem Nachhauseweg überfallen und tödlich verwundet. Monatelang war nicht klar, ob er sich von diesem Überfall wieder erholen würde. Diese Geschichte kann man aus zweierlei Perspektiven erzählen, die beide etwas für sich haben. Monika Firla verweist auf die lange und schließlich erfolgreiche Pflege, die der junge Trompeter aus Afrika erhielt.[19] Arne Spohr betont die offensichtlichen Aversionen gegen den Hoftrompeter in der Stuttgarter Stadtbevölkerung. Den Gerichtsakten lässt sich entnehmen, dass man Real schon vor Verlassen des Hauses gewarnt hatte, er solle abends nicht alleine unterwegs sein. Es war im 17. Jahrhundert zweifelsohne nicht einfach, als Mensch mit dunkler Hautfarbe in Deutschland zu leben. Anschließend verlieren sich die Spuren des Hoftrompeters am Hofe Eberhards III.

Forschungen über die Vorgeschichte des Rassismus haben gezeigt, dass gelehrte Europäer schon vor Kolonialismus und Aufklärung geradezu eine Obsession mit Hautfarbe hatten, die sie als schwarz wahrnahmen. Dies zeigen auch die gedruckten Taufpredigten. In jeder bislang von mir konsultierten sogenannten *Mohrentaufe* diskutierten die Geistlichen die Hautfarbe des oder der zu Taufenden. Sie erläuterten und verwarfen zumeist klimatheoretische Erklärungen für unterschiedliche Hautfarben. Auch die Frage, ob die schwarze Hautfarbe der Bewohner und Bewohnerinnen Afrikas eine Folge des Fluches von Noah gegenüber seinem Sohn Ham oder von Ham gegenüber seinem Sohn Chus oder Cus sei, wurde in den meisten Predigten zurück gewiesen. Dennoch sind die negativen Konnotationen der schwarzen Hautfarbe in den Fragen erkennbar, die die Pfarrer wie beiläufig stellen. Ein immer wiederkehrender Kern ist die mit Jeremia 13,23 aufgeworfene rhetorische Frage: *Kann auch ein Mohr seine Haut wandeln?* Im Alten Testament dient diese Frage dazu, zu betonen, *So könnt ihr auch Gutes tun, die ihr des Bösen gewohnt seid*, dass man sich also nicht mit den eigenen Begrenzungen herausreden solle. Diese im übertragenen Sinn gemeinte Frage legten nun viele lutherische Geistliche im 17. und 18. Jahrhundert wörtlich aus. Caspar von Lilien, Superintendent in Bayreuth, erläuterte etwa:

Kann auch ein Mohr seine Haut wandeln? Fraget gar nachdenklich Jeremias im 13. Capitel seiner Prophezeyungen/ und hält für unmöglich/ daß ein Mohr seine Haut wandeln und ändern könne. Weme ist nicht bekandt/ daß die Mohren nicht weis/ wie sonst andere Menschen/ sondern schwarz sind [...].[20]

Für Täuflinge mit dunkler Hautfarbe kam erschwerend hinzu, dass die Farbe schwarz im Christentum mit Sünde und mit dem Teufel assoziiert wurde.[21] *So wenig dieser More die Kohl=schwarze Haut seines Leibes weiß machen/ so wenig und nicht viel weniger konnte Er die innerliche Finsternüsse und Sünden=Schwärze seiner Seele vertreiben*, erläuterte Pfarrer Konrad Brüsken in Offenbach.[22] Auch wenn solche Aussagen metaphorisch gemeint waren – schwarz als Symbol für Sünde –, fühlten sie sich für die zu Taufenden vermutlich recht konkret an. Sie standen im Altarraum der Gemeinde gegenüber. Alle Augen waren auf sie gerichtet, wenn die Geistlichen über die Farbe Schwarz oder die Hässlichkeit menschlicher Seelen räsonierten. *Die Haut dieses Menschen mag immer schwarz bleiben*, predigte etwa Johann Nicolaus Mayer im kleinen Residenzstädtchen Onolzbach über Saderla, *dessen Farbe sein entferntes Vaterland* erkennen ließe.[23] *Allein das ist gewiß*, erläuterte wiederum ein Pfarrer in Braunschweig, *der anitzt vor uns stehender Türcke ist heßlich unn scheußlich seiner Gebuhrt nach*, nur um fortzufahren: *wie alle Menschen*, um dann noch einmal zu präzisieren: *gantz heßlich und scheußlich sieht er aus da in den Stricken des Satans gefangen gelegen [...]*.[24] Passagen wie diese in Taufpredigten für Menschen aus dem Mittelmeerraum, Westafrika, Surinam oder dem Mogulreich in Indien zeigen, wie sich theologische Metaphern mit konkreter Anschauung anreicherten, über die die im Chorraum stehenden Täuflinge die metaphorische Redeweise zu verkörpern schienen. Indem man die nach Deutschland verschleppten Männer, Frauen oder Kinder in den Mittelpunkt der Aufmerksamkeit stellte, stellte man sie zugleich ins Abseits. Jeffrey Jerome Cohen nennt das die »performability of race«, ein Konzept von *race*, das sich über Körperpraktiken äußerte.[25]

Auch verstanden keineswegs alle Gemeindemitglieder die metaphorische Sprechweise von Jeremia 13 oder kannten das antike Sprichwort, nach dem »einen Mohren weiß waschen zu wollen« meinte, etwas Vergebliches zu tun.[26] Hermann Bordewisch jedenfalls berichtete von einem Mann in Danzig, *der einen Mohren gekauft hatte, in der Meinung, er wäre daher so schwartz, weil sein voriger Herr ihn nicht fleißig gnug reinigen lassen, und ihn also dergestalt zu reiben und zu waschen anbefahl, daß er gantz kranck davon geworden*.[27] Andreas Georg Paumgartner wiederum stimmte dem Mitglied seiner Nürnberger Gemeinde zu, der ein Bild gemalt hatte, auf welchem ein *schwarzer Mohr* in einem Wassertrog zu sehen war, um den herum *viel andere Personen stehen/ mit eingenetzeten Schwammen an ihme reiben und waschen.* Mit Hinweis auf den oben im Gemälde eingefügten Spruch rief der Nürnberger Pfarrer die Gemeinde auf, man solle den *schwartzen Mohren* nicht mit vielen Schwämmen reiben. *Frustra, höret nur auf euer Müh ist übel angelegt und umsonst.*[28]

Gedruckten Taufpredigten für nach Deutschland verschleppte Männer, Frauen und Kinder aus dem Osmanischen Reich oder Westafrika lassen sich also viele Details ihres Lebensweges bis zu ihrer Taufe entnehmen. Sie zeigen, dass auch Sklavinnen und Sklaven im Heiligen Römischen Reich deutscher Nation lebten, und werfen viele weitere Fragen auf, die Historikerinnen und Historiker seit einiger Zeit begonnen haben, anhand weiterer Quellen in Archiven und Museen zu beantworten. Hier bleibt noch viel zu tun. Schwaben war in dieser Hinsicht global wie Hamburg, Bremen oder Danzig und das, obwohl es von allen Meeren Hunderte von Kilometern entfernt liegt.

ENDNOTEN
1 SCHWEIGGER: Reyßbeschreibung; DERS.: Al-Koranum Mahumedanum.
2 MAUÉ: Bildwerke, S. 78–82.
3 VOGEL: Leipzigisches Geschicht=Buch, S. 848.
4 SPIESS: Kriegsgefangene, S. 238–241.
5 SEYBOTH: Drey Heilige Reden.
6 GAYLER: Historische Denkwürdigkeiten, S. 256f.
7 ZEDLER: Universal-Lexicon, Sp. 1369.
8 HELLER: Dorfgenossen, S. 22.
9 DÜRR: Lutheran Ritual, S. 196–227; DIES.: German Home Towns.
10 HAMMER: Türken(taufen), S. 116.
11 HOCHSTETTER/HÄRLIN: Christliche Kirchweyh=Freud, S. 56.
12 DÜRR: Aneignungsprozesse, S. 336.
13 HOCHSTETTER/HÄRLIN: Christliche Kirchweyh=Freud, S. 45.
14 HOCHSTETTER/HÄRLIN: Christliche Kirchweyh=Freud, S. 47.
15 MALLINCKRODT: Slavery, S. 136–161.
16 TEXTOR: Tauff-Sermon.
17 Lorenz von Sandrart, Miniatur der Familie von Herzogin Johanna Elisabeth von Württemberg (1660–1757), um 1730, Pergament/Holz, 24,3 × 30 cm, Landesmuseum Württemberg, Inv.-Nr. KK grau 134; vgl. die Objektbeschreibung bei https://bawue.museum-digital.de/object/13867 [zuletzt besucht am 12.02.2024].
18 SPOHR: »Mohr und Trompeter«, S. 615.
19 FIRLA/FORKL: Afrikaner und Africana, S. 158.
20 LILIEN: Christ-glaubige Mohren-Land, S. 9.
21 LOWE: Stereotyping, S. 20.

22 BRÜSKEN: Bekehrung der Heyden, S. 58f.
23 MAYER: Vorsorge Jesu, S. 19–21.
24 PFEIFFER: Tauff=Rede, S. 42f.
25 COHEN: Race, S. 112.
26 KORHONEN: Ethiopian, S. 94–112.
27 BORDEWISCH: Michael Gottlieb, S. 12.
28 PAUMGARTNER: Mohren=Tauff.

QUELLEN- UND LITERATURVERZEICHNIS

QUELLEN

BORDEWISCH, Hermann: Tauf=Rede bey der Tauffe eines Mohren der Michael Gottlieb genennet worden und nach der Tauffe den Zunahmen Muley bekommen […], Danzig 1741.

BRÜSKEN, Konrad: […] Zum Theil erfüllete/ und noch zu erfüllen bevorstehende Bekehrung der Heyden, […] In seiner Predigt über Apost. Gesch. VIII: 36, 37, 38 erkläarete Mohren=Tauffe/ Samt einer außführlichen Erzehlung der am selbigen Tage zu Offenbach vorgefallenen und verrichteten/ ins gemein so genanten Türcken=Tauffe […], Offenbach 1694.

GAYLER, Christoph Friedrich: Historische Denkwürdigkeiten der ehemaligen freien Reichsstadt […], Reutlingen 1845.

HOCHSTETTER, Johann Friedrich/HÄRLIN, Georg Christian: Christliche Kirchweyh=Freud […], Stuttgart [1687].

LILIEN, Caspar von: Das Christ-glaubige Mohren-Land/Bey Angestelter Tauffe Einer Möhrin […], Bayreuth [1668].

MAYER, Johann Nicolaus: Die treue Vorsorge Jesu für alle Selen, wurde bey der Tauffe eines Mohren, dem die Namen Carl Friedrich Anspach beygeleget worden […] vorgestellt, Onolzbach 1755.

PAUMGARTNER, Andreas Georg: Mohren=Tauff, so geschehen in Nürnberg am Tage Bartholoaei den 24. Augusti 1681, Nürnberg 1681 (keine Seitenzahlen).

PFEIFFER, Georg Heinrich: Die im Alter an Jesum Christum gepflogene Wollust Eines Alten Türcken In einer Tauff=Rede […] erwogen […], [Braunschweig] 1694.

SCHWEIGGER, Salomon: Al-Koranum Mahumedanum […], Nürnberg 1656.

DERS.: Eine neue Reyßbeschreibung auß Teutschland Nach Constantinopel und Jerusalem, Nürnberg 1608.

SEYBOTH, Andreas: Drey Heilige Reden bey der […] 1756. Christ-Jahrs geschehenen Tauf-Handlung einer gebornen Türckin […], Windsheim 1756.

TEXTOR, Benjamin: Tauff-Sermon, Bey der Tauffe eines Heidnisches Kindes / Welches Gottlieb genennet/und von einer Türckischen Sclavin der […] Frauen Eleonoren Charlotten, Gebohrnen und Vermähleten Hertzogin zu Würtenberg Teck und Chastillon […] Verehret worden […], Öls 1686 (ohne Seitenzahlen).

VOGEL, Johann Jakob: Leipzigisches Geschicht=Buch Oder Annales […], Leipzig 1714.

ZEDLER, Johann Heinrich (Hg.): Grosses vollständiges Universallexicon aller Wissenschaften und Künste, Supplement Bd. 1, Leipzig 1751.

LITERATUR

Cohen, Jeffrey Jerome: Race, in: Marion Turner (Hg.): A Handbook of Middle English Studies (Wiley-Blackwell Critical Theory Handbooks), Chichester 2013, S. 109–122.

Dürr, Renate: Aneignungsprozesse in der lutherischen Kirchweihe (16.–18. Jahrhundert), in: Irene Dingel/Ute Lotz-Heumann (Hgg.): Entfaltung und zeitgenössische Wirkung der Reformation im europäischen Kontext, Güstersloh 2015, S. 318–344.

Dürr, Renate: Inventing a Lutheran Ritual. Baptisms of Muslims and Africans in Early Modern Germany, in: Ulinka Rublack (Hg.): Protestant Empires. Globalizing the Reformations, Cambridge 2020, S. 196–227.

Dürr, Renate: Bringing the World to German Home Towns? Lutheran Baptisms in the Context of Abduction and Slavery, in: Christina Brauner u. a. (Hgg.): Encountering the Global in Early Modern Germany, Oxford/New York 2024 [im Druck].

Firla, Monika/Forkl, Hermann: Afrikaner und Africana am württembergischen Herzogshof im 17. Jahrhundert, in: Tribus 44 (1995), S. 149–193.

Hammer, Andreas: Türken(taufen) in Stadt und Landkreis Fürth, in: Fürther Geschichtsblätter 64, Heft 4 (2014), S. 111–122.

Heller, Hartmut: Um 1700. Seltsame Dorfgenossen aus der Türkei. Minderheitenbeobachtungen in Franken, Kurbayern und Schwaben, in: Hermann Heidrich u. a. (Hgg.): Fremde auf dem Land (Schriften Süddeutscher Freilichtmuseen, Bd. 1), Bad Windsheim 2000, S. 13–44.

Korhonen, Anu: Washing the Ethiopian white. Conceptualising black skin in Renaissance England, in: T.F. Earle/Kate Lowe (Hgg.): Black Africans in Renaissance Europe, Cambridge 2005, S. 94–112.

Lowe, Kate: The Stereotyping of Black Africans in Renaissance Europe, in: T.F. Earle/Kate Lowe (Hgg.): Black Africans in Renaissance Europe, Cambridge 2005, S. 17–47.

Mallinckrodt, Rebekka von: Slavery and the Law in Eighteenth-Century Germany, in: Rebekka von Mallinckrodt/Josef Köstlbauer/Sarah Lentz (Hgg.): Beyond Exceptionalism. Traces of Slavery and the Slave Trade in Early Modern Germany, 1650–1850, Berlin/Boston 2021, S. 136–161.

Maué, Claudia: Die Bildwerke des 17. und 18. Jahrhunderts im Germanischen Nationalmuseum, Teil 1: Franken, Mainz 1997.

Objektbeschreibung, Lorenz von Sandrart, Miniatur der Familie von Herzogin Johanna Elisabeth von Württemberg (1660–1757), um 1730, Pergament/Holz, 24,3 × 30 cm, Landesmuseum Württemberg, Inv.-Nr. KK grau 134, URL: https://bawue.museum-digital.de/object/13867 [zuletzt besucht am 18.02.2024].

Spiess, Otto: Eine Liste türkischer Kriegsgefangener in Deutschland aus dem Jahre 1700, in: Islam 39 (1964), S. 233–241.

Spohr, Arne: »Mohr und Trompeter«. Blackness and Social Status in Early Modern Germany, in: Journal of the American Musicological Society 72 (2019), S. 613–663.

Südindien in Schwaben.
Verflechtung und Emotion im pietistischen Missionsnetzwerk: Menschen, Medien, Objekte

Ulrike Gleixner

Dieser Beitrag untersucht die indische Missionsgeschichte in Schwaben[1] als Verflechtungs- und Emotionsgeschichte. Das lutherische Württemberg war unter den deutschsprachigen Territorien des 18. und 19. Jahrhunderts führend in der Förderung der außereuropäischen Mission. Der Grund dafür war nicht zuletzt die pietistische Frömmigkeit, die in der württembergischen Landeskirche eine wichtige Leitlinie der Kirchenpolitik darstellte, denn erst über den Pietismus kam die Forderung nach einer weltweiten Mission in den Protestantismus. Im Folgenden sollen die vielfältigen Verflechtungen Schwabens mit den indischen Missionsgebieten am Beispiel zweier lutherisch-pietistischer Missionsnetzwerke aufgezeigt werden. Zunächst werde ich in meine verflechtungs- und emotionsgeschichtlichen Herangehensweisen einführen und diese dann für die Aktivitäten der Missionsnetzwerke der Dänisch-Halleschen Mission des 18. und der Basler Mission des 19. Jahrhunderts konkretisieren. Im Fokus stehen die Unterstützernetzwerke und die Missionsorganisation; die Konversionsaktivitäten im engeren Sinn werden nicht behandelt. Im daran anschließenden Teil möchte ich die Verflechtung der europäischen und indischen Regionen über Objektgeschichten aufzeigen. Dabei geht es um Dinge, die über die Mission nach Schwaben gekommen sind und die sich heute in Bibliotheken, Archiven und Museen der Region befinden.

Die christlich-missionarische Präsenz außerhalb Europas wurde durch den europäischen Kolonialismus gerahmt. Das belegen schon der Transfer von Personen, Gütern und Geld über koloniale Handelsgesellschaften sowie die Akzeptanz kolonialer Herrschaft vor Ort inklusive des Systems der Sklaverei.[2] Insofern müssen die Praktiken der Mission im Kontext kolonialer Kulturausprägungen verstanden werden. Auch wenn die Beziehung zwischen Missionierenden und Kolonialbeamten vor Ort oft spannungsvoll blieb, war die christliche Mission auf das Engste mit der kolonialen Expansion Europas verbunden.[3] Der universalistische Anspruch des christlichen Europas, eine Konversion von Nicht-Christen im Zuge der Expansion herbeizuführen, sowie die damit verbundenen Praktiken lassen sich als religiös-emotionale und zugleich koloniale Eroberungskampagne auf den Begriff bringen.

1. Christliche Mission als Verflechtungs- und Emotionsgeschichte

Der Denkansatz der Verflechtung gehört methodisch zu den globalgeschichtlichen Zugängen.[4] Verflechtungsgeschichte fragt nach Verbindungen zwischen Räumen, unabhängig davon, ob sie benachbart oder durch Ozeane getrennt sind.[5] Ein diese Fragerichtung begründender Aufsatz von Michael Werner und Bénédicte Zimmermann verweist darauf, dass sich Regionen mit ihren Menschen durch Begegnungsdynamiken verändern und die dabei einfließenden Elemente ihrerseits wiederum transformiert werden. Dabei verlaufen räumliche Verflechtungsprozesse nicht gleichberechtigt, sondern diese bleiben stets von Machtstrukturen geprägt. Für unseren Fall können wir festhalten, dass mittels kolonialen und missionarischen Handelns ein Transfer von Menschen, Ideen, Waren und Geld von Europa nach Indien erfolgte und umgekehrt eine Rückkoppelung nach Europa stattfand.[6] Kulturen mit ihren Akteurinnen und Akteuren sind weder monolithisch noch unveränderlich, sondern die Handelnden entwickeln sich beständig durch interkulturellen Austausch. Kulturelle Räume sind nicht statisch, sondern vielfältig, flexibel, wandelbar und ihre Beschreibung ändert sich nach der Position des Betrachtenden.[7] Die Kontaktzonen der Mission waren soziale Räume, in denen Akteurinnen und Akteure unterschiedlicher Kulturen aufeinandertrafen, miteinander kämpften und rangen, durchaus in asymmetrischen Beziehungen von Dominanz und Unterordnung.[8] Frederick Cooper und Ann Laura Stoler betonen, dass die Verflechtung von europäischer Metropole und Kolonie häufig mit der Herstellung von bewertenden Kategorien wie Klasse, ethnischer und geschlechtlicher Zugehörigkeit zusammenfällt. In vielen Fällen konnte die Wahrnehmung von Unterschieden im Zuge der Interaktionen bedeutsamer werden. Für deutsche Territorien wurde eine Verflechtungsgeschichte mit missionarischen Räumen insbesondere für das 19. Jahrhundert in verschiedenen Sammelbänden erprobt.[9] Dabei stehen die Verflechtungen zwischen global vernetzten Akteuren, Institutionen, Objekten und Wissensbeständen im Vordergrund.

Die christliche Missionsbewegung basierte maßgeblich auf dem Ziel, den Evangelisierten christliches Fühlen zu vermitteln und zwischen europäischem Zentrum und kolonialer Peripherie eine Emotionsgemeinschaft herzustellen. Für die Verflechtung europäischer Konversionsaktivitäten mit außereuropäischen Räumen war nicht nur die Anzahl der Neugetauften zentral, sondern die Breite der Berichterstattung aus den Missionsfeldern formte zugleich ein emotional beteiligtes europäisches Publikum. Publizierte missionarische Schriften wie persönliche Briefe stellten einen multidimensionalen Fluss von Emotionen dar, in dem Gefühle und soziale Kontrolle transportiert wurden, geprägt von bewertenden Vorstellungen über Klasse, Rasse und Geschlecht.[10]

Der von Barbara Rosenwein entwickelte Ansatz der *emotional communities* ist für diesen Zusammenhang fruchtbringend. Emotionen sind keineswegs statisch, sondern werden durch die Gesellschaft, in die sie eingebettet sind, permanent geformt. Emotionale Gemeinschaften können auch räumlich dezentral entstehen und allein über gemeinsame Medien verbunden sein.[11] Im Anschluss daran sprechen Jane Haggis und Margaret Allen für die Mission von *affective communities*. Um Missionsprojekte auch über erhebliche Distanzen hinweg zu solchen »affektiven Gemeinschaften« zu formen, spielten Medien und mediale Strategien eine wesentliche Rolle. Eine durch Emotionen gekennzeichnete Sprache evozierte aus lutherischer Perspektive die Aufnahme in die emotionale Gemeinschaft des warmherzigen Christentums durch die Konversion.

Europäisches Zentrum und koloniale Peripherie wurden durch Emotionen verbunden, die auf rassischer, geschlechtlicher und sozialer wie auf religiös-kultureller Differenzwahrnehmung beruhten.[12] In Briefen und Drucken entfalteten missionarische Metaphorik und Sprache die Grundlage für das Schmieden affektiver Gemeinschaften. Missionarisches Schreiben diente nicht allein der Erbauung und Information der Leserschaft in den Missionsgebieten, sondern die Berichte mussten auch die Gruppe der Unterstützenden zufriedenstellen, um die notwendige finanzielle Förderung der Missionsarbeit zu sichern.[13]

Monique Scheer kann mit ihrem Praxisansatz der Erforschung emotionaler Missionsgemeinschaft noch einen weiteren Aspekt hinzufügen: Sie geht davon aus, dass Gefühle nicht einfach abgerufen, sondern praktiziert werden, und spricht von *doing emotions*. Durch das Mobilisieren, Benennen, Kommunizieren sowie Regulieren werden Emotionen persönlich erfahrbar und explizit.[14] Sowohl die *Halleschen Berichte* des 18. wie auch der *Evangelische Heidenbote* des 19. Jahrhunderts suchten mit ihren Berichten aus der Mission eine emotionale Gemeinschaft zwischen Zentrum und Peripherie herzustellen. Beide Zeitschriften stellten die missionarischen Unternehmungen als Erfolg dar. Die Hoffnung auf eine notwendige Ausbreitung des »Reiches Gottes« unter den Nicht-Christen wurde genährt durch dramaturgisch durchkomponierte Berichte aus den Missionsfeldern. In der Kommunikation mit dem lesenden Publikum wurden die beschriebenen Emotionen für die Leserschaft persönlich erfahrbar.

Ziel der Missionierenden in den Missionsfeldern war es, die emotionale Welt derjenigen, die sie zu bekehren suchten, zu ändern und eine affektive christliche Gottesbeziehung zu etablieren. Was die Mission ausmachte, war der Zugriff auf die Herzen der Nicht-Christen. Predigt, Gebete, Übersetzungen, Rituale, Kunst und Architektur sowie Bildungsangebote zielten auf die Manipulation der spirituellen emotionalen Formen der zu Bekehrenden. Durch das pädagogische Prinzip der Wiederholung sollte das richtige Fühlen erlernt werden.[15] Die erwünschten spirituellen Zustände mussten als Herzensbewegung ausgedrückt werden – und so waren Tränen für Missionare nicht selten ein Indikator für den erwünschten »echten« spirituellen Zustand der Seele. Emotionen wurden für die katholische wie protestantische Mission ein wichtiger Teil eines umfassenderen Sozialisationsprozesses.[16] Mit seinem Konzept der *emotives* bietet William Reddy einen interessanten Forschungsansatz, der es ermöglicht, sich den persönlichen Emotionspraktiken der Missionare vor Ort zu nähern. *Emotives* versteht er als emotionale Selbstaussagen, Handlungen und Sprechakte. Diese führen einen Wandel für das sprechende Subjekt herbei: Äußerungen von Abscheu oder Hochachtung, Loyalität oder Misstrauen intensivieren die eigenen emotionalen Effekte. Im autobiographischen Schreiben der Missionare, sei es im Brief oder Tagebuch, ermöglicht die performative Kraft der emotionalen Selbstäußerung, sich innerhalb der missionarischen Situation sozial zu verorten wie auch sich gegenüber Nicht-Christen zu distanzieren.[17]

2. Zwei lutherisch-pietistische Missionsnetzwerke in Schwaben

Während katholische Missionsorden seit dem 16. Jahrhundert, zeitgleich mit der europäischen Expansion, ihre Konversionsbemühungen in außereuropäischen Räumen aufnahmen, blieb der Protestantismus zunächst auf Europa beschränkt. Erst zu Beginn des 18. Jahrhunderts führte der christliche Universalismus in pietistischen Kreisen zur nachhaltigen Etablierung von globaler Missions-

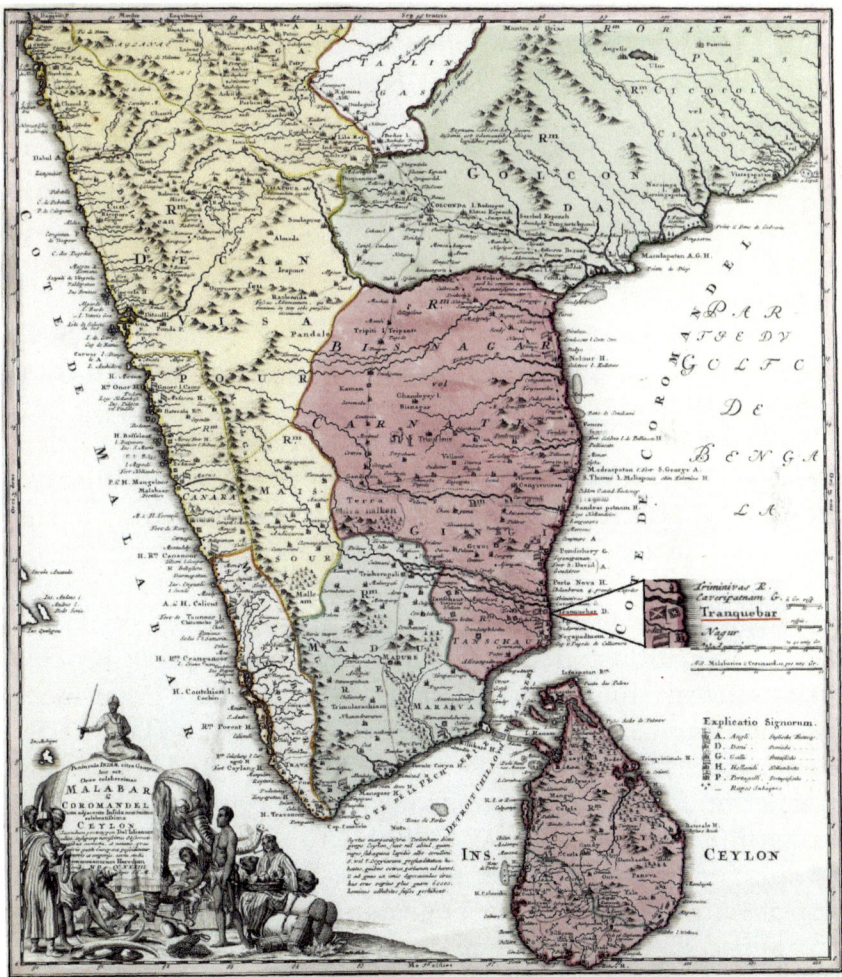

Abb. 1: Karte von Südindien, erste lutherische Mission in der Hafenstadt Tranquebar, Peninsula Indiae 1733.

arbeit. Angetrieben von der motivierenden Zukunftsvorstellung eines pietistisch-lutherischen Weltreiches wurden neben Möglichkeiten der inneren Mission, verstanden als intensivierte Konfessionalisierung innerhalb des eigenen Territoriums, nun auch solche zur äußeren Mission gesucht.

2.1 Das Dänisch-Hallesche Missionsnetzwerk im 18. Jahrhundert

In der dänischen Handelskolonie Tranquebar – heute Tharangambadi, eine Hafenstadt im indischen Bundesstaat Tamil Nadu an der südostindischen Küste – wurde 1706 die erste dauerhafte protestantische Mission begründet.[18] Initiiert wurde das Missionsunternehmen vom pietistisch geprägten dänischen König Friedrich IV., der auch das Gehalt der Missionare zahlte, in enger Zusammenarbeit mit dem *Halleschen Waisenhaus*.[19] Unterstützend hinzu kam noch die Londoner Missionsgesellschaft *Society for Promoting Christian Knowledge* (SPCK, 1698 gegründet), die bis zu diesem Zeitpunkt nur in der inneren Mission in England gewirkt hatte. Die SPCK unterstützte das Unternehmen ökonomisch, ermöglichte den Transfer der Missionare über englische Häfen und begründete ab Ende der 1720er Jahre eigene Missionsstationen (zum Beispiel Madras/ heute Chennai).[20] Ein zentraler Brückenkopf der Missionsorganisation war das *Hallesche Waisenhaus* und sein Direktor August Hermann Francke (1663–1727), zugleich Theologieprofessor an der Universität Halle. Die meisten Missionare hatten in Halle studiert und wurden hier als mögliche Kandidaten ausgesucht.

In Halle wurde zudem ab 1710 das Journal *Hallesche Berichte*[21] herausgegeben, die erste Missionszeitschrift des Protestantismus. Hierüber kam neues Wissen über Südindien nach Europa. Die Zeitschrift erschien in der Regel zwei Mal pro Jahr und begann stets mit einer umfangreichen Vorrede des Herausgebers. Im Hauptteil wurden Briefe der Missionsorganisatoren, von bekehrten Indern und Missionaren aus Indien sowie Auszüge aus Arbeitstagebüchern abgedruckt. Dazu kamen Berichte über Lebensgewohnheiten der tamilischen Bevölkerung und zur Tier- und Pflanzenwelt Südostindiens. Unter den Empfängern fanden sich Freunde und Verwandte ebenso wie Spenderinnen und Spender, Gelehrte und Mitglieder des dänischen Königshauses. Der Abdruck missionarischer

Arbeitstagebücher wurde in einem Serienschema organisiert: Jede neue Folge bot die mit Spannung erwartete Fortsetzung. Dazu kamen Statistiken, Skizzen, Landkarten, Lebensläufe verstorbener Missionsmitarbeiter und erbauliche Texte für den Missionsgebrauch. Neben Hunderten von Privatpersonen bezogen vermutlich alle protestantischen Grafen-, Fürsten-, Herzogs- und Königshöfe sowie größere Schul- und Universitätsbibliotheken im deutschsprachigen Raum und darüber hinaus diese pietistische Missionszeitschrift. Nach dem Tod des alten Francke 1727 gelang es seinem im Amt nachfolgenden Sohn Gotthilf August Francke (1696–1769), der schon von Beginn an als Herausgeber der *Halleschen Berichte* fungiert hatte, durch unermüdliche briefliche Kommunikationsarbeit, ein riesiges und wachsendes Missionsnetzwerk im deutschsprachigen Raum aufzubauen. Mit jeder neuen Folge des Missionsjournals schrieb er aktive und potentielle Spenderinnen und Spender an, übersandte die neue Folge und bat brieflich um Unterstützung des Missionsprojektes. Viele Abonnentinnen und Abonnenten – oft hochgestellte Personen wie Adelige, Geistliche und Theologen, Staatsbeamte, Kaufleute, Lehrer und Universitätsprofessoren, darunter viele Ehefrauen und Witwen dieser Gruppe – sandten zusammen mit ihren Antwortschreiben regelmäßig höhere Spendensummen nach Halle.

Für das Hallesche Missionsnetz in Süddeutschland bildeten bestimmte ranghohe Personen in Württemberg wichtige Knotenpunkte. Über sie wurden Nachrichten aus Halle und vor allem die Zeitschrift selbst weiter verteilt. Der Theologe Samuel Urlsperger (1685–1772) in Augsburg nahm als Verteiler eine zentrale Position in dem Netzwerk ein. Studiert hatte er in Tübingen, Jena, Leipzig und Halle, im Anschluss ging er für knapp drei Jahre nach London als Gehilfe des mit Halle eng verbundenen Hofpredigers Anton Wilhelm Böhme (1673–1722) an die Hofkapelle St. James und die Savoykirche. In London wurde er auch Mitglied der SPCK. Zurück in Württemberg übernahm er 1713 ein Pfarramt in Stetten, wurde dann schon 1714 als Hofdiakon an den Stuttgarter Hof berufen und stieg 1715 zum Hofprediger auf. Nach nur drei Jahren wurde er jedoch wegen einer kritischen Bußpredigt hinsichtlich der Lebensführung des Herzogs Eberhard Ludwig nicht nur abgesetzt und festgesetzt, sondern auch aus dem Kirchendienst entlassen. 1720 durfte er dann eine Stelle als Superintendent und Stadtpfarrer in Herrenberg annehmen. Jedoch verließ er das Herzogtum 1723 und übernahm in der Reichsstadt Augsburg als Senior an der Kirche St. Anna das leitende Predigeramt für mehr als 40 Jahre. Er blieb die wichtigste Verbindungsfigur zwischen dem *Halleschen Waisenhaus* und Württemberg. Urlsperger bekam von jeder neuen Folge der *Halleschen Berichte* 287 Hefte nach Augsburg gesandt, die er an Abonnentinnen und Abonnenten in der Stadt weiterverteilte.[22] In den protestantischen Territorien gab es ein enges Netz von unterstützenden Gruppen der Mission. Aktivistinnen und Aktivisten sammelten Spenden, warben neue Abonnenten, verteilten Hefte und nahmen aktiv am Missionsgeschehen teil. In Schwaben gehörte zu diesem Kreis Magdalena Sybilla Rieger (1707–1786), pietistische Dichterin, verheiratet mit Emanuel Rieger, Regierungsrat und Amtsvogt in Blaubeuren. Sie bekam aus Halle 39 adressierte Hefte zur Weiterverteilung an Personen in ihrem Umkreis zugesandt. Ihr Vater, der Konsistorialrat und Generalsuperintendent Philipp Heinrich Weissensee, erhielt für Stuttgart und Denkendorf 84 Hefte. Georg Zell, der in Halle studiert hatte und nun Pfarrer in Biberach und Ebersdorf war, empfing 37 Hefte zur Weiterleitung. Andere württembergische Geistliche, Professoren und Kaufleute bezogen ihre Hefte direkt aus Halle. Auch der Hof war einbezogen, sowohl der Hofkaplan Carl Heinrich Rieger, Neffe von Emanuel Rieger, als auch die Herzogin von Württemberg bezogen die *Halleschen Berichte*. Alle genannten Personen spendeten auch selbst regelmäßig für die Mission. Sie tauschten nicht nur hoffnungsvolle emotionale Briefe aus, sondern organisierten, finanzierten und bewarben die Indienmission auch aktiv. In Augsburg ließ Samuel Urlsperger seit 1715 regelmäßig Kollekten für die Mission abhalten. Von vielen lutherischen Kanzeln in Württemberg wurde über die Mission berichtet und in den Gemeinden Kollekten durchgeführt. Über Predigten pietistischer Pfarrer gelangte die Südindien-Mission bis in jede Dorfkirche.[23] Auf diese Weise wandelte sich das Missionsgeschehen von einem Ereignis der sinnlichen Erfahrung in Indien zu einem emotionalen Geschehen in Württemberg und anderen deutschen Territorien.[24]

In der Dänisch-Halleschen Mission waren auch Missionare aus Schwaben aktiv. Johann Jakob Schöllkopf, 1748 in Kirchheim/Teck geboren, absolvierte trotz bescheidenen Herkommens aus einem Bäckerhaushalt ein Theologiestudium in Tübingen, unterstützt durch Stipendien und seine Aufnahme in das Tübinger Stift. Offenbar wurde er durch befreundete Kommilitonen für die Hallesche

Mission angeworben und las die *Halleschen Berichte*. Darüber hinaus hatte er auch Kontakt mit dem Missionsprojekt durch seinen akademischen Lehrer Jeremias Friedrich Reuß (1700–1777), der als vormaliger Hofprediger beim dänischen König in Kopenhagen die universalistische Missionsperspektive an den theologischen Nachwuchs an der Universität Tübingen weitergab.[25] Nachdem der junge schwäbische Pfarranwärter Schöllkopf aus dem Dienst als Vikar in Gaisberg für den Missionsdienst entlassen wurde, erfolgte 1776 seine Ordination als Missionar der dänischen Krone. Noch vor seiner Abreise nach Indien verfasste Schöllkopf während seines vorbereitenden Aufenthaltes in Halle eine Aufstellung mit potentiellen württembergischen Kandidaten für die Mission. Er zählte 30 pietistische Vikare aus Württemberg auf, die noch keine feste Stelle angetreten hatten, und verzeichnete biographische Informationen und besondere Eignungen, zu denen auch der Gesundheitszustand gehörte. Über den Magister Thurn referierte er, dass dieser schon vierzig, gesundheitlich nicht so stark, aber ein sehr guter Predigthalter und brillant im Katechisieren sei. Über den Magister Weiss, Vikar in Schlaitdorf, schrieb er, dass dieser zwar über sehr mittelmäßige Gaben verfüge, sich aber durch Fleiß in den Klosterschulen und auf der Universität gut entwickelt habe. Er sei sehr eifrig in der Gemeindearbeit, habe während des Studiums seine Familie durch seine Lehrtätigkeit mitfinanziert und seine Brüder ein Jahr unterrichtet. Er arbeite Tag und Nacht und sei ein »*Mensch, dem sein letzter Blutstropfen nicht zu theuer zu sein scheint, wenn etwas dadurch zur Förderung des Reiches Jesu Christi beygetragen werden kann*«.[26] Geeignet sei auch sein ehemaliger Mitstudent Puchner, der sich durch musisches Talent und ausgezeichnetes Klavierspiel sehr für die Mission eigne. Es sei aber leider zu vermuten, dass Puchners Eltern nicht in eine Berufung zum Missionar einwilligen würden.[27] Der Schwabe Schöllkopf kam im Zentrum der Missionsorganisation der Aufgabe, geeigneten Nachwuchs für die Mission zu benennen, offenkundig mit Enthusiasmus nach. Halle war immer auf der Suche nach passenden pietistischen Kandidaten, auch wenn diese nicht in Halle studiert hatten, und da war das pietistische Schwaben die erste Adresse.[28]

Während seiner fünfmonatigen Seereise, die von Mitte Januar bis Mitte Juni 1777 dauerte und mit einem Schiff der Englischen Ostindien-Kompanie von London nach Madras erfolgte, verfasste Schöllkopf ein Reisetagebuch.[29] Aus seinem *Diarium* erfahren wir, dass er auf der Überfahrt mit einem Schiff unter englischer Flagge Aufgaben eines Gemeindegeistlichen wahrnahm, allerdings nach dem Ritus der Anglikanischen Kirche mit Lesungen aus dem englischen Gottesdienstbuch *Book of Common Prayer*. Bald nach der Überfahrt und Ankunft erkrankte er und starb 1777 mit nur 29 Jahren.

Festhalten lässt sich, dass sich über die Missionszeitschrift *Hallesche Berichte* eine emotionale Gemeinschaft zwischen der im ganzen Reich verteilten Leserschaft, den Missionsorganisatoren und den Missionaren in Südindien etablierte. Diese affektive Verbindung führte auch dazu, dass sich das pietistische Missionsprojekt in frommen Kreisen überregional gut vernetzte. Auch in Württemberg nahm man nicht nur emotionalen Anteil an dem Halleschen Heilsunternehmen, sondern war auch eigenständig in den Unterstützergruppen aktiv.

Abb. 2: Karte von Südindien mit Basler Missionsgebieten ab 1834.

2.2 Das Basler Missionsnetzwerk im 19. Jahrhundert

Dieses Missionsvorhaben entstand im Umfeld der Handelsstadt Basel und des süddeutschen Pietismus weit mehr als einhundert Jahre nach dem Dänisch-Halleschen Unternehmen.[30] 1815 wurde die *Evangelische Missionsgesellschaft Basel*, kurz: Basler Mission, als Tochtergesellschaft der *Deutschen Christentumsgesellschaft* (1770) von Christian Friedrich Spittler und Nikolaus von Brunn gegründet. Ab 1816 wurden in Basel Seminaristen aufgenommen und diese zunächst zur Unterstützung englischer und niederländischer Missionsgesellschaften ausgesandt. Erst eine Dekade später begründete die Basler Mission eigene Missionsstationen, so etwa in Ghana 1826 und dann 1834 auch in Indien. Man wollte die Arbeit der Dänisch-Halleschen Mission in Südindien fortsetzen. Die Basler Mission profitierte von den internationalen Kontakten der Basler Handelsleute. Während sich das heimische Missions-Komitee aus dem frommen Basler Patriziat zusammensetzte, kamen die Missionare zumeist aus dem Handwerker- und Bauernstand. Die Ausbildung im Seminar bedeutete für viele Anwärter einen sozialen Aufstieg.[31]

Württembergische Pietisten stellten bis ins 20. Jahrhundert mehr als die Hälfte der Mitarbeitenden in Übersee, zu denen ab dem 20. Jahrhundert auch Frauen gehörten. Bis zum Zweiten Weltkrieg kamen alle Direktoren aus Württemberg. Erste eigene Missionsfelder entstanden in den südindischen Staaten Karnataka an der Malabarküste und in Kerala. Auch die Basler Mission begründete 1828 ein Missionsjournal, den *Evangelischen Heidenboten*.[32] Diese Zeitschrift war den mehr als einhundert Jahre früher begründeten *Halleschen Berichten* nicht unähnlich. Jeder Jahrgang begann und schloss mit einem Essay des Herausgebers, Briefausschnitte und Berichte der Missionare wurden zum Teil durch Kommentare eingeleitet oder abgeschlossen.[33] Damit wurde auch in diesem Netzwerk eine emotionale Gemeinschaft über weite Räume hinweg begründet. Über die Lektüre der Zeitschrift lernte man auch Missionspaare und ihre Arbeit kennen. Ein bekanntes Missionarsehepaar in Südwestindien im Bundesstaat Kerala wurden Hermann und Julie Gundert: Er schrieb eine Grammatik der südindischen Sprache Malayalam und verfasste geschichtliche und geografische Werke über die Malabar-Region; sie arbeitete als Missionarin. Die in Indien geborene Tochter, Marie Gundert, wurde die Mutter von Hermann Hesse.

Die Basler Mission begann ihre Arbeit in Südindien erst 128 Jahre nach der Dänisch-Halleschen Mission. Ihre Missionare kamen zumeist aus dem ländlichen Handwerker- und Bauernmilieu, während die Halleschen Missionare eine akademische Ausbildung erhalten hatten und als Pfarrer ordiniert wurden. Letztlich blieb die Zahl der Konversionen für beide Missionen gering, insbesondere im Hinblick auf den geleisteten organisatorischen Aufwand, die eingesetzten Ressourcen, die Höhe der Spendengelder und das mediale Echo in Europa. Regelmäßige Berichte aus Indien für die europäischen Missionsorganisatoren sowie Briefe und Arbeitstagebücher gehörten für die Missionare des 18. wie des 19. Jahrhunderts zum Pflichtkanon. Beide Missionen unterhielten Zeitschriften für die europäischen Unterstützerkreise, um Spenden zu sammeln und eine emotionale Missionsgemeinschaft zu begründen.

3. Missionarische Bildpolitik

Der von Johann Jacob Kleinschmidt nach einem Entwurf von Johann Elias Ridinger ausgeführte Stich (Abb. 3), von dem einige Varianten existieren, entstand anlässlich der Zweihundertjahrfeier der Einführung der Reformation in Augsburg 1530/1730. Bemerkenswert ist zunächst, dass die lutherische Mission wichtig genug war, um bei dieser Reformationsjubelfeier zum zentralen Thema gemacht zu werden. Als pietistischer Missionsaktivist hatte Samuel Urlsperger in der bi-konfessionellen Reichsstadt Augsburg dafür Sorge getragen, die Reformation mit der lutherischen Mission zu verknüpfen. In Augsburg war die konfessionelle Konkurrenz auch ein missionarischer Wettbewerb, der in globalen Räumen ausgetragen und in Augsburg medial verhandelt wurde. Denn Augsburg war zugleich eine Hochburg für Druckwerke der jesuitischen Mission. Die ersten drei Bände der jesuitischen Missionszeitschrift *Neuer Welt-Bott* wurden hier gedruckt.

Die durchaus komplexe Bildkomposition zeigt einen Kirchenaltar mit einem dahinter hochragenden Rahmen mit floralem Schmuck und Vignetten, die die Erfolge der lutherischen Mission illustrieren. Im Rahmenbild ist ein predigender Hallescher Missionar zu sehen, umringt von einer Menge von scheinbar hingebungsvoll lauschenden Indern unterschiedlicher sozialer und religiöser Zugehörigkeit. Im Hintergrund dieser Szene ist eine Statue von

Abb. 3: Vorstellung der Evangelisch=Ostindischen Kirche, Augsburg 1730, Stecher: Johann Jacob Kleinschmidt, Vorlage: Johann Elias Ridinger, Größe: 725 × 525 mm.

Brahma platziert, einem der hinduistischen Hauptgötter, der das Prinzip der Schöpfung darstellt. Auf dem Altar befinden sich ovale Porträts der beiden ersten Halleschen Missionare – Bartholomäus Ziegenbalg und Heinrich Plütschau – mit ihren Namen in tamilischer Schrift und den christlichen Schriften, die sie in die tamilische Sprache übersetzt hatten (Bibel, Katechismus, Gesangbuch). An der Vorderseite des Altars hängt eine Karte von Südindien und zwei tamilische Jungen flankieren den Altar. Der Junge auf der linken Seite hält mit der linken Hand das Porträt von Ziegenbalg und mit der rechten das dänische Königswappen. Der Junge auf der rechten Seite hält das Porträt von Plütschau und mit der linken Hand präsentiert er den Bauplan der Missionskirche *Neu Jerusalem* in Tranquebar, die 1719 eingeweiht wurde. Am Fuß des Blattes befindet sich ein Gedicht in lateinischer und deutscher Sprache, das die Ausbreitung des lutherischen Glaubens in Indien feiert. Hier der stark emotionalisierte deutschsprachige Text:

> *Des höchsten Gnaden=Reich erweitert seine Gräntzen,*
> *Es bricht der Wahrheit Licht den armen Heyden an,*
> *Man sieht im Orient die reine Lehre gläntzen,*
> *Es tritt das schwartze Volck nun auf die Lebens=Bahn,*
> *Der stumme Götze muß vom alten Sitze weichen,*
> *Man nimmt den wahren Gott in Kirch und Hertzen ein,*
> *Laß, Heyland! deine Hand noch immer weiter reichen,*
> *Und deiner Lehre Sieg recht ausgebreitet seyn.*

Diese lutherische Erfolgsvision in Bild und Reim wurde zusammen mit einer vierseitigen Beschreibung der Missionsaktivitäten für das Reformationsjubiläum publiziert und preiswert vertrieben. Bild und Text vermitteln, wie das »Reich Gottes« seinen erfolgreichen Eroberungszug begonnen hat und damit die als schwarz bezeichneten Menschen erst zum Leben erweckt, deren bisherige Götter das Feld räumen müssen. Diese Visualisierung feiert die angelaufene und zukünftige Ausbreitung des Luthertums in Südindien. Die nicht-christliche Bevölkerung wird als zumeist arm, fast ausnahmslos schwarz und falschgläubig, aber interessiert markiert und ist auf dem Stich ausschließlich männlich repräsentiert. Der deutsche Missionar bringt die christliche Wahrheit und steht als einzige Person auf dem Bild in völlig aufrechter Pose. Diese Verflechtungsperspektive von deutschem Luthertum und Südindien ist auf Ausmerzung und Neuaufbau angelegt, da der »stumme Götze« von seinem Sockel weichen muss. Missionare bringen stattdessen den aufnahmewilligen Indern die christliche Botschaft, verbreiten lutherische Drucke in der Landessprache und bauen mit Unterstützung der Kolonialmacht neue Gotteshäuser.

4. Objekte aus der Mission

Wie Menschen in der Vormoderne über Affekte mit Dingen verbunden waren, ist Gegenstand der neueren Emotionsforschung.[34] Diese wird gewinnbringend mit der Geschichte der materiellen Kultur zusammengeführt: Objekte formen Emotionen und Emotionen formen Objekte. Auch für die Erforschung einer transkulturellen Verflechtungsgeschichte können Objekte eine zentrale Rolle einnehmen. Denn eine Vielzahl von Dingen kam mit der Mission nach Indien und viele Objekte wurden durch die Mission nach Europa zurückgebracht.[35] Indem wir den physischen und kulturellen Werdegang von transkulturellen Objekten nachzeichnen, können wir zu einer globalen Geschichte beitragen. Karl-Heinz Kohl hat bereits 2003 darauf aufmerksam gemacht, dass Dinge regelrechte Karrieren durchlaufen können. Ändert sich etwa der kulturelle Kontext, in den sie eingebunden sind, verschieben sich Gebrauch und Bewertung. Diese Transformationsprozesse lassen sich insbesondere für koloniale Unternehmungen nachweisen.[36] Ich möchte im Folgenden drei Analyseperspektiven für die koloniale Verflechtungsgeschichte anhand von Objekten verfolgen: Es geht erstens um Dinge, die in transkultureller Zusammenarbeit entstanden sind; zweitens um Objekte, die eine kulturelle Transformation während ihrer Reise durchmachten; drittens um Gegenstände, die durch den transkulturellen Transfer zur Wissensproduktion beitrugen.

Das erste Buch, das in der pietistisch-lutherischen Tranquebar-Mission zu Beginn des 18. Jahrhunderts gedruckt wurde, war das Neue Testament in tamilischer Übersetzung (siehe Abb. 4). Der biblische Text in der Landessprache diente selbstverständlich katechetischen Zwecken, aber das Buchobjekt wurde auch zur Missionswerbung in Europa eingesetzt. Schon der tamilische Erstdruck von 1714 wurde in Europa mit freudiger Emotion als Ausweis einer aussichtsreichen pietistischen Mission gefeiert, besonders auch

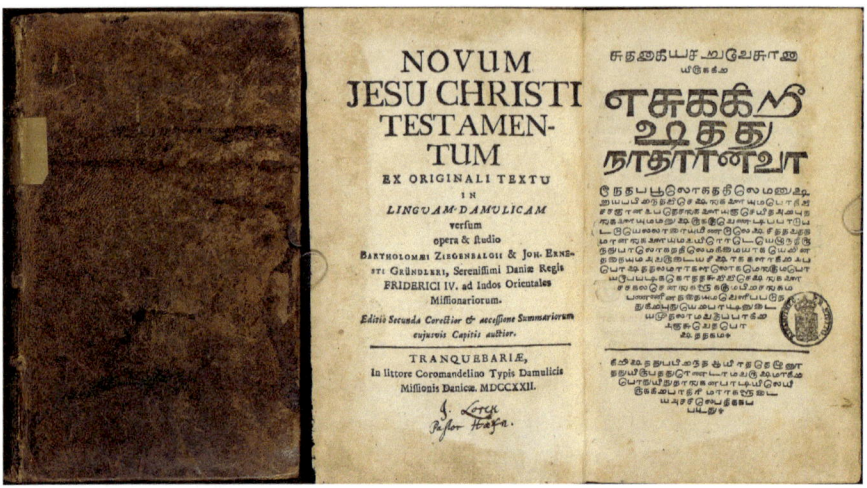

Abb. 4: Bartholomäus Ziegenbalg: Novum Testamentum (Tamil), Tranquebar 1722, hier: Einband, Titelblatt Latein (li.) und Tamil (re.) mit Provenienzeintrag li. J[osias] Lorck Pastor [Christians]Haven (=Kopenhagen).

deshalb, weil dieses Buchobjekt vor dem Hintergrund beständigen kritischen Raunens über die Mission aus lutherisch-orthodoxen Kreisen als Beweis für den Erfolg des Unternehmens dienen konnte. Die hier abgebildete Ausgabe von 1722 stammt aus der Bibelsammlung des Pfarrers Josias Lorck in Kopenhagen. Sie wurde 1784 zusammen mit seiner kompletten Bibelsammlung von 5.000 Bänden durch den württembergischen Herzog Carl Eugen angekauft und befindet sich heute in der Württembergischen Landesbibliothek in Stuttgart.

Die Übersetzung des Neuen Testaments ins Tamil ging gemäß der missionsgeschichtlichen Traditionsbildung maßgeblich auf Bartholomäus Ziegenbalg zurück, der auch auf dem oben erwähnten Stich als einer der beiden ersten Missionare abgebildet ist. Mit dem Erscheinen des Neuen Testaments in Tamil feierten die *Halleschen Berichte* seine zügige und großartige Übersetzungsleistung. Die heroische Erzählung der älteren Missionshistoriographie zeichnete darauf aufbauend folgendes Bild: Abgeschnitten von jeglicher Unterstützung, mittels einer außergewöhnlichen Sprachbegabung und Gottes Hilfe konnte die Übersetzung nach nur einem Jahr Spracherwerb realisiert werden. Eine genauere Analyse der Umstände ergibt hingegen ein abweichendes Bild. Ziegenbalg hatte auf eine ganze Menge jesuitischer Vorarbeiten zurückgegriffen. In seinem Besitz befanden sich eine portugiesisch-tamilische Grammatik, ein Sonntagsevangelium in Tamil aus jesuitischer Feder, ein Matthäus-Evangelium, Lebensläufe katholischer Heiliger mit Abschnitten aus der Apostelgeschichte und der Passionsgeschichte sowie zur Auferstehung und Himmelfahrt. Die Vorarbeiten der Jesuiten ermöglichten ihm überhaupt erst die zügige Übersetzung, da tamilische Begriffe zum christlich-religiösen Fachvokabular bereits vorlagen und auch die Syntax übernommen werden konnte. Zudem gibt es Hinweise, dass tamilische Dolmetscher, Sprachlehrer und Schreiber, die in der Regel einen brahmanischen Hintergrund hatten und von denen die Mission mehrere beschäftigte, an der Übersetzung mitwirkten.[37]

Objektbiographien wie diese zeigen, wie in der Missionsgeschichtsschreibung der Wissensaustausch, der hier zwischen katholischen, lutherischen und tamilischen Akteuren erfolgte, ausgeblendet wurde. Zugleich wird damit auch die Perspektive der Verflechtung dieser Akteure und ihres Handelns negiert. Ein tamilisches Neues Testament, das auf der Basis jesuitischer Vorarbeiten und indischer Mitarbeit entstanden war, stieg im Zuge einer nach dem Muster von Heiligenlegenden angelegten Missionshistoriographie als leuchtender Stern pietistisch-lutherischer Übersetzungsleistung auf. Im Gegensatz zu dieser Legende ist das Objekt ein Beleg einer transkonfessionellen und transkulturellen Verflechtungspraxis in Südindien zu Beginn des 18. Jahrhunderts.

Abb. 5: Palmblattmanuskript Bibelverse, Südindien, um 1880, Material: Holz, Palmblattstreifen, Metall, Größe: 3 × 12 × 3,5 cm.

Auch dieses Palmblattmanuskript (Abb. 5) mit Bibelversen ist Ausweis einer verdeckten Verflechtungsgeschichte. Das hier abgebildete Objekt stammt aus dem Nachlass des Basler Missionars Christian Renz (1877–1958).[38] Druckverfahren auf Papier wurden in Indien wegen des feuchtheißen Klimas traditionell nicht angewandt, stattdessen wurden Texte auf beschnittene, zuvor behandelte und klimastabile Palmblätter mit einem Griffel eingeritzt und dann mit einem Öl-Ruß-Gemisch eingerieben, so dass in den Vertiefungen die schwarze Farbe haften blieb und der Text hervorgehoben und damit lesbar wurde. Die Palmblattstreifen versah man mit einem Loch, durch das ein Bindfaden geführt wurde, der die Seiten in der gewünschten Reihenfolge zusammenhielt. Die Herstellung dieses indischen Textträgers mit christlichen Bibelversen in tamilischen Schriftzeichen wurde im Kontext der Mission beauftragt. Das Palmblattmanuskript diente vermutlich in der Missionsschule zum Unterricht und später in Europa als Beleg christlich-indischer Missionsanstrengungen. Auch dieses Objekt ist Ausweis einer transkulturellen Verflechtungsgeschichte: Ein christlich-europäischer Ursprungstext in tamilischer Übersetzung wurde von einem tamilischen Schreiber mittels einer indischen Technik zu einem Lesemedium für eine südindische christliche Leserschaft verarbeitet.

Abb. 6: Ganesha, Herkunft: Guledgudda, Karnataka, Indien, vor 1856, Material: Holz, Pigment, Spiegel, Größe: 53,5 × 36,5 × 24 cm, Provenienz: Einlieferung von Missionar Johann Gottlieb Kies an Basler Mission 1856.

Eine der populärsten und meist verehrtesten Formen des Göttlichen im Hinduismus ist Ganesha mit dem Elefantenkopf (siehe Abb. 6). Er ist der Gott der Hindernisse, der diese sowohl setzt als auch beseitigt. Die abgebildete Holzfigur hatte zunächst eine religiös-kultische Funktion und stand vermutlich auf einem Haus- oder Straßenaltar. Wie die Figur in den Besitz des Missionars und Sammlers Johann Gottlieb Kies (1821–1872) gekommen ist, ist noch unklar – möglicherweise gibt es zur Objektbiographie noch Akten im Museum der Kulturen in Basel, die dazu etwas sagen könnten; er war von 1845 bis 1866 Missionar in Südindien. Jedoch wissen wir, dass hinduistische Götterfiguren den Seminaristen in Basel als Anschauungsmaterial zum Hinduismus dienten, womöglich wurde auch diese aus hinduistischer Perspektive heilige Figur zu Lehrzwecken eingesetzt.[39]

Im Transfer zwischen den Kulturen änderte diese Ganesha-Figur vermutlich mindestens drei Mal den Charakter und ihre damit verbundene emotionale Beziehung zu Menschen: Sie wurde von einem rituellen, heiligen Objekt zum Anschauungs- und Lehrobjekt von Seminaristen (Wandel 1); nach 1981 wurde sie von der Basler Mission dem *Museum der Kulturen Basel* zusammen mit 12.000 Objekten als Dauerleihgabe übergeben und avancierte damit zu einem Wissensobjekt (Wandel 2); in den darauf folgenden Jahrzehnten wurde sie zum Publikumsliebling der musealen Indiensammlung (Wandel 3). Im kulturellen Transfer hat diese Figur durch verschiedene Interaktionen mehrfach ihren Charakter geän-

Abb. 7: Indisches Amulett aus Elfenbein; Vorderseite: eingekerbte Umrisse eines Elefanten, 1860, Größe: 5,5 × 5 × 0,5 cm.

dert: vom heiligen Objekt zum Studiengegenstand eines »heidnischen« Kultes zu einem Wissensgegenstand und populären Star. An diesem Beispiel sehen wir, dass kulturelle Verflechtungen im Zeitverlauf nicht statisch bleiben, sondern fließend sind.

Das *Haus der Geschichte Baden-Württemberg* in Stuttgart verwahrt das abgebildete, herzförmige indische Amulett, das etwa 5 cm in Breite und Länge misst und fünf Millimeter stark ist (siehe Abb. 7).[40] Auf der Vorderseite sind die Umrisse eines eingekerbten Elefanten zu erkennen. Die Missionarsgattin Marie Kaundinya, geb. Reinhardt (1837–1919), musste nach dem Tod ihres Ehemannes, dem indischstämmigen Hermann Ananda Kaundinya (1825–1893), nach Württemberg zurückkehren.[41] Sie nahm das Amulett als persönlichen Besitz mit in ihre Heimat. Ihre Enkelin, zugleich Leihgeberin, trug das Amulett viele Jahre als Kettenanhänger um den Hals. Es war für sie zu einem Andenkenobjekt geworden, das sie an die indische Herkunft des Großvaters und das Leben der Großeltern als Missionarspaar in Indien erinnerte. Im Gegensatz zum europäischen Schmuckgebrauch wurden diese Objekte in Indien als Schutzamulette von Kleinkindern getragen. Unbekleidete Kinder trugen das Amulett offenbar an einer Bauchschnur, so dass die Scham davon bedeckt wurde. Auch in diesem Fall wandelte sich die Objektbedeutung im Transfer zwischen Südindien und Schwaben: Von einem hinduistischen Schutzamulett für Kleinkinder wurde das Elfenbeinherz zu einem emotional belegten Familienerbstück einer Europäerin, die darüber die Erinnerung an ihre indische Familiengeschichte lebendig hielt. Einen noch tieferen Einblick in die Objektgeschichte dieses Elfenbeinherzes könnte möglicherweise der schriftliche Nachlass des Missionarsehepaares Hermann und Marie Kaundinya bieten, der im Archiv der Basler Mission in Basel liegt.

Festzuhalten ist, dass sich in vielen Gedächtnisinstitutionen Schwabens und angrenzender Regionen, seien es Bibliotheken, Museen oder Archive, Objekte und Hinweise finden lassen, die über die verflochtene Geschichte Schwabens und Südindiens Auskunft geben können. Mit Hilfe von Objektgeschichten können wir die transkulturellen, interaktiven Herstellungsgeschichten, die Transferwege und den häufig damit verbundenen Bedeutungswandel aufdecken und so das noch unentdeckte Erbe kolonialer Verflechtung reflektieren.[42] Für jedes Objekt aus dem Kontext der Mission bleibt zu klären, ob es durch Auftragsarbeit, Ankauf, Tausch oder Raub in europäische Gedächtnisinstitutionen gelangt ist, wie es seinen Charakter im Transfer veränderte und unter welchen Vorzeichen es in die europäische Wissensproduktion Eingang gefunden hat.

Meine Überlegungen dienten der Analyse transkultureller emotionaler Verflechtungen zwischen Schwaben und Südindien. Eingebettet in eine christlich-emotionale Eroberungskampagne verflochten Schwäbinnen und Schwaben ihre Missionsaktivitäten wie die Objekte der Mission und die damit verknüpfte Wissensproduktion zu einer historischen Erzählung, die koloniale Elemente ihres Handelns ausblendete. Interaktionen mit Nicht-Christen im Feld des Wissens blieben unerwähnt. Im Hinblick auf eine globale Historiographie habe ich primär Schrift- und Bildquellen aus Schwaben benutzt sowie Objekte aus Südindien. Würden wir südindische Schriftquellen noch hinzunehmen, könnte die Verflechtungsgeschichte vermutlich noch gewinnen.

ENDNOTEN

1 Schwaben und Württemberg werden hier synonym gebraucht.
2 MCLISKY/VALLGÅRDA: Faith, S. 1–21.
3 PORTER: Religion; FRYKENBERG: Christian Missions, S. 107–131; BEACHY/GILLESPIE: Pious Pursuits; PARKER: Global Interactions; PETTERSON: Missionary; PYRGES: Kolonialprojekt; CARTÉ ENGEL: Religion.
4 MIDDELL: Handbook of Transregional Studies.
5 WERNER/ZIMMERMANN: Vergleich, S. 607–636.
6 OSTERHAMMEL: Kolonialismus.
7 CHRIST u. a.: Einleitung, S. 11 24.
8 Zum Begriff der Kontaktzone siehe PRATT: Imperial Eyes.
9 HABERMAS/HÖLZL: Mission Global; RATSCHILLER/WETJEN: Verflochtene Mission.
10 MCLISKY/VALLGÅRDA: Faith, S. 1–21; GENT: Global Protestant Missions, S. 275–295.
11 ROSENWEIN: Emotional Communities; DIES.: Problems, S. 1–32.
12 ALLEN/HAGGIS: Imperial Emotions, S. 691–716.
13 GLEIXNER: Mäzeninnen, S. 3–31; DÜRR: Wissen als Erbauung.
14 SCHEER: Are Emotions a Kind of Practice?, S. 193–220.
15 GARROD/HASKELL: Einleitung, S. 1–22; GENT: Global Protestant Missions, S. 275–295.
16 GENT: Burden, S. 557–574; VÉLEZ: Jesuit Weeping, S. 42–67.
17 REDDY: Navigation; COLWELL: Emotives, S. 7–10.
18 Vgl. NØRGAARD: Mission; DILLER: Dänen.
19 JEYARAJ: Inkulturation; LIEBAU: Europa.
20 Vgl. BRUNNER: Halle Pietists.
21 Die gedruckte Missionszeitschrift erschien in Halle von 1710 bis 1772 in 108 Folgen unter dem barocken Titel »Der Königl. Dänischen Missionarien aus Ost-Indien eingesandter Ausführlichen Berichten, Von dem Werck ihres Amts unter den Heyden, angerichteten Schulen und Gemeinen, ereigneten Hindernissen

und schweren Umständen. Beschaffenheit des Malabarischen Heydenthums, gepflogenen brieflichen Correspondentz und mündlichen Unterredungen mit selbigen Heyden«.

22 Die Zahlen in diesem Abschnitt basieren auf meiner Datenbank, die ich aus folgenden Subskriptionslisten im Archiv der Franckeschen Stiftungen erstellt habe: AFST M 3 L 14 (1729), 3 L 17 (1757), 3 L 18 (1760/61), 3 L 23 (1770).
23 Hallesche Berichte Cont. 21, 1728, Vorrede 1728.
24 Zum Zusammenhang von Religion und medialer Öffentlichkeit vgl. Schlögl: Alter Glaube, S. 223f.
25 Schöllkopf: »Gott eilet mit dir aus Württemberg, aber wohin?«, hier S. 121.
26 AFST M 1 H 5 34 (6 Seiten), hier S. 2f.
27 AFST M 1 H 5 34 (6 Seiten), hier S. 3.
28 Es hatte auch jesuitische Indienmissionare aus Schwaben gegeben, z. B. Heinrich Roth (1620–1668) aus Dillingen, heute Bayern, der im indischen Agra tätig war.
29 AFST M 2 H 4 Reisetagebuch Schöllkopf 07.04.1777–27.06.1777.
30 Hebeisen: »leidenschaftlich fromm«; Becker: Conversio im Wandel, bes. S. 129–189.
31 Erster Inspektor wurde der württembergische Pfarrer Christian Gottlieb Blumhardt, vgl. Konrad: Missionsbräute.
32 Der Evangelische Heidenbote, 1.1828–125.1955.
33 Becker: Europa in der Mission, https://www.europa.clio-online.de/essay/id/fdae-1673 [zuletzt aufgerufen am 29.12.2023].
34 Downes/Holloway/Randles: Feeling Things; Ivanič/Laven/Morrall: Religious Materiality; Burghartz u. a.: Materialized Identities.
35 Gleixner: Travelling Objects, S. 141–159.
36 Kohl: Macht, S. 148–151.
37 Gleixner: Wissensaustausch vernebeln.
38 Für den Hinweis danke ich Andrea Kittel vom Landeskirchlichen Archiv Stuttgart.
39 Bosza: Geschenk, hier S. 18f.
40 Für den Hinweis danke ich Dr. Caroline Gritschke vom Haus der Geschichte Baden-Württemberg.
41 Maß: Constructing global missionary families.
42 Schwieriges Erbe, hg. vom Linden-Museum Stuttgart.

QUELLEN- UND LITERATURVERZEICHNIS

QUELLEN

Francke, Gotthilf August (Hg.): Der Königl. Dänischen Missionarien aus Ost-Indien eingesandter Ausführlichen Berichten, Von dem Werck ihres Amts unter den Heyden, angerichteten Schulen und Gemeinen, ereigneten Hindernissen und schweren Umständen. Beschaffenheit des Malabarischen Heydenthums, gepflogenen brieflichen Correspondentz und mündlichen Unterredungen mit selbigen Heyden, 1–108 Folgen, Halle 1710–1772.

Archiv der Franckeschen Stiftungen Halle (AFST) M 2 H 4 Reisetagebuch Schöllkopf 07.04.1777–27.06.1777.

AFST M 3 L 14 Subskriptionsliste 1729.

AFST M 1 H 34 Verzeichnis von rechtschaffenden Kandidaten auch etlichen anderen gottesfürchtigen Personen in dem Herzogthum Würtemberg von [Johann Jacob Schöllkopf].

AFST 3 L 17 Subskriptionsliste 1757.

AFST 3 L 18 Subskriptionsliste 1760/61.

AFST 3 L 23 Subskriptionsliste 1770.

LITERATUR

Allen, Margaret/Haggis, Jane: Imperial Emotions. Affective Communities of Mission in British Protestant Women's Missionary Publications c.1880–1920, in: Journal of Social History 41, 3 (2008), S. 691–716.

Beachy, Robert/Gillespie, Michele (Hgg.): Pious Pursuits. German Moravians in the Atlantic World, New York/Oxford 2007.

Becker, Judith: *Conversio* im Wandel. Basler Missionare zwischen Europa und Südindien und die Ausbildung einer Kontaktreligiosität. 1834–1860, Göttingen 2015.

Becker, Judith: Europa in der Mission. Begründung, Strategien, Europäisierung in der evangelischen Mission im 19. Jahrhundert, in: Themenportal Europäische Geschichte, 2016, aktualisierte Version 2021, https://www.europa.clio-online.de/essay/id/fdae-1673 [zuletzt aufgerufen am 28.12.2023].

Bosza, Isabella: Geschenkt, gekauft, erbeutet – Missionarisches Sammeln in Kamerun und Indien, Basel 2019, URL: http://www.mkb.ch/de/museum/Fellowship.htm [zuletzt aufgerufen am 05.03.2024].

Brunner, Daniel L.: Halle Pietists in England. Anthony William Boehm and the Society for Promoting Christian Knowledge, Göttingen 1993.

Burghartz, Susanna u. a. (Hgg.): Materialized Identities in Early Modern Culture. 1450–1750, Amsterdam 2021.

Carté Engel, Katherine: Religion and the American Revolution. An Imperial History, Chapel Hill 2021.

Christ, Georg u. a.: Einleitung, in: Ders. u. a. (Hgg.): Transkulturelle Verflechtungen. Mediävistische Perspektiven, Göttingen 2016, S. 11–24.

Colwell, Tania M.: Emotives and Emotional Regimes, in: Susan Broomhall (Hg.): Early Modern Emotions. An Introduction, London/New York 2017, S. 7–10.

Diller, Stephan: Die Dänen in Indien, Südostasien und China (1620–1845), Wiesbaden 1999.

Dürr, Renate: Wissen als Erbauung – zur Theatralität der Präsentation von Wissen aus aller Welt im Neuen Welt=Bott, in: Constanze Baum/Nikola Rossbach (Hgg.): Theatralität von Wissen in der Frühen Neuzeit, Wolfenbüttel 2013, URL: http://diglib.hab.de/ebooks/ed000156/start.htm [zuletzt aufgerufen am 28.04.2023].

Downes, Stephanie/Holloway, Sally/Randles, Sarah (Hgg.): Feeling Things. Objects and Emotions Through History, Oxford 2018.

Frykenberg, Robert Eric: Christian Missions and the Raj, in: Norman Etherington (Hg.): Missions and Empire, Oxford/New York 2005, S. 107–131.

Garrod, Raphaële/Haskell, Yasmin: Einleitung, in: Dies. (Hgg.): Changing Hearts. Performing Jesuit Emotions between Europe, Asia, and the Americas, Leiden/Boston 2019, S. 1–22.

Gent, Jacqueline van: The Burden of Love. Moravian Conversions and Emotions in Eighteenth-Century Labrador, in: Journal of Religious History 39, 4 (2015), S. 557–574.

Gent, Jacqueline van: Global Protestant Missions and the Role of Emotions, in: Ulinka Rublack (Hg.): Protestant Empires. Globalizing the Reformations, Cambridge u. a. 2020, S. 275–295.

Gleixner, Ulrike: Mäzeninnen im Reich Gottes. Frauen hohen Standes im Netzwerk der protestantischen Indienmission im 18. Jahrhundert, in: L'Homme 23, 2 (2012), S. 3–31.

Gleixner, Ulrike: Travelling Objects and Protestant Mission in South-East India, in: Dies./Marília dos Santos Lopes (Hgg.): Things on the Move – Dinge unterwegs. Objects in Early Modern Cultural Transfer, Wolfenbüttel 2021, S. 141–159.

Gleixner, Ulrike: Wissensaustausch vernebeln. Ein lutherisch-tamilisches Neues Testament als transkonfessionelles und transkulturelles Objekt, in: Tina Asmussen u. a. (Hgg.): Materialized Histories. Eine Festschrift 2.0, 2021, URL: https://mhistories.hypotheses.org/?p=3322 [zuletzt aufgerufen am 28.04.2023].

Habermas, Rebekka/Hölzl, Richard (Hgg.): Mission Global. Eine Verflechtungsgeschichte seit dem 19. Jahrhundert, Köln u. a. 2014.

Hebeisen, Erika: »Leidenschaftlich fromm«. Die pietistische Bewegung in Basel 1750–1830, Köln/Weimar/Wien 2005.

Ivanič, Suzanna/Laven, Mary/Morrall, Andrew (Hgg.): Religious Materiality in the Early Modern World, Amsterdam 2019.

Jeyaraj, Daniel: Inkulturation in Tranquebar. Der Beitrag der frühen dänisch-halleschen Mission zum Werden einer indisch-einheimischen Kirche (1706–1730), Erlangen 1996.

Josenhans, Joseph Friedrich (Hg.): Der Evangelische Heidenbote: Monatsblatt der Evangelischen Missionsgesellschaft in Basel, Stuttgart 1.1828–125.1955.

Kohl, Karl-Heinz: Die Macht der Dinge. Geschichte und Theorie sakraler Objekte, München 2003.

Konrad, Dagmar: Missionsbräute. Pietistinnen des 19. Jahrhunderts in der Basler Mission, New York u. a. ²2001.

Liebau, Heike (Hg.): Geliebtes Europa – Ostindische Welt. 300 Jahre interkultureller Dialog im Spiegel der Dänisch-Halleschen Mission. Jahresausstellung der Franckeschen Stiftungen zu Halle vom 7. Mai–3. Oktober 2006, Halle 2006.

Mass, Sandra: Constructing global missionary families: Absence, memory, and belonging before World War I, in: Journal of modern European History 19 (2021), S. 340–361.

Mclisky, Claire/Vallgårda, Karen: Faith Through Feeling. An Introduction, in: Dies./Daniel Midena (Hgg.): Emotions and Christian Missions. Historical Perspectives, Basingstoke 2015, S. 1–21.

Middell, Matthias (Hg.): The Routledge Handbook of Transregional Studies, London/New York 2019.

Nørgaard, Anders: Mission und Obrigkeit. Die Dänisch-hallische Mission in Tranquebar 1706–1845, Gütersloh 1988.

Osterhammel, Jürgen: Kolonialismus. Geschichte, Formen, Folgen, München ⁹2021.

PORTER, Andrew N.: Religion versus Empire? British Protestant Missionaries and Overseas Expansion. 1700–1914, Manchester u. a. 2004.

PARKER, Charles H.: Global Interactions in the Early Modern Age. 1400–1800, Cambridge u. a. 2010.

PETTERSON, Christina: The Missionary, the Catechist and the Hunter. Foucault, Protestantism and Colonialism, Leiden u. a. 2014.

PRATT, Mary Louise: Imperial Eyes. Travel Writing and Transculturation, London u. a. ²2010.

PYRGES, Alexander: Das Kolonialprojekt EbenEzer. Formen und Mechanismen protestantischer Expansion in der atlantischen Welt des 18. Jahrhunderts, Stuttgart 2015.

RATSCHILLER, Linda/WETJEN, Karolin (Hgg.): Verflochtene Mission. Perspektiven auf eine neue Missionsgeschichte, Köln u. a. 2018.

REDDY, William M.: The Navigation of Feeling. A Framework for a History of Emotions, Cambridge u. a. 2001.

ROSENWEIN, Barbara H.: Emotional Communities in the Early Middle Ages, Ithaca u. a. 2006.

ROSENWEIN, Barbara H.: Problems and Methods in the History of Emotions, in: Passions in Context 1 (2010), S. 1–32.

SCHEER, Monique: Are Emotions a Kind of Practice (And Is That What Makes Them Have a History)? A Bourdieuian Approach to Understanding Emotions, in: History and Theory 51, 2 (2012), S. 193–220.

SCHLÖGL, Rudolf: Alter Glaube und moderne Welt. Europäisches Christentum im Umbruch 1750–1850, Frankfurt a. M. 2013.

SCHÖLLKOPF, Wolfgang: »Gott eilet mit dir aus Württemberg, aber wohin?« Johann Jakob Schöllkopf (1748–1777) als Missionar auf dem Weg nach Indien, in: Christian PETERS/Jürgen KAMPMANN (Hgg.): Fides et Pietas. Festschrift Martin Brecht zum 70. Geburtstag, Münster 2003, S. 119–137.

Schwieriges Erbe. Linden-Museum und Württemberg im Kolonialismus. Eine Werkstattausstellung, hg. vom Linden-Museum Stuttgart, Stuttgart 2021.

VÉLEZ, Karin: »Do not suppose that those tears proceed from weakness.« Jesuit Weeping on Mission Frontiers, 1560–1760, in: Alison FORRESTAL/Seán Alexander SMITH (Hgg.): The Frontiers of Mission. Perspectives on Early Modern Missionary Catholicism, Leiden u. a. 2016, S. 42–67.

WERNER, Michael/ZIMMERMANN, Bénédicte: Vergleich, Transfer, Verflechtung. Der Ansatz der *Histoire croisée* und die Herausforderung des Transnationalen, in: Geschichte und Gesellschaft 28 (2002), S. 607–636.

Koloniale Forschung und Lehre an der Universität Tübingen

Carsten Gräbel

Wer heute durch die Fachbibliotheken der Institute an der Universität Tübingen schlendert, dem springen angestoßene und gebrochene Buchrücken ins Auge, auf denen in goldenen Lettern der Schriftzug »Deutsche Kolonien« prangt. Die schon in die Jahre gekommenen Werke zeugen von einer intensiven Pflege der Kolonialwissenschaften an der Universität Tübingen: Geographen forschten zu Deutsch-Ostafrika, Neuguinea und der ozeanischen Inselwelt. Ein Völkerkundler gehörte zu den bedeutendsten Kennern der »deutschen Südsee«. Theologen kümmerten sich um die Seelenrettung der »Eingeborenen« und das koloniale Schulwesen. Missionsärzte betreuten aus den Kolonien zurückgekehrte Familien und beforschten tropische Epidemien. Rechts- und Wirtschaftswissenschaftler vermittelten koloniale Rechts- und Ordnungsvorstellungen, die wir heute eher als koloniales Unrecht und Willkür bezeichnen würden.

Im Wintersemester 1889/90, also fünf Jahre nachdem das Deutsche Reich erstmals Kolonien für sich reklamiert hatte, wurden die ersten Vorlesungen an der Universität Tübingen gehalten, die gemäß ihrem Titel europäische Kolonialgebiete behandelten. Sukzessive erhöhte sich die Anzahl der Kolonialvorlesungen, und auch die Anzahl der Hochschullehrer wuchs, die sich mit Kolonialgebieten der europäischen Staaten und besonders jenen des Deutschen Reichs befassten. Besonders in der Zwischenkriegszeit, als das Deutsche Reich die Kolonien wieder eingebüßt hatte, engagierte sich die Universität mehr denn je in der kolonialen Lehre. Erst in der Zeit des Spätkolonialismus und der Entwicklungshilfe nach dem Zweiten Weltkrieg verschwanden die Kolonien langsam aus den Vorlesungsverzeichnissen.

Dieser Beitrag beleuchtet das weite Spektrum der kolonialen Forschung und Lehre an der Universität Tübingen. Nach einer kurzen Skizze des Vorlesungsangebots wird gezeigt, dass Professoren den universitären Kolonialismus durch Kolonialfeierlichkeiten in die Stadtöffentlichkeit trugen. Kolonialismus schlug sich auch in der Universitätsführung nieder, wie wir an der Rektorenwahl erkennen, und beruhte zugleich meist auf vorausgegangenen Forschungsleistungen. Daher wird abschließend geschildert, wie Tübinger Gelehrte zu den Kolonien forschten und von kolonialen Gewaltverhältnissen profitierten oder sogar selbst Gewalt ausübten – bisweilen mit Todesfolge.

1. Kolonialvorlesungen

Unter dem Titel *Geschichte des europäischen Kolonialwesens seit dem 16. Jahrhundert* hielt der Historiker Dietrich Schäfer im Wintersemester 1889/90 die erste Vorlesung zu einem explizit kolonialen Thema, nachdem sich das Deutsche Reich sogenannte »Schutzgebiete« in Afrika und im Pazifik einverleibt hatte. Bis zum formellen Ende des Deutschen Kolonialreichs durch die Friedensverhandlungen in Versailles 1919 fanden in Tübingen um die 30 Kolonialvorlesungen statt. Der Historiker Karl Jakob las im Wintersemester 1900 zur *Kolonialgeschichte und Kolonialpolitik der europäischen Staaten*, sein Kollege Adalbert Wahl im Sommersemester 1911 über *Allgemeine Kolonialgeschichte des 19. Jahrhunderts*. Der Privatdozent der Staatswissenschaften und spätere Direktor des Kieler Weltwirtschaftsinstituts Bernhard Harms verknüpfte im Sommersemester 1906 Imperialismus mit *Weltwirtschaftspolitik in der Gegenwart*. Und der Professor für praktische Theologie, Paul von Wurster, referierte im Wintersemester 1914 über *Missionsaufgaben in den deutschen Kolonien und Schutzgebieten*.

Besonders die Geographie tat sich in der kolonialen Lehre hervor. Als Fachwissenschaft für entfernte und in Europa wenig bekannte Länder fühlte sie sich ganz besonders für die Kolonien zuständig. Alfred Hettner las im Sommersemester 1898 über *Die deutschen Kolonien*, sein Nachfolger Kurt Hassert im Wintersemester 1899 zur *Geographie und Kolonisation der deutschen Schutzgebiete* und zwei Jahre später speziell zu den deutschen Afrikakolonien. Ab 1910 häuften sich Vorlesungen zu Deutsch-Ostafrika, da mit Carl Uhlig ein ehemaliger Kolonialbeamter aus besagter Kolonie auf den Tübinger Lehrstuhl für Geographie berufen wurde.[1]

Bei den erwähnten Titeln handelt es sich um einige Beispiele aus dem Vorlesungsverzeichnis der Universität. Von vielen anderen Vorlesungen wissen wir nicht genau, ob sie koloniale Themen behandelten. Eine Vorlesung zum Völkerrecht konnte sich beispielsweise nur mit europäischen Rechtsfragen befassen, sie konnte aber auch die Rechtstitel des kolonialen Gebietserwerbs auf dem afrikanischen Kontinent diskutieren, Debatten um Freihandel und den internationalen Schiffsverkehr am Beispiel des Kongo erörtern und Konferenzen und internationale Maßnahmen gegen die Sklaverei besprechen, die dazu dienten, den ersten deutschen Kolonialkrieg an der ostafrikanischen Küste zu legitimieren. Einen weiteren Hinweis auf den Inhalt von Vorlesungen können unter Umständen Werkanalysen der Hochschullehrer bieten. Im Fall des Rechtsgelehrten Ferdinand von Martitz war es mehr als wahrscheinlich, dass er die erwähnten kolonialen Themen in seinen völkerrechtlichen Vorlesungen behandelte.[2] Ähnlich können wir mit der Länderkunde verfahren, die in jenen Jahrzehnten zu allen Weltregionen gelesen wurde. Trugen die Vorlesungen zu Afrika häufig noch einen Hinweis *kolonialer Erdteil* oder erwähnten sie im Titel eine *besondere Berücksichtigung der deutschen Kolonien*, so finden wir in Bezug auf Asien ähnliche Zusätze nicht. Und doch existierte mit Qingdao eine deutsche Kolonie in China, gab es viele europäische und später auch japanische Kolonien sowie eine rege deutsche Explorationsgeschichte.

Wir müssen daher von einer größeren »Dunkelziffer« ausgehen: von Vorlesungen und Seminaren, die sich zumindest zum Teil mit Kolonien und Kolonialismus befassten, ohne dass die Veranstaltungstitel dies anzeigten. Doch bereits aus der Häufung von kolonialen Begriffen in den Vorlesungstiteln lässt sich erkennen, dass die Universität das koloniale Lehrangebot nach dem Ersten Weltkrieg massiv ausweitete. Die Ursachen liegen sowohl in der generellen Zunahme der Studierenden als auch in der kolonialen Erinnerungsarbeit des Lehrkörpers. Allein vom Wintersemester 1919/20 bis zum Sommersemester 1929 führen die Vorlesungsverzeichnisse über hundert Lehrveranstaltungen auf, von denen wir annehmen können, dass sie koloniales Gedankengut verbreiteten. Dazu gehörten jedes Semester ein bis zwei tropenmedizinische Kurse und jeweils drei Veranstaltungen zur Missionswissenschaft und zur Völkerkunde. Im Zweiten Weltkrieg wurde das koloniale Lehrangebot aufrechterhalten, wenngleich immer wieder Vorlesungen kurzfristig abgesagt wurden, da sich Dozenten und Studenten im Kriegseinsatz befanden. Auch in der Nachkriegszeit finden wir ein koloniales Lehrangebot, allerdings nun meist als Steckenpferd einiger unverbesserlicher Kolonialenthusiasten und manchmal in Diskussionen um die Entwicklung der »Dritten Welt«.

2. Koloniale Universitätsfeierlichkeiten

Kolonialismus an der Universität spielte sich nicht nur in Institutsgebäuden und Hörsälen ab. Oftmals sprachen die Kolonialgelehrten von ihren Forschungen vor interessierten Bürgern und Bürgerinnen. Jahrein, jahraus fanden Vorträge und Veranstaltungen zu kolonialen Themen statt, von denen die örtliche Tageszeitung *Tübinger Chronik* ausführlich berichtete. Tübinger Professoren veranstalteten Kolonialkundgebungen, bei denen ihre Kollegen als Hauptredner auftraten, manchmal unter der Schirmherrschaft des Rektors. Während die koloniale Lehre oder öffentliche Kolonialvorträge auf den persönlichen Präferenzen der Hochschullehrer beruhten, so verdichteten diese Gedenkveranstaltungen den Kolonialismus zu kollektiven Momenten der Universität.

Am 10. Juli 1924 feierte die Tübinger Professorenschaft mit kolonialgesinnten Bürgern und Bürgerinnen den 40. Jahrestag des »Erwerbs« von Deutsch-Südwestafrika als erste deutsche Kolonie. Als Schirmherr verbreitete Rektor Wolfgang Stock typische Floskeln über die Notwendigkeit kolonialen Besitzes, Carl Uhlig, Edwin Hennig, Augustin Krämer und Walter Gmelin, ein Privatdozent und späterer Honorarprofessor für Tierpathologie mit Kolonialerfahrung, stimmten in das koloniale Lamento ein.[3]

Im Juni 1928 wurde die Kolonialausstellung in den Stuttgarter Gewerbehallen und dem angrenzenden Stadtgarten zum Anziehungspunkt für die Kolonialbewegung wie für Anbieter von Expeditionszubehör. Es wurde eine Völkerschau geboten; die Hauptversammlung der *Deutschen Kolonialgesellschaft* und der *Kolonialfrauenbund* tagten. Für die breite Öffentlichkeit wurde ein Begleitprogramm mit öffentlichen Vorträgen organisiert. Am Wochenende zogen ehemalige Schutztruppensoldaten in Begleitung von Musikkapellen durch die Stuttgarter Innenstadt. Ihren Abschluss fand die Kolonialwoche indessen in Tübingen. 150 Mitglieder der *Deutschen Kolonialgesellschaft* reisten mit dem Auto zunächst zum Schloss Lichtenstein und dann nach Tübingen, wo Professor Gottlieb Olpp die Besucher durch das Tropengenesungsheim führte. Zur Abschlusskundgebung lud die Universität zum Vesperschoppen in das mit den Farben der Burschenschaften geschmückte Schloss Hohentübingen. Prorektor August Hegler begrüßte die Gäste. Carl Uhlig hielt als Vorsitzender der Tübinger Abteilung der *Deutschen Kolonialgesellschaft* eine Rede. Der Nationalökonom und Asienexperte Carl Johannes Fuchs verlas ein Grußtelegramm des ehemaligen Staatssekretärs des Reichskolonialamtes, Friedrich von Lindequist. Theodor Seitz, ein weiterer ehemaliger Gouverneur und amtierender Präsident der *Deutschen Kolonialgesellschaft*, lobte die Präsenz und kolonialen Überzeugungen der deutschen Jugend.[4]

In den folgenden Jahren häuften sich die Kundgebungen. Am 22. Mai 1931 protestierten Hochschullehrer an den meisten deutschen Universitäten gegen das koloniale Mandatssystem des Völkerbundes. In Tübingen sprach als Hauptredner der ehemalige Gouverneur von Deutsch-Neuguinea, Eduard Haber, im sogenannten Ehrenhof hinter der Neuen Aula.[5] Unter den Nationalsozialisten setzte sich die koloniale Erinnerungsarbeit fort. 1942 flankierte eine Abteilung ehemaliger Schutztruppenoffiziere mit ihren Südwester-Hüten einen NS-Aufmarsch vor der mit Hakenkreuzfahnen geschmückten Neuen Aula (siehe Abb. 1).

Bei den kolonialen Gedenkfeiern versammelten sich die üblichen Verdächtigen: der Geograph Uhlig, Gouverneur a. D. Haber, der Geologe Hennig, der Völkerkundler Krämer und der Tropenmediziner Olpp, der ebenfalls dem Vorstand des Tübinger Ortsver-

Abb. 1: Tübingen 1942: Koloniale Krieger und Standarte vor der Universität.

eins der *Deutschen Kolonialgesellschaft* angehörte. Aber es traten ebenso neue Gesichter hinzu, aus kolonialem Interesse etwa der Pharmakologe Hermann Waldbaum oder – weil sie als Rektoren die Schirmherrschaft übernommen hatten – der Augenheilkundler Wolfgang Stock und der Rechtswissenschaftler August Hegler.

3. Vom Kopf her kolonial gesinnt: Kolonialwissenschaftler als Rektoren

Nicht nur in Vorlesungen und kolonialen Festveranstaltungen manifestierte sich universitärer Kolonialismus. Für viele Jahre wurde die Universität Tübingen von Rektoren geführt, die zu kolonialen Themen geforscht hatten. Als der Völkerrechtler Ferdinand von Martitz 1895/96 dieses Amt übernahm, war er nicht nur ein etablierter Vertreter der deutschen Staats- und Völkerrechtswissenschaft, sondern auch ein Vordenker der deutschen Kolonialrechtslehre. Auf den Jahressitzungen des angesehenen *Institut de Droit* stritt er mit seinem französischen Kollegen Édouard Engelhardt, dem französischen Delegierten der Berliner Afrikakonferenz von 1884/85, über die Rechtsnormen des kolonialen Gebietserwerbs. Der Paläontologe Ernst von Koken fungierte 1907/08 als Rektor. Bei ihm sticht vor allem eine Vorlesung zur Geologie der Kolonialländer ins Auge. Mit großem Elan kümmerte er sich um die Erweiterung der geologisch-paläontologischen Sammlung der Universität Tübingen; ob dabei auch Objekte aus den Kolonien eine Rolle spielten, ist noch nicht erforscht.[6] Ihm folgte der Orient- oder Indienforscher Richard Garbe als Rektor, der, wie damals so mancher Indologe, eher Verachtung für das zeitgenössische Indien empfand.[7] Im ersten Weltkriegsjahr übernahm Carl Johannes Fuchs die Universitätsspitze, dessen nationalökonomische Forschungen immer wieder aus dem nationalstaatlichen Rahmen heraustraten. Fuchs war ein bekannter Sammler asiatischer Kunst und setzte sich im Senat mehrmals für die Einführung von China-Studien an der Universität ein.[8] Ganz offensichtlich kolonial gesinnt waren drei Rektoren in der Zwischenkriegszeit: Adalbert Wahl (1921/22), der vor dem Ersten Weltkrieg am Kolonialinstitut in Hamburg gelehrt hatte, las zur Kolonialgeschichte und veröffentlichte ein vierbändiges Werk zur Deutschen Geschichte (1871 bis 1914), das der Kolonialpolitik breiten Raum gab.[9] Aufgrund seiner unablässigen kolonialrevisionistischen Aktivitäten galt der Geograph Carl Uhlig (1926/27) als kolonialer Vergangenheitssucher par excellence.[10] Der Geologe und Paläontologe Edwin Hennig (1929/30) wiederum hatte sich in Deutsch-Ostafrika an paläontologischen Grabungen beteiligt und war mit einem Reisebericht und vielen kolonialrevisionistischen Schriften in Erscheinung getreten.[11]

Während wir über einige Kolonialenthusiasten wie Carl Uhlig und Edwin Hennig sehr genaue Kenntnisse haben, sind die kolonialen Aktivitäten von anderen Rektoren bisher kaum erforscht. Dennoch lässt sich feststellen, dass wir es mit einem Spektrum zu tun haben, das vom überschwänglichen Kolonialpropagandisten bis zum Gelehrten reichte, der sich wohl eher aufgrund seines Wissenschaftsgebiets innerhalb kolonialer Denkstile bewegte. Wir müssen davon ausgehen, dass die Amtsführung ebenso dieser Varianz unterlag.

Hinweise darauf erhalten wir zunächst durch die Amtsträger selbst, die am Anfang und Ende ihrer einjährigen Amtszeit Reden hielten. Uhlig nutzte das Rektorat, um auslandskundliche Institutionen an der Universität auszubauen. 1926 sprach er anlässlich seines Amtsantritts über *Auslanddeutschtum und deutsche Hochschularbeit*, um von der von ihm selbst vorangetriebenen völkischen Indoktrinierungsarbeit an der Universität zu berichten, was er ein Jahr später in seinem Jahresbericht bei der Rektoratsübergabe wiederholte.[12] Der Geologe Hennig, der ihm unmittelbar nachfolgte, erinnerte am Ende seiner Amtszeit nicht nur an Wissenschaftskongresse des vergangenen Jahres in Tübingen, sondern auch an politische Kundgebungen, die sich gegen die Kriegsschuldlüge und den Friedensschluss von Versailles richteten.[13]

Doch nicht jeder der ausscheidenden und neuen Rektoren nutzte den Anlass für koloniale Rhetorik. Rektor Carl Fuchs ging 1915 in einem Vortrag anlässlich des Geburtstags von König Wilhelm II. nur auf die volkswirtschaftlichen Kriegsfolgen im deutschen Reichsgebiet ein, ohne die Kolonien zu erwähnen.[14] Enno Littmann, der Rektor der Jahre 1930/31, interessierte sich zwar wenig für die deutsche Kolonialpolitik, bewegte sich wissenschaftlich jedoch in einem imperialen Kontext. Seine Expeditionen in Äthiopien dienten sowohl der Wissenschaft als auch der Aufnahme diplomatischer Beziehungen. Dennoch entzog er sich häufig der politischen Vereinnahmung. Mit seiner Rektoratsrede versuchte er dem akademischen Publikum in weltbürgerlicher Manier die Kulturbeziehungen zwischen *Abendland und Morgenland* in Philosophie, Dichtung, Wissenschaft und Architektur näher zu bringen.[15]

Bei allen biographischen Differenzen zwischen den einzelnen Amtsinhabern war die Universität Tübingen über acht Jahre hinweg von ihrem Kopf her kolonial gesinnt. Dies muss nicht bedeuten, dass die Rektoren tatsächlich aufgrund ihrer Verdienste um die koloniale Lehre und Forschung gewählt wurden. Aber immerhin hatte im Umkehrschluss mehr als die Hälfte der Tübinger Professoren keine Einwände, dass die Universität von einem Kollegen geführt wurde, der koloniale Vorlesungen gehalten oder zu kolonialen Fragen geforscht hatte – seit 1886 war die absolute Mehrheit für die Rektorenwahl erforderlich.[16] Von ausgewiesenen Kolonialismuskritikern im Tübinger Lehrkörper oder gar unter Rektoren ist indessen bislang nichts bekannt. Da die Kolonialherrschaft als Zivilisierungsaufgabe und als eine patriotische Selbstverständlichkeit verstanden wurde, waren koloniale Zweifler eher geneigt zu schweigen, als sich den Zorn der überschwänglichen Kolonialenthusiasten und Imperialisten zuzuziehen.

4. Forschungswege

Forschungsansätze und akademische Biographien variierten von Fach zu Fach, so dass sich in den Kolonialwissenschaften nur schwer generelle Muster identifizieren lassen. Dennoch können wir zwei Gruppen unterscheiden: Die eine umfasste diejenigen Hochschullehrer, die allein aus dem Studium von Büchern und Dokumenten Kolonialwissen generierten, deren Forschung *an der Universität und in Bibliotheken* erfolgte. Die andere Gruppe umfasste Gelehrte, die selbst in Kolonialgebiete reisten, um *in Kolonien* zu forschen. Beide Formen der Kolonialforschung gründeten sich auf verschiedene Fachtraditionen mit spezifischen Erkenntnisinteressen. Für Rechtsgelehrte und Historiker war eine Reise in die Kolonien unüblich. Ihre Untersuchungen von Kolonialpolitik, Kolonialgeschichte und Kolonialrecht fußten auf Debattenkenntnissen und schriftlichen Quellen. Anders hingegen sah dies bei Geographen, Völkerkundlern, Geologen und Auslandskundlern aus. Ihr Expertenstatus basierte auf dem in den Kolonien gewonnenen Erfahrungswissen, das sie entweder durch Expeditionen erwarben oder – wie im Fall von Eduard Haber – durch den Dienst in der Kolonialverwaltung.

Schon in der Zeitdauer unterschieden sich die Aufenthalte. Oftmals dauerten Expeditionen mehrere Monate, in Ausnahmefällen auch über ein Jahr. Es wurden aber auch kürzere Besuche von mehreren Wochen unternommen, die wohl eher Studienreisen entsprachen. Der Geograph und Völkerkundler Karl Sapper brachte ein ganzes Semester auf dem Bismarckarchipel zu. Für das Sommersemester 1908 war er von der Universität Tübingen beurlaubt worden, um im Dienst des Reichskolonialamts und im Auftrag einer ihr nachgeordneten landeskundlichen Sachverständigenkommission zu forschen. Auch sein Nachfolger auf dem Lehrstuhl für Geographie, Carl Uhlig, wurde für ein Semester beurlaubt, so dass sich sein Dienstantritt in Tübingen verschob.[17] Als Augustin Krämer 1919 eine Dozentur für Völkerkunde an der Universität Tübingen antrat, hatte er bereits viele Jahre im Westpazifik zugebracht. Der ehemalige Marinearzt und Völkerkundler hatte 1909 die Leitung der Hamburger Südsee-Expedition in ihrem zweiten Jahr übernommen.[18] Ebenso hatte Eduard Haber vor seiner Tätigkeit an der Universität Tübingen Erfahrungen im Kolonialdienst gesammelt und war in zwei Kolonien und im Reichskolonialamt tätig gewesen. In Ostafrika versah er nicht nur am Gouverneurssitz in Daressalam seinen Dienst, sondern reiste während des größten ostafrikanischen Kolonialkriegs, der oft als Maji-Maji-Krieg bezeichnet wird, in den Süden der Kolonie. Durch die Schutztruppentaktik der verbrannten Erde und die dadurch verursachten Hungersnöte verloren schätzungsweise bis zu 300.000 Einheimische ihr Leben.[19] Später wurde Haber nach Neuguinea versetzt, amtierte als stellvertretender Gouverneur für den erkrankten Albert Hahl und wurde nach den von ihm selbst geführten Kapitulationsverhandlungen mit Australien zum Gouverneur der bereits verlorenen Kolonie mit Dienstsitz in Berlin ernannt.

Mancher Wissenschaftler versuchte aus seiner Weltläufigkeit kulturelles Kapital zu schlagen. Wahrhold Drascher stilisierte gerne jeden Aufenthalt in einem Hafen zu einer Expedition. Wirkliche Forschungen fanden allerdings kaum statt. Im Fall seiner südafrikanischen Reise handelte es sich um eine Vortragstournee zur Indoktrination deutscher Auswanderergemeinden mit nationalsozialistischem Gedankengut.[20]

Doch der Kontrast von Schreibstube und Expedition, von Literaturstudium und mühsamer Forschung in der kolonialen Peripherie ist nicht überzubewerten. Die Forschungsreisenden unter den Hochschullehrern verwendeten ebenfalls Fachliteratur, amtliche Statistiken und Karten. Obwohl sie selbst in die Kolonien reisten, verbrachten sie ebenso wie ihre weniger reiselustigen Kollegen die meiste Zeit an ihren Instituten.

5. In der Südsee und in Ostafrika unterwegs

Und doch gründete sich die Reputation von Geographen, Völkerkundlern, Auslandskundlern und auch die eines Paläontologen wie Edwin Hennig auf Studien, die aus Aufenthalten in den Kolonien hervorgingen, oder auf darauffolgenden Anschlussforschungen. Karl Sapper bereiste mit dem pensionierten Hauptmann und Ethnologen Georg Friederici zunächst eine Reihe von Stapelplätzen des Bismarckarchipels, um von dort die ins Landesinnere reichenden Gebiete zu erkunden. Später besuchten sie auf dem Regierungsdampfer *Seestern* in Begleitung des Gouverneurs Albert Hahl, eines Regierungsamtmanns und eines Bergbauingenieurs sowie im Beisein des amerikanischen Ethnologen Georg Amos Dorsay die benachbarten Salomon-Inseln, Buka und Bougainville. Ihre Erkundungen zielten auf noch wenig bekannte Gebiete und auf die Zurücklegung weiter Wegstrecken im Landesinneren der Inseln. Die Aufnahme der Küstenlinie gehörte nicht zu ihren Aufgaben, das konnten die Vermessungsschiffe der Marine weit besser bewerkstelligen. Sapper führte meteorologische Messungen durch, bestimmte die Vegetation, zeichnete das Relief in Profil- und Panoramazeichnungen. Es wurde fotografiert, geologische Handstücke, Pflanzen, Tiere, Bodenproben und ethnographische Objekte wurden gesammelt. Topographische Aufnahmen beanspruchten viel Zeit. Einerseits erlaubten sie die Lokalisierung der Beobachtungen, der Landnutzung oder der Bevölkerungsverteilung, andererseits diente die Kartierung der Kolonien der Beseitigung der ominösen weißen Flecken, die um die Jahrhundertwende nur noch kleinere Gebiete betrafen.

Ganz ähnliche Zwecke verfolgte Carl Uhlig in Ostafrika. 1899 war er zunächst als Reichsmeteorologe tätig und übernahm bald weitere Aufgaben in der Landesaufnahme. Während seines sechsjährigen Aufenthalts in der Kolonie bereiste er zahlreiche Landesteile und führte mit Hilfe von privat eingeworbenen Mitteln weitere Expeditionen durch. Topographische Aufnahmen und die Geomorphologie dominierten seine Forschungsarbeiten. Neben einem Reisebericht in der *Geographischen Zeitschrift* erschienen zwei Kartenwerke mit ausführlichen Begleittexten: eine geomorphologische Karte der ostafrikanischen Bruchstufe und eine hochgelobte Wirtschaftskarte der Kolonie.[21]

Einen gänzlich anderen Charakter wiesen Eduard Habers Untersuchungen zu den Ursachen des Maji-Maji-Kriegs auf. Sein unveröffentlichter Sonderbericht von Ende 1905 war an den Gouverneur und die Kolonialabteilung des Auswärtigen Amts adressiert. Obwohl Haber nur wenige Tage in die südlichen Küstenstädte der Kolonie reiste, die von der Schutztruppe wieder gesichert worden waren, bemühte er sich, den Ursachen auf den Grund zu gehen. Dazu befragte er Kolonialbeamte verschiedener Hierarchiestufen und sogar einen Stadtvorsteher aus der arabischen Kaufmannselite. Haber ging es nicht darum, die deutsche Kolonialherrschaft infrage zu stellen, aber er sparte auch nicht mit Kritik an der Herrschaftsführung. Für die Unzufriedenheit der einheimischen Bevölkerung machte er die Akidenverwaltung verantwortlich, also die einheimischen Kolonialbeamten auf der untersten Verwaltungsebene, und die Korruption von eingesetzten Dorfvorstehern. Zugleich kritisierte er viel vehementer als eine Denkschrift des Gouverneurs Adolf von Goetzen die Unterschlagung von Arbeitslöhnen durch deutsche Firmen und Kolonialbeamte, den Erlass von sinnlosen Verordnungen und die zwangsweise Einführung der Baumwollkultur.[22] Insofern war Haber wohl eher dem kolonialen Reformlager zuzurechnen, das wissenschaftsbasiert eine Korrektur der deutschen Kolonialherrschaft anstrebte, wie sie sich mit der Neuberufung des Bankiers Bernhard Dernburg zum Direktor des 1907 gegründeten Reichskolonialamts in vielen, wenn auch nicht allen, Kolonien durchsetzte. Habers koloniale Verwaltungserfahrung in Ostafrika, Neuguinea und im Reichskolonialamt brachte ihm schließlich mit über 60 Jahren ab Sommersemester 1930 noch eine Dozentur für Kolonialpolitik, Kolonialrecht und internationale Rohstoffwirtschaft an der Universität Tübingen ein. Seine Kurse besuchten selten mehr als 15 Studierende, so dass ihm zunächst keine tragende Rolle an der rechts- und wirtschaftswissenschaftlichen Fakultät zufiel. Dies änderte sich, als er ab 1933 als Vertrauensmann der NS-Dozentenschaft alle Dissertationen der Fakultät begutachtete und in den Berufungskommissionen über Vetorechte verfügte.[23]

Für die Universität verlockend war indessen die Anwerbung eines weiteren Dozenten unmittelbar nach dem Ende des Ersten Weltkriegs. Mit Augustin Krämer, dem ehemaligen Direktor des Stuttgarter Völkerkundemuseums (1911–1915) und »Eingeborenen«-Experten, gewann die Geographie, der die Völkerkunde zu dieser Zeit noch als Teildisziplin zugeordnet war, eine Ausweitung des Lehrangebots um drei Veranstaltungen pro Semester. Außerdem erhielt die Universität Krämers Privatsammlung aus den Südseekolonien in einem Tauschgeschäft gegen eine Honorarprofessur für den Völkerkundler. Als Expeditionsleiter des zweiten Jahres der Hamburger Südsee-Expedition (1909/10) hatte Krämer auf einen Wandel der völkerkundlichen Forschungspraxis hingewirkt. Unter dem Tropenmediziner Friedrich Fülleborn hatten sich die übrigen Expeditionsteilnehmer noch an ein strenges Zeitregiment zu halten, das der Direktor des Hamburger Museums für Völkerkunde Georg Thielenius der Expedition im Vorfeld auferlegt hatte. So herrschte eine minutiös vorgegebene Tagesplanung mit festen Zeiten für Forschung, Essen und Ruhe. Von dieser Form der Völkerkunde, in der das Schiff den Mittelpunkt des Expeditionsalltags bildete, versprach sich der Expeditionsorganisator einen besseren Schutz vor Krankheiten und Überfällen sowie die Überwindung von Transportproblemen, die sich aus dem riesigen Arsenal an Instrumenten und den Unmengen an ethnologischen Sammelstücken und Raubgütern ergaben. Das rigide Zeitmanagement entpuppte sich indes als wenig praktikabel: Frühstück im Morgengrauen, anschließendes Ausschwärmen zu den »Eingeborenen«, Rückkehr an Bord zum Mittagessen und einer kurzen Siesta, um dann erneut zu nachmittäglichen Forschungen aufzubrechen, bis nach dem frühen tropischen Sonnenuntergang das Abendprogramm auf dem Schiff begann. Die vorgegebenen Routinen in enger Taktung verhinderten Begegnungen mit einheimischen Dorfbewohnern. Kaum waren die Völkerkundler auf Menschen gestoßen, musste die Reisegruppe wieder auf den Dampfer zurückkehren. Um die wenigen Dolmetscher gab es ständig Streit, da keiner der Völkerkundler Pidgin-Englisch verstand.

Als Augustin Krämer die Expeditionsleitung im zweiten Jahr übernahm, hatte er sich mit seiner Frau schon vor Ort befunden, da sie die Regierungsexpedition auf dem Vermessungsschiff der kaiserlichen Marine SMS Planet für den verstorbenen Emil Stephan weiterführten. Anstelle der vom Schiff ausgehenden Survey-Methode mit täglichen Ausflügen in verschiedene Dörfer traten nun stationäre Aufenthalte von mehreren Wochen, manchmal sogar von mehreren Monaten an Land. Der Dampfer setzte einzelne Wissenschaftler in Begleitung von Soldaten, Dolmetschern und persönlichen Dienern an verschiedenen Orten einer Insel ab, gelegentlich auch auf verschiedenen Inseln. Über Elisabeth Krämer-Bannow erhielten die Expeditionsteilnehmer auch Kenntnisse über den weiblichen Teil der einheimischen Bevölkerung.

Dieses stationäre Vorgehen ließ nun intensivere Studien zu. Und doch war es noch ein weiter Weg zur teilnehmenden Beobachtung, wie sie der polnisch-britische Sozialanthropologe Bronislav Malinowski einige Jahre später ganz in der Nähe des Forschungsgebiets der Südsee-Expedition praktizierte und als ethnologische Standardmethode etablierte. In kolonialen Situationen konnte kaum Vertrauen zwischen beiden Parteien entstehen. Statt sich unter die einheimische Bevölkerung zu mischen, achteten die Teilnehmer der Südsee-Expedition streng auf »Rassentrennung«. Lieber lebten sie in einiger Entfernung zur einheimischen Bevölkerung bei Plantagenverwaltern und auf Regierungsstationen. Ihre »Untersuchungsobjekte« suchten sie nur auf, um sie mithilfe der Dolmetscher zu befragen, um sie zu vermessen, zu fotografieren und zu zeichnen. Manchmal drangen sie auch gewaltvoll in Häuser ein. Doch den Alltag mit den Einheimischen zu verbringen, wäre für die Völkerkundler ein abwegiger Gedanke gewesen.[24]

Wie der Biograph der Expedition, Hans Fischer, ausführte, ging mit der veränderten Methodik während der Südsee-Expedition auch ein Wandel der Erkenntnisinteressen einher. In Mikronesien galten die Lebensbedingungen der Menschen als stark beeinflusst durch die Präsenz von europäischen Händlern, Missionaren und Kolonialbeamten. Deswegen waren die Völkerkundler weniger an der gegenwärtigen Kultur als an kulturellen Praktiken aus der vorkolonialen Zeit interessiert, wozu sie auskunftswillige Informanten suchten. Vielleicht wurde Krämer auch des Widerspruchs der kolonialen Völkerkunde gewahr. Denn einerseits suchten die Völkerkundler nach unberührten Gesellschaften, die noch in einem angeblichen geschichtslosen Urzustand dahindämmerten und von zivilisatorischen Einflüssen unberührt geblieben waren, andererseits versprachen sie, dass die von ihnen gewonnenen ethnologischen

Kenntnisse dazu beitrügen, dass die »Eingeborenen« besser als Arbeiter rekrutiert werden könnten.²⁵

Abb. 2: Bohrung in der Salzkruste des Magad.

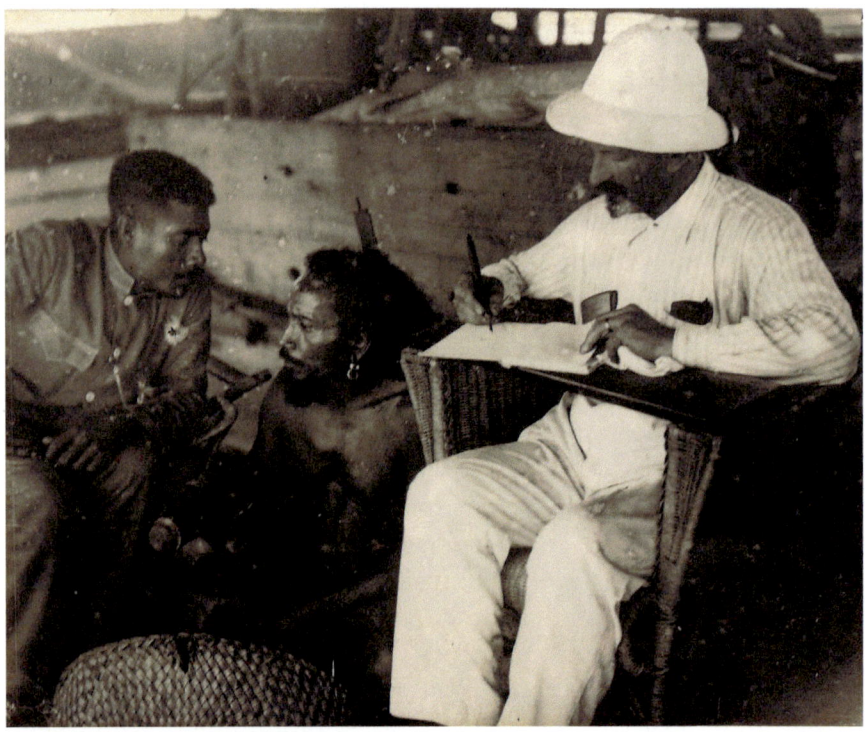

Abb. 3: Augustin Krämer auf einer Forschungsreise auf die Palau-Inseln im westlichen Pazifik.

6. Forschung mit aller Gewalt

Obwohl sich Forschungspraktiken und Erkenntnisinteressen in den Kolonien in Abhängigkeit von der jeweiligen Wissenschaftsdisziplin beträchtlich unterschieden, zeigten sie Gemeinsamkeiten. Dazu gehörten die Expedition als disziplinüberschreitende Forschungsroutine jener Kolonialwissenschaften vor Ort und zugleich ein kollektives Unvermögen, substantiell etwas zur kulturellen Verständigung zwischen Kolonisatoren und Kolonisierten beizutragen. Lieber verkehrten die Forschungsreisenden mit Offizieren, Kolonialbeamten, Plantagenverwaltern und deutschen Siedlern, als sich auf die einheimische Bevölkerung einzulassen. Nach Expeditionsende kehrten sie dann in ihre früheren Diskursgemeinschaften zurück, welche die eigene Nation als Nabel der Welt zelebrierten. Rassenhierarchien, Sozialdarwinismus und im besten Fall der Glaube an eine europäische Zivilisierungsmission trugen ihr Übriges dazu bei. Zudem waren der Wissensgewinnung in den Kolonien kaum ethische Schranken gesetzt.

Ubiquitäre Gewalt und die im kolonialen Jargon als Strafexpeditionen bezeichneten Einsätze der Polizeitruppen hatten Auswirkungen auf die Wissenschaft. Oftmals konnten Dorfbewohner kaum erkennen, ob es sich bei einer nahenden Expedition um den Teil einer militärischen Streitmacht, um die Tournee eines Regierungsbeamten oder die Karawane eines Wissenschaftlers handelte. In all diesen Fällen zog eine große Zahl von Trägern und Soldaten durch das Land. Gleiches gilt für die Annäherung mit dem Dampfer an die Küstendörfer. Zu oft waren Dörfer bereits von Marineschiffen beschossen worden, so dass Dorfbewohner sich von einem mit Polizeisoldaten besetzten Forschungsschiff gleichsam bedroht fühlen mussten. Selbst wenn Dorfbewohner mit den Wissenschaftlern kooperierten oder ihnen Kulturgüter überließen, so fällt es doch schwer, im kolonialen Kontext von Freiwilligkeit zu sprechen, da die ständige Gewalt die einheimische Bevölkerung zur Kooperation nötigte.

War am Ende die Forschung der in den Kolonien tätigen Wissenschaftler also verwerflicher als die von Schreibtischgelehrten? Beide Gruppen waren an der Aufrechterhaltung, Legitimierung und Ausdehnung der kolonialen Herrschaft beteiligt, ob sie nun, wie die Historiker, den kolonialen Ereignissen einen höheren Sinn abrangen oder, wie Juristen und Staatswissenschaftler, die deutsche Kolonialherrschaft für rechtsgültig erklärten. Und doch führten Expeditionen zu einer noch engeren Komplizenschaft mit der Kolonialherrschaft. Durch koloniale Forschungsaufenthalte rückten die Hochschulgelehrten zwangsläufig näher an die Gewaltausübung heran als ihre Universitätskollegen zu Hause. Besonders die Geographen nutzten gerne Regierungs- und Militärstationen als Etappenziele, wo sie von den Beamten und Offizieren mit Informationen versorgt wurden und vielfältige logistische Unterstützung erfuhren. Galt eine Gegend als unsicher, stellte die nächste Regierungs- oder Militärstation ihnen weitere Soldaten als Begleitschutz. Mit dem Dampfer verfügten Sapper wie auch die Hamburger Südsee-Expeditionen gewissermaßen über eine mobile Station in ständiger Reichweite.

Die Forschungsreisenden profitierten aber nicht nur von der kolonialen Infrastruktur und der latenten Angst vor Vergeltungsmaßnahmen. Die Gewaltanwendung erfolgte ebenso innerhalb der eigenen Karawane und gegen Dorfbewohner. *Die Träger mussten ein wenig Prügel bekommen*, schrieb Uhlig im Juli 1904 in sein Expeditionstagebuch. Sein Expeditionsassistent Fritz Jaeger, der als frisch promovierter Geograph die Expeditionsführung von Uhlig erlernt hatte, beschrieb für seine späteren Expeditionen zahlreiche Begebenheiten, bei denen die Prügelstrafe an Trägern vollstreckt wurde.[26] In Mikro- und Melanesien erhielten Träger Ohrfeigen für Beschwerden und Dorfbewohner Stockhiebe für angebliche *Diebereien*.[27] Tatsächlich nutzten die Expeditionsteilnehmer und Polizeisoldaten ihre Waffen, um die einheimische Bevölkerung einzuschüchtern. Im Expeditionstagebuch der Hamburger-Südsee-Expedition wird über die Landung am Sepikufer, dem längsten Fluss Neuguineas, berichtet: *Die Leute versuchten, uns am Landen zu hindern. Der Erfolg eines Schusses Hellwigs auf eine hochhängende Kokusnuß machte uns den Weg frei.*[28] Am 30. August 1909 notierte Paul Hambruch:

Die Eingeborenen bringen uns alle Geschenke, viele Nüsse, Schüsseln, Tauwerk, Eier, Hühner und immer versichern sie, ich habe Angst. Namentlich der eine Priester konnte mir nicht genug seine Angst versichern. Der Grund war das Schiessen von gestern wo AK [Augustin Krämer; CG] sein Gewehr abschoss. Wir wurden befragt, wann wir gehen würden.[29]

Einige Tage später schreibt Hambruch über denselben Ort: *Ich erreiche anthropologische Messungen zu bekommen. Im Guten war niemand zu bewegen, durch Drohungen eine Reihe von ihnen auf das Schiff zu bringen, bekomme ich dann auch 20 vollständige Messungen.*[30] Die Forschungsreisenden drangen häufig gewaltsam in Versammlungs- und Geisterhäuser sowie in die Privaträume der Familien ein. Als einige Leute den Gehilfen Vogel aus einem Haus ziehen wollten, riegelten bewaffnete Polizeisoldaten das Haus ab. Darauf gab es einen Tumult, wobei die Polizeisoldaten wild um sich schossen. Vogel berichtete: *[U]nsere Jungen brannten darauf alles niederzuschießen. Mit Mühe konnte Reche ihr Feuer stoppen. Jedem Einzelnen musste er den Kolben von der Backe schlagen.*[31] Auf der größten Insel des Bismarckarchipels, die zur Zeit des Kaiserreichs Neu-Pommern und heute Niu Briten heißt, empfingen die Dorfbewohner die Völkerkundler angeblich mit Kriegsgeheul. Dem Dolmetscher schrien sie zu, sie wollten nichts mit den Weißen zu tun haben, und warfen Steine. Die Expeditionsgruppe feuerte darauf die Gewehre ab. Otto Reche schrieb: *Nach der Aussage der Soldaten sollen im Ganzen 5–7 Gegner gefallen oder mindestens verwundet sein.*[32] Von einem weiteren Vorfall zeugt ein Schreiben des Kaiserlichen Bezirksamts. Darin wird über einen Konflikt von Krämers Expedition mit den Bewohnern des Dorfes Aion berichtet, der zum Tod eines Mannes namens Amdaur geführt habe.[33]

Ob in Ostafrika oder in der Südsee, Carl Uhlig, Karl Sapper, Edwin Hennig, Eduard Haber und das Ehepaar Krämer profitierten von den Netzwerken der kolonialen Infrastruktur, von Polizeisoldaten in ihrer Karawane und von der Anwesenheit der Schutztruppe oder von Polizeisoldaten, die weitere Regionen gewaltsam unterworfen hatten. Kolonien waren von Kriegen und Feldzügen geprägt und selbst in jenen Teilen der Kolonie, in denen offiziell Frieden herrschte, drohte der Bevölkerung ständig Gewalt; manchmal auch von Wissenschaftlern.

Kolonialismus manifestierte sich auf vielfältige Weise an der Universität: durch Expeditionen des Lehrkörpers, durch wissenschaftliche und politische Publikationen, durch die Teilnahme an oder Organisation von kolonialen Tagungen und Gedenkfeierlichkeiten und durch das Abhalten oder den Besuch von Lehrveranstaltungen. Koloniale Begeisterung ergriff Studierende, Dozenten, Institutsdirektoren, und in manchen Jahren war selbst die Universitätsführung kolonial gesinnt.

ENDNOTEN

1 Die Ausführungen basieren auf einer systematischen Auswertung der Vorlesungsverzeichnisse der Universität Tübingen aus den Jahren 1884 bis 1960 durch den Verfasser.
2 BERNSTORFF: Koloniale Herrschaft, S. 271–296.
3 KOTOWSKI: Universität, S. 100–102.
4 GRÄBEL: Tübingen.
5 KOTOWSKI: Universität, S. 99–104; BLUM: Von Tübingen in die Welt?
6 POMPECKJ: Ernst Koken, S. I–IV.
7 HOFFMANN: Garbe, Richard von, S. 69.
8 U. a. FUCHS: Handelspolitik, S. 759–762.
9 DANIELS: Geschichtswissenschaft, S. 280–300, allerdings geht Daniels nicht auf die kolonialgeschichtlichen Aspekte ein.
10 LANGEWIESCHE: Eberhard-Karls-Universität Tübingen, S. 345–381.
11 GROSSMANN: Saurierjäger, S. 513–525.
12 UHLIG: Rede des neuen Rektors, S. 12–26; UHLIG: Jahresbericht, S. 3–15.
13 HENNIG: Jahresbericht, S. 8. Zur Einordnung: KOTOWSKI: Universität, S. 79–89.
14 FUCHS: Volkswirtschaft.
15 LITTMANN: Rede des neuen Rektors, S. 13–29. Zur Verbindung von Politik und Orientalistik: ZITELMANN: Enno Littmann, S. 99–110; DERS.: »Das Telegramm ist angekommen«, S. 111–118.
16 PALETSCHEK: Erfindung, S. 195.
17 GRÄBEL: Kolonialerfahrung, S. 504–506.
18 FISCHER: Südsee-Expedition.
19 MARCON/STRECKER: Wirtschafts- und Staatswissenschaften, S. 537–541. Zu Opferzahlen: SPEITKAMP: Deutsche Kolonialgeschichte, S. 133.
20 GRÄBEL: Kolonialerfahrung, S. 507–509.
21 GRÄBEL: Erforschung, bes. S. 54, 55, 275–279.
22 BArch, R 1001/726, Bl. 80–90; BArch, R1001/726, Bl. 3–8.
23 GRÄBEL: Kolonialerfahrung, S. 509f.
24 Zur Diskussion der teilnehmenden Beobachtung: GEERTZ: Die künstlichen Wilden, S. 9–30, 75–99.
25 FISCHER: Südsee-Expedition, S. 36–38.
26 GRÄBEL: Erforschung, S. 156f.
27 FISCHER: Südsee-Expedition, S. 129.
28 FISCHER: Südsee-Expedition, S. 128.
29 FISCHER: Südsee-Expedition, S. 131.
30 FISCHER: Südsee-Expedition, S. 131.
31 FISCHER: Südsee-Expedition, S. 134.
32 FISCHER: Südsee-Expedition, S. 135.
33 FISCHER: Südsee-Expedition, S. 135.

QUELLEN- UND LITERATURVERZEICHNIS

QUELLEN

Bundesarchiv (BArch), R1001/726, Bl. 3–8 (Götzen, Adolf von: Denkschrift über die Ursachen des Aufstandes in Deutsch-Ostafrika 1905).

Bundesarchiv (BArch), R 1001/726, Bl. 80–90 (Haber, Eduard: Sonderbericht, 9. September 1905).

Fuchs, Carl J.: Die Handelspolitik der wichtigeren Kulturstaaten in den letzten Jahrzehnten, Bd. 4: Die Handelspolitik Englands und seiner Kolonien in den letzten Jahrzehnten (Schriften des Vereins für Socialpolitik, Bd. 57), Leipzig 1893.

Fuchs, Carl J.: Die deutsche Volkswirtschaft im Kriege. Rede des Rektors am Geburtstage des Königs 1915 (Universität Tübingen, Bd. 12), Tübingen 1915.

Hennig, Edwin: Jahresbericht für die Zeit vom 26. April 1926 bis zum 30. April 1930 erstattet vom abgehenden Rektor Professor Dr. Edwin Hennig, in: Reden bei der Rektoratsübergabe am 30. April 1930 im Festsaal der Universität, hg. von der Universität Tübingen, Tübingen 1930, S. 3–12.

Littmann, Enno: Rede des neuen Rektors Professor Dr. Enno Littmann über das Thema »Abendland und Morgenland«, in: Reden bei der Rektoratsübergabe am 30. April 1930 im Festsaal der Universität, hg. von der Universität Tübingen, Tübingen 1930, S. 13–29.

Thilenius, Georg (Hg.): Ergebnisse der Südsee-Expedition, 1908–1910, Bd. 1: Allgemeines, Hamburg 1927.

Uhlig, Carl: Rede des neuen Rektors Professor Dr. Carl Uhlig über das Thema Auslanddeutschtum und deutsche Hochschularbeit, in: Reden bei der Rektoratsübergabe am 29. April 1926 im Festsaal der Universität, hg. von der Universität Tübingen, Tübingen 1926, S. 12–26.

Uhlig, Carl: Jahresbericht für die Zeit vom 30. April 1926 bis zum 26. April 1927 erstattet vom abgehenden Rektor Professor Dr. Carl Uhlig, in: Reden bei der Rektoratsübergabe am 26. April 1927 im Festsaal der Universität, hg. von der Universität Tübingen, Tübingen 1927, S. 3–15.

LITERATUR

Bernstorff, Jochen von: Koloniale Herrschaft durch Ambivalenz. Die deutsche Völkerrechtswissenschaft und die Kolonien, in: Philipp Dann/Isabel Feichtner/Ders. (Hgg.): (Post)Koloniale Rechtswissenschaft. Geschichte und Gegenwart des Kolonialismus in der deutschen Rechtswissenschaft, Tübingen 2022, S. 271–296.

Blum, Lisa: Von Tübingen in die Welt? Eduard Haber und der Kolonialrevisionismus, in: Historischer Augenblick (18.02.2020), URL: https://www.historischeraugenblick.de/haber1/ [zuletzt aufgerufen am 17.06.2023].

Daniels, Mario: Geschichtswissenschaft im 20. Jahrhundert. Institutionalisierungsprozesse und Entwicklung des Personenverbandes an der Universität Tübingen 1918–1964 (Contubernium, Bd. 71), Stuttgart 2009.

Fischer, Hans: Die Hamburger Südsee-Expedition. Über Ethnographie und Kolonialismus, Frankfurt a. M. 1981.

Geertz, Clifford: Die künstlichen Wilden. Anthropologen als Schriftsteller, München 1990.

GRÄBEL, Carsten: Die Erforschung der Kolonien. Expeditionen und koloniale Wissenskultur deutscher Geographen, 1884–1919 (Histoire, Bd. 75), Bielefeld 2015.

GRÄBEL, Carsten: Kolonialerfahrung als kulturelles Kapital. Gelehrtenbiographien und Profilierungsstrategien an der Universität Tübingen, in: Geschichte in Wissenschaft und Unterricht 72, H. 9/10 (2021), S. 501–512.

GRÄBEL, Carsten: Landesuniversität Tübingen und Kolonialismus, in: Die vergessene Ausbeutung. Kolonialismus und der Südwesten (Stuttgarter Symposion Schriftenreihe, Bd. 19), hg. vom Haus der Geschichte Baden-Württemberg, Ubstadt-Weiher 2019, S. 105–120.

GRÄBEL, Carsten: Tübingen und die Stuttgarter Kolonialwoche 1928, in: Historischer Augenblick (18.02.2020), URL: https://www.historischer-augenblick.de/kolonialwoche1928/ [zuletzt aufgerufen am 17.06.2023].

GROSSMANN, Johannes: Vom Saurierjäger zum Menschenfänger. Der Tübinger Paläontologe Edwin Hennig zwischen Kolonialismus und Nationalsozialismus, in: Geschichte in Wissenschaft und Unterricht 72, H. 9/10 (2021), S. 513–525.

HOFFMANN, Helmut: Garbe, Richard von, in: Neue Deutsche Biographie 6 (1964), S. 69.

KOTOWSKI, Mathias: Die öffentliche Universität. Veranstaltungen der Eberhard-Karls-Universität Tübingen in der Weimarer Republik (Contubernium, Bd. 49), Stuttgart 1999.

LANGEWIESCHE, Dieter: Die Eberhard-Karls-Universität Tübingen in der Weimarer Republik. Krisenerfahrungen und Distanz zur Demokratie an deutschen Universitäten, in: Zeitschrift für württembergische Landesgeschichte 51 (1992), S. 345–381.

MARCON, Helmut/STRECKER, Heinrich (Hgg.): 200 Jahre Wirtschafts- und Staatswissenschaften an der Eberhard-Karls-Universität. Leben und Werk der Professoren. Die Wirtschaftswissenschaftliche Fakultät der Universität Tübingen und ihre Vorgänger (1817–2002), Stuttgart 2004.

PALETSCHEK, Sylvia: Die permanente Erfindung einer Tradition. Die Universität Tübingen im Kaiserreich und in der Weimarer Republik (Contubernium, Bd. 53), Tübingen 2001.

POMPECKJ, Josef Felix: Ernst Koken†. (Mit einem Porträt), in: Palaeontographica. Beiträge zur Naturgeschichte der Vorzeit 59 (1913), S. I–IV.

SPEITKAMP, Winfried: Deutsche Kolonialgeschichte, aktualisierte und erweiterte Ausgabe, Stuttgart 2021.

ZITELMANN, Thomas: Enno Littmann (1875–1958). Äthiopische Studien und deutscher Orientalismus, in: Stefan WENIG (Hg.): Im Kaiserlichen Auftrag. Deutsche Aksum-Expedition 1906 unter Enno Littmann, Bd. 1: Akteure und die wissenschaftlichen Unternehmungen der DAE in Eritrea, Aichwald 2006, S. 99–110.

ZITELMANN, Thomas: »Das Telegramm ist angekommen«. Friedrich Rosen, Enno Littmann und die politische Einbettung der Aksum-Expedition, in: Stefan WENIG (Hg.): Im Kaiserlichen Auftrag: Deutsche Aksum-Expedition 1906 unter Enno Littmann, Bd. 1: Akteure und die wissenschaftlichen Unternehmungen der DAE in Eritrea, Aichwald 2006, S. 111–118.

Württemberg in Palästina. Technologische und kulturelle Verflechtungen (1850–1920)

Sabine Holtz

Palästina war und ist das Land der heiligen Stätten dreier Religionen. Seit 1516 stand es unter osmanischer Herrschaft.[1] Es bildete im Osmanischen Reich keine eigene Provinz, sondern war vielmehr auf verschiedene Provinzen aufgeteilt. Auf dem Gebiet Palästinas lebten rund 200.000 Menschen. Die meisten von ihnen waren arabische Muslime. Arabische Christen und Juden hatten zusammen einen Anteil von etwa 10%. Europäische Christen waren in Palästina kaum vertreten, unter französischem Schutz widmeten sich Franziskanermönche der Pflege der heiligen Stätten des Christentums. Die schlechte Infrastruktur, die klimatischen Bedingungen und die Gefahren des Reisens in diesen Raum hatten dazu geführt, dass es, anders als im späten Mittelalter und noch im 16. Jahrhundert, kaum noch Pilgerreisen ins Heilige Land gab. Kurzum, Palästina befand sich im Windschatten der Geschichte.

Das, was Palästina für Württemberg ziemlich abrupt attraktiv machte, war, dass Jerusalem für viele pietistisch gesinnte Separatisten zu einem Sehnsuchtsort wurde.[2] Vor allem zwei unterschiedliche Bewegungen führten zu einem württembergischen Engagement in Palästina. Zu nennen sind die Jerusalemfreunde, die Templer, wie sie sich später nannten, und die Pilgermission, genauer das von der Pilgermission in Jerusalem errichtete *Syrische Waisenhaus*. Beide Gruppierungen sollen in einem ersten Schritt vorgestellt werden. Anschließend wird ihr Weg nach Palästina in den Blick genommen, bevor die Aufmerksamkeit den technologischen und kulturellen Verflechtungen zwischen Württemberg und Palästina gilt.

Jerusalem, Bethlehem, Nazareth, das Heilige Land insgesamt, diese Orte waren durch den Religionsunterricht, der an allen Schulen seit Jahrhunderten anhand biblischer Geschichte auf dem Stundenplan stand, präsent. Jerusalem als Sehnsuchtsort wurde durch eine Prophezeiung der Wiederkunft Christi im Jahr 1836 befördert. Wo, wenn nicht in Jerusalem, hätte sie stattfinden sollen. Sie blieb freilich unerfüllt. An der Vorstellung Palästinas als gelobtes Land änderte dies indes nichts. Der württembergische Historiograph Christian Gottlob Barth (1799–1862) konnte 1843 sogar Palästina und Württemberg in einem Atemzug als gelobte Länder nennen.[3]

Doch war Württemberg kurz vor der Mitte des 19. Jahrhunderts wirklich ein gelobtes Land? Viele Württemberger sahen das anders. Dafür lassen sich verschiedene Gründe anführen. In den 1790er Jahren hatte die Aufklärung auch die württembergische Landeskirche erreicht. Längst nicht alle Gläubigen konnten sich mit der in Folge der Aufklärung veränderten Liturgie und einem neuen Gesangbuch abfinden. In einigen Gemeinden, wie Kirchentellinsfurt bei Tübingen, kam es zu regelrechten Aufständen gegen das neue Gesangbuch.[4] In der Adventszeit 1801 wurde der Organist, der ein Lied aus dem neuen Gesangbuch anspielte, verprügelt, der Pfarrer zog sich ins Pfarrhaus zurück und verschanzte sich. Militär rückte in Kirchentellinsfurt ein, die Gemeinde wurde verhört, die ausgemachten Rädelsführer verhaftet und auf dem Hohenasperg gefangengesetzt. Das Militär blieb über Weihnachten im Ort. Erst am 4. Januar 1802 erhielten die Soldaten den Befehl, wieder abzurücken. In diesen Zeiten sahen viele in der Auswanderung ins russische Zarenreich oder nach Amerika die einzige Möglichkeit, sich den in ihren Augen modernistischen religiösen Vorgaben der lutherischen Amtskirche entziehen zu können. Zu den religiösen gesellten sich wirtschaftliche und politische Gründe. Die Hungerjahre in Folge des »Jahres ohne Sommer« 1816 und die Hungerkrise 1846/47, aber auch die fortschreitende Realteilung und die Kosten für die Ablösung der Grundlasten von 1848 trugen ihren Teil dazu bei. Dies gilt ebenso für die politisch motivierte Auswanderung, vor allem nach der gescheiterten Revolution von 1848/49.

Die angespannte Lage führte in bestimmten Kreisen zu einer religiösen Radikalisierung. Christoph Hoffmann (1815–1885),[5] der Sohn des Korntal-Gründers Gottlieb Wilhelm Hoffmann (1771–1846), der 1848 kurzzeitig den Wahlkreis Ludwigsburg auf der Frankfurter Nationalversammlung vertreten hatte, sprach sich für eine Trennung von Kirche und Staat aus, da der Staat in seinen Augen kein christliches Fundament mehr hatte. Als er in Frankfurt keine Mitstreiter fand, legte er sein Mandat nieder. Auch seine Versuche, innerkirchliche Reformen zu erreichen, scheiterten. Nach seinem Theologiestudium in Tübingen arbeitete er zunächst als Lehrer im *Salon* in Ludwigsburg, der Bildungs- und Erziehungsanstalt der Gebrüder Paulus, dann wurde er Inspektor bei der Pilgermission im schweizerischen St. Chrischona bei Basel (1853–1855). Anders als erhofft, konnte er keine Missionserfahrungen im Ausland sammeln. Noch während seiner Zeit in St. Chrischona engagierte er sich als Mitinitiator eines Aufrufs zur Auswanderung nach Palästina.

Hoffmann kannte aus seiner Zeit als Kandidat für die Frankfurter Nationalversammlung Georg David Hardegg (1812–1879).[6] Hardegg hatte eine bewegte politische Karriere hinter sich. Bei ihm, einem Verfechter einer »Deutschen Republik«, war in den 1830er Jahren bei einer Hausdurchsuchung revolutionäres Propagandamaterial sichergestellt worden, das ihm eine mehrjährige Haftstrafe auf dem Hohenasperg eingebracht hatte. Seit 1846 war er wieder in Ludwigsburg und gründete dort ein Ledergeschäft. Hardegg kannte Hoffmanns Schriften und sympathisierte mit dessen Idee der Tempelgründung im Heiligen Land. Einmal in Kontakt miteinander, schmiedeten sie Pläne zur Gründung einer Gemeinschaft, die sie in das Heilige Land führen wollten. 1854 rief Hoffmann dann in Ludwigsburg die *Gesellschaft zur Sammlung des Volkes Gottes in Jerusalem*, kurz Templer genannt, ins Leben.[7]

Politische Unterstützung für eine Ansiedlung in Palästina fand Hoffmann weder beim Frankfurter Bundestag noch bei der württembergischen Regierung. Als Basis der Templer konnte 1856 der Kirschenhardthof (heute: Gemeinde Burgstetten, Rems-Murr-Kreis) erworben werden. Zwei Jahre später reiste eine erste Kommission, darunter Hoffmann und Hardegg, nach Palästina, um Möglichkeiten der Ansiedlung vor Ort auszuloten; 1867 folgte eine zweite Sondierung. Als Hoffmann und seine Anhänger 1861 wegen einer amtskirchlich nicht legitimierten Amtshandlung – Hoffmann hatte Jugendliche konfirmiert – aus der Amtskirche ausgeschlossen wurden, entschlossen sich die Templer, den *Deutschen Tempel* als eigenständige religiöse Bewegung zu gründen, da – wie es in der Gründungserklärung hieß – *keine der bestehenden Kirchen die Herstellung des Menschen zum Tempel Gottes und die Herstellung des Heiligtums für alle Völker zu Jerusalem* anstrebe.[8]

1868/69 wanderten die Templer gegen den Willen der württembergischen Regierung aus. Am 30. Oktober 1868 erreichten sie Haifa.[9] Dort gründeten sie im darauffolgenden Jahr den ersten Tempel in Palästina. Voraussetzung für die Gründung einer Kolonie war die prinzipielle Möglichkeit einer Ansiedlung in Palästina. Diese Voraussetzung war seit der Errichtung eines evangelischen Bistums in Jerusalem gegeben, für das sich Preußen und England eingesetzt hatten und das 1841 realisiert werden konnte. Damit verbunden war die erstmalige Anerkennung des protestantischen Christentums durch das Osmanische Reich. Dies ermöglichte eine Einwanderung nach Palästina, auch wenn Fragen des Bodenerwerbs, der Steuerzahlungen etc. noch ungeklärt waren.

Neben der Gründung in Haifa (1869) entstanden weitere städtische Gemeinden in Jaffa (1869) und Jerusalem (1873) sowie drei landwirtschaftliche Siedlungen in Sarona (1871), Wilhelma (1902) und Bethlehem-Galiläa (1906).[10] Hinzu kam die Zweigniederlassung Jaffas in Walhalla (1886). Insgesamt verließen rund 6.000 Personen Württemberg, allerdings ohne ihres württembergischen Bürgerrechts verlustig zu gehen.[11]

Schon vor den Templern war die Basler Pilgermission St. Chrischona in Palästina tätig. In ihrem Auftrag war 1854 bereits ein Württemberger ins Heilige Land gereist: Johann Ludwig Schneller stammte aus einer bäuerlichen Familie aus Erpfingen auf der Schwäbischen Alb. Seit 1847 hatte er für die Pilgermission gearbeitet. In Palästina sollte er sich um die Reaktivierung des ersten Bruderhauses der Pilgermission kümmern, das zwischen 1846–1849 in Jerusalem bestanden hatte. Einige Jahre später, 1860, erhielt Schneller aus der Zentrale der Pilgermission dann den Auftrag, für Waisenkinder aus Syrien (heutiges Libanon) in Jerusalem eine neue Heimstätte zu schaffen. Ihre Eltern waren Opfer des Bürgerkriegs in Syrien geworden, in dessen Verlauf es zu massiven Ausschreitungen gegen Christen gekommen war. Die Institution vergrößerte sich rasch: Lebten 1861 dort 40 Waisen, waren es zehn Jahre später bereits doppelt so viele Kinder, die im *Syrischen Waisenhaus* lebten,[12] in den 1880er Jahren waren es 200 Jungen und Mädchen.[13] Schneller führte ein »duales Ausbildungskonzept« ein, das er aus den badischen und württembergischen Rettungsanstalten übernommen hatte. Für die Erziehung der Kinder holte man unter anderem Diakone aus der 1876 gegründeten württembergischen Diakonenanstalt Karlshöhe[14] bei Ludwigsburg. Die Kinder erhielten neben einer schulischen auch eine handwerkliche Ausbildung.[15]

Mit der ersten Generation der Templer kam vor allem landwirtschaftliches und handwerkliches Know-how aus Württemberg nach Palästina. Um Anpassungen an die klimatischen Verhältnisse beim landwirtschaftlichen Anbau wie in der Vieh- und Milchwirtschaft vorzunehmen, musste viel experimentiert werden. Durch

Veredelung, bei der man auf neueste Erkenntnisse in der Agrartechnologie aus der *Landwirtschaftlichen Hochschule Hohenheim* zurückgriff, gelang es, den Ertrag zu steigern. Auch wurden früh agrartechnische Innovationen eingeführt, darunter Bewässerungsanlagen für den Plantagenanbau und mit Windenergie betriebene Mühlen, deren Mahltechnik an die lokale Agrarproduktion angepasst wurde. Als diese Mühlen später durch dampfbetriebene Mühlen ersetzt wurden, entwickelten sich die handwerksmäßig organisierten Betriebe zu industriellen Großbetrieben. Es entstanden aber auch erste Weinkellereien und Bierbrauereien. Die ersten Weinstöcke wurden aus der württembergischen Heimat, dem Neckar- und dem Remstal, nach Palästina importiert. Nach dem Vorbild der württembergischen Templer in Palästina gründete das *Syrische Waisenhaus* (Theodor Schneller) später auch landwirtschaftliche Zweigstellen,[16] vor allem zur eigenen Versorgung. Dass man in den Templerkolonien fortdauernd am technischen Fortschritt interessiert war,[17] zeigt sich unter anderem daran, dass der Gründer der Agrarschule in der landwirtschaftlichen Kolonie im palästinischen Wilhelma (1909), Fritz Keller, an der *Landwirtschaftlichen Hochschule Hohenheim* studiert hatte. Ob die die von den Templern importierte Agrartechnologie in die arabische Umwelt ausstrahlte, bleibt angesichts der hohen Kosten fraglich.

Das Beziehungsnetz war eng geknüpft, die Religion spielte nach wie vor eine wichtige Rolle, nun kam aber zum landwirtschaftlich-handwerklichen Know-how technisches Wissen hinzu, das im Besonderen an der *Stuttgarter Hochschule* erworben wurde. Die Hochschule hatte sich aus der 1829 gegründeten Gewerbeschule heraus

Abb. 1: Gustav Bauernfeind: Die Kolonie Sarona bei Jaffa.

entwickelt und wurde über eine *Polytechnische Schule* (1840) und ein *Polytechnikum* (1876) zur *Technischen Hochschule* (1890).

Der mit der Ausbildung verbundene Wissenstransfer lässt sich aufgrund der Überlieferungssituation besonders gut an drei Beispielen aufzeigen:
- Theodor Sandel (1845–1902), Architekturstudium (Architekt, Kartograph)
- Gottlieb Schumacher (1857–1925), Studium des Ingenieurwesens und der Architektur (Architekt und Brückenkonstrukteur),
- und Gustav Bauernfeind (1848–1904), Architektur-Studium (Architekt, Orientmaler)

Alle drei haben in Stuttgart studiert und hatten enge Kontakte zur Templergemeinde.

Theodor Sandels Vater Christan Gottlieb gehörte einer angesehenen Schwäbisch Haller Apothekerfamilie an.[18] Er kam über Hoffmann und Hardegg in Kontakt mit den *Jerusalemfreunden* und gehörte zu den Templern der ersten Generation in Palästina. Sein Sohn Theodor lernte noch den Kirschenhardthof kennen. Er begann aber vor der Auswanderung der Familie nach Palästina 1863 sein Studium.

Gottlieb Schumacher (1857–1925) kam als Junge mit seiner Familie aus den USA nach Palästina. Sein Vater, der aus einer alteingesessenen Tübinger Steinmetz- und Maurerfamilie stammte, war gemeinsam mit zwei Brüdern 1848 in die USA ausgewandert.[19] Auf der Suche nach religiöser Orientierung lernte er in den USA Leute kennen, die ihrerseits mit den *Jerusalemfreunden* in Württemberg in Kontakt standen. Rasch entstand die Idee, eine Gemeinschaft nach dem Vorbild des Kirschenhardthofs zu gründen. Hoffmann und Hardegg müssen ihrerseits sehr vernetzt gewesen sein, denn als sie nach Palästina übersiedelten, baten sie Schumacher, nach Haifa zu kommen und am Aufbau der Siedlung mitzuarbeiten. 1869 wanderte die Familie Schumacher nach Palästina aus. Der Sohn begab sich also zur Ausbildung von Palästina nach Stuttgart.

Gustav Bauernfeind kam erst auf Umwegen nach Palästina und dort in Kontakt mit den Templern. Seine Familie stammte aus Sulz am Neckar und siedelte später nach Stuttgart um.[20] Sein Vater, Johann Baptist, war im Zusammenhang mit der 1848er Revolution für einige Zeit inhaftiert worden. Gustav Bauernfeind hatte sich

1866 für ein Architekturstudium immatrikuliert. Im Anschluss arbeitete er in Architekturbüros in Stuttgart und Wien, daneben widmete er sich der Architekturmalerei. Sein Architekturprofessor Adolph Gnauth, der selbst öfter in den Orient reiste, war es wohl, der Bauernfeinds Interesse für den Orient weckte. Hinzu kam, dass Gustavs ältere Schwester Emilie (* 1840) zunächst in Jerusalem (1869), dann in Beirut (1800) lebte. Sie war mit Wilhelm Staiger (* 1835) verheiratet, der bereits 1860 in den Dienst der Basler Pilgermission getreten war. Bauernfeind unternahm insgesamt drei Orientreisen. Auf der zweiten Reise lernte er seine spätere Frau Elise in Palästina kennen. 1889 heirateten die beiden. Zwei Schwestern von Elise lebten in der Jerusalemer Templergemeinde. Im Herbst 1896 siedelte Bauernfeind mit seiner Frau und seinem zweijährigen Sohn Otto nach Palästina über. Die Jerusalemer Templergemeinde wurde ihnen zur neuen Heimat.

Michèle Wrobel hat in ihrer Dissertation die Studiengänge Theodor Sandels, Gottlieb Schumachers und Gustav Bauernfeinds anhand der Studienpläne und der Staatsexamina beziehungsweise des Diploms (Schumacher) untersucht. Im Zuge dieser Untersuchung konnte sie die Stundenpläne und die Studieninhalte rekonstruieren.[21] Daraus kann geschlossen werden, welche Qualifikationen und Fertigkeiten die drei Absolventen nach Palästina mitbrachten.

1. Das Studium in Stuttgart

Theodor Sandel hat von 1863 bis 1866 in Stuttgart Architektur und Bauingenieurwesen mit Schwerpunkt Hoch- und Tiefbau studiert und einen Doppelabschluss in beiden Disziplinen erworben (das war bis 1870 möglich).[22] Bauentwürfe, Baukonstruktion, Kostenberechnung des Baus und die Materialienlehre gehörten ebenso dazu wie Freihand- und Ornamentzeichen sowie Mineralogie und Geologie, mathematische Physik und Chemie. Im dritten Jahr kam für die Architekten das Fach Hochbaukunde hinzu, dessen erfolgreicher Abschluss den Doppelabschluss möglich machte. Praktische Erfahrungen konnten in Baubüros oder auf Werkplätzen erworben werden. Als Sandel im Bauingenieurwesen 1866 seine Staatsprüfung ablegte, wurde er in 18 Aufgabengebieten geprüft. Im Studienfach Architektur beantragte er eine Zulassung zu den Prüfungsfächern Hoch-, Straßen-, Brücken- und Wasserbau. Insgesamt warteten hier 30 Aufgaben auf den Kandidaten, hinzu kamen weitere Prüfungen in sogenannten Hilfsfächern (Freihand- und Planzeichnen; Baumaterialienkunde, Geognosie).

Gottlieb Schumacher kam 1877 zum Studium des (Bau)Ingenieurwesens nach Stuttgart.[23] In der Diplomprüfung wurden zwölf Fächer geprüft: unter anderem Ingenieur-Konstruktionen, Technische Mechanik, Hochbau-Konstruktionen, Straßen-, Eisenbahn- und Wasserbau, Praktische Geometrie, Maschinenbaukunde, Baugeschichte, Chemie, Geognosie, Baumaterialienkunde und Freihandzeichnen. Hinzu kamen aufgrund der fachlichen Überschneidung mit dem Architekturstudium weitere Prüfungen unter anderem erneut in der Hochbaukonstruktion und im Eisenbahnbau.

Gustav Bauernfeind studierte von 1866 bis 1870 Architektur und schloss mit dem Staatsexamen ab.[24] Sein Studium unterschied sich nicht wesentlich von jenem Sandels. Anders als Sandel musste Bauernfeind zwar Kurse zum Hoch- und Wasserbau belegen, aber keine Staatsprüfung darin ablegen. Insgesamt kam er auf 30 Prüfungsaufgaben. Hauptfachprüfungen legte er in Mathematik, Analysis und Darstellender und Praktischer Geometrie ab sowie in Bauzeichnen, Baukonstruktionslehre und Baumaterialienlehre. Hilfsfachprüfungen mussten ebenfalls absolviert werden. Die Lösungen, die Bauernfeind einreichte, sind, anders als bei Sandel, sogar überliefert. Schon während seines Architekturstudiums bekam er künstlerische Auftragsarbeiten angeboten. Nach seinem Studium arbeitete er zunächst in einem Architekturbüro, entschloss sich dann aber 1876, an der Akademie der Bildenden Künste in München ein Studium der Malerei anzuschließen (bis 1880).

2. Die technologische Verflechtung

Theodor Sandel ging nach seinem Studium in Stuttgart nach Palästina, wohin seine Familie ausgewandert war. Auf den theoretischen Grundlagen seines Architekturstudiums aufbauend entstanden zahlreiche Bauprojekte. Daneben machte er sich einen Namen als Kartograph und griff dabei vor allem auf Kenntnisse aus den Nebenfächern zurück. Michèle Wrobel hat die Projekte ausfindig gemacht, die sich ausdrücklich aus den Quellen belegen lassen. Sicher war Sandel mit seiner Expertise am Ausbau der Straße von Jaffa nach Jerusalem beteiligt, die schon verschiedene Vorgänger hatte, die aber teils im wahren Wortsinn auf Sand gebaut und deshalb in ihrer Dauer begrenzt waren. Sandel war auch in den Bau der Eisenbahnlinie von Jaffa nach Jerusalem einbezogen. Erste Ideen dazu kamen 1872 auf, wie ein Bericht in der *Warte*, der Zeitschrift der Templer, belegt. 1875 erschien im Baedeker *Palästina und Syrien* ein von Sandel gezeichneter Plan, der den für Haifa projektierten Bahnhof und die Bahntrasse zeigte. Als der französische Ingenieur Bussière nach langer Vorlaufzeit 1889 mit dem Bau begann, bewarb sich Sandel für die Arbeit an der Trassierung der Strecke. Dass er nicht nur Französisch, sondern auch die Landessprache beherrschte, war neben seiner Expertise als Bauingenieur sicherlich ein großer Vorteil. Sandel begann 1889 mit den Vermessungsarbeiten. 1892 konnte die Strecke, die über etliche Durchlässe und Brücken verfügte, eingeweiht werden. Die Lokomotiven kamen aus den Baldwin-Werken in Philadelphia. An der Straße von Jaffa nach Jerusalem plante Sandel im Auftrag der *Alliance Israélite Universelle* die erste moderne jüdische Landwirtschaftsschule *Mikveh Israel* und legte weitere Gebäudepläne vor, was für das gute Verhältnis von Templern und Juden in Palästina spricht. Für das *Deutsche Waisenhaus* in Bethlehem fertigte Sandel 1880 einen ersten Bauplan an. Eine weitere Mitwirkung hierbei kann über diesen Planungsstand hinaus nicht dokumentiert werden. Ein Bericht in der *Deutschen Bauzeitung*, die Sandel als Architekten nennt, beschreibt ein Bauvorhaben, das in dieser Form nicht realisiert wurde. Ein Hinweis sind die später verwirklichten Flachdachbauten, Sandel hatte seinerseits schräge Dachgiebel vorgeschlagen. Michèle Wrobel sieht in Sandel nicht den Architekten des Waisenhauses, kann ihn sich aber als Impulsgeber für dieses Bauvorhaben vorstellen.

Nachdem mit Hilfe des Jerusalemvereins bei Mitgliedern und Spendern die nötigen Finanzmittel zusammengekommen waren, wurde Sandel mit dem Bau der Weihnachtskirche in Bethlehem beauftragt. Nach zwei Jahren Bauzeit konnte der Kirchenbau 1893 vollendet werden. Auch für das Diakonissen-Hospital in Jerusalem fertigte Sandel die Pläne an. Für das neue größere Lepra-Asyl *Jesus-Hilf*, das sich in der Nähe der Jerusalemer Tempelkolonie befand, zeichnete zwar noch Baurat Conrad Schick die Baupläne, die Ausführung übernahm dann jedoch Theodor Sandel. Es konnte in gerade einmal zweijähriger Bauzeit (1885–1887) fertiggestellt werden. Darüber hinaus nahm Sandel Vermessungsarbeiten vor: Gleich nach seiner Ankunft in Palästina fertigte er eine kartographische Aufnahme von Jaffa an und stellte daraus in unterschiedlichen Maßstäben Kartenmaterial für die Templerkolonie bereit, das auch Eingang in den Baedeker-Reiseführer fand. Neben diesem Stadtplan druckte Baedeker auch eine von Sandel erstellte Umgebungskarte von Jaffa ab.

Der studierte Bauingenieur Gottlieb Schumacher war, nach Palästina zurückgekehrt, am Bau der Templersiedlungen in Haifa, Jaffa und Sarona beteiligt und errichtete eine von Baron Edmond Rothschild gestiftete Weinkellerei.[25] Laut Wrobel befassten sich Schumachers erste Veröffentlichungen mit dem Eisenbahnprojekt Akkon – Haifa – Jerusalem. Der Kishon sollte mit einer Brücke überwunden werden, die mit zwei Bögen eine Spannweite von 28 Metern erreichte. Die Brücke über den Jordan benötigte drei Bögen. Die Umsetzung des Eisenbahnprojekts sah sich mit vielen Schwierigkeiten konfrontiert und zog sich massiv in die Länge. Schumacher wurde als *Resident Engineer* vom britischen Unternehmen Pilling, das 1892 die Baukonfession für eine Teilstrecke erhielt, eingestellt. Aber auch das Unternehmen kam erneut ins Stocken. Schumacher blieb vermutlich beratend, vielleicht auch enger mitwirkend, am Projekt beteiligt. Ebenfalls involviert war Schumacher am Bau der Eisenbahnlinie von Jaffa nach Jerusalem (Abb. 2). Der Baubeginn der Bahnstrecke, ausgeführt als Schmalspurbahn, war im März 1889. Auf den Bau von Tunneln wurde dabei ganz verzich-

Abb. 2: Gustav Bauernfeind: Landschaft an der Bahnlinie von Jaffa nach Jerusalem.

tet, die längste Brücke wurde in Stahlkonstruktion errichtet, sie überspannte 30 Meter. Die höchste Steigung betrug 26,8 Promille. Zum Vergleich: Die Geislinger Steige, die als die erste Gebirgsquerung einer Eisenbahn in Kontinentaleuropa gilt, steigt auf den knapp sechs Kilometern zwischen Geislingen und Amstetten mit einer Steigung von 22,5 Promille an, dabei werden 112 Meter Differenz überwunden.

Das erste Teilstück in Palästina wurde im April 1891 in Betrieb genommen, im August 1892 fuhr der erste Personenzug in Jerusalem ein. Überdies leisteten Schumachers topographische und kartographische Vermessungsarbeiten einen zentralen Beitrag zur Erforschung Palästinas. Vor allem die Vermessungen der Gebiete östlich des Jordans sind hier hervorzuheben.[26] Hinzu kommen Beschreibungen antiker Ruinen und seine Beteiligung an Ausgrabungen. Michèle Wrobel hielt fest, dass er »zu den bedeutendsten Forschern [zählt], die die Tempelgesellschaft hervorgebracht hat.«[27]

Dieser Technologietransfer blieb auch in den Folgejahren erhalten. Da die württembergischen Siedler ihr Bürgerrecht in Württemberg nicht verloren, konnten sie ihre Kinder zu Schulbesuch, Abitur und Studium nach Württemberg zurückschicken. Der Gründer des Waisenhauses, Johann Ludwig Schneller, nutzte für seine Söhne diese Möglichkeit.[28] Der zweiten Generation Schneller gelang der Einstieg ins württembergische Bildungsbürgertum. Der älteste Sohn Theodor studierte, nach einer Ausbildung am Lehrerseminar und einem Besuch der *Basler Predigtschule*, auf dem zweiten Bildungsweg in Tübingen Theologie. Der jüngere Bruder Ludwig studierte ebenfalls in Tübingen Theologie, ergänzt um ein Studium der arabischen Sprachen. Beide Söhne kehrten nach Palästina zurück. Schnellers Tochter Maria heiratete den Pädagogen Leonhard Bauer, der am *Syrischen Waisenhaus* ein Lehrerseminar für arabische Lehrer einrichtete. Theodor trat in die Dienste des *Syrischen Waisenhauses*, Ludwig ging als Pfarrer nach Bethlehem. Als dann beide Söhne in Palästina arbeiteten, lag es nahe, sie auch in das lokale Führungsgremium des *Syrischen Waisenhauses* aufzunehmen. In diese Zeit fällt die Loslösung des *Syrischen Waisenhauses* 1888/89 von der Pilgermission und die Umwandlung in ein Familienunternehmen. Träger wurde der 1889 in Stuttgart gegründete *Evangelische Verein für das Syrische Waisenhaus*.[29]

In der nächsten Schneller-Generation wiederholte sich das Ausbildungs- und Heiratsmuster sowie der Eintritt in die Dienste des

Waisenhauses. Der älteste Sohn Theodors, Hermann, kam zur Schul- und Universitätsausbildung ebenfalls nach Württemberg. Als Stiftler studierte er Theologie. Seine jüngeren Brüder studierten Ingenieurswissenschaften (Ernst) beziehungsweise Medizin (Paul).

Dieses Ausbildungsmuster lässt sich auch in den Familien Schumacher und Sandel beobachten. Die Familie Schumacher ermöglichte allen Kindern, neben den drei Söhnen auch den sechs Töchtern, eine Ausbildung in Deutschland. Die Überlieferungssituation ist sehr dürftig, es lässt sich aber angeben, dass einige der Kinder nach ihrer Ausbildung in den Nahen Osten zurückkehrten. Sohn Alfred trat in die Fußstapfen seines Vaters und studierte Bauingenieurwissenschaften an der *Technischen Hochschule* in Stuttgart. Er soll später an einem Bauauftrag der abessinischen Regierung beteiligt gewesen sein.[30] Sohn Walter absolvierte vermutlich ein Medizinstudium und wurde, seiner Sprachkompetenz halber, für einen Einsatz »im Orient« als »Feldsanitätschef« empfohlen.[31] Tochter Cornelia leitete als Kaiserswerther Diakonisse vier Jahre lang das zwischen Jerusalem und Bethlehem gelegene Kinderheim für arabische Mädchen *Talitha Kumi*. Ihre ältere Schwester Hildegard ging als Diakonisse nach Beirut.

Zwei der insgesamt fünf Söhne Theodor Sandels kamen ebenfalls zur Ausbildung nach Württemberg, zwei Söhne machten in Palästina eine kaufmännische Ausbildung.[32] Benjamin Sandel absolvierte in Stuttgart ein Architekturstudium. Im Anschluss arbeitete er einige Zeit für den württembergischen Baurat Heinrich Dolmetsch, um dann nach Palästina zurückzukehren. Dort übernahm er im Architekturbüro anfangs Aufgaben seines erkrankten Vaters, unterstützt von seinem Onkel Gustav Bauernfeind. Gottlob Sandel immatrikulierte sich ebenfalls an der *Technischen Hochschule* in Stuttgart, und zwar für ein Maschinenbaustudium. Er kehrte nach dem Examen als Diplom-Ingenieur nach Palästina zurück. 1919 erhielt er dann eine Assistentenstelle am Lehrstuhl für Wasserkraftmaschinen an der Stuttgarter Hochschule. Die weitere Karriere führte ihn dann an die *Staatliche Gewerbe-Akademie* in Chemnitz.

Gustav Bauernfeinds Sohn Otto kam nach dem Tod der Eltern 1908 als 13-Jähriger zur Ausbildung nach Württemberg zurück und konnte bei einem Onkel wohnen.[33] Er studierte später in Tübingen Medizin. Während des Ersten Weltkriegs war er als Kriegsfreiwilliger im Heeressanitätsdienst in Tübingen, Hirsau und Calw eingesetzt.

3. Die kulturelle Verflechtung

Gustav Bauernfeind kam als Reisender und als Maler in den Nahen Osten. Sein Architekturstudium machte sich vor allem bei seiner genauen Beobachtungsgabe, seinem für Details geschulten Auge bemerkbar. Auf seinen Reisen und nach seiner Übersiedlung fertigte Bauernfeind eine Vielzahl von Skizzen, Aquarellen und Ölgemälden an. Vor allem die Ölgemälde, die fast eine fotografische Anmutung haben, geben antike Bauwerke wieder,. Aus seinen Bildern lassen sich auch wichtige Informationen zu Arbeit und Technik in Palästina entnehmen. Sechs seiner Zeichnungen wurden in der auflagenstarken Zeitschrift *Die Gartenlaube* abgedruckt.[34] Sie dienten der Illustration eines Berichts des Schriftstellers Eduard Schmidt-Weißenfels zum Thema *Schwabenkolonien in Palästina* (1893). Bauernfeinds Illustrationen zeigen die fortschrittlichen Leistungen der Templer im Heiligen Land – und kontrastieren diese, zeittypisch, mit der vermeintlichen Rückständigkeit der einheimischen Bevölkerung. Damit unterstreichen die Illustrationen gekonnt den wesentlichen Inhalt des Berichts. Bauernfeind steht daher, neben seiner kurzzeitigen Unterstützung des Architekturbüros Sandel, im Besonderen für einen kulturellen Transfer von Palästina nach Württemberg und Deutschland. Für diesen Transfer standen auch die Diakone von der württembergischen Karlshöhe (und aus dem ostwestfälischen Bethel), die als Lehrer und Ausbilder im *Syrischen Waisenhaus* und in den angeschlossenen landwirtschaftlichen Einrichtungen arbeiteten und die sich dezidiert an einheimische Kinder wandten.

4. Fazit

Das Besondere der hier untersuchten Transfers war, dass alle Beteiligten im stetigen Austausch mit Württemberg blieben. Einige Söhne der ersten Siedler kamen zu Ausbildung und Studium wieder zurück nach Württemberg, im Falle der Familie Schumacher kamen auch alle Töchter zur Ausbildung nach Württemberg. Einige von ihnen kehrten, ausgestattet mit aktuellstem Wissen, wieder nach Palästina zurück. Dieser Wissenstransfer ermöglichte es den Templern, stets auf der Höhe der aktuellen technologischen Entwicklungen zu sein. Im Bedarfsfall konnten auch neue Diakone ans *Syrische Waisenhaus* gesandt werden.

Diese Verflechtung hatte über das Ende des Deutschen Kaiserreichs beziehungsweise des württembergischen Königreichs hinaus Bestand. Als nach dem Ende des Ersten Weltkriegs und dem Zusammenbruch des Osmanischen Reiches auf der Konferenz in San Remo Palästina britisches Mandatsgebiet wurde (1920), mussten die deutschen Siedler zwar zunächst das Land verlassen. 80% der Ausgewiesenen waren Württemberger.[35] Unter ihnen bildeten die Templer die größte Gruppe. In den frühen 1920er Jahren war allerdings eine Rückkehr möglich. 1927 befanden sich beispielsweise wieder 16 Angehörige der 250 Personen starken Gemeinde Jaffa zu Ausbildungszwecken in Deutschland, bevorzugt in Württemberg.[36]

Der Trans-Missions-Riemen zwischen Württemberg und Palästina war, in vielfältigen Nuancen, die Religion. Interesse und religiöse Sehnsucht wurden in einer Vielzahl religiöser und populärwissenschaftlicher Bücher gepflegt. Das breitenwirksamste Medium war der *Bote aus Zion*, herausgegeben vom Syrischen Waisenhaus. 1900 erschien er in einer Auflage von 20.000 Exemplaren. *Die Warte*, das Organ der Templer, hatte ebenfalls einen hohen Verbreitungsgrad. Dieser mediale Diskurs wurde von religiösen Souvenirs begleitet, die im Heiligen Land hergestellt und nach Württemberg exportiert wurden, wie beispielsweise Taufwasser in Büchsen, die die Firma Wagner herstellte, oder Weihnachtskrippen aus Olivenholz oder Ton (Abb. 4).

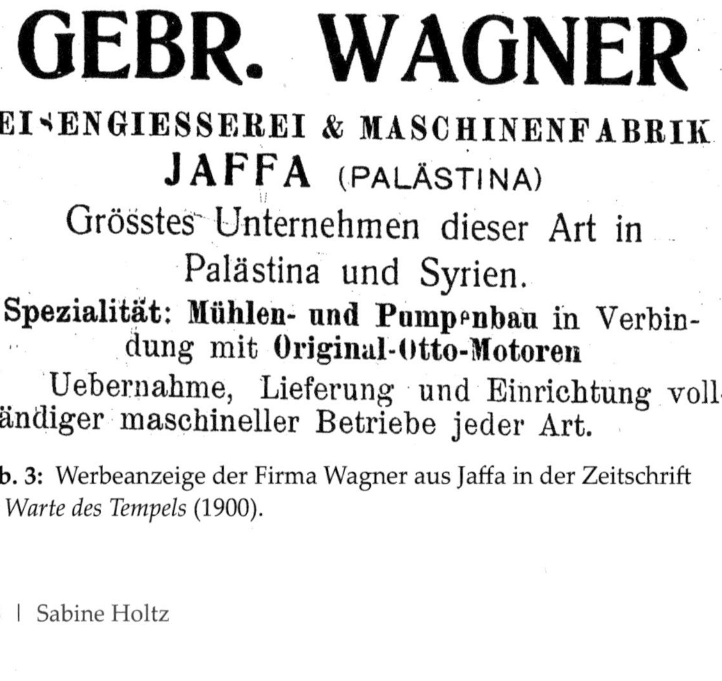

GEBR. WAGNER
EISENGIESSEREI & MASCHINENFABRIK
JAFFA (PALÄSTINA)

Grösstes Unternehmen dieser Art in Palästina und Syrien.

Spezialität: Mühlen- und Pumpenbau in Verbindung mit **Original-Otto-Motoren**

Uebernahme, Lieferung und Einrichtung vollständiger maschineller Betriebe jeder Art.

Abb. 3: Werbeanzeige der Firma Wagner aus Jaffa in der Zeitschrift *Die Warte des Tempels* (1900).

Abb. 4: Figuren einer Weihnachtskrippe aus dem Syrischen Waisenhaus (1899).

Dieser religiöse Grundton unterscheidet »Württemberg in Palästina« essentiell von den zahlenmäßig weitaus größeren Gruppen von württembergischen Auswanderern in Amerika oder Russland und es hat sicher damit zu tun, dass es in dieser Beziehung eine heilsgeschichtliche Dimension gab: Es ging eben, wie es Christian Gottlob Barth formuliert hatte, um Palästina, um das Gelobte Land.

ENDNOTEN

1. HOLTZ: Templer.
2. FÖLL: Sehnsucht.
3. BARTH: Württemberg, S. 1; LEHMANN: Barths württembergische Geschichte, S. 271.
4. MAIER: Gesangbuchstreit, S. 227–244.
5. EISLER: Hoffmann, Christoph; CARMEL: Siedlungen, S. 7–24; SAUER: Heilige Land, S. 17–48.
6. SANDEL: Hardegg, Georg David, S. 646f. sowie SANDEL: Georg David Hardegg, S. 350–373.
7. Zur Geschichte der Templergesellschaft: URL: https://www.tempelgesellschaft.de/de/geschichte.php [zuletzt aufgerufen am 16.04.2023].
8. Zitiert nach SAUER: Geschichte, S. 123.
9. CARMEL: Siedlungen, S. 27–37, S. 55f. und S. 75f.
10. EISLER: Templer.
11. SAUER: Heilige Land, S. 48.
12. EHMER: »Dynastie« der Schnellers, S. 62.
13. EISLER/HAAG/HOLTZ: Kultureller Wandel, S. 85f.
14. EISLER, Templer.
15. EISLER: Syrische Waisenhaus.
16. BUTZ: Verbindungen.

17 Kark/Thalmann: Hebung des Orients, S. 3–18, besonders die Übersicht über die Neuerungen S. 14–18.
18 Wrobel: Know-how, S. 181–185.
19 Wrobel: Know-how, S. 298–306.
20 Wrobel: Know-how, S. 229–235.
21 Wrobel: Know-how.
22 Wrobel: Know-how, S. 200–224.
23 Wrobel: Know-how, S. 320–352.
24 Wrobel: Know-how, S. 263–294.
25 Carmel: Geschichte Haifas, S. 115.
26 Daubner: Gottlieb Schumacher, S. 219–237.
27 Wrobel: Know-how, S. 616.
28 Sauer: Heilige Land, S. 196.
29 Carmel: Siedlungen, S. 9. Die Männer des »Salons«, die in Kontakt zu den Templern standen, gründeten zur Unterstützung den »Evangelischen Verein«, der Mitglieder in ganz Württemberg hatte.
30 Wrobel: Know-how, S. 354f.
31 Wrobel: Know-how, S. 355.
32 Wrobel: Know-how, S. 224–229.
33 Wrobel: Know-how, S. 294–297.
34 Wrobel: Know-how, S. 571–587.
35 Sauer: Heilige Land, S. 153–160.
36 Sauer: Heilige Land, S. 196. Er nennt: fünf Maschinenbauer, je einen Arzt, Tierarzt, Bauwerkmeister und Lehrer sowie sieben Schüler an weiterführenden Bildungsanstalten.

LITERATURVERZEICHNIS

Barth, Christian Gottlob: Geschichte von Württemberg, neu erzählt für den Bürger und Landmann, Vorrede, Calw 1843, ND Stuttgart 1986.

Butz, Andreas: Bir Salem, Nazareth und Chemet Allah. Verbindungen zwischen Württemberg und Palästina anhand dreier Zweigstellen des Syrischen Waisenhauses in Jerusalem (Abhandlungen des deutschen Palästinavereins, Bd. 52), Wiesbaden 2023.

Carmel, Alex: Geschichte Haifas in der türkischen Zeit 1516–1918 (Abhandlungen des Deutschen Palästinavereins, Bd. 3), Wiesbaden 1975.

Carmel, Alex: Die Siedlungen der württembergischen Templer in Palästina 1868–1918. Ihre lokalpolitischen und internationalen Probleme (Veröffentlichungen der Kommission für geschichtliche Landeskunde in Baden-Württemberg, Bd. 77), Stuttgart ²1997.

Daubner, Frank: Von Haifa nach Damaskus. Die Erkundungen und Abenteuer des schwäbischen Templers und Ingenieurs Gottlieb Schumacher jenseits des Jordan, in: 30 Jahre Geschichtsverein Leinfelden-Echterdingen, Bd. 3: Beiträge 2006–2015, hg. vom Geschichtsverein Leinfelden-Echterdingen e.V., Leinfelden-Echterdingen 2015, S. 171–189.

EHMER, Hermann: Das Syrische Waisenhaus und die »Dynastie« der Schnellers, in: Jakob EISLER (Hg.): Deutsche in Palästina und ihr Anteil an der Modernisierung Palästinas (Abhandlungen des Deutschen Palästinavereins, Bd. 36), Wiesbaden 2008, S. 58–70.

EISLER, Jakob/HAAG, Norbert/HOLTZ, Sabine: Kultureller Wandel in Palästina im frühen 20. Jahrhundert. Eine Bilddokumentation, Epfendorf 2003.

EISLER, Jakob: Die württembergischen Templer, in: Württembergische Kirchengeschichte Online, 2014, URL: https://www.wkgo.de/themen/die-wuerttembergischen-templer [zuletzt aufgerufen am 07.01.2024].

EISLER, Jakob: Das Syrische Waisenhaus in Jerusalem, in: Württembergische Kirchengeschichte Online, 2014, URL: https://www.wkgo.de/cms/article/index/das-syrische-waisenhaus-in-jerusalem (Permalink) [zuletzt aufgerufen am 08.10.2022].

EISLER, Jakob: Hoffmann, Christoph, in: Württembergische Kirchengeschichte Online, 2022, URL: https://www.wkgo.de/cms/article/index/hoffmann-christoph [zuletzt aufgerufen am 16.04.2023].

EISLER, Jakob: Die württembergischen Templer, in: Württembergische Kirchengeschichte Online, 2014, URL: https://www.wkgo.de/cms/article/index/die-wrttembergischen-templer (Permalink) [zuletzt aufgerufen am 07.01.2024].

FÖLL, Renate: Sehnsucht nach Jerusalem. Zur Ostwanderung schwäbischer Pietisten, Tübingen 2002, URL: http://dx.doi.org/10.15496/publikation-64500 [zuletzt aufgerufen am 16.04.2023].

Geschichte der Tempelgesellschaft, in: Website der Tempelgesellschaft. Freie christliche Gemeinschaft, URL: https://www.tempelgesellschaft.de/de/geschichte.php [zuletzt aufgerufen am 16.04.2023].

HOLTZ, Sabine: Die württembergischen Templer und Palästina, in: Alexander BRUNOTTE/Sigrid HIRBODIAN (Hgg.): 200 Jahre Korntal. Eine pietistische Gemeindegründung und ihr Umfeld (Tübinger Bausteine zur Landesgeschichte, Bd. 30), Ostfildern 2023, S. 261–272.

KARK, Ruth/THALMANN, Naftali: Die »Hebung des Orients«. Der Beitrag der Templer zur Landesentwicklung Palästinas in den 80 Jahren ihrer Siedlungstätigkeit, in: Der besondere Beitrag. Beilage der Warte des Tempels 10 (2003), S. 3–18, URL: https://www.tempelgesellschaft.de/media/geschichte/buecher-und-schriften/der-besondere-beitrag/der_besondere_beitrag_10.pdf [zuletzt aufgerufen am 16.04.2023].

LEHMANN, Hartmut: »Es gibt zwei gelobte Länder in der Welt, das eine ist das Land Canaan oder Palästina, das andere ist Württemberg.« Christian Gottlob Barths württembergische Geschichte aus dem Jahre 1843, in: Pietismus und Neuzeit 24 (1998), S. 271–285.

MAIER, Peter: Der Gesangbuchstreit 1800–1802, in: DERS./Andreas HEUSEL (Hgg.): Kirchentellinsfurt. Chronik eines Dorfes, Nürtingen 2007, S. 227–250.

SAUER, Paul: Uns rief das Heilige Land. Die Tempelgesellschaft im Wandel der Zeit, Stuttgart 1985.

SAUER, Paul: Die Geschichte der Tempelgesellschaft. Von Württemberg nach Palästina und Australien, in: Eberhard GUTEKUNST (Hg.): Apokalypse. Endzeiterwartungen im evangelischen Württemberg (Kataloge und Schriften des Landeskirchlichen Museums, Bd. 9), Ludwigsburg 1999, S. 121–129.

SANDEL, Gottlob David: Georg David Hardegg, in: Lebensbilder aus Schwaben und Franken 9 (1963), S. 350–373.
SANDEL, Gottlob David: Hardegg, Georg David, in: NDB 7 (1966), S. 646f.
WROBEL, Michèle: Stuttgarter Know-how im Heiligen Land. Eine verflechtungsgeschichtliche Untersuchung des württembergischen Beitrags zur Entwicklung Palästinas, Stuttgart 2022, URL: http://dx.doi.org/10.18419/opus-11922 [zuletzt aufgerufen am 01.05.2022].

Wüstewerke, Neckarlager, Weltkrieg: Historisch-archäologische Perspektiven auf NS-Zwangsarbeit in Südwestdeutschland

Lukas Werther und Attila Dézsi

1. Zwangsarbeit und Globalgeschichte: historisch-archäologische Zugänge

Die materiellen Spuren des Terrors des Konzentrations- und Zwangsarbeitslagersystems der NS-Zeit in Baden-Württemberg haben eine globalgeschichtliche Dimension und Relevanz. Diese zu diskutieren ist das Ziel dieses Beitrages, der aus gemeinsamen Forschungen des Landesamtes für Denkmalpflege im Regierungspräsidium Stuttgart (Inventarisationsprojekt Natzweiler) und der Universität Tübingen (Archäologie des Mittelalters und der Neuzeit) erwachsen ist und sich insbesondere mit den (Boden-)Denkmälern aus den letzten Jahren des Weltkrieges beschäftigt hat. Seit dem Jahr 1944 verlagerte sich das Kriegsgeschehen von einem europaweiten Raubzug des NS-Regimes zu einer Ausbeutung der Ressourcen vor der Haustür, unter anderem in Schwaben. Eilige Betriebsverlagerungen, massive Industrialisierungsmaßnahmen und die Errichtung von Ölraffinerien am Albtrauf gingen mit der Verschleppung und Ermordung von KZ-Häftlingen und weiteren Zwangsarbeiter*innen aus ganz Europa nach Schwaben sowie verheerenden Folgen für die Umwelt einher.

Der schrittweise Ausbau des Lagersystems in Europa begann mit frühen Konzentrationslagern vor allem für Vertreter*innen der politischen Opposition des NS-Regimes. Mit Kriegsbeginn kam es zu einer massiven Ausweitung des Lagersystems und zur systematischen Inhaftierung, Ausbeutung und Ermordung, insbesondere jüdischer Mitbürger*innen. Mit der Wannseekonferenz und den Vernichtungslagern in Osteuropa wie Auschwitz folgten bekanntermaßen Verbrechen und Massenmord unvorstellbaren Ausmaßes. Gegen Ende des Krieges wurden allerdings vermehrt Häftlinge aus Lagern in Osteuropa zurück in Konzentrationslager im Westen überstellt. Sie wurden dort als Arbeitskräfte ausgebeutet, nicht zuletzt beim Bau von Militär- und Industrieanlagen und in der Rüstungsproduktion. Bis 1944 bestanden 22 KZ-Hauptlager mit über 1200 Außenlagern; in seiner europäischen Dimension umfasste das NS-Lagersystem etwa 42.500 Lager, davon 30.000 Zwangsarbeitslager – darunter erfasst sind auch die unzähligen Kriegsgefangenenlager und Arbeitserziehungslager, in die ebenfalls Menschen verschleppt und in denen sie zur Arbeit gezwungen wurden. Jedem der 22 KZ-Hauptlager waren Außenlager zugeordnet, die über das Hauptlager verwaltet wurden. Drei der Außenlager des Stammlagers Natzweiler-Strutthof sollen in diesem Beitrag thematisiert werden.

Im Konzentrationslager Natzweiler waren bereits seit 1943 Häftlinge inhaftiert, die in Steinbrüchen Zwangsarbeit leisten mussten. Die meisten Außenlager von Natzweiler entstanden allerdings erst 1944/45. Dorthin wurden Häftlinge aus ganz Europa deportiert. Ende 1944 wurde wegen des Vormarsches der Alliierten die Kommandantur von Natzweiler auf rechtsrheinisches Gebiet nach Guttenbach und Binau bei Mosbach verlagert, das Stammlager und die linksrheinischen Außenlager wurden aufgelöst. Die Außenlager rechts des Rheins – und damit insbesondere in Schwaben – bestanden aber weiter bis zu ihrer Auflösung vor Kriegsende, die meisten Häftlinge wurden im April 1945 in Todesmärschen evakuiert.[1]

Archäologie und Denkmalpflege widmeten sich in Deutschland und Österreich in den vergangenen zwei Jahrzehnten vermehrt Orten des nationalsozialistischen Terrors, von Konzentrationslagern bis hin zu Stätten der Zwangsarbeit.[2] Seit 2018 hat es sich das Landesamt für Denkmalpflege zur Aufgabe gemacht, die ehemaligen Standorte der KZ-Außenlager in Baden-Württemberg systematisch denkmalfachlich zu untersuchen, in enger Kooperation mit den zahlreichen Gedenkstätteninitiativen und der Universität Tübingen.[3] Zu den Aufgaben des Projektes zählt das systematische Erfassen der Außenlager in einer Datenbank und die Lokalisierung der Standorte durch Fernerkundung (unter anderem mittels alliierter Luftbilder und Bauplänen). Anschließend werden die Standorte nach materiellen Überresten, wie etwa erhaltene Baracken und Industrierelikte, aber auch nach auf unbebauten Freiflächen erhaltenen Befunden überprüft, gefolgt von Dokumentationsmaßnahmen, der Einschätzung des Erhaltungszustandes und schließlich von der Entscheidung über die Aufnahme in die Denkmalliste.[4] Inzwischen wurden in Baden-Württemberg 38 KZ-Außenlager von Natzweiler und 55 mit ihnen verknüpfte Zwangsarbeitsstätten ermittelt und denkmalfachlich erfasst, außerdem 19 Massengräber, 15 KZ-Friedhöfe sowie 33 weitere Lager.[5] Wo es möglich war, erfolgte eine Unterschutzstellung der Bau- und Bodendenkmäler, um dieses wichtige historisch-kulturelle Erbe langfristig zu erhalten. Exemplarisch sollen in diesem Beitrag Ergebnisse zu den Wüste- und Neckarlagern vorgestellt werden.

Wie aber fügen sich diese historisch-archäologischen Forschungen in eine Globalgeschichte von Schwaben ein? Wie lässt sich ausgehend von lokalen archäologischen Fallstudien zu Funden und Menschen Globalgeschichte schreiben? Wir möchten den Dingen und Menschen folgen und damit der europaweiten Verflechtung des Weltkrieges nachgehen. Zunächst ist festzuhalten, dass Täter und Opfer Teil eines globalen Netzwerkes des Terrors waren. Exemplarisch zeigt sich dieses globale Netzwerk an den Herkunftsländern der 1500 Häftlinge, die im Oktober 1944 aus dem KZ Natzweiler-Stutthof in das KZ Bisingen transportiert wurden (siehe Abb. 1).[6]

Die NS-Großmachtpolitik und der Kriegsverlauf auf globaler Ebene, genannt sei etwa die Bombardierung von rumänischen Ölraffinerien und Rüstungsbetrieben in Brandenburg durch die Alli-

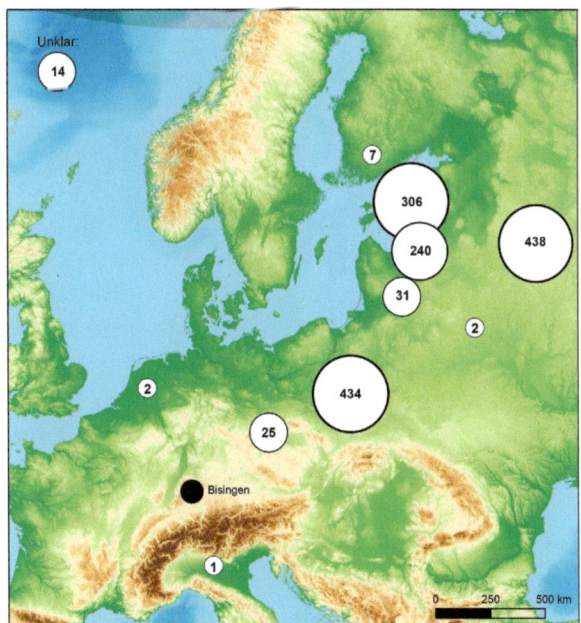

Abb. 1: Herkunft von 1500 Häftlingen, die im Oktober 1944 aus dem KZ Stutthof in das KZ Bisingen transportiert wurden.

ierten im Frühsommer 1944, setzte nicht nur Ereignisketten, sondern auch Menschen und Objekte in Bewegung. Diese Menschen haben Spuren hinterlassen – nicht zuletzt die Ermordeten unter ihnen. Aber auch aus den von ihnen verwendeten Objekten können mit archäologischen Methoden historische Aussagen gewonnen werden, die im Idealfall die lokalen, regionalen und globalen Dimensionen des Themas beleuchten. Da sich die archäologische Erforschung des NS-Terrors lange auf die materiellen Hinterlassenschaften aus Zwangsarbeitslagern fokussierte, wurde jüngst auf die Notwendigkeit hingewiesen, auch über den Lagerzaun hinauszugehen: Lager und mit ihnen verknüpfte Orte der Zwangsarbeit sind Bestandteile einer durch die Kriegsindustrie geprägten (Un-)Kulturlandschaften.[7] An dieser Stelle soll der Versuch unternommen werden, nicht nur einer regionalen, sondern auch einer globalen Dimension der Lager nachzugehen.

Unsere historisch-archäologischen Zugänge zu diesen Spuren sollen im Folgenden zunächst am Beispiel des »Unternehmen Wüste« vorgestellt werden. Damit wollen wir zugleich exemplarisch beleuchten, welche lokalen Niederschläge globale Entwicklungen hatten und was die Bombardierung der Ölfelder in Rumänien, die Gefangenentransporte nach Bisingen und die archäologischen Funde auf den Äckern um das Dorf Engstlatt verbindet.

2. Unternehmen Wüste

Gegen Ende des Zweiten Weltkriegs geriet Deutschland in große Schwierigkeiten, die Treibstoffversorgung des Heeres aufrechtzuerhalten, da die meisten seiner Produktionseinrichtungen und Ölquellen beschädigt oder verloren waren. Um den Zusammenbruch der Ölversorgung abzuwenden, initiierte das Regime im Frühjahr 1944 das »Unternehmen Wüste«, um in zehn mehr oder weniger identischen Werken im industriellen Maßstab Treibstoff aus dem Ölschiefer am Albtrauf zu gewinnen.[8] Trotz ungünstiger Voraussetzungen, wie dem geringen Ölgehalt, und trotz der katastrophalen Kriegs- und Versorgungslage wurden enorme personelle und materielle Ressourcen mobilisiert und riesige Teile der Landschaft und Tausende von Menschenleben vernichtet.

Um die notwendigen Arbeitskräfte für die zehn Wüste-Werke bereitzustellen, wurden in ihrer Nähe sieben Außenlager des KZ

Natzweiler eingerichtet. Überlebende und Lagerpersonal haben umfassend Zeugnis darüber abgelegt, dass die Bedingungen in den Lagern katastrophal waren. Allein über das KZ-System wurden ab Sommer 1944 etwa 12.000 Menschen in die Region deportiert. Etwa 3500 von ihnen starben bis April 1945.[9]

In einem Lehrforschungsprojekt der Universität Tübingen wurden exemplarisch die materiellen Hinterlassenschaften von Wüste 3, einem dieser zehn Schieferölwerke, mit historisch-archäologischen Methoden ausgewertet.[10] Dank jahrelanger ehrenamtlicher Feldbegehungen durch den Forscher und Gedenkstättenaktivisten Karl Kleinbach konnte ein umfangreiches Fundinventar aus dem ehemaligen Industriegelände geborgen werden.

Die Bauarbeiten am Werk Wüste 3 begannen Akten der SS und anderer beteiligter Behörden zufolge im August 1944. Luftaufnahmen der Baustelle vom 29. September 1944 dokumentieren den initialen Baufortschritt. Ein Besprechungsprotokoll des Arbeitsstabs Geilenberg belegt, dass die Bauarbeiten am Werk bereits Ende Januar 1945 wieder gestoppt wurden. Luftaufnahmen vom 8. April 1945 dokumentieren demnach den finalen Bauzustand nach weniger als sechs Monaten Bauzeit. Im April 1945 liefen nur vier der zehn Wüste-Werke im Notbetrieb, alle anderen Baustellen wurden vor der Inbetriebnahme stillgelegt – darunter auch Wüste 3. Aufgrund der eher chaotischen Situation in den letzten Kriegsjahren und in der frühen Nachkriegszeit, der gezielten Vernichtung von Akten und einer sehr begrenzten Zahl von Zeitzeugenberichten ist unser historisches Wissen über Wüste 3 ausgesprochen lückenhaft. In den Jahren 1946–1950 wurde das Gelände von Wüste 3 außerdem vollständig rückgebaut und rekultiviert. Das Unrecht und das Leid, das dort geschehen ist, wurde über viele Jahrzehnte verdrängt.[11]

Heute ist von Wüste 3 neben Spuren der Geländeumgestaltung nur noch das Gebäude der ehemaligen Trafostation erhalten – und in der Landschaft erinnert fast nichts mehr an die gigantische Baustelle. Die Parzellen werden seit der Rekultivierung wieder landwirtschaftlich genutzt. Im Boden sind jedoch umfangreiche archäologische Reste erhalten, darunter insbesondere Stahlbetonfundamente. Außerdem werden durch das Pflügen laufend große Mengen an Funden an die Oberfläche gebracht. 2016 begann Karl Kleinbach diese Funde systematisch zu sammeln, da er bereits früh ihr Potenzial als historische Quelle erkannt hat. Die Funde können durch GPS-Koordinaten und Flurnummern ziemlich genau lokalisiert werden, was eine räumliche Verschneidung mit Luftbildern und historischen Plänen erlaubt.

Die Fundverteilung kann so beispielsweise mit Informationen zu spezifischen Funktionszonen in zeitgenössischen Archivalien verglichen werden. Das Schlüsseldokument für diesen Vergleich ist eine Karte von Wüste 3, die einem Brief vom 21. Januar 1945 beigefügt war und wohl 1944 entstanden ist. Der Plan ist ein ziemlich präziser, aber idealisierter Entwurf des Werkes, der im Detail so nie umgesetzt wurde (siehe Abb. 2). Die wichtigsten Gebäude und technischen Einrichtungen auf der Karte sind nummeriert.

Im Rahmen des Lehrforschungsprojektes gelang es, mit Hilfe von Übergabeprotokollen von Dokumenten zu den Wüste-Werken an die französische Militärregierung aus dem Jahr 1946, diese Nummern bestimmten Gebäudefunktionen zuzuordnen. In den Übergabeprotokollen sind Funktionen und technische Details jedes einzelnen Gebäudes aufgeführt. Diese Schlüsseldokumente erlauben damit einen Vergleich von Funktionszonen wie zum Beispiel der Bauleitung auf der Karte von 1944/45 mit archäologischen Funden aus diesem Areal.

Die Basis für diesen Vergleich ist die typologische, funktionale und chronologische Analyse des gesamten Fundmaterials bestehend aus 1178 Objekten und knapp 100 kg Gewicht. Diese Klassifizierung greift auf das hierarchische SHARD-System der *Society for Historical Archaeology* zurück, das zwar für industriearchäologische Funde nicht perfekt geeignet ist, sich aber als sehr hilfreich erwiesen hat, um Ordnung in die Fundmassen zu bringen. Die Klassifizierung basiert auf der Zuordnung jedes Artefakts zu einer Funktionsgruppe, zum Beispiel »strukturell« oder »persönlich«, – und, wenn möglich, zu einer bestimmten Kategorie und einem bestimmten Objekttyp.

Die fünf zentralen Funktionsgruppen sind »Persönliche« Artefakte (zum Beispiel Kleidungsbestandteile), Artefakte im Zusammenhang mit bestimmten »Aktivitäten« (zum Beispiel Werkzeuge), Artefakte aus dem Kontext »Haushalt und Konsum« (zum Beispiel Lebensmittelverpackungen), »Strukturelle beziehungsweise bauliche« Artefakte (zum Beispiel Elektroisolatoren) und Artefakte mit »unbestimmtem Verwendungszweck« (zum Beispiel emailliertes Eisenblech, dessen Funktion aufgrund seiner Fragmentierung beziehungsweise seines Erhaltungszustandes nicht mehr bestimmbar

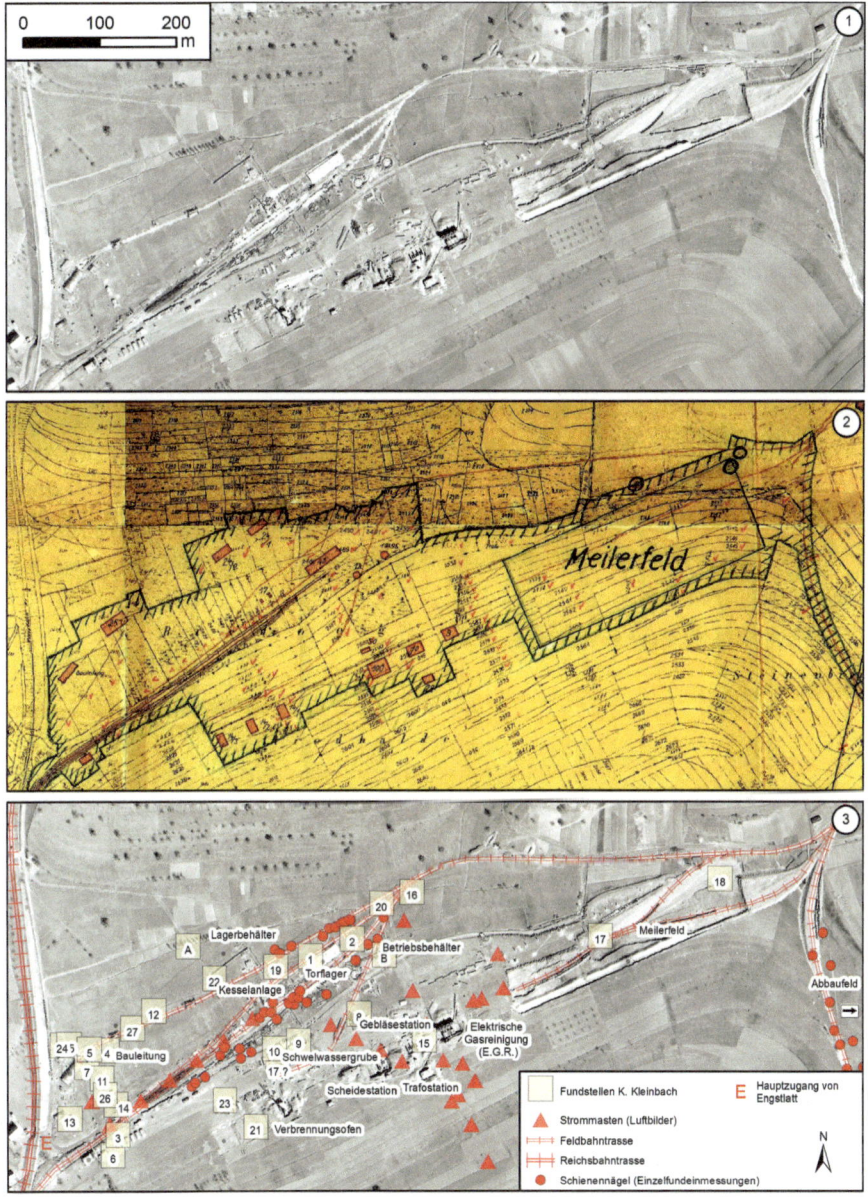

Abb. 2: 1: Der finale Ausbaustand von »Wüste 3« in einer Luftaufnahme vom 8. April 1945. – 2: Idealisierte Blaupause von »Wüste 3«, wohl aus dem Jahr 1944. Beilage eines Briefes vom 21. Januar 1945. – 3: Funktionszonen, Bahnlinien, Strommasten und archäologische Fundstellen von »Wüste 3«, kartiert auf dem Luftbild vom 8. April 1945.

ist). Das quantitative Verhältnis dieser Funktionsgruppen zeigt drei Auffälligkeiten, die typisch für industriearchäologische Fundkomplexe sein dürften: Erstens sind persönliche Gegenstände sehr selten. Zweitens sind strukturell-bauliche Artefakte stark vertreten. Drittens kann die Mehrzahl der Artefakte keiner bestimmten Funktionsgruppe sicher zugeordnet werden.

Wo es möglich war, wurden zusätzlich spezifische Objekttypen klassifiziert. Die Mehrheit der Artefakte gehört zu einer sehr begrenzten Anzahl von Typen, die alle zur »strukturell-baulichen« Funktionsgruppe gehören, namentlich Schienennägel, Baustahlstangen, Maschinenschrauben, Eisenbleche und Rohre. Die meisten anderen spezifischen Objekttypen wie »Zahnbürste«, »Vorhängeschloss« oder »Schuheisen« kommen in sehr geringen Mengen vor, oft sind es sogar Einzelstücke. Da es sich bei den Funden durchwegs um unstratifizierte (das heißt durchmischte und keiner archäologischen Schicht mehr zuordenbare) Oberflächenfunde handelt, gehören natürlich nicht alle diese Funde zwingend in die Bauzeit von Wüste 3 – ältere und jüngere Funde sind wie auf jedem Acker ebenfalls im Pflughorizont vertreten.

Eine genaue und kritische chronologische Analyse der Funde ist daher die Voraussetzung für jede weitere historische Interpretation. Um dies zu erreichen, wurde auf vier methodischen Wegen versucht, eine chronologische Zuordnung der Fundtypen in die 1940er Jahre zu verifizieren oder zu falsifizieren (siehe Abb. 3).

Der erste Weg ist der Vergleich mit gut datierten archäologischen Funden von anderen Fundstellen. Unter den Funden von Wüste 3 befinden sich beispielsweise mehrere Schuheisen mit einer sehr charakteristischen Form. Dieser besondere Typ wurde auch im KZ Ravensbrück ausgegraben, wo in den 1940er Jahren Uniformteile für SS und Wehrmacht hergestellt wurden. Für diesen speziellen Objekttyp ist daher eine Datierung in die Jahre 1944/45 sehr wahrscheinlich.

Der zweite Weg zu einer Datierung ist ein systematischer Vergleich der Funde mit zeitgenössischen Schrift- und Bildquellen. Aufgrund der großen Anzahl von Bauelementen waren dabei zeitgenössische Produktkataloge von Baubeschlägen, Elektro- und Sanitärartikeln besonders wichtig, so etwa der umfangreiche bebilderte Katalog der großen Berliner Baugerätefirma Leo Ross aus dem Jahr 1939. Dort fanden sich beispielsweise hervorragende Vergleichsstücke zu den archäologischen Funden von Schienenverbin-

Abb. 3: Ausgewählte Oberflächenfunde von »Wüste 3«. 1: RTJ-Isolator Typ N, Porzellan, Fundplatz 25. – 2: Zahnbürstenkopf, Kunstharz, Fundplatz 11. – 3: Oberleitungsklemme, Kupferlegierung/Eisen Fundstelle 23. – 4: Schienennagel, Eisen, Fundstelle 7. – 5: »Sigella« Bodenbohnerwachs, Zinn, Fundstelle 9. – 6: Schienenverbinder, Eisen, Fundstelle 21. – 7: Werkzeugtülle, Eisen, Fundstelle 18. – 8: Vorhängeschloss, Eisen, Fundstelle 19. – 9: Schuheisen mit verstärkter Außenkante, Eisen, Fundstelle 19. – 10: Schaufelblatt, Eisen, Fundstelle 17.

dern, die im Katalog von Leo Ross als *Flachlaschen* gelistet und abgebildet sind und der Verbindung von Feldbahnschienen gedient haben. Eine Datierung der entsprechenden Funde von Wüste 3 in die 1940er Jahre ist daher gut möglich.

Der dritte Ansatz war eine systematische Analyse der Inschriften auf Artefakten, insbesondere der Firmennamen und charakteristischen Schrifttypen. Bei einer Bohnerwachsdose der *Sidol-Werke* Köln markiert beispielsweise die erst 1928 entwickelte Schriftart »Futura« einen chronologischen *terminus post quem*, also den frühestmöglichen Entstehungszeitpunkt. Darüber hinaus hat das Archiv des Nachfolgekonzerns eine Datierung der Dose in die 1940er Jahre bestätigt. Eine so detaillierte Analyse ist jedoch für jedes Einzelstück mit einem immensen Aufwand verbunden und kann daher nur punktuell umgesetzt werden.

Unser vierter Ansatz zur Datierung der Funde basiert auf einem systematischen Vergleich der räumlichen Verteilung bestimmter Fundtypen mit Luftbildern. In der Praxis war die charakteristische räumliche Verteilung oft das Hauptargument, um bestimmte Fundtypen der Bauzeit 1944/45 zuzuordnen. Das gilt zum Beispiel für die große Gruppe der Schienennägel, die räumlich stark mit den Feldbahntrassen in den Luftbildern übereinstimmen. Wichtig waren außerdem Begehungen außerhalb des Industrieareals, um zu sehen, ob bestimmte Fundtypen exklusiv im Bereich von Wüste 3 auftreten oder als Abfall auf jedem Acker liegen, auch außerhalb des Industrieareals.

Im Folgenden sollen exemplarisch ausgewählte Ergebnisse zu drei Themenbereichen vorgestellt werden. Der erste dieser Themenbereiche ist die Infrastruktur des Schieferölwerkes Wüste 3. Luftbilder und schriftliche Quellen belegen ein ausgedehntes Feldbahnnetz innerhalb des Geländes, aber die Schriftquellen liefern kaum Details zu Erscheinungsbild und Bau. Die archäologischen Funde von Schienennägeln belegen eine eher anachronistische Technik mit einem minimalen Materialaufwand, was wahrscheinlich auf die katastrophale Versorgungslage zurückzuführen ist. Analysiert man die räumliche Verteilung der Schienennägel, so lassen sich bislang unsichere Verläufe von Bahntrassen in Luftbildern überprüfen. Die Analyse liefert so Puzzlesteine für die Rekonstruktion der Werkstopographie. Die Funde und die räumliche Analyse des Schienennetzes in Luftbildern ergeben darüber hinaus einen Ansatzpunkt für eine Quantifizierung der Baumaterialien und der geleisteten Arbeit – und damit auch einen materiellen Zugang zum Leid der Häftlinge, die die Feldbahn unter katastrophalen Bedingungen bauen und betreiben mussten.

In den Loren der Feldbahnen wurde der Ölschiefer vom Steinbruch zum Meilerfeld transportiert, auch diverses anderes Material wurde darin innerhalb der Baustelle bewegt. Da die Bauarbeiten nach bisherigem Forschungsstand bereits im Januar 1945 beendet wurden, ging man davon aus, dass nie ein Meiler in Wüste 3 gezündet wurde. Daher war es überraschend, dass sich im Fundmaterial eine beträchtliche Menge an Schieferschlacken findet, wie sie beim Meilerbrand entstehen. Wurden die schriftlichen Quellen und Luftbilder also falsch interpretiert? War Wüste 3 im Jahr 1945 doch noch kurzzeitig in Betrieb?

Der archäologische Fund gab Anlass für eingehendere Archivstudien, die schließlich eine andere Erklärung für das Vorkommen der Schlacken boten. In einem Schreiben an die Organisation Todt vom 11. August 1944 wird angeordnet, das gesamte Gelände von Wüste 3 so gut wie möglich gegen Luftangriffe zu tarnen und die hellen Straßen durch das Aufbringen von Schlacken an die Umgebung anzupassen. Es ist daher sehr wahrscheinlich, dass die Schlacken nicht vor Ort entstanden sind, sondern gezielt für diese Tarnung in das Werksareal gebracht wurden. Das Aufbringen der Schlacken wurde höchstwahrscheinlich von Häftlingen durchgeführt, denn laut Augenzeugenberichten und Archivalien waren die meisten schweren Erd- und Transportarbeiten Häftlingsarbeit. Das Hauptwerkzeug für die schwere Handarbeit war die Schaufel. Davon berichtet beispielsweise Otto Gunsberger, der 1945 nach Bisingen deportiert wurde:

> *…die Grenzen des Abbaugeländes wurden von der SS mit ihren Hunden scharf bewacht. Wir hielten nahe beim Abbaugelände an, wo wir die Werkzeuge erhielten, die in einem Blechschuppen aufbewahrt wurden. […] Jedes dieser Teile war so schwer, dass ich es kaum hochheben konnte. Ich versuchte sorgfältig, eine leichtere Schaufel zu wählen, aber sogar dieses Gewicht war mehr, als ich tragen konnte. Das machte mir Angst. Wahrscheinlich würde mich der Kapo totschlagen, wenn ich nicht arbeiten konnte…*[12]

Hat man diese Zeilen vor Augen, erscheint ein so alltägliches Werkzeug wie eine in Wüste 3 gefundene Schaufel in einem völlig anderen Licht und bekommt eine ganz neue Bedeutung als Zeugnis von

Zwangsarbeit und unmenschlichen Arbeitsbedingungen (siehe Abb. 3, Nr. 10). Aus archäologischer Sicht ist das Verteilungsmuster der Schaufeln und Tüllen, die höchstwahrscheinlich zu den Schaufeln gehören, recht auffällig. Die Hälfte der Funde befindet sich auf dem Meilerfeld, das von Oktober 1944 bis Januar 1945 durch großflächige Planierungen und Erdbewegungen für den ersten Brand vorbereitet wurde. Die Werkzeuge weisen erhebliche Gebrauchsspuren auf, was als indirektes Zeugnis dafür zu werten ist, dass nicht nur die Werkzeuge, sondern auch die Häftlinge rücksichtslos ausgebeutet und geschunden wurden.

Der zweite Themenbereich, zu dem ausgewählte Ergebnisse vorgestellt werden sollen, sind materielle Zugänge zu sozialer Ungleichheit. Im Gegensatz zu Fundkomplexen aus Lagern, wo es häufig deutlich mehr persönlich-individuelle Funde der Ausgebeuteten gibt, haben die Opfer von Wüste 3 fast keine materiellen Spuren im Industrieareal hinterlassen. Sie mussten Tag für Tag zu Fuß vom KZ Bisingen zur Baustelle laufen, ohne persönliche Gegenstände und in völlig unzureichender Kleidung. Die Angehörigen der SS, der Wehrmacht und der Organisation Todt – eine paramilitärische Organisation von Bauingenieuren, der seit 1944 die Leitung von Bauprojekten für Rüstungsbetriebe und Arbeitslager übertragen wurde –, haben demgegenüber zwar auch nicht vor Ort geschlafen und gelebt, aber sie haben trotzdem mehr Alltagsobjekte auf dem Gelände hinterlassen. Die auffälligste Objektgruppe, die primär der SS und den für Wachdienste eingesetzten Wehrmachtssoldaten zugeschrieben werden kann, sind die bereits angesprochenen Schuheisen von schweren Militärstiefeln. Solche Stiefel waren Teil der persönlichen Ausrüstung eines jeden Soldaten. Die Schuheisen sind möglicherweise während des Wachdienstes im Werksareal verloren gegangen. Zwei Schuheisen wurden beispielsweise am Nordrand des Geländes entlang eines im Luftbild erkennbaren Fußpfades gefunden, eines im Areal der Bauleitung.

Im Bereich der Bauleitung, in dem sich unter anderem die Büros des örtlichen Personals der Organisation Todt, der SS und auch der im Werk tätigen Ingenieure befanden, erlauben einige weitere Artefakte eine Annäherung an die extreme soziale Ungleichheit zwischen Tätern und Opfern. Auf der einen Seite stehen die Häftlinge, ihrer persönlichen Gegenstände beraubt, von grundlegender Hygiene und Körperpflege abgeschnitten und in Baracken in Schlamm und Schmutz zusammengepfercht und zur Arbeit gezwungen. Auf der anderen Seite stehen die Vertreter und Profiteure des NS-Regimes. Ein Zahnbürstenkopf und eine unscheinbare Bohnerwachsdose können als Zeugnis der scharfen sozialen Grenze zwischen den Unterdrückern und den Unterdrückten interpretiert werden. Diese Grenze war durch glänzend polierte Böden und saubere Zähne auf der einen Seite und schlammige Baracken und Baustellen mit Gefangenen, denen selbst der Zugang zu grundlegender Körperpflege entzogen wurde, auf der anderen Seite für alle wahrnehmbar und materiell manifestiert.

Den globalgeschichtlichen Rahmen der Zwangsarbeit und des Terrors in Wüste 3 bildet der durch den Kriegsverlauf entstandene Treibstoffmangel der NS-Kriegsmaschinerie, insbesondere der Luftwaffe. Während am Albtrauf Menschen zur Ölgewinnung ausgebeutet wurden, mussten ab 1944 neckarabwärts Häftlinge unter anderem Teile der Flugzeuge herstellen, die später mit Treibstoff der Wüste-Werke betankt werden sollten.

3. Lagerlandschaft Neckarlager

Gegen Ende des Zweiten Weltkriegs wurde vom NS-Regime die Dezentralisierung und Verlagerung von Rüstungsbetrieben in unterirdische Stätten und Täler vorangetrieben, nachdem wichtige oberirdische Werke durch alliierte Bombardierungen zerstört worden waren. Diese »U(nterlage)-Verlagerungen« wurden auf dem Rücken von verschleppten Menschen umgesetzt, die als KZ-Häftlinge, Kriegsgefangene und Zwangsarbeiter*innen in den für diese Vorhaben errichteten Lagern untergebracht wurden. Die Organisation Todt übernahm ab dem 1. Mai 1944 neben der SS die Verantwortung für die Organisation und Bauaufsicht vieler dieser Verlagerungsbauten und Lagerinfrastrukturen.[13] Die Häftlinge waren extremer struktureller Gewalt an ihren Arbeitsplätzen ausgesetzt, wie beispielsweise durch Arbeitspensen von über 12 Stunden mit schwerer körperlicher Arbeit unter Tage, mangelndem Arbeitsschutz und unzureichendem Werkzeug sowie mangelnder Versorgung. Die strukturelle Gewalt führte zu einem hohen Sterberisiko.

In Baden-Württemberg lassen sich mindestens 14 solcher Verlagerungen ermitteln. Das NS-Regime erstellte Listen potenzieller Standorte – darunter laufende und stillgelegte Bergwerke, natürliche Höhlen und Täler sowie Eisenbahn- und Autobahntunnel – und prüfte deren Eignung. Die Produktion lief an nur wenigen Standorten tatsächlich an. Nach Kriegsende wurden die Fabriken von den Alliierten beschlagnahmt, demontiert und Bergwerke wieder in Betrieb genommen oder als Lagerflächen genutzt. Einige Gedenkstätten leisten Aufklärungsarbeit an den ehemaligen Stätten der Zwangsarbeit, um an die Geschehnisse und das Leid der Opfer zu erinnern.[14]

Am Neckar bei Obrigheim wurde seit 1847 ein Gipsvorkommen im Untertagebau erschlossen. Im März 1944 wurden unter dem Tarnnamen »Goldfisch« diese Kavernen als Produktionsfläche für das Daimler-Benz-Flugzeugmotorenwerk Genshagen vorgesehen. In den Kavernen des nahe gelegenen Gipsbergwerkes von Neckarzimmern auf der gegenüberlegenden Neckarseite waren bereits die Vereinigten Kugellagerfabriken VKF untergebracht. Die Erschließung weiterer stillgelegter Bergwerke für die Verlagerung von Rüstungsfabriken, wie zum Beispiel in Hochhausen oder am Tunnel Asbach-Mörtelstein, wurde nicht mehr aktiv vorangetrieben. Für den Umbau der Bergwerke zu modernen Fabriken wurden über 5000 KZ-Häftlinge und tausende Zwangsarbeiter*innen in die umliegenden Lager verschleppt und zur Zwangsarbeit eingesetzt. Ein Netzwerk aus sechs Konzentrationslagern und sieben Lagern für Ostarbeiter, Militärinternierte und SS-Strafgefangene war eng mit der zentralen Verlagerung »Goldfisch« bei Obrigheim verbunden.[15]

Bei der Wahl der Standorte scheinen nicht nur die Eignung der Bergwerke und Tunnel eine Rolle gespielt zu haben, sondern auch die Verkehrsanbindung, um Material und Menschen zu transportieren. Der Neckar sowie Bahnlinien und Fernstraßen verbanden die Lager und Zwangsarbeitsstätten miteinander und die Rüstungsfabrik selbst mit Zulieferungsketten anderer Fabriken in Europa. Am Neckar waren Arbeitslager und Arbeitsstätten bis zu 17 km voneinander entfernt und wurden hauptsächlich mit Zügen verbunden. Die Arbeitswege mussten von den Häftlingen aber teilweise auch zu Fuß bewerkstelligt werden.[16]

Ohne die tägliche Bereitstellung und Ausbeutung von tausenden (Zwangs-)Arbeitskräften wäre die Realisierung der Bauprojekte in dieser Größenordnung nicht möglich gewesen. Hunderte Werksangehörige und Wachmannschaften waren ebenfalls in ein Netzwerk der Versorgung eingebunden. Abgesehen vom Ausbau der Region zu einer Industrielandschaft, deren Relikte sich teilweise bis heute erhalten haben, zeugt die rasche Mobilisierung und

Verschleppung von Arbeitskräften von der Dimension des Verbrechens. Bis in die letzten Monate wurden hier Fabriken für einen verlorenen Krieg errichtet, Häftlinge gequält und umgebracht. Das nicht mehr fertiggestellte Lager Asbach zeugt von der Planung, weitere 2000 Zwangsarbeiter*innen aus Osteuropa für den Betrieb der Rüstungsfabrik zu verschleppen.

4. Das Außenlager Asbach

Das Areal des ehemaligen Konzentrationslagers Asbach im Neckar-Odenwald-Kreis wurde im August und November 2021 archäologisch untersucht. Die Untersuchung wurde von Tübinger Student*innen der Archäologie im Rahmen eines Seminars mit einer Geländeübung unterstützt. Im Rahmen einer systematischen Oberflächenbegehung wurden zahlreiche Gebäudereste und Befunde aus der Lagerzeit sowie Fundkonzentrationen aus der jüngeren Geschichte des Ortes dokumentiert.

Das Außenlager des Konzentrationslagers Natzweiler liegt im Hönigwald, wo maximal 150 KZ-Häftlinge von Oktober 1944 bis März 1945 gezwungen waren, die Infrastruktur für ein Arbeitslager und Baracken zu errichten. Dieses Lager war ursprünglich für 1.520 Zwangsarbeiter aus Osteuropa bestimmt, die in der Flugzeugmotorenfabrik von Daimler-Benz für die Rüstungsproduktion eingesetzt werden sollten. Nachdem die KZ-Häftlinge zunächst täglich vom KZ Neckarelz nach Asbach pendeln mussten, wurden sie in einer der ersten fertiggestellten Lagerbaracken untergebracht. Ab diesem Zeitpunkt wurde ihr Arbeitsplatz zu einem dauerhaften KZ. Ende März 1945 wurden die meisten Häftlinge der Neckarlager von den Wachleuten in Todesmärschen in Richtung des Konzentrationslagers Dachau deportiert. Die Bauarbeiten des Lagers Asbach wurden nie abgeschlossen. Von der Nutzung des Barackenlagers in der unmittelbaren Nachkriegszeit zeugen kaum Quellen, vermutlich wurden die Baracken demontiert.

Im Rahmen der Geländeübung erlernten die Studierenden nicht nur Methoden zur Untersuchung archäologischer Fundstellen, sondern konnten so auch einen Zugang zur lokalen NS-Geschichte und zu Orten des Unrechts gewinnen. Fokus der Oberflächenbegehung, also der systematischen Untersuchung des Areals durch eine lückenlose Begehung, war die Erfassung und Dokumentation der materiellen Überreste des ehemaligen Lagers und ihres Erhaltungszustandes. Das Lager Asbach ist bisher nur in wenigen zeithistorischen Studien betrachtet worden.[17] Im Seminar wurden die schriftlichen (Rechnungen) und bildlichen Quellen (mehrere Baupläne des Lagers, alliierte Luftaufnahmen und eine Zeichnung eines Häftlings) sowie die mündliche Überlieferung von französischen Gefangenen verglichen und gemeinsam für die Interpretation und Bewertung der archäologischen Fundstätte ausgewertet. Trotz des umfangreichen Quellenmaterials kann der tatsächliche Baufortschritt der 36 geplanten Lagergebäude sowie der Standort der Häftlingsbaracke aus der schriftlichen und bildlichen Überlieferung nicht bestimmt werden.

Während der archäologischen Untersuchung 2021 stellte sich heraus, dass eine überraschend große Anzahl unterschiedlicher Befunde dank der geringen Nachnutzung im Gelände erhalten geblieben ist: Die häufigsten Befunde waren 21 Erdplattformen, die hauptsächlich eine Größe von 27 × 9,5 Metern hatten und die Fundamente der geplanten oder errichteten Baracken darstellen (siehe Abb. 4). Diese waren in drei allgemeine Typen (Baracken, Abortgebäude und andere Untertypen) gegliedert. Einige besondere Befunde wie das Mauerwerk einer großen Baracke (möglicherweise der Küche), der Betonboden einer Waschbaracke, Toilettengebäude sowie ein Pumpenhausfundament haben bis heute überdauert und zeugen davon, dass der Bau des Lagers relativ weit vorangeschritten war. Als Teil der Infrastruktur des Lagers konnten ein Steinbruch, eine gepflasterte Lagerstraße und ein Grabensystem identifiziert werden.

Die Arbeit der Häftlinge scheint mit der Auflösung des Lagers abrupt beendet worden zu sein: Die Gruben und Abraumhalden

Abb. 4: Eine Betontreppe, Bodeneingriffe und Abraumhalden – Überreste einer Baustelle für eine Abortbaracke am Areal des ehemaligen KZ Asbach.

einzelner Baustellen und die baulichen Überreste der Gebäudestrukturen liegen unberührt im Wald und sind unmittelbare stumme Zeugen der Zwangsarbeit. Das Areal des Lagers Asbach ist eines der wenigen erhaltenen materiellen Zeugnisse der späten Phase des nationalsozialistischen Lagersystems in Baden-Württemberg und als archäologisches Kulturdenkmal eingetragen.

Im November 2021 konnten bei einem zweiten Survey einige hundert Oberflächenfunde dokumentiert werden. Viele der Artefakte stammen aus der Nachkriegszeit – schon vor dem Krieg war angrenzend zum KZ-Areal ein Sportplatz eingerichtet worden, der während des KZ bestand und noch heute genutzt wird. Insbesondere Funde aus den 1950er bis 1960er Jahren zeugen von Sportfesten und Aktivitäten am Rande des aufgelassenen KZ-Areals. Andere Objekte könnten mit dem Lager in Verbindung stehen: Werkzeuge wie ein Schaufelblatt, ein Schraubenschlüssel, ein Keil und ein Bohreraufsatz können im Zuge der Zwangsarbeit zerbrochen und zurückgelassen worden sein. Kochgeschirr, Zahnpastatuben und eine Schreibmaschinentaste geben Einblicke in weitere Aktivitäten auf dem Gelände. Die Mehrheit der Objekte waren Baumaterialien der Baracken (Nägel, Backsteine, Isolatoren). Dachziegel, die von einem örtlichen Ziegelhersteller gekennzeichnet sind, zeigen die Versorgungswege des Lagers und seine lokale Verankerung, was auch durch mündliche Überlieferung unterstützt wird.

Obwohl nicht festgestellt werden konnte, welche der Baracken fertiggestellt wurden und in welchen die Häftlinge untergebracht waren, wurde zum ersten Mal ein umfassender Überblick über die materiellen Überreste des Lagers zusammengestellt. Die Geländeübung trug nicht nur zur Erforschung des Denkmals und zur praktischen Ausbildung der Studierenden bei, sondern gab auch der Geschichte und Erinnerung an den nationalsozialistischen Terror öffentlich und wissenschaftlich neuen Auftrieb. Im Rahmen der Übung veranstaltete die KZ-Gedenkstätte Neckarelz einen öffentlichen Vortrag über die Geschichte des Lagers, gehalten von dem Historiker Arno Huth. Die Veranstaltung wurde von den Anwohner*innen gut aufgenommen – zwischen den anwesenden Generationen wurde die Geschichte und Bedeutung des Ortes offen diskutiert. Viele gaben an, bisher nichts von dem Lager vor ihrer Haustür gewusst zu haben. Die teilnehmenden Studierenden waren besorgt über die rezente Nutzung des Geländes: Gebäudeüberreste wurden beschädigt und Gruben als Mülldeponien genutzt.

Jogger*innen und Hundebesitzer*innen wurden durch die Übung auf die Geschichte des Ortes, welchen sie täglich besuchten, aufmerksam. Zwei Abendvorträge im Juni 2022 präsentierten die Ergebnisse der Untersuchung. In diesem Rahmen sprach ein Zeitzeuge, welcher als Kind Kontakt zu den Häftlingen des Lagers hatte, erstmals öffentlich über seine Erfahrungen. Das Interesse der lokalen Gemeinschaften sowie die noch offenen Forschungsfragen – etwa wie weit der Bauf des Arbeitslagers tatsächlich realisiert wurde und welches der vielen Gebäudeüberreste die ehemalige Unterkunftsbaracke der KZ-Häftlinge darstellte – weisen auf das Potenzial für weitere archäologische Untersuchungen hin.

5. Das KZ und Krankenlager Neckargerach

Östlich des Neckars befand sich das Konzentrationslager Neckargerach, das im Zuge des Inventarisationsprojektes ebenfalls archäologisch untersucht wurde. Das KZ Neckargerach wurde als Außenlager des überfüllten KZ Neckarelz I in einem alten Barackenlager des Reichsarbeitsdienstes eingerichtet. Aufzeichnungen eines ehemaligen Häftlings und Luftbildaufnahmen lassen darauf schließen, dass insgesamt 21 Lagerbaracken vorhanden waren. Das Lager war mit bis zu 1500 Häftlingen überbelegt, und zur Bewältigung des Platzmangels wurde ein Zelt für etwa 300 Häftlinge auf dem Gelände aufgestellt. Die Häftlinge wurden hauptsächlich beim Bau der bereits erwähnten Verlagerung »Goldfisch« in der Gipsgrube Obrigheim eingesetzt, aber auch in der Kommandantur des KZ Natzweiler in Guttenbach und gelegentlich in anderen Tätigkeiten als Schneider, Schuster oder Erntehelfer in der Region. Aufgrund der Lage in einem nebelreichen Tal und der vor allem im Winter harten Bedingungen herrschten im Lager katastrophale Zustände.

Das Lager wurde gegen Ende 1944 zu einem Krankenlager umfunktioniert, da die Zahl der Kranken rapide anstieg und erkrankte Häftlinge der Neckarlager nach Neckargerach überstellt wurden. Es kam zu einer Ruhr- und einer Fleckfieberepidemie. Trotz der Bemühungen der Lagerärzte und eines örtlichen Arztes war die medizinische Versorgung unzureichend und die Sterblichkeitsrate war hoch. Einige Häftlinge starben bei Exekutionen durch die SS und weitere kamen bei Bombardierungen von Neckargerach ums Leben. Das Lager wurde am 29.03.1945 von der SS geräumt und die verbliebenen Häftlinge wurden nach Neckarelz und Dachau transportiert. Nach dem Krieg wurde eine Reparaturwerkstatt in einer der Baracken eingerichtet und 1953 wurde ein Gedenkstein von einer französischen Delegation im Südbereich des ehemaligen Lagers errichtet. Auch an anderen Außenlagern von Natzweiler wurden in der unmittelbaren Nachkriegszeit Gedenkorte vor allem durch die französische Militärregierung eingerichtet, um würdige Grabstätten zu schaffen (etwa KZ-Friedhof Schörzingen und Schömberg), eine Genese von lokalen Erinnerungskulturen setzte an den meisten Standorten der KZ-Außenlager in Baden-Württemberg allerdings erst Ende der 1970er ein.[18]

Im Gegensatz zum KZ Asbach ist an der Oberfläche kaum mehr etwas von dem einstigen Lager zu erkennen – doch mit geophysikalischen Prospektionsmethoden konnten untertägig erhaltene Überreste des Lagers ermittelt werden. Geomagnetik und Georadar liefern Einblicke in Strukturen unter der Bodenoberfläche, ohne dass ein Bodeneingriff oder eine Ausgrabung notwendig ist. Da kein Bodeneingriff erfolgt, bleibt das Bodendenkmal gleichzeitig für die Zukunft erhalten (siehe Abb. 5).

Abb. 5: Das KZ Neckargerach: Gegenüberstellung eines Luftbildes vom 22.03.1945 zur aktuellen Situation, einer Amplitudenkarte der Georadaruntersuchung und eines Magnetogrammes des Untersuchungsbereiches.

Auf der Westseite, zwischen den heutigen Gewerbebauten, bestehen noch geringe Freiflächen des ehemaligen Lagerareals. Durch die Untersuchung konnten in diesem Bereich Anomalien festgestellt werden, die auf Überreste von drei Gebäuden hinweisen. Die beiden kleineren Anomalien mit einer Fläche von 10 bis 35 m² befinden sich laut einem Luftbild von 1945 im Bereich eines kleinen Lagergebäudes und einer Lagerbaracke. Die größte Anomalie, die eine Fläche von etwa 100 m² umfasst, liegt unmittelbar östlich der Lagerbaracke. In diesem Bereich zeigt eine alte Lagerskizze einen Abort- beziehungsweise Toilettentrakt an, der hinsichtlich Größe, Form und Lage gut mit den geophysikalischen Befunden übereinstimmt.

Die hier beschriebenen materiellen Relikte von zwei Standorten der Neckarlager sind Teil eines Gesamtensembles einer eng verflochtenen Industrielandschaft, die innerhalb weniger Monate entstand und sich ebenso schnell wieder auflöste. Die vorgestellten Fundstätten sind gleichzeitig Teil eines europaweiten Netzwerkes von Verschleppung, Terror und Zwangsarbeit – und Ausdruck einer europaweiten Dezentralisierung von Rüstungsproduktion und Zwangsarbeit. Verbunden waren die Orte nicht nur durch tägliche Märsche von Lager zu Zwangsarbeitsstätte und durch Häftlingstransporte zwischen den Lagern, sondern auch durch Transporte von Baumaterial und Bauteilen zwischen der Flugzeugfabrik und anderen Fabriken.

6. Globalgeschichtliche Potentiale und Herausforderungen

Wenn wir mit Methoden der Historischen Archäologie lokale, regionale und globale Dimensionen in ihrer Verflechtung untersuchen wollen, müssen wir weg von einer Archäologie von Einzelfundstellen und hin zu einer Archäologie ganzer Lager- und Arbeitslandschaften, oder wie Barbara Hausmair es treffend formuliert hat: Wir müssen auch »jenseits des Lagerzaunes« blicken, um die komplexen räumlichen, organisatorischen, personellen und materiellen Dimensionen erfassen zu können.[19] Neckarlager und Wüstelager sind dabei nicht nur räumlich eng verbunden: Für die Kriegsmaschinerie eines globalen Konfliktes sollten am Neckar Flugzeugteile gefertigt und am Albtrauf Treibstoff für eben diese Flugzeuge gewonnen werden. Der globale Krieg und seine Rüstungsindustrie erreichten und veränderten am Ende des Weltkrieges auch ländliche Regionen Schwabens mit voller Wucht. Die aus ganz Europa stammenden Zwangsarbeiter*innen wurden in improvisierte Barackenlager, Fabrik- und Schulgebäude verschleppt, um ihre Arbeitskraft auszubeuten. Die Eile und Dimension dieses Verbrechens ist schwer greifbar, wird aber durch Lokalstudien immerhin nachvollziehbarer.

Punktuell scheinen Netzwerke bei den beiden vorgestellten Lokalstudien auch in den ganz konkreten materiellen Hinterlassenschaften auf oder sind aus der Zusammenschau der Quellen erschließbar, beispielsweise durch die Herkunft von Baumaterial oder persönlichen Objekten. Das traditionelle archäologische Vorgehen zur Beschreibung solcher globalen Objektnetzwerke wäre nun ein systematischer Vergleich aller Formen und Typen mit ähnlichen Funden in anderen Regionen – genauso, wie es in allen älteren Perioden Standard in der Archäologie ist. Das Problem ist allerdings, dass die Archäologie der Zeitgeschichte – insbesondere im deutschsprachigen Raum – eine sehr junge Disziplin ist, die sich erst seit den 1990er Jahren langsam etabliert hat und seit den 2000er Jahren stärker in Denkmalpflege und Forschung vertreten ist.[20] Es fehlen daher vielfach publizierte Fundkomplexe, die für Vergleiche neuer Funde verwendet werden könnten. Genau diese Lücke gilt es zu schließen.

Die vorgestellten Fallstudien leisten daher auch einen Beitrag im Bereich der Quellenedition, um darauf perspektivisch eine breiter aufgestellte Globalgeschichte der NS-Zwangsarbeit in Südwestdeutschland aus archäologischer Perspektive aufbauen zu können. Wir denken, dass die Historische Archäologie dabei weit mehr sein kann als eine Lückenfüllerin, um Leerstellen in der schriftlichen Überlieferung zu füllen. Darüber hinaus kommt materiellen Zeugnissen eine zunehmend wichtige Rolle in der Geschichtsvermittlung und Gedenkstättenarbeit zu, die durch archäologische Grundlagenforschung fundiert werden muss.[21] Und jede neue Perspektive, die zur Vergegenwärtigung des NS-Terrors und seiner Folgen beitragen kann, wird angesichts andauernder kolonialer Kriege in Europa und der erschreckenden Popularität rechter Erklärungsmuster umso wichtiger.

ENDNOTEN

1. BRENNEISEN: Schlussstriche; HUTH: Ende; STEEGMANN: Konzentrationslager.
2. THEUNE: Archaeology; BERNBECK: Materielle Spuren; KERSTING: Lagerland; siehe auch STURDY COLLS: Holocaust archaeologies.
3. BOLLACHER/HAUSMAIR: Außenlager.
4. HAUSMAIR/DÉZSI: Nazi terrror.
5. Die Abschlusspublikation des Projektes befindet sich in der Druckvorbereitung, vgl. BOLLACHER/HAUSMAIR/DÉZSI: Denkmallandschaft.
6. Vgl. GLAUNING: Entgrenzung, S. 130.
7. HAUSMAIR: Vernichtungslandschaft Wüste.
8. Vgl. GLAUNING: Entgrenzung.
9. ZEKORN: Todesfabrik, S. 195.
10. Die folgenden Ausführungen zu Wüste 3 basieren auf der englischsprachigen Primärpublikation BIESENTHAL u. a.: Nazi shale oil (im Druck). Teile des Textes sind nur geringfügig modifizierte Übersetzungen aus dem Englischen.
11. Vgl. Barch, R121/176; LGL-BW, USAAF Aerial Images: Area L 7718, Sortie: 104W/C41, Frame 3143, April 8, 1945; LGL-BW, USAAF Aerial Images: Area L 7718; Sortie: ?; Frame: 4121, September 29, 1944; Privatarchiv A. Jenter: Rekultivierung; GLAUNING: Entgrenzung; ZEKORN: Todesfabrik.
12. GUNSBERGER: Berufswahl.
13. DICK: Builders, S. 105–111.
14. Siehe zum Beispiel: KZ-Gedenkstätte Leonberg; KZ-Gedenkstätte »Vulkan«; Gedenkstätte KZ-Kochendorf.
15. MARKOWITSCH/ZWICK: Goldfisch und Zebra.
16. Die Gedenkstätte Neckarelz macht mit dem »Goldfischpfad« einen Teil des Arbeitsweges der KZ-Häftlinge zum Bergwerk erfahrbar. Vgl. Geschichtslehrpfad Goldfisch.
17. HUTH: Ende; MARKOWITSCH/ZWICK: Goldfisch und Zebra, S. 154–161.
18. RAUTNIG: Neckargerach; BRENNEISEN: Schlussstriche.
19. HAUSMAIR: Vernichtungslandschaft Wüste.
20. Vgl. JÜRGENS/MÜLLER: Archäologie; GONZÁLEZ-RUIBAL: Archeology; ORSER: Primer; ARNDT u.a.: Leitlinien.
21. Seit März 2023 werden beispielsweise ausgewählte Funde und archäologische Zugänge zu Wüste 3 im KZ-Museum Bisingen dauerhaft einer breiten Öffentlichkeit präsentiert und bieten neue objektbasierte Vermittlungsmöglichkeiten im Rahmen der lokalen Gedenkstättenarbeit.

QUELLEN- UND LITERATURVERZEICHNIS

QUELLEN

Bundesarchiv (BArch), R121/176.
Landesamt für Geoinformation und Landesentwicklung – Baden Württemberg (LGL-BW): USAAF Aerial Images: Area L 7718, Sortie: 104W/C41, Frame 3143, April 8, 1945.

Landesamt für Geoinformation und Landesentwicklung - Baden Württemberg (LGL-BW): LGL-BW, USAAF Aerial Images: Area L 7718; Sortie: ?; Frame: 4121, September 29, 1944.

Privatarchiv A. Jenter: Rekultivierung der Ölschieferwüste (1948–1950).

LITERATUR

ARNDT, Betty u. a.: Leitlinien zu einer Archäologie der Moderne, in: Blickpunkt Archäologie 4 (2017), S. 236–245.

BERNBECK, Reinhard: Materielle Spuren des nationalsozialistischen Terrors. Zu einer Archäologie der Zeitgeschichte, Bielefeld 2017.

BIESENTHAL, Charlotte u. a.: Nazi shale oil and forced labour. Interpreting surface finds from a shale oil plant of »Unternehmen Wüste« (1944/45) in Wurttemberg, Germany, in: Beiträge zur Mittelalterarchäologie in Österreich. Beiheft, im Druck.

BOLLACHER, Christian/HAUSMAIR, Barbara: Die baden-württembergischen Außenlager des KZ Natzweiler-Struthof. Denkmalfachliche Überlegungen zu einem schwierigen kulturellen Erbe, in: Die Denkmalpflege 76, 2 (2018), S. 152–158.

BOLLACHER, Christian/HAUSMAIR, Barbara/DÉZSI, Attila: Denkmallandschaft Natzweiler, Esslingen a.N. 2024.

BRENNEISEN, Marco: Schlussstriche und lokale Erinnerungskulturen. Die »zweite Geschichte« der südwestdeutschen Außenlager des KZ Natzweiler seit 1945 (Schriften zur politischen Landeskunde Baden-Württembergs, Bd. 52), Stuttgart 2020.

DICK, Charles: Builders of the Third Reich. The Organisation Todt and Nazi Forced Labour, London/New York 2021.

Gedenkstätte KZ-Kochendorf, hg. von Südwestdeutsche Salzwerke AG, URL: https://www.salzwerke.de/de/tourismus/besucherbergwerk-bad-friedrichshall/gedenkstaette.html [zuletzt aufgerufen am 18.12.2023].

Geschichtslehrpfad Goldfisch, hg. von KZ-Gedenkstätte Neckar-Elz, Neckar-Elz 2023, URL: http://www.kz-denk-neckarelz.de/goldfisch-pfad [zuletzt aufgerufen am 18.12.2023].

GLAUNING, Christine: Entgrenzung und KZ-System. Das Unternehmen »Wüste« und das Konzentrationslager in Bisingen 1944/45 (Geschichte der Konzentrationslager 1933–1945, Bd. 7), Berlin 2006.

GONZÁLEZ-RUIBAL, Alfredo: Archaeology and the Time of Modernity, in: Historical Archaeology 50, 3 (2016), S. 144–164.

GUNSBERGER, Otto: Berufswahl. Botschaft eines Überlebenden an die nachfolgenden Generationen, Bisingen 2012.

HAUBOLD-STOLLE, Juliane u. a. (Hgg.): Exclusion. Archaeology of the Nazi Internment Camps, Berlin 2020.

HAUSMAIR, Barbara: Wüste Shale Oil Factories, Germany, in: James DOUET (Hg.): The Heritage of the Global Oil Industry. TICCIH Thematic Study, Truro 2020, S. 46–48.

HAUSMAIR, Barbara: »Vernichtungslandschaft Wüste«. Zur Materialität des NS-Terrors außerhalb des Lagerzauns, in: Fritz JÜRGENS/Ulrich MÜLLER (Hgg.): Archäologie der Moderne. Standpunkte und Perspektiven (Sonderband Historische Archäologie), Bonn 2020, S. 333–369.

Hausmair, Barbara/Bollacher, Christian: »Lagerarchäologie« zwischen Bürgerinitiativen und Denkmalpflege am Beispiel des KZ-Komplexes Natzweiler, in: Archäologische Informationen 42 (2019), S. 59–70.

Hausmair, Barbara/Bollacher, Christian: Archäologische Einblicke in zwei Konzentrationslager des Unternehmens »Wüste« im Zollernalbkreis, in: Archäologische Ausgrabungen in Baden-Württemberg 2019, hg. vom Landesamt für Denkmalpflege im Regierungspräsidium Stuttgart, Darmstadt 2020, S. 326–330.

Hausmair, Barbara/Dézsi, Attila: Locating former Nazi terror sites: a methodological »How-To« for archaeological research and heritage management. Internet Archaeology, in Vorb.

Hausmair, Barbara/Misterek, Kathrin/Stern, Judith: Kategorisierung und Kategorien in der Archäologie der NS-Zeit, in: Aydin Abar u. a. (Hgg.): Pearls, Politics and Pistachios. Essays in Anthropology and Memories on the Occasion of Susan Pollock's 65th Birthday, Heidelberg 2021, S. 399–417.

Huth, Arno: Das doppelte Ende des »K.L. Natzweiler« auf beiden Seiten des Rheins, Mosbach-Neckarelz ²2015.

Jürgens, Fritz/Müller, Ulrich (Hgg): Archäologie der Moderne. Standpunkte und Perspektiven (Sonderband Historische Archäologie), Bonn 2020.

Kersting, Thomas: Lagerland. Archäologie der Zwangslager des 20. Jahrhunderts in Brandenburg, Berlin 2022.

KZ-Gedenkstätte Leonberg, hg. von KZ-Gedenkstätteninitiative Leonberg e.V., URL: https://www.kz-gedenkstaette-leonberg.de/start/ [zuletzt aufgerufen am 18.12.2023].

KZ-Gedenkstätte »Vulkan« in Haslach, hg. von Historischer Verein für Mittelbaden, Mitgliedergruppe Haslach e.V., Haslach 2021, URL: https://www.gedenkstaette-vulkan.de/ [zuletzt aufgerufen am 12.12.2023].

»Wir sind gezeichnet fürs Leben, an Leib und Seele«. Unternehmen »Wüste« – das südwürttembergische Ölschieferprojekt und seine sieben Konzentrationslager. Ein Lese- und Arbeitsheft, hg. von der Landeszentrale für politische Bildung Baden-Württemberg, Stuttgart 2012.

Hauptkatalog H 39, Größtes Spezialhaus Deutschlands für Baumaschinen – Baugeräte – Baueisenwaren, hg. von Leo Ross, Berlin 1939.

Markowitsch, Tobias/Zwick, Kattrin: Goldfisch und Zebra. Die Geschichte des Konzentrationslagers Neckarelz. Außenkommando des KZ Natzweiler-Struthof, St. Ingbert 2011.

Orser, Charles E., Jr.: A Primer on Modern-World Archaeology, New York 2014.

Patzelt, Arno: Untersuchungsbericht. Geophysikalische Erkundung mit Geomagnetik und Georadar »Ehemaliges Konzentrationslager Neckargerach«, Terrana Geophysik, Bericht-Nr. TG1189-21, Mössingen 2021.

Rautnig, Katrin: Neckargerach, in: Wolfgang Benz/Barbara Distel (Hgg.): Der Ort des Terrors. Geschichte der nationalsozialistischen Konzentrationslager, Bd. 6: Natzweiler, Groß-Rosen, Stutthof, München 2007, S. 147–150.

Steegmann, Robert: Das Konzentrationslager Natzweiler-Struthof und seine Außenkommandos an Rhein und Neckar 1941–1945, Straßburg 2005.

Sturdy Colls, Caroline: Holocaust archaeologies. Approaches and Future Directions, Cham 2015.

THEUNE, Claudia: Archaeology and remembrance. The contemporary archaeology of concentration camps, prisoner-of-war camps, and battlefields, in: Natascha MEHLER (Hg): Historical archaeology in Central Europe (Society for Historical Archaeology Special Publication Series, Bd. 10), Rockville 2013, S. 241–259.

THEUNE, Claudia: A Shadow of War. Archaeological Approaches to Uncovering the Darker Sides of Conflict from the 20th Century, Leiden 2018.

ZEKORN, Andreas: Todesfabrik KZ Dautmergen. Ein Konzentrationslager des Unternehmens ›Wüste‹ (Schriften zur Politischen Landeskunde, Bd. 49), Stuttgart 2019.

Bewegte Zeiten: Stuttgart going global

Bettina Severin-Barboutie

> ›Partner der Welt‹ – dieses Wort ist eine Einladung an alle, die von draußen kommen – in eine Stadt, zu der sie nach einer halben Stunde ›Du‹ sagen können. Und es ist eine Tatsache, denn eben weil sich Stuttgart treu geblieben ist, kann es Partner sein: Gesprächspartner, Gastgeber, Geschäftsfreund. Dies ist ihm gelungen: z. B.: der größte Exporteur unter den deutschen Großstädten zu sein und zugleich die Stadt der ›hängenden‹ Gärten zu bleiben.[1]

Mit diesen Worten warb das Verkehrsamt der Stadt Stuttgart Mitte der 1970er Jahre in einer Broschüre für die baden-württembergische Landeshauptstadt (Abb. 1). Zugleich brachte es damit zum Ausdruck, was Stuttgart seiner Meinung nach (vor allem) war beziehungsweise sein sollte oder wollte: eine Stadt, in der die Welt zu Gast war und die in die Welt hinausging, die aber trotz alledem so blieb, wie sie war.

Dieses vom Stuttgarter Verkehrsamt angepriesene *In-Stuttgart-zu-Gast-Sein* und *Aus-Stuttgart-in-die-Welt-Gehen* ist Gegenstand

Abb. 1: Cover der Broschüre *Stuttgart, Partner der Welt.*

der folgenden Ausführungen. Als Beispiel dienen die Arbeitsmigrationen nichtdeutscher Staatsangehöriger, von denen Stuttgart seit Anfang der 1950er Jahre zunehmend erfasst wurde. In Anlehnung an den Historiker Jochen Oltmer können diese als »Migration[en] zur Aufnahme unselbständiger Erwerbstätigkeit« verstanden werden, um Lebenschancen zu eröffnen oder zu verbessern,[2] womit nicht ausgeschlossen wird, dass sich dahinter (noch) andere Motive verbergen konnten. Diese Arbeitsmigrationen, so die These des Beitrags, brachten Stuttgart in doppelter Weise in Bewegung: zum einen im ganz wörtlichen Sinne in Gestalt räumlicher Bewegung, zum anderen im metaphorischen Sinne in Form von Wandel. Denn anders als das Stuttgarter Verkehrsamt in seiner Broschüre nahelegte, blieb Stuttgart im Kontext dieser Arbeitsmigrationen nicht das, was es war. Es veränderte sich. Nicht zuletzt nahmen seine Beziehungen mit der Welt zu, und »Stuttgart going global« – der Untertitel des Beitrags – soll diese Entwicklung auf den Punkt bringen.

Wie die Arbeitsmigrationen Stuttgart in Bewegung brachten, möchte ich in drei Schritten herausarbeiten. Zunächst werde ich diese Migrationen sowohl im städtischen wie globalen Migrationsgeschehen der Nachkriegsjahrzehnte verorten und anhand dessen zeigen, dass sie weder neu noch einzigartig waren. Anschließend geht es um zwei Wege, auf denen die Arbeitsmigranten und -migrantinnen nach Stuttgart gelangten. In einem dritten und letzten Schritt möchte ich deutlich machen, dass Stuttgart im Zuge der Arbeitsmigrationen nicht so blieb, wie es war, und Perspektiven für zukünftige Forschungen eröffnen. Mit *Stuttgart* meine ich dabei nicht nur die eigentliche Stadt, sondern ebenfalls das Umland, denn aufgrund der wirtschaftlichen Verflechtungen zwischen Stadt und Land seit dem späten 19. Jahrhundert,[3] wie sie im Übrigen Schwaben insgesamt prägen,[4] sind beide nicht voneinander zu trennen.

1. Weder neu noch einzigartig: Arbeitsmigrationen in Stuttgart

Nicht anders als andere Städte inner- und außerhalb von Deutschland war Stuttgart nach dem Zweiten Weltkrieg völlig zerstört. Zeitgenössische Fotos von der bombardierten Stadt machen das deutlich.[5] Wie anderswo ging es in Stuttgart freilich bereits nach einigen Jahren bergauf. Das Werk der Daimler-Benz-AG in Untertürkheim, das ebenso stark beschädigt war wie die Stuttgarter

Innenstadt, nahm seine Produktion sogar bereits im November 1945 wieder auf – der Tradition des Unternehmens gemäß im Segment der anspruchsvollen Fahrkultur.[6] Wie anderswo wurde der Wiederaufbau der Stadt in hohem Maße von Flucht- und Migrationsbewegungen begleitet, die aus der Stuttgarter Bevölkerung de facto das machten, was man heute »Migrationsgesellschaft« oder »postmigrantische Gesellschaft« nennen würde.

Diese aufeinanderfolgenden und zugleich miteinander verflochtenen Wanderungen waren keine Besonderheit der baden-württembergischen Landeshauptstadt, sondern Teil der komplexen Flucht- und Migrationsbewegungen, die die Welt und insbesondere Europa nach 1945 erfassten.[7] Zugleich erfolgten sie in einer Zeit, die von der Internationalisierung der Arbeitsmärkte, der staatlichen und suprastaatlichen Regulierung von Arbeitsmigration sowie der europäischen Einigung gekennzeichnet war. Zum einen wurden zunehmend bilaterale Wanderungsverträge zur Rekrutierung von Arbeitskräften geschlossen, zum anderen die Arbeitnehmerfreizügigkeit innerhalb der *Europäischen Wirtschaftsgemeinschaft* (EWG) verrechtlicht. Verbunden damit gab es Bestrebungen nach sozialer Sicherheit für mobile Arbeitskräfte.[8]

In der undatierten Werbebroschüre, die die Stuttgarter Firma Behr für die Rekrutierung von Arbeitskräften in Italien angefertigt hatte, wird dieser Zusammenhang sinnfällig. Darin heißt es, dass das Unternehmen gemeinsam mit seinen italienischen Arbeitskräften einen Beitrag zur Völkerverständigung in Europa und damit zur Vorbereitung einer friedlichen Zukunft leiste. Diese Botschaft entsprach ganz und gar dem Wunsch, die *Beziehungen zwischen ihren Völkern im Geiste europäischer Solidarität zu beiderseitigem Nutzen zu vertiefen und enger zu gestalten sowie die zwischen ihnen bestehenden Bande der Freundschaft zu festigen*, den die Regierungen in Rom und Bonn in der Präambel der 1955 unterzeichneten Vereinbarung über die Anwerbung und Vermittlung von italienischen Arbeitskräften für die Bundesrepublik geäußert hatten.[9] Auf der Karte, die das Deckblatt der Firmenbroschüre zierte, wurde diese Botschaft ins Bild gesetzt: Der abgebildete Ausschnitt Nord-, Mittel- und Südeuropas ist als einheitlich kolorierte schwarze Fläche ohne Binnengrenzen dargestellt; in der Mitte sticht das Logo der Firma Behr in weißer Schrift hervor.[10]

Die Beschäftigung ausländischer Arbeitskräfte war in Stuttgart kein Novum. Tatsächlich wurden seit dem industriellen Aufschwung der Stadt im ausgehenden 19. Jahrhundert Arbeitskräfte in anderen Regionen Europas rekrutiert, etwa in Tirol, Böhmen oder der Steiermark. Die Beschäftigung war zeitlich befristet; entsprechend kamen und gingen die Arbeitskräfte. Die Migrationsforschung spricht von »zirkulärer Migration«.[11] Der katholische Geistliche Battista Mutti, der seit 1953 Italiener und Italienerinnen in Baden-Württemberg betreute, nannte diese Arbeitsmigrationen *erste Einwanderung*. Und als deren *Zeuge* führte er unter anderem den *Stern auf dem Hauptbahnhof in Stuttgart* an, weil Italiener von 1922 bis 1927 am Bau des Bahnhofs beteiligt gewesen seien.[12] In der Zeit des Nationalsozialismus arbeiteten darüber hinaus mehrere Zehntausend Männer und Frauen als Zwangsarbeiter und -arbeiterinnen in Stuttgart; für Ende 1943 ist von mehr als 30.000 Personen die Rede, darunter Kriegsgefangene und KZ-Häftlinge. Sie waren auf zahlreiche Lager und Gemeinschaftsunterkünfte in der Stadt und deren Umland verteilt.[13]

Es waren nicht zuletzt diese ehemaligen Zwangsarbeiter und -arbeiterinnen, die in Stuttgart seit 1945 in Bewegung waren. Hinzu kamen ehemalige Kriegsgefangene, Flüchtlinge und Vertriebene, Evakuierte und so weiter, kurz: all jene, die durch den Krieg versprengt worden waren. Die einen kehrten in die Staaten zurück, deren Nationalität sie tatsächlich oder vermeintlich besaßen. Die anderen wurden dorthin *repatriiert*, wie es im zeitgenössischen Sprachgebrauch hieß, sprich zurückgeführt. Das galt insbesondere für die sogenannten *Displaced Persons* (DPs). Wieder andere kamen nach Stuttgart zurück oder zogen erstmals dorthin. Allein bis 1946 sollen auf diese Weise 140.000 Menschen in die Stadt gekommen sein.[14] Zu diesen in erster Linie kriegsinduzierten Wanderungen kamen in den 1950er Jahren einerseits Flüchtlinge aus der DDR hinzu. Andererseits zogen in wachsendem Maße Männer und Frauen in die Stadt, die dort einer Erwerbstätigkeit nachgehen wollten. Sie stammten aus anderen Teilen der Bundesrepublik, zunehmend aber auch aus Ländern wie Italien, Spanien, Griechenland, Jugoslawien, der Türkei oder auch der Schweiz.

2. Wege, die nach Stuttgart führten

Diese Erwerbsmigration erfolgte auf zwei unterschiedlichen Wegen. Auf der einen Seite gab es Männer und Frauen, die durch staatliche Vermittlung für einen Arbeitgeber in Stuttgart unter Vertrag genommen worden waren und sich die Stadt deshalb nicht zwingend selbst ausgesucht hatten. Ihre Vermittlung, auch Anwerbung genannt, erfolgte im Kontext der bilateralen Wanderungsverträge, die die Bonner Regierung in den 1950er und 1960er Jahren mit Regierungen anderer Staaten in und außerhalb von Europa geschlossen hatte, um ausländische Arbeitskräfte für Arbeitgeber in der Bundesrepublik zu rekrutieren. Den Anfang machten die bereits erwähnten Vereinbarungen mit Italien im Jahr 1955; es folgten Spanien und Griechenland im Jahr 1960, die Türkei 1961, Marokko 1963, Portugal 1964, Tunesien 1965 und zuletzt Jugoslawien im Jahr 1968. Im November 1973 stoppte die Bonner Regierung die staatliche Anwerbung. Angehörige der Mitgliedstaaten der *Europäischen Gemeinschaften* waren davon freilich nicht betroffen; sie genossen auch weiterhin Freizügigkeit.

Das Prozedere der staatlichen Vermittlung sah so aus, dass Stuttgarter Arbeitgeber der staatlichen Arbeitsverwaltung ihren Bedarf an Arbeitskräften mitteilten. Diese leitete die Informationen anschließend der *Bundesanstalt für Arbeitsvermittlung und Arbeitslosenversicherung* (seit 1969 *Bundesanstalt für Arbeit*, im Folgenden kurz: Bundesanstalt) weiter, die die offenen Stellen mit Hilfe von Partnerbehörden in den Anwerbeländern bekannt machen und diese auch eine Vorauswahl treffen ließ. Die auf diese Weise vorausgewählten Männer und Frauen durchliefen im zweiten Schritt eine Gesundheits- und berufliche Eignungsprüfung, die von medizinischem Personal aus der Bundesrepublik durchgeführt wurde. In Griechenland, Italien, Jugoslawien, Portugal, Spanien und der Türkei erfolgte diese Prüfung in einer der Auslandsdienststellen, welche die Bundesanstalt in Verona, Athen, Madrid, Lissabon, Istanbul und Belgrad, vorübergehend auch in Neapel, Thessaloniki und Ankara unterhielt. In Marokko und Tunesien wurden keine vergleichbaren Einrichtungen geschaffen.

Für Männer und Frauen, die nicht an den Orten wohnten, an denen die Vor- beziehungsweise Endauswahl stattfand, war die Teilnahme am Vermittlungsverfahren zwangsläufig mit einer Reise und einem Aufenthalt, wenn nicht gar mit mehreren Reisen und Aufenthalten im Inland und damit zugleich mit finanziellem Aufwand verbunden. Denn mit Ausnahme von Italien wurden die Kosten für Reise und Unterkunft im Inland meist nicht übernommen. Wovon die betroffenen Personen die anfallenden Kosten bestritten, bleibt zu erforschen. Sicher ist aber, dass sich einige von ihnen hoch verschuldeten oder Hab und Gut verkauften, um am Vermittlungsverfahren teilnehmen zu können, obwohl sie keineswegs davon ausgehen konnten, in die Bundesrepublik vermittelt zu werden. In Portugal soll es sogar Personen gegeben haben, die bei ihrer Vorstellung in Lissabon vor dem finanziellen Ruin standen.

In beiden Auswahletappen schied eine Reihe von Männern und Frauen aus. Für die Rekrutierung von 20 Arbeitskräften sollen in der Türkei insgesamt 90 Personen angeschrieben worden seien. Auf der zweiten Verfahrensstufe wurden in der Türkei durchschnittlich 9 bis 12% Bewerber und Bewerberinnen abgelehnt. Die Zahl der staatlich Vermittelten war demzufolge geringer als die Summe derjenigen, die sich um einen Arbeitsplatz in der Bundesrepublik bewarben, zumal Kandidaten und Kandidatinnen auch von sich aus abspringen konnten. Fest steht ebenfalls, dass Arbeitgeber nicht immer die von ihnen gewünschte Anzahl von Arbeitskräften erhielten. Oft träfen weniger ein als beantragt, kritisierte die Daimler-Benz AG in einem Bericht von 1973.[15]

Über den Verbleib derjenigen, die nicht vermittelt wurden und die ich als *im Verfahren Verlorengegangene* bezeichnen möchte, ist noch so gut wie gar nichts bekannt. Denn die historische Forschung hat sich bislang vor allem auf jene Personen konzentriert, die unter Vertrag genommen wurden. Es ist aber allemal davon auszugehen, dass nicht alle, die abgelehnt wurden, an ihre Heimatorte zurückkehrten, zumal diejenigen, die nicht unter Vertrag genommen wurden, befürchten mussten, in ihren Herkunftsgemeinschaften als gescheitert stigmatisiert zu werden. *Wer nicht auf die Reise nach Deutschland geschickt wird*, berichtete die *Neue Ruhr Zeitung* in ihrer Weihnachtsausgabe 1970, *ist sein Prestige los*. Anzunehmen ist ebenfalls, dass einige ihre Reise dennoch fortsetzten. So soll es in Istanbul abgelehnte Bewerber gegeben haben, die entweder als Touristen in die Bundesrepublik kamen oder aber ihre Frauen vermitteln ließen und diesen als Touristen folgten. Einem Vertreter des Bundesarbeitsministeriums zufolge kam es in Italien vor, dass sich Personen, die von der *Deutschen Kommission* in Verona abgewiesen worden waren, nach Frankreich vermitteln ließen. Existenz und Ausmaß solcher *Überläufe* sind ebenso wenig untersucht wie der Verbleib derjenigen, die nicht vermittelt wurden. Um Aufschluss darüber zu erhalten, wäre es notwendig, die Fährte dieser Menschen überall dort aufzunehmen, wo sie abgelehnt wurden, das heißt in den Städten, in denen die Selektion stattfand.

Für diejenigen, die für Stuttgarter Arbeitgeber unter Vertrag genommen wurden, begann im Anschluss an die Auswahl der dritte und letzte Abschnitt des Vermittlungsverfahrens: die Anreise nach Stuttgart. Diese bestand meist aus mehreren Etappen: einer Sammelreise in die Bundesrepublik, einem Zwischenstopp in der Bundesrepublik sowie der Weiterfahrt nach Stuttgart. Von Verona konnte man allerdings auch ohne Unterbrechung nach Stuttgart fahren. Alle Etappen wurden von der Bundesrepublik finanziert und organisiert. Die unter Vertrag Genommenen hatten deshalb weder Einfluss auf das Beförderungsmittel und den Reiseweg noch auf den Abreisetermin und die Zusammensetzung der Mitreisenden.[16]

Da die Sammelreisen meist mit der Eisenbahn erfolgten, gingen diese Männer und Frauen zuerst in Bahnhöfen *an Land*, wenn sie in der Bundesrepublik eintrafen. Wer aus Spanien und Portugal anreiste, kam am Bahnhof Köln-Deutz an. Erwachsene, die von der Zweigstelle der *Deutschen Kommission* in Neapel vermittelt wurden, fuhren bis Singen. Fahrgäste, die in Verona oder einer der Anwerbestellen in der Türkei, Griechenland, Jugoslawien, Tunesien oder Marokko unter Vertrag genommen worden waren, trafen am Münchner Hauptbahnhof ein – meist am Gleis 11, dem *Prominentengleis*, wie der Journalist Roswin Finkenzeller am 16. Dezember 1972 in der *Frankfurter Allgemeinen Zeitung* meinte: Denn *da ein Seitenausgang unmittelbar ins Freie und zu den Automobilen der bayerischen Regierung* führe, so der Journalist, sei *hohen Staatsbesuchern meistens dieser Ankunftsort beschieden*.[17]

Nach diesem Zwischenstopp ging die Fahrt weiter zum Stuttgarter Hauptbahnhof, wo die Ankömmlinge von ihren Firmen abgeholt wurden. Ankömmlinge aus der Türkei waren zu diesem Zeitpunkt bereits mehrere Tage, wenn nicht Wochen unterwegs. Einem Mann wurde bei seiner Ankunft in Stuttgart ein besonderer Empfang zuteil: dem für die Daimler-Benz AG rekrutierten 31-jährigen Jugoslawen Zvonimir Kanijr. Als er am 5. August 1970 mit einem Sonderzug aus Jugoslawien am Stuttgarter Hauptbahnhof eintraf, nahmen ihn der Präsident des Landesarbeitsamtes, Karl-Otto Fritze, dessen Pressereferent, Hans-Jörg Eckhard, ein Repräsentant der Daimler-Benz AG sowie Medienschaffende feierlich in Empfang und beschenkten ihn mit einem Transistorradio. *Zur Be-*

grüßung ein Radio betitelte die *Stuttgarter Zeitung* ihren Artikel über den Empfang am 6. August 1970.[18]

Während Kanijr der erste und einzige staatlich vermittelte Ankömmling war, der in Stuttgart in einer solchen Weise begrüßt wurde, gab es in der Bundesrepublik insgesamt eine Reihe vergleichbarer Begrüßungen für Männer und Frauen, die im Ausland für Arbeitgeber unter Vertrag genommen worden waren. Die Ersten waren vermutlich jene Männer, die der Bauernverband Württemberg-Baden 1955 in Norditalien für die Landwirtschaft rekrutiert hatte und die am 6. Juli 1955 in Ulm eintrafen. Im Beisein der Medien wurden sie vom italienischen Konsul empfangen. Auf Ulm folgte Köln-Deutz, wo am 10. September 1964 der 38-jährige Armando Rodrigues de Sá aus Portugal von Personen aus Wirtschaft, Politik und Medien feierlich begrüßt wurde, nachdem er am 10. September 1964 kurz nach 10 Uhr mit einem Sonderzug in Köln-Deutz angekommen war. Festreden wurden gehalten; eine Werkskapelle spielte deutschsprachige Stücke wie *Wem Gott will rechte Gunst erweisen*. Rodrigues de Sá wurde wie Kanijr beschenkt: Er erhielt ein Kleinkraftrad der Marke Zündapp Sport Combinette. Feierliche Empfänge und Geschenke erhielten auch die 19-jährige Maria Rosario Torres-Baquero aus Spanien, der 24-jährige Ismail Bahadir und der 24-jährige Nesati Güven aus der Türkei, der 17-jährige Roberto Rossi aus Italien, die 19-jährige Vera Rimski aus Jugoslawien – Torres-Baquero am 28. Mai 1965 in Heilbronn, Bahadir und Rimski am Münchner Hauptbahnhof am 27. November 1969 beziehungsweise am 8. März 1972, Rossi am 3. März 1971 in Freiburg und Güven im Juli 1972 am Flughafen München-Riem.[19] Die feierlichen Begrüßungen am Münchner Hauptbahnhof standen dabei in diametralen Gegensatz zu der Art und Weise, wie angeworbene Arbeitskräfte nach ihrer »Landung« am Münchner Hauptbahnhof ansonsten in Empfang genommen wurden. Während Ismail Bahadir und Vera Rimski wie auf einer Bühne der Öffentlichkeit vorgeführt wurden, brachte die Weiterleitungsstelle die meisten Ankömmlinge umgehend in den Luftschutzbunker unter dem Bahnhof und ließ sie damit buchstäblich von der Bildfläche verschwinden, zumindest vorübergehend.[20] Das Ankunftsszenario am Münchner Hauptbahnhof war daher ambivalent. Es schwankte zwischen Praktiken des Sichtbar- und Unsichtbarmachens.[21]

In der Presse der Bundesrepublik erschienen die feierlich in Empfang Genommenen als *Jubilare*. Es waren aber nicht ihre eigenen Jubiläen, die bei den Empfängen zelebriert wurden. Vielmehr ging es um Ereignisse zu Ehren von Staat, Verwaltung oder Bundesland: in Köln-Deutz um das Eintreffen des millionsten staatlich rekrutierten ausländischen Arbeitnehmers in der Bundesrepublik, in München um den millionsten von der Münchner Weiterleitungsstelle in Empfang genommenen ausländischen Beschäftigten beziehungsweise um die *zweimillionste Jubiläumsgastarbeiterin*, in Stuttgart um den 500 000. ausländischen Arbeitnehmer in Baden-Württemberg. Dass nicht persönliche Jubiläen der Ankömmlinge gefeiert wurden, zeigt sich auch daran, dass man in Köln-Deutz für den Fall, dass der eigentliche *Millionär*, wie ihn die dpa-Korrespondentin Brigitte Deitert Rodrigues in einem Zeitungsartikel nannte, nicht ankam, vorsichtshalber einen *Ersatzmillionär* ausgewählt hatte. Rodrigues war damit prinzipiell austauschbar, einer von vielen.

Die historische Forschung hat sich bislang primär mit dem Empfang von Rodrigues de Sá beschäftigt und damit gleichsam dessen Hegemonie in der Repräsentation der *Gastarbeit* reproduziert. Andere Empfänge und ihre Wirkungsgeschichte sind dagegen bislang, wenn überhaupt, nur kurz thematisiert worden. Vergleichende Analysen fehlen ganz. Dabei werfen diese Inszenierungen, so meine ich, eine Vielzahl von Fragen auf. Warum schuf man in der Bundesrepublik solche Anlässe und an wen richteten sich die Inszenierungen? An die *einheimische* Bevölkerung? An das Ausland? Jedenfalls ging es nicht darum, die Angekommenen zu beglückwünschen; diese waren eher Statisten und Statistinnen der Inszenierung. Von wem wurden die Veranstaltungen vorbereitet und durchgeführt und wie verliefen sie? Gab es Vorläufer und Vorbilder, gar Zusammenhänge mit Ankunftsinszenierungen außerhalb der Bundesrepublik, wie zum Beispiel mit der Begrüßung der millionsten Einwanderin in Australien, der aus Redcar in Großbritannien stammenden 21-jährigen Barbara Ann Porritt, die mit ihrem Ehemann Dennis am 8. November 1955 in Melbourne ankam?[22] Zuletzt: Wie wurden und werden die Empfänge beziehungsweise die in Empfang Genommenen erinnert und gedeutet? Und warum ist die Zelebrierung Rodrigues de Sás bis heute so viel wirkmächtiger als andere Empfänge?

Abgesehen von denjenigen, die im Rahmen einer Anwerbung nach Stuttgart gelangten, gab es jene Männer und Frauen, die auf eigene Faust in die Stadt kamen, um dort erwerbstätig zu sein. Diese Erwachsenen beschritten einen Weg, der in dieser Zeit durchaus gebilligt wurde, obwohl die Freizügigkeit innerhalb der EWG noch nicht vollständig durchgesetzt war. Sie waren privat unterwegs und mussten ihre Reise wie jede andere private Reise selbst organisieren und finanzieren.[23] Das Beispiel Mario d'Andreas zeigt dabei, dass ihrem Kommen auf eigene Faust dennoch eine staatliche Vermittlung vorausgegangen sein konnte. D'Andrea stammte aus der süditalienischen Region Salerno, wo er zu Beginn der 1940er Jahre als ältestes von sechs Kindern geboren und aufgewachsen war. Nach Absolvierung einer mehrmonatigen Berufsausbildung hatte er sich Anfang der 1960er Jahre von der *Deutschen Kommission* in Neapel auf eine Baustelle in Hessen vermitteln lassen. Nach Beendigung seines Beschäftigungsverhältnisses war er nach Italien zurückgekehrt, bereits wenige Monate später aber erneut in die Bundesrepublik aufgebrochen. Dieses Mal war er auf eigene Faust nach Stuttgart gefahren, wo seine Schwester und sein Schwager lebten und arbeiteten. In Stuttgart arbeitete er zunächst in derselben Ziegelei wie seine Schwester und sein Schwager, bevor er im November 1963 in das Stammwerk von Daimler-Benz in Stuttgart-Untertürkheim wechselte, um dort am Fließband Hinterachsen zu montieren. Mitte der 1960er Jahre trat er der IG Metall bei. Nachdem er gemeinsam mit seinen Kollegen Hermann Mühleisen und Willi Hoss – dem späteren Mitbegründer der Grünen – bei den Betriebsratswahlen in den Jahren 1972 und 1975 auf einer eigenen Liste kandidiert hatte, wurde er im Juni 1977 wegen gewerkschaftsschädigenden Verhaltens aus der IG Metall ausgeschlossen. Sein rebellisches Verhalten machte ihn über die Grenzen von Werk und Stadt bekannt.[24]

Nicht alle Erbwerbstätigen ohne deutsche Staatsangehörigkeit, die auf eigene Faust nach Stuttgart zogen, kamen aus dem Ausland. Einige zogen aus dem Inland – und das hieß konkret: ungehindert, da unkontrolliert – nach Stuttgart. Der aus Tavas stammende Zehni S. beispielsweise kam aus Saarbrücken, Ayse Y. aus Füssen. Einige hatten sogar bereits mehrere Etappen hinter sich, als sie nach Stuttgart kamen. Servet K. war von Anatolien nach Holland und von dort nach Schwäbisch Hall gezogen, bevor er nach Stuttgart zog. Nalan D. war nach ihrer Einreise in die Bundesrepublik wiederholt im Inland umgezogen. Als Sechsjährige Mitte der 1960er Jahre aus der Türkei nach Urach in Baden-Württemberg gekommen, zog Nalan D. mit ihren Eltern zunächst nach Laichingen und anschließend nach Stuttgart-Raithelsberg weiter.

Es gab Arbeitgeber, denen es durchaus entgegenkam, dass Menschen ohne staatliche Vermittlung ins Land kamen, vermochten sie dadurch doch Arbeitskräfte nach Bedarf unmittelbar und kostenfrei vor Ort statt über das staatliche Vermittlungsverfahren zu rekrutieren. Beide Praktiken verstärkten sich wechselseitig: Das nicht staatlich vermittelte Kommen führte dem lokalen Arbeitsmarkt potenzielle Arbeitskräfte zu, umgekehrt lockte die lokale Rekrutierungspraxis Personen in die eine oder andere Stadt. Den Kontakt zwischen Arbeitgebern und Arbeitsmigranten und -migrantinnen stellten nicht selten Familienmitglieder oder Befreundete her, die in der einen oder anderen Stadt bereits erwerbstätig waren oder dort lebten und gewissermaßen die staatlichen Vermittlungsbehörden ersetzten. Beispielsweise ist einer Mitte der 1970er Jahre entstandenen sozialwissenschaftlichen Studie zu entnehmen, dass im italienischen Großhandel und Gaststätten- beziehungsweise Eisdielengewerbe Neuankömmlingen bei der Arbeitsplatzsuche in Stuttgart halfen. Ein aus Kalabrien stammender Großhändler soll in diesem Zusammenhang erklärt haben, zwischen 1965 und 1970 fünfzig bis sechzig *Landsleuten* seines Geburtsortes zur Seite gestanden zu haben. Mitunter fungierten diese Gewerbetreibenden sogar selbst als Arbeitgeber, indem sie Arbeitssuchende in ihren Betrieben als Beschäftigte einstellten.[25]

Ein Arbeitgeber in Stuttgart, der die Rekrutierung ausländischer Arbeitskräfte auf dem inländischen Arbeitsmarkt nachweislich bevorzugte, war das Stammwerk der Daimler-Benz AG in Untertürkheim, das 1973 immerhin, so ist dem bereits erwähnten Bericht der Daimler-Benz AG von 1973 zu entnehmen, rund 42 Prozent ausländische Beschäftigte hatte, 25 Prozent davon mit türkischem, 17 Prozent mit italienischem Pass. Dem Bericht zufolge hatte in Untertürkheim *die Anwerbung von Arbeitnehmern in ihren Heimatländern* bis dahin *zumindest hinsichtlich angelernter Kräfte und Hilfsarbeiter eine äußerst untergeordnete Rolle* gespielt.

Untertürkheim war innerhalb des Unternehmens kein Einzelfall. Auch in anderen Werken des Daimler-Benz-Konzerns wurden ausländische Arbeitskräfte zu Beginn der 1970er Jahre nur noch im Inland rekrutiert. *Der Schwerpunkt der Anwerbung ausländischer Arbeitskräfte* liege, hieß es im Bericht von 1973, *nicht mehr im Ausland, vielmehr werden die meisten ausländischen Arbeitskräfte im Inland geworben. Falls heute im Ausland angeworben* werde, geschehe *dies vorwiegend unter dem Gesichtspunkt, qualifizierte Arbeitskräfte zu gewin-*

nen. Dass die Daimler-Benz AG im Jahr 1975 bilanzierte, der *seit Ende November 1973 geltende Anwerbestopp* habe für die Daimler-Benz AG *keine nennenswerten Schwierigkeiten verursacht*, verwundert daher nicht.[26]

Zu den Vorteilen der Inlandsrekrutierung zählte die Daimler-Benz AG, dass die ausländischen Erwerbstätigen über bessere Kenntnisse der deutschen Sprache verfügten, sich bereits an deutsche Lebensverhältnisse gewöhnt hätten, nicht untergebracht werden und auch keine zwölfmonatigen Verträge erhalten müssten, weniger Kosten verursachten und kurzfristig verfügbar seien. Da sie bereits in der Bundesrepublik arbeiteten, seien ferner ihre Berufs- und Sprachkenntnisse eher nachprüfbar und ihre beruflichen Qualifikationen besser. Nachteile sah die Daimler-Benz AG demgegenüber in der durch die geringe vertragliche Bindung ausgelösten personellen Fluktuation sowie in der hohen Mobilität einzelner ausländischer Arbeitskräfte. Dass sie diese Beschäftigten in diesem Zusammenhang als *Zugvögel* bezeichnete,[27] erinnert an vergleichbare Benennungspraktiken und an damit verbundene Vorstellungen von zirkulärer Mobilität in anderen Zeiträumen. In Südamerika etwa wurden Saisonarbeitskräfte aus Europa, die im 19. und frühen 20. Jahrhundert zur Erntezeit anreisten und den Kontinent danach wieder verließen, *Schwalben*[28] genannt.

Es ist auch überliefert, dass Arbeitsplätze mit Hilfe transnationaler Netzwerke kommerziell vermittelt wurden. So gab es private Vermittlungsagenturen in Istanbul, Ankara und Izmir, die sich *Übersetzungsbüros* nannten, ohne solche im eigentlichen Sinne zu sein. Sie wurden teilweise von in der Türkei lebenden Deutschen betrieben, standen mit Stuttgarter Firmen in Kontakt und vermittelten Arbeitsplätze gegen Geld. Umgekehrt gab es Hinweise, wonach in Stuttgart Beschäftigte Arbeitskräfte in der Türkei gegen Bezahlung nach Stuttgart vermittelten. Im Frühjahr 1974 stellte sich zudem heraus, dass in Stuttgart mit Aufenthalts- und Arbeitserlaubnissen Geschäfte gemacht wurden. Mehrere Männer aus der Türkei, die als Touristen in die Bundesrepublik eingereist und über Bekannte oder Verwandte in ein Wohnheim in Zuffenhausen gelangt waren, hatten mehrere Tausend DM für die Dokumente bezahlt, ohne diese jemals zu erhalten.

Es lässt sich schwer einschätzen, wie bedeutsam diese kommerziellen Vermittlungen nach Stuttgart waren. Es gibt aber zumindest Hinweise darauf, dass das Stuttgarter Arbeitsamt solche Geschäfte zu verhindern versuchte, sobald es davon erfuhr. Am 18. September 1961 bat ein in Izmir lebender Mann das Stuttgarter Arbeitsamt um die Erteilung einer Arbeitserlaubnis. Ihm hatte eigenen Aussagen zufolge eine Agentur in Izmir einen Arbeitsplatz bei einer Stuttgarter Firma zugesichert. Das Stuttgarter Arbeitsamt lehnte diesen Antrag mit dem Argument ab, keine Arbeitserlaubnisse oder Bestätigungen zur Erreichung der Aufenthaltsgenehmigung für Ausländer zu erteilen, die durch ausländische Agenten gegen Honorar deutschen Firmen vermittelt würden. Die deutschen Firmen könnten, so das Arbeitsamt, Ausländer billiger haben, wenn sie ihre Aufträge an die deutschen Anwerbekommissionen im Ausland gäben. Nachdem die Behörde in einem anderen Fall davon erfahren hatte, dass ein türkischer Arbeitnehmer in Stuttgart an Landsleute Arbeitsplätze gegen Geld vermittelte, klärte es den Mann im Oktober 1961 über die Risiken auf, die er eingehe, falls er mit seiner Vermittlungstätigkeit fortfahre. In einer Notiz hieß es, der Mann habe daraufhin versichert, *dass er nun belehrt sei und künftig alles vermeiden* [werde], *was ihn in den Verdacht bringe, Vermittlung zu betreiben, denn er lege größten Wert darauf, in Deutschland zu bleiben.*[29]

Für die Stadtverwaltung machte es einen Unterschied, ob eine Person mit oder ohne staatliche Vermittlung kam, denn während die Ankunft staatlich Vermittelter vorab bekannt war oder zumindest registriert wurde, entzogen sich diejenigen, die auf eigene Faust kamen, weitgehend ihrer Kenntnis und Kontrolle – egal, von wo sie anreisten. Meist erfuhren die Behörden erst nach der Ankunft davon, dass jemand in die Stadt gezogen war. Zugezogene konnten aber auch völlig im Verborgenen bleiben, zumal, wenn sie nachträglich keinen Statuswechsel beantragten, sich nicht meldeten, Stuttgart wieder verließen. Für die Stadt war es daher so gut wie unmöglich, sich ein zuverlässiges Gesamtbild von denjenigen zu machen, die in die Stadt zogen – ein Problem, das bis heute nicht an Aktualität eingebüßt hat. »Statistiker und Bevölkerungspolitiker«, so der Historiker Harald Kleinschmidt, »haben bis heute keine schlüssige Methode gefunden, mit deren Hilfe die Anforderungen der hoheitlichen Erhebung und Verwaltung von Daten zum ›demografischen Geschehen‹ den Bedingungen der Migration hätten angepasst werden können.«[30] Problematisch war zudem, dass sich diejenigen, die Stuttgart verließen, umgekehrt nicht immer abmeldeten. Bei der Analyse der Wanderungsstatistik von 1982 stoße man auf die Schwierigkeit, so das Statistische Amt Stuttgarts im Jahr 1983, dass sich etwa ein Viertel der fortgezogenen Personen nicht abgemeldet habe.[31] Das Wissen der Stadtverwaltung über die Bevölkerung in der Stadt war somit zwangsläufig unvollständig.

Und doch eröffnen die von der Stadtverwaltung produzierten Bevölkerungstabellen Einblicke in Zusammenhänge von Stadt und Arbeitsmigrationen. Zum einen verdeutlichen sie, wie sehr die städtische Verwaltung Bevölkerung entlang nationaler Zugehörigkeiten kategorisierte und den nichtdeutschen Teil der städtischen Bevölkerung auf diese Weise zumindest potentiell »migrantisierte«, um einen Begriff der kritischen Migrationsforschung in der Bundesrepublik zu verwenden.[32] Zum anderen werfen die Bevölkerungstabellen Licht auf demographischen Wandel im Kontext der Arbeitsmigrationen. Erstens verdeutlichen sie, dass es bis weit in die 1960er Jahre hinein vor allem italienische Staatsangehörige waren, die sich in Stuttgart niederließen. Hatten sich 1955 offiziell nur 713 Italiener und Italienerinnen in Stuttgart aufgehalten, waren es 1963 bereits beinahe 16.000 italienische Staatsangehörige, was mehr als einem Drittel aller offiziell in der Stadt registrierten Ausländer und Ausländerinnen entsprach und den Anteil der Angehörigen anderer Nationalitäten weit übertraf. Für den bereits erwähnten katholischen Geistlichen Battista Mutti *war alles wie eine Lawine.*[33] Woher diese Personen anreisten und ob sie bereits in Bewegung gewesen waren, ja vielleicht bereits in Stuttgart gelebt hatten, lässt sich den Tabellen allerdings nicht entnehmen. Gleiches gilt für die Frage, wie viele von ihnen erwerbstätig waren und wer von ihnen staatlich vermittelt wurde. Ebenso zeigen die Tabellen, dass in den 1950er Jahren ebenfalls bereits Menschen nach Stuttgart zogen, die eine andere als die italienische Staatsangehörigkeit besaßen. Beispielsweise stieg die Zahl der in Stuttgart gemeldeten türkischen Staatsangehörigen von 78 im Jahr 1955 auf 549 im Jahr 1961. Rapide nahm ihre Zahl jedoch erst zu, nachdem die Bundesrepublik bilaterale Anwerbevereinbarungen mit den Staaten geschlossen hatten, deren Nationalität diese Menschen besaßen.

Zweitens veranschaulichen die Bevölkerungstabellen, dass die Arbeitsmigrationen sowohl zum Wachstum der städtischen Gesamtbevölkerung als auch zur Diversifizierung ihrer Herkünfte beitrugen. Während im Jahr 1957 noch weniger als 2 Prozent der gemeldeten Bevölkerung keinen deutschen Pass besaßen, waren es 1975 bereits 15,5 Prozent. Dabei lassen die Zahlen zwei Wachstumsphasen erkennen. Die erste, bis Anfang der 1960er Jahre andauernde Phase war von einer Pluralisierung der nationalen Zugehörigkeiten innerhalb der Stadtgesellschaft bei weitgehender Dominanz der italienischen Migranten und Migrantinnen gekennzeichnet. In der zweiten Phase, die mit dem Anwerbestopp 1973 endete, kam es zum vermehrten Zuzug von Angehörigen anderer Herkunftsländer als Italien. Damit verschoben sich zugleich die Proportionen der in der Stadt lebenden Nationalitäten. Italien trat gegenüber der Türkei und dem ehemaligen Jugoslawien zusehends in den Hintergrund, obwohl die Zahl der italienischen Staatsangehörigen weitgehend konstant blieb. Anfang der 1970er Jahre bildeten Menschen mit jugoslawischem Pass die umfangreichste Gruppe in Stuttgart – eine Entwicklung, die innerhalb der bundesdeutschen Städtelandschaft eine Besonderheit darstellte. Zusammen mit der Proporzverschiebung der Herkunftsgebiete diversifizierte sich auch das demografische Profil der Migranten und Migrantinnen, weil nicht nur Erwachsene, sondern auch in wachsendem Maße Familien mit Kindern einreisten.

Drittens verdeutlichen die Tabellen, dass die Schere zwischen deutscher und nichtdeutscher Wohnbevölkerung in Stuttgart zunehmend größer wurde. Ausdruck fand diese Entwicklung nicht zuletzt im Wachstum des Anteils, den die in der Stadt gemeldeten Ausländer und Ausländerinnen an der Gesamtbevölkerung besaßen. Von 1,6 % (ca. 9.650 von 593.000 Einwohnern und Einwohnerinnen) im Jahr 1955 stieg er auf 6,6 Prozent im Jahr 1963 (42.000 von ca. 635.000 Einwohnern und Einwohnerinnen) und auf 15,5 Prozent im Jahr 1975. Da der Zugang zu politischen Rechten in der Bundesrepublik noch hauptsächlich über den Erwerb beziehungsweise Besitz der deutschen Staatsangehörigkeit erfolgte, besaß ein wachsender Teil der in der Stadt lebenden Erwachsenen somit zwangsläufig nur begrenzte Möglichkeiten zur politischen Partizipation.[34]

3. Nicht mehr das, was es einmal war: Verflechtungen mit und Neuverortungen in der Welt

Die demographischen Entwicklungen verdeutlichen, dass Stuttgart im Zuge der Arbeitsmigrationen in der zweiten Hälfte des 20. Jahrhunderts keineswegs so blieb, wie es war. Nicht nur zog es Erwerbswillige aus dem In- und Ausland an, die seine Bevölkerung demographisch, sozial und kulturell nachhaltig veränderten. Durch die vermehrte Rekrutierung ausländischer Arbeitskräfte konkurrierte Stuttgart ebenfalls auf dem internationalen Arbeitsmarkt zunehmend um Arbeitskräfte. Indem ein Teil der Beschäftigten im Rahmen bilateraler Wanderungsverträge nach Stuttgart kam, wurde Stuttgart darüber hinaus zu einem Akteur in dem europäischen System der Arbeitsmigration, wie es sich seit dem frühen 20. Jahrhundert, insbesondere aber nach 1945 herausgebildet hatte.[35]

Diese Veränderungen sind erst in Ansätzen erforscht.[36] Festzuhalten bleibt aber erstens, dass die Teilnahme an der staatlichen Anwerbung Kooperationen oder zumindest Kommunikation mit anderen Akteuren des Verfahrens mit sich brachte. Diese Akteure befanden sich nicht nur in den Anwerbestaaten, sondern auch in der Bundesrepublik, vor allem in der Region, denn Stuttgart war ein wichtiger Partner in der Beschäftigung angeworbener Arbeitskräfte in Baden-Württemberg. Die Teilnahme am Anwerbeverfahren förderte insofern ebenfalls sowohl die binnenstaatliche als auch die innerregionale Zusammenarbeit. Das macht sie nicht nur für eine Globalgeschichte Stuttgarts, sondern auch für eine Globalgeschichte Schwabens relevant.

Festzuhalten ist zweitens, dass auch Arbeitgeber, die nicht am staatlichen Anwerbeverfahren teilnahmen, von der Rekrutierung im Ausland profitierten, indem sie Arbeitskräfte vor Ort einstellten, die im Kontext der bilateralen Wanderungsverträge unter Vertrag genommen worden waren. Umgekehrt nutzten Erwerbstätige diese Chance, um in Stuttgart auf eigene Faust eine Arbeit zu finden oder nach einer Vermittlung in eine besser bezahlte Tätigkeit zu wechseln. Auch hier ergaben sich also Wechselwirkungen.

Festzuhalten ist drittens, dass Stuttgart durch diese Entwicklungen auf neue Weise mit der Welt verbunden wurde. Beziehungen ergaben sich unter anderem durch Kontakte (oder auch Kooperationen), die Arbeitsmigranten und -migrantinnen im Kontext ihres zivil- oder gewerkschaftlichen Engagements mit Akteuren an anderen Orten auf der Welt unterhielten, in Italien etwa oder in der Schweiz.[37] Verbindungen entstanden ebenfalls durch den Austausch, den die Stuttgarter Stadtverwaltung mit anderen Kommunen und Institutionen über den Umgang mit Arbeitsmigranten und -migrantinnen pflegte. Besonders intensiv war dieser Austausch über den Bericht *Ausländische Einwohner in Stuttgart*, den die Verwaltung 1976 veröffentlichte. Aus der Einsicht heraus, dass es sich bei den Arbeitsmigrationen aus den Anwerbestaaten um dauerhafte Niederlassungen handele, schlug sie darin eine Bandbreite an Vorschlägen zum differenzierten Umgang mit ausländischen Erwerbstätigen in Stadt und Staat vor (Abb. 2).[38] Der Bericht erhielt eine Resonanz, die weit über Stadt und Region hinausging und Stuttgart zu einem Akteur in der Gestaltung der gesellschaftlichen Verhältnisse in der Bundesrepublik insgesamt machte.[39]

Verbindungen ergaben sich zuletzt auch durch Mobilitätspraktiken von Arbeitsmigranten und -migrantinnen. Die Urlaubsreise in die Herkunftsräume beispielsweise brachte nicht nur Staatsgrenzen überschreitende soziale Beziehungen hervor. Sie verlängerte diese Beziehungen ebenfalls räumlich durch die Entstehung neuer Reiserouten zwischen Stuttgart und anderen Orten auf der Welt. Durch Vereinbarungen zwischen Lufthansa und Turkish Airlines beispielsweise war es seit 1975 möglich, von Stuttgart aus auch andere Flughäfen in der Türkei mit einem Zwischenstopp in Ankara oder Istanbul direkt zu erreichen.[40] Und wenn Arbeitsmigranten

Abb. 2: Cover des *Ausländer-Berichts*.

und -migrantinnen ihre Urlaubsreise mit dem Mercedes unternahmen, dann übten sie damit nicht nur eine weit verbreitete soziale Praxis aus,[41] sondern fuhren zudem ein Wahrzeichen der Stadt Stuttgart in die Welt hinaus.[42] Ein gutes Beispiel dafür liefert die von 1975 zunächst auf Türkisch erschienene und später ins Deutsche übertragene fiktive Romanerzählung *Die zarte Rose meiner Sehnsucht* (Abb. 3).[43] Darin erzählt die Schriftstellerin Adalet Ağaoğlu, wie Bayram, der von der *Deutschen Verbindungsstelle* in Istanbul zu

Abb. 3: Cover des Romans *Die zarte Rose meiner Sehnsucht*.

BMW nach München vermittelte Protagonist des Romans, seine gesamte Zeit und Aufmerksamkeit darauf richtet, Geld zu verdienen, um einen Mercedes kaufen zu können. Der Mercedes ist für ihn nicht in erster Linie ein Fortbewegungsmittel. Vielmehr will Bayram mit diesem in sein Dorf in der Türkei zurückkehren, *um die Gaffer [...] zufriedenzustellen, um sich nicht dem Spott der Leute auszusetzen, die ihn ›Zartes Röslein‹ genannt hatten.*[44] Bayram will also deutlich machen, dass er es in der Bundesrepublik zu etwas gebracht, es geschafft hat. Nach drei Jahren Fließbandarbeit ist er soweit. Bayram hat so viel Geld verdient, dass er sich den gewünschten Mercedes leisten und die Reise in die Türkei antreten kann. Kleidung und Accessoires hat er dabei *passend zu seinem Mercedes* ausgewählt. *Dieser Hut, die Krawatte, der Anzug, der in einem Nylonbeutel vor dem Rückfenster aufgehängt war, ein Fotoapparat, ein synthetischer Regenmantel und schließlich ein weiteres Hemd, bedruckt mit allen Mercedes-Modellen der vergangenen Jahre, aber dieses Hemd hob er für seine Ankunft im Dorf auf.*[45] Bayrams Rechnung geht freilich nicht auf: Als er in der Türkei in einer Autowerkstatt haltmacht, weil sein Mercedes ein scheppperndes Geräusch macht, beurteilt der Werkstattbesitzer, der sieben Jahre lang in Bremerhaven gearbeitet und sich danach in Istanbul selbständig gemacht hat, den Mercedes als Ausdruck von Dummheit. *Ein Blödmann*, so der Mann, *blödsinnig, sein ganzes Hab und Gut in so einen teuren Wagen zu stecken. Der frisst doch alles auf. Außerdem sinkt er jeden Tag im Wert. [...] Tsss, da hat er sich sein ganzes Kapital ohne Gewinn angelegt [...].*[46]

ENDNOTEN

1 Stuttgart, Partner der Welt, hg. vom Verkehrsamt der Stadt Stuttgart.
2 OLTMER: Migration, S. 19–20, Zitat S. 20.
3 SAUER: Das Werden einer Großstadt, S. 144; siehe ferner RIEDNER: Kämpfe, S. 161.
4 RIQUET: Les étrangers, S. 1–3.
5 TREIBER: Von Zeit zu Zeit.
6 KRIEGESKORTE: Automobilwerbung, S. 132.
7 Siehe die Überblicksdarstellung von GATRELL: Unsettling; ferner BUETTNER: Europe.
8 Zur Verrechtlichung der Freizügigkeit und sozialen Sicherheit: TIETZE: Freizügigkeit; sowie EIGMÜLLER: Sozialraum; zur Durchsetzung der Freizügigkeit siehe OLTMER: Grenzen, S. 12–14.
9 Zit. nach PRONTERA: Emigrationszentrum, S. 91, Anm. 11.
10 SEVERIN-BARBOUTIE: Migration als Bewegung, S. 105–107.

11 Sauer: Werden, S. 142; Oltmer, Migration, S. 17–18.
12 Mutti: Blick, S. 49.
13 Müller: Stuttgart, S. 411–425.
14 Treiber: Zeit; siehe auch Müller: Fremde.
15 Siehe Severin-Barboutie: Multiple Deutungen, S. 226–228; ferner Dies.: Migration, S. 102.
16 Severin-Barboutie: Migration, S. 102–103, Zitat S. 102.
17 Finkenzeller: Auf zwei Deutsche; siehe ferner Severin-Barboutie: Multiple Deutungen, S. 238.
18 Zit. nach Severin-Barboutie: Multiple Deutungen, S. 133.
19 Severin-Barboutie: Multiple Deutungen, S. 130–131.
20 Zölls: München.
21 Dazu demnächst: Severin-Barboutie: Ankunft.
22 Severin-Barboutie: Multiple Deutungen, S. 131–132, 138, 140–142.
23 Severin-Barboutie: La prise, S. 71.
24 Severin-Barboutie: Geschichten, S. 173–174.
25 Severin-Barboutie: Migration als Bewegung, S. 48–49.
26 Zit. nach Severin-Barboutie: Migration als Bewegung, S. 49–50.
27 Zit. nach Severin-Barboutie: Migration als Bewegung, S. 50.
28 Vgl. Kleinschmidt: Menschen, S. 141.
29 Zit. nach Severin-Barboutie: Migration als Bewegung, S. 54.
30 Kleinschmidt: Menschen, S. 139.
31 Statistische Grundlagen, hg. vom Statistischen Amt der Landeshauptstadt Stuttgart, S. 101.
32 Yildiz: Postmigrantische Perspektiven, S. 22.
33 Mutti: Blick, S. 53.
34 Dazu demnächst Severin-Barboutie: Herausforderung.
35 Dem Historiker Christoph Rass zufolge vollzog sich im Rahmen dieser Systems eine der größten friedlichen und ökonomisch motivierten Wanderungsbewegungen der neueren Geschichte. Rass: Bilaterale Wanderungsverträge, S. 102.
36 Siehe Riedner: Kämpfe; Mark Spicka: City; ferner demnächst Severin-Barboutie: Herausforderung.
37 Siehe Severin-Barboutie: Attempts.
38 Ausländische Einwohner in Stuttgart, hg. von der Stadt Stuttgart.
39 Severin-Barboutie: Migration als Bewegung, S. 168–169.
40 Severin-Barboutie: Migration als Bewegung, S. 180.
41 Siehe Burkart: Mobilität, S. 227–230; Czycholl: Bilder, S. 203–255.
42 Dazu demnächst: Gajek/Severin-Barboutie: Automobile.
43 Ağaoğlu: Rose
44 Ağaoğlu: Rose, S. 21.
45 Ağaoğlu: Rose, S. 9.
46 Ağaoğlu: Rose, S. 121.

QUELLEN- UND LITERATURVERZEICHNIS

AĞAOĞLU, Adalat: Die zarte Rose meiner Sehnsucht. Aus dem Türkischen von Wolfgang-E. Scharlipp, Engelschoff ²2016.

Ausländische Einwohner in Stuttgart: Arbeitsergebnis der Projektgruppe »Ausländer-Bericht« der Stadt Stuttgart, hg. von der STADT STUTTGART, Stuttgart 1976.

BUETTNER, Elizabeth: Europe after Empire: Decolonization, Society, and Culture, Cambridge 2016.

BURKART, Günter: Individuelle Mobilität und soziale Integration. Zur Soziologie des Automobilismus, in: Soziale Welt 45/2 (1994), S. 216–241.

CZYCHOLL, Claudia Valeska: Bilder des Fremden. Visuelle Fremd- und Selbstkonstruktionen von Migrant*innen in der BRD (1960–1982), Bielefeld 2020.

EIGMÜLLER, Monika: Sozialraum Europa. Der Einfluss der europäischen Bürgerinnen und Bürger auf die Entwicklung einer EU-Sozialpolitik, Wiesbaden 2021.

FINKENZELLER, Roswin: Auf zwei Deutsche ein Ausländer. Die Münchner Gastarbeiter-Szene, in: Frankfurter Allgemeine Zeitung (16.12.1972).

GAJEK, Eva Maria/SEVERIN-BARBOUTIE, Bettina: »Oh Lord won't you buy me …«. Automobile, Labour Migration and Social Status in the Federal Republic of Germany from 1950–1970 (erscheint in: Archiv für Sozialgeschichte 64, 2024).

GATRELL, Peter: The Unsettling of Europe. The Great Migration, 1945 to the Present, London 2019.

KLEINSCHMIDT, Harald: Menschen in Bewegung. Inhalte und Ziele der historischen Migrationsforschung, Göttingen 2002.

KRIEGESKORTE, Michael: Automobilwerbung in Deutschland 1948–1968. Bilder eines Aufstiegs, Köln 1994.

MUTTI, Battista: Ein Blick auf 40 Jahre der italienischen Einwanderung in Baden-Württemberg, in: Karl-Heinz MEIER-BRAUN/Martin A. KILGUS (Hgg.): 40 Jahre »Gastarbeiter« in Deutschland. 4. Radioforum Ausländer bei uns, Baden-Baden 1995/96, S. 49–56.

MÜLLER, Roland: Stuttgart zur Zeit des Nationalsozialismus, Stuttgart 1988.

MÜLLER, Ulrich: Fremde in der Nachkriegszeit. Displaced Persons – zwangsverschleppte Personen – in Stuttgart und Württemberg-Baden 1945–1951, Stuttgart 1990.

OLTMER, Jochen: Die Grenzen der EU. Europäische Integration, »Schengen« und die Kontrolle der Migration, Wiesbaden 2021.

OLTMER, Jochen: Globale Migration. Geschichte und Gegenwart, Bonn 2017.

PRONTERA, Grazia: Das Emigrationszentrum in Verona. Anwerbung und Vermittlung italienischer Arbeitskräfte in die Bundesrepublik Deutschland 1955–1975, in: Jochen OLTMER/Axel KREIENBRINK/Carlos SANZ DÍAZ (Hgg.): Das »Gastarbeiter«-System. Arbeitsmigration und ihre Folgen in der Bundesrepublik Deutschland und Westeuropa, München 2012, S. 89–102.

RASS, Christoph: Bilaterale Wanderungsverträge und die Entwicklung eines internationalen Arbeitsmarktes in Europa 1919–1974, in: Geschichte und Gesellschaft 35/1 (2009), S. 98–134.

RIEDNER, Lisa: Gewerkschaftliche Kämpfe und Antirassismus in Stuttgart, in: Anne Lisa CARSTENSEN u. a. (Hgg.): Solidarität – Kooperation – Konflikt. Migrantische Organisierungen und Gewerkschaften in den 1970/1980er Jahren, Hamburg 2022, S. 157–270.

Riquet, Pierre: Les étrangers dans la région du moyen-Neckar, Aix-en-Provence 1977.

Sauer, Paul: Das Werden einer Großstadt: Stuttgart zwischen Reichsgründung und Erstem Weltkrieg, 1871–1914, Stuttgart 1988.

Severin-Barboutie, Bettina: Migration als Herausforderung. Perspektiven für eine erweiterte und inklusivere Demokratiegeschichte Europas, in: Jochen Oltmer/Gwénola Sebaux (Hgg.): Migrationsgeschichte in Bewegung: Frankreich und Deutschland vom 19. bis zum 21. Jahrhundert, Wiesbaden (im Erscheinen).

Severin-Barboutie, Bettina: Ankunft als Spektakel: Praktiken des Sichtbar- und Unsichtbarmachens von angeworbenen Arbeitskräften in der Bundesrepublik Deutschland, in: Migration erinnern (erscheint im April 2024).

Severin-Barboutie, Bettina: Attempts to Build Postwar Europe from Below in Stuttgart. Failure or Forerunner?, in: Journal of Migration History 7/3 (2021), S. 357–380.

Severin-Barboutie, Bettina: Migration als Bewegung am Beispiel der Städte Stuttgart und Lyon nach 1945, Tübingen 2019.

Severin-Barboutie, Bettina: La prise en charge des étrangers à Stuttgart des années 1950 aux années 1970. D'une logique d'accueil à une logique d'intégration, in: Vingtième Siècle. Revue d'Histoire 143/20–21 (2019), S. 69–79.

Severin-Barboutie, Bettina: Geschichten eines Rebellen und Akte einer Rebellion: Die »Aufzeichnungen eines italienischen Daimler-Benz-Arbeiters (1961–1977)« und das »Diario di Mario d'Andrea«, in: Monika Eigmüller/Nikola Tietze (Hgg.): Ungleichheitskonflikte in Europa. Jenseits von Klasse und Nation, Wiesbaden 2018, S. 173–186.

Severin-Barboutie, Bettina: Multiple Deutungen und Funktionen. Die organisierte Reise ausländischer Arbeitskräfte in die Bundesrepublik (1950er–1970er Jahre), in: Geschichte und Gesellschaft 44/2 (2018), S. 223–249.

Spicka, Mark: City Policy and Guest Workers in Stuttgart, 1955–1973, in: German History 31/3 (2013), S. 345–365.

Statistische Grundlagen für die Ausländerarbeit und Ausländerpolitik in Stuttgart, in: Statistischer Informationsdienst. Beiträge aus Statistik und Stadtforschung, hg. vom Statistischen Amt der Landeshauptstadt Stuttgart, Sonderheft 2 (1983).

Tietze, Nikola: Europäische Freizügigkeit und soziale Sicherheit. Auf-, Um- und Abbau rechtlicher Brücken europäischer Gewaltabstinenz, in: Susanne Fischer/Gerd Hankel/Wolfgang Knöbl (Hgg.): Die Gegenwart der Gewalt und die Macht der Aufklärung. Festschrift Jan Philipp Reemtsma, Springe 2022, S. 466–492.

Treiber, Anja: Von Zeit zu Zeit. Luftangriffe auf Stuttgart. Eine Chronik der Ereignisse, in: Stuttgarter Zeitung (22. Juli 2014).

Stuttgart, Partner der Welt, hg. vom Verkehrsamt der Stadt Stuttgart, Stuttgart 1974.

Yildiz, Erol: Postmigrantische Perspektiven. Aufbruch in eine neue Geschichtlichkeit, in: Ders./Marc Hill (Hgg.): Nach der Migration. Postmigrantische Perspektiven jenseits der Parallelgesellschaft, Bielefeld 2014, S. 19–36.

Zölls, Philip: Angekommen. München, Gleis 11 und der Bunker als Erinnerungsorte der Migration, in: Migration erinnern (08.08.2022), https://migrer.hypotheses.org/585#more-585 [zuletzt aufgerufen am 26.04.2024].

Heimat provinzialisieren[1]

Thomas Thiemeyer

Heimat zu provinzialisieren klingt paradox, denn wenn die Heimat in Deutschland irgendwo einen Ort hat, dann in der Provinz: im Dorf, im Kleinräumlichen, dort, wo es aber Nähe und Vertrautheit gibt. Heimat und Provinz gehören zusammen. Globalgeschichtlich betrachtet bedeutet »Provinzialisieren« noch etwas Anderes, nämlich Heimat in andere Kontexte zu rücken, sie neu zu perspektivieren, sie anders zu sehen als bislang, beispielsweise indem man die Gegenüberstellung von lokal und global aufbricht. Diese zwei Kategorien sind auf den ersten Blick Gegensätze, aber auf den zweiten können sie viel stärker in ihrer Verflechtung und Verwobenheit wahrgenommen werden. Heimat ist so gesehen Inbegriff des Eigenen, der immer ein Anderes mitdenkt beziehungsweise von einem Anderen her definiert und geprägt wird.

Im Folgenden will ich drei Aspekte von Heimatvorstellungen konkreter analysieren: Erstens interessieren mich *Selbst- und Fremdbilder (Identitäten)*, also wie Heimat das Ergebnis von Selbstbeschreibung und Fremdzuschreibung ist. Zweitens geht es bei Heimat immer um *Vertrautheit*. Heimat ist das, was man kennt, wo man sich sicher fühlt: *Räumlich* gedacht ist das der Nahraum, das vertraute Umfeld, in dem man jede Regel und die Eigenarten der Einwohner kennt. In Deutschland stehen »das Land« oder »die Provinz« für dieses Kleinräumliche, das zugleich einen Gegensatz zur anonymen Stadt darstellt. *Zeitlich* gedacht zielt Vertrautheit auf die bekannte Welt, die maßgeblich aus der Vergangenheit herrührt und nicht selten gegen (technologische) Modernisierung und Veränderung in Stellung gebracht wird: Die Zeit *vor* der Industrialisierung, *vor* den 68ern, *vor* dem Internet, »als noch alles in Ordnung war«. Drittens geht es – und das macht das Thema politisch – um *Herkunft und Zugehörigkeit*: Wo komme ich her? Und inwiefern definiert das, wo ich hingehöre?

1. Selbst- und Fremdbilder: *The Länd*

Im Herbst 2021 lancierte das Land Baden-Württemberg eine Imagekampagne mit dem Titel *The Länd* (Abb. 1).[2] Erdacht von der Werbeagentur Jung von Matt und 21 Mio. Euro teuer, soll sie Baden-Württemberg international bekannt machen und die vermeintlich biederen Schwaben modern und ziemlich selbstironisch rüberkommen lassen. Geworben werden soll so vor allem um ausländische Fachkräfte, die noch nicht in der gewünschten Anzahl nach Baden-Württemberg einwandern. Durch die Alterung der Gesellschaft entstehe

> bis 2040 eine Lücke von 900.000 Fachkräften. Besonders im akademischen Bereich und im Bereich gut aus- oder weitergebildeter Fachkräfte. Das primäre Ziel der Kampagne ist es deshalb, Fachkräfte aus aller Welt für den Standort Baden-Württemberg zu begeistern.[3]

Der Anstoß dazu kam unter anderem von großen Wirtschaftsunternehmen.

The Länd kam nicht von ungefähr, sondern reagierte auf die Vorgänger-Kampagne mit dem berühmten Slogan (Abb. 2) »Wir können alles außer Hochdeutsch«. Zielte diese noch klar auf ein deutsches Publikum und stellte das regionale Idiom ins Zentrum – als Insider-Witz unter Deutschen –, versuchte sich die neue Kampagne

Abb. 1: Ein Aufkleber der Kampagne *The Länd* vor der Neuen Aula in Tübingen.

Wir können alles.
Außer Hochdeutsch.

Baden-Württemberg

Abb. 2: Die Vorgängerkampagne von *The Länd* zielte auf ein rein deutschsprachiges Publikum.

an pseudo-internationalisierter Diktion: Aus dem »Ländle« wurde *The Länd*. Die Kampagne richtet sich also an ein anderes Gegenüber. Sie überführte das Ländle als vormals schwäbische Heimat aus ökonomischen Gründen in einen internationalen Kontext, indem sie die dialektal gefärbte Selbstbezeichnung durch einen neuen Begriff ersetzte, den auch Menschen nichtdeutscher Zunge über die Lippen bringen können:

> *Die Anspielung auf Sprache ist global wenig bis kaum verständlich. Mit dem Ziel, Fachkräfte aus aller Welt anzusprechen, brauchte es daher eine neue Identität. Eine, die sowohl national als auch international verstanden wird – und alle überzeugt. THE LÄND eben.*[4]

Das ist natürlich ein Werbegag, der aber eine Lektion bereithält, die uns die Migrationsforschung schon lange lehrt: In Einwanderungsgesellschaften müssen sich nicht nur diejenigen anpassen, die kommen, sondern auch diejenigen verändern, die schon da sind. Dazu am Ende mehr.

Dass die Kampagne ein Erfolg war, sieht man – wie bei teuren Uhren – an ihren Raubkopien: Auf *The Länd* folgten Werbebanner

Abb. 3: Adaption der Kampagne durch ein baden-württembergisches Unternehmen für 3D-Drucker.

mit *The Mäschine* für 3D-Drucker aus dem schwäbischen Wannweil (Abb. 3) oder Hoodies und T-Shirts mit der Aufschrift *The Dörf* in Römerstein Zainingen mitten auf der Schwäbischen Alb (Abb. 4). Und damit zum Dorf als Inbegriff von Heimat, das sich in Baden-Württemberg besonders eindrucksvoll und zuweilen auch widerspenstig zeigt.[5]

Abb. 4: »The Dörf«: Ironische Adaption der Landeskampagne in Römerstein-Zainingen.

2. Räumliche Vertrautheit: Das Dorf

Im Jahr 2015 reisten die zwei jungen Dokumentarfilmer Erol Papic und Valentin Kemmner aus der schönen Residenzstadt Ludwigsburg auf die Schwäbische Alb, um die Bewohner der 2.000-Seelen-Gemeinde Genkingen dazu zu bringen, ein Boot mit Seilen einen Skihang hinaufzuziehen.

Die Aktion sollte eine Szene aus Werner Herzogs Filmklassiker *Fitzcarraldo* (1982) imitieren. Klaus Kinski gibt dort den Kolonialisten Brian Sweeney Fitzgerald (im Spanischen Fitzcarraldo), der im frühen 20. Jahrhundert ein Dampfschiff an das Amazonasbecken bringen will, um Kautschukvorkommen auszubeuten. Mit dem Erlös will er eine Oper im Dschungel bauen. Doch ein Berg steht der Durchfahrt im Wege, und Fitzcarraldo überzeugt die Ureinwohner, sein Schiff an Seilen über die Hügel im tropischen Dschungel zu hieven.

Der Film *Genkingen – ein schwäbisches Volksmärchen* (2016) überträgt dieses Motiv auf die Schwäbische Alb und geht mit viel Sinn fürs Skurrile der Frage nach, wie viel »Ur« in *Einwohner* der Provinz steckt. Das dämmert einem der Protagonisten auch bald, als er leicht verschämt den Regisseur fragt: *Es isch ja naheliegend, dass Du jetzt meinsch, wir von der Alb,… Weisch, wie i' mein?* Doch nach und nach finden immer mehr Genkinger Gefallen an der Idee, die sie zunächst als *völligen Unsinn* und *bescheuert, ganz oifach* ablehnen. Sie ahnen, dass es ein Schauspiel für die (lokalen) Geschichtsbücher werden könnte – oder wie es in ortsüblicher Diktion heißt: *Des hat's in jedem Fall noch nia ge' in Genkinge, dass m'r a Schiff de Buckel 'naufzoge hat*. Schließlich lässt sich die Freiwillige Feuerwehr auf die Herausforderung ein und zieht unter dem Jubel der »Ureinwohner« das Boot ,den Buckel nauf' – das alles in fröhlicher Volksfestatmosphäre mit viel Dialekt und zu den Klängen der örtlichen Blaskapelle.

Genkingen ist eine hinreißende ethnografische Parodie, die charmant etliche Klischees über das Leben auf dem Land, über den Provinzler und sein Wesen aufruft und diese Stereotype durch die Parallele zu den vermeintlich »(edlen) Wilden« im Zeitalter des Kolonialismus als Zerrbilder entlarvt: die »Ursprünglichkeit« und Engstirnigkeit (»völliger Unsinn«), das Hinterwäldlerische und die Kulturferne (eine Oper im Dschungel!), das Naturburschikose und

Primitive, aber auch das verklärte Idyll (mit Dialekt und Blaskapelle), das der Filmtitel als »schwäbisches Volksmärchen« (einer dem Land zugeschriebenen Erzählform) fasst. Die ganze Ambivalenz der Provinz zwischen unverdorben und zurückgeblieben ist damit aufgerufen, wenngleich die Lakonie und Selbstironie der Genkinger diese Zuschreibungen im Film schnell in sich zusammenfallen lässt. Wirkmächtig sind sie gleichwohl bis heute.

Das Leben auf dem Land hat ein Image, das der ländlichen Lebenswelt nur bedingt gerecht wird. Das mag daran liegen, dass dieses Image nicht jene ersannen, die auf dem Land lebten, sondern jene, die dem Land als Sommerfrische, Bauernidyll und pittoreskem oder unwirtlichem Naturraum in der Regel nur kurzzeitig begegneten. Die deutsche Provinz ist somit in weiten Teilen ein Produkt der Stadt. Dort, wo das Bildungs- und Großbürgertum saß und die Wissenschaftler in Universitäten oder die Beamten der Landesbehörden die großen Beschreibungen und Statistiken der Landbevölkerungen vorlegten, dort entstanden viele populäre Vorstellungen vom Landleben. Hier wurde es zu einer besonders unschuldigen heilen Welt überhöht und zugleich zu einem Genkingen ohne Ironie primitiviert. In jedem Fall sahen die Städter in der Provinz das Andere des eigenen Lebensstils und Alltags – im Guten wie im Schlechten. »Primitivismus« lautet der Fachbegriff der Empirischen Kulturwissenschaft für diese überhebliche Perspektive, die sich in der zweiten Hälfte des 19. Jahrhunderts etablierte.[6] Das Landleben gilt hier als Inbegriff von Heimat, weil nur hier die Menschen noch ganz bei sich seien. Das Land repräsentierte eine Welt, in der der Mensch noch nicht seiner »wahren Natur« entfremdet zu sein schien, wo er noch »authentisch« sein konnte.

Zu dieser Sicht der Heimat als heile, traditionelle Welt trugen volkskundliche Fotografen wie Hans Retzlaff im frühen 20. Jahrhundert bei. Die Heimat zeigte sich bei Retzlaff in stark nostalgisch gefärbten Motiven von jungen Mädchen, die Ringelreihen tanzten oder im Glottertal unter Kirschblüten beim Schwarzwälder Hochzeitszug defilierten – natürlich in Tracht und mit Kränzen im Haar (Abb. 5). Dass Autos und Elektrizität längst im Dorf angekommen waren, blendete diese Sicht der Dinge absichtlich aus.[7]

In dieser Einseitigkeit lag freilich der Sinn der Bilder: Sie dokumentierten eine als bedroht empfundene ländliche Lebenswelt, die sie als eine gute, heile Idylle portraitierten. Dem Druck der urbanen Kultur und der um sich greifenden Technisierung des Alltags wür-

Abb. 5: Schwarzwälder Hochzeitszug.

de sie, so die Befürchtung, nicht mehr lange standhalten und untergehen. Damit lagen die Fotografien ganz auf der Linie der bürgerlichen Heimat(schutz)bewegung (hier kommt der Heimatbegriff ganz direkt hinein), die um 1900 das Landleben, seine Nähe zu Natur und zu »natürlichen« traditionellen Sitten feierte. Alte Bräuche, alte Trachten, altes Handwerk, alte Mundart – das alles galt es vor den Verheerungen der Industrialisierung zu schützen und in »Volkstumsarbeit« weiter zu pflegen. Archetyp dieses Lebens war der Bauer. Seine Erdverbundenheit im doppelten Wortsinn – er blieb mit beiden Beinen auf dem Boden und kultivierte mit seinen Händen den Acker – sollte ihn und sein Land bald zu Leitmotiven der NS-Ideologie mit ihrer »Blut-und-Boden«-Rhetorik machen.[8] Nicht zufällig machte Retzlaff mit seinen fotografisch inszenierten Landidyllen vor allem während der NS-Zeit als Bildlieferant für die Propaganda Karriere. Dass die Bauern zu Tausenden ihre Äcker hinter sich gelassen hatten, um in den Metropolen ihr Glück zu suchen, ignorierte diese Sicht der Dinge ebenso geflissentlich wie das oft karge Leben und die harte Arbeit auf dem Land. Es passte nicht zu einer Erzählung, die in der Provinz das Gegenteil der anonymen Großstadt sehen wollte.

Die Großstadt hatte ein ähnlich ambivalentes Image wie das Land: einerseits kultiviert, technisiert, Lebensraum der Elite und an der Spitze der gesellschaftlichen Entwicklung. Andererseits sagte man ihr nach, die Menschen ihrer »wahren Natur« zu entfremden: Sie produzierte Nervenleiden (Neurasthänie), verpestete die Luft und zwang ihre Bewohner in Mietskasernen, Arbeitsabläufe und Verhaltenskonventionen, die die Kulturkritik von Marx bis Riehl als Degenerierung wahrnahm. Was hier als »Symptom der Widernatur« (so der Publizist und Kulturhistoriker Wilhelm Heinrich Riehl)[9] zu entstehen schien, war ein »metropolitaner Habitus« (Rolf Lindner), der den Großstädter betont ichbezogen, wachsam, sachlich und indifferent erscheinen ließ. Gutgläubigkeit und Solidarität schienen jedenfalls nicht seine Sache zu sein. Stattdessen taxierte der stereotype Großstädter kühl, wie sich seine Mitmenschen vor ihm inszenierten. Er versuchte sie zu durchschauen, um daraus strategische Vorteile zu ziehen. Seine »Vigilanz« unterschied ihn vom vermeintlich treuherzigen Bauernsohn vom Lande:

Der Provinzler, der die Zeichen noch nicht als Zeichen kennt, verhält sich stattdessen wie gesagt wird, ›natürlich‹. Erst wenn er die Kunst beherrscht, soziale Typen identifizieren und unterscheiden zu können, kann von gelungener Sozialisation zum Stadtmenschen bzw. von gelungener Akkulturation des Migranten die Rede sein.[10]

Je stärker die Dampfhämmer der Industrieanlagen in den Metropolen das »traditionelle« Handwerk zerstörten, je mehr die Fabrikarbeit den Alltag der Menschen vereinnahmte und den Arbeiter seinem Schaffen entfremdete und je schneller das Lebenstempo wurde, desto größer war die Sehnsucht nach einem Ort, an dem der Mensch im Einklang mit sich und seiner Umwelt existierte; nach einem Ort, an dem man sich nicht zu verstellen brauchte, sondern authentisch sein konnte; nach einem Ort, dem die Anonymität und Blasiertheit der bürgerlichen Welt noch weitgehend fremd waren. Hier imaginierten großstädtische Bildungs- und kleinstädtische Kleinbürger eine »natürliche« Ordnung, die noch nicht aus den Fugen geraten war, weil kein menschliches Wesen mit ihr sein Unwesen getrieben hatte. An diesem Ort, den sie »Heimat« nannten, war man sicher.

3. Zeitliche Vertrautheit: Heimat zwischen gestern und morgen

Neben der sozialen Fremdheit – der Bauer als Gegensatz zum Städter – bot »die Heimat« in Deutschland immer auch einen Ansatz gegen zeitliche Entfremdung: Das deutsche Heimatdenken war zutiefst konservativ. »Echte Heimat« war stets an Traditionen gebunden, repräsentierte die gute alte Zeit, die es zu schützen gelte. Als Bedrohung wurde dabei im späten 19. Jahrhundert vor allem die Industrialisierung wahrgenommen. Gegen ihre Folgen stellten sich um 1900 zahlreiche Heimatinitiativen auf. Der Heimatschutz ist zu dieser Zeit eine restaurative Bewegung, die sich mit Denkmalpflege und Museen auf derselben Seite im Kampf gegen ökonomische »Gewinnsucht« und das Nützlichkeitsdenken der Industriegesellschaft wähnte.[11]

In pathetischen Worten beschrieb das 1909 der Museumsdirektor Gustav Brandt beim Tag für Heimatschutz in Lübeck:

Alle die mit Sorge und stillem Schmerz beobachtet hatten, wie in der Zeit der Erfindungen und des Verkehrs so vieles verschwand, das ihnen teuer war, die es sahen, mit welcher Leichtigkeit man Denkmäler vergangener Zeit dem Tagesbedürfnis zu opfern sich gewöhnte, sammelten sich im Bund Heimatschutz, und überall fand sein Weckruf Widerhall. Man will nicht mehr schweigend mit ansehen, dass aus nüchternen Nützlichkeitsgründen das lieb gewordene Antlitz der alten Heimat verschändet wird und daß der Bequemlichkeit oder der Gewinnsucht unersetzliche Gefühlswerte geopfert werden. Der staatlich organisierten (aber allein nicht ausreichenden) Denkmalspflege tritt der Bund Heimatschutz an die Seite, und eine Reihe anderer Vereine zur Pflege des Volkstums [...][12]

Folgerichtig war es die vorindustrielle Welt, in der die Heimatbewegung ihre Requisiten fand: bei Spinnstuben und Webstühlen, Trachten und Kutschen. Die Bildungs- und Kleinbürger, also Lehrer, Bürgermeister, Beamte, Kaufleute, Handwerker oder Pfarrer, gründeten und betrieben Heimatbünde, Heimatvereine und Heimatmuseen. Sie bauten Sammlungen auf, die sehr willkürlich und wenig systematisch zusammengestellt waren, aber dem Ziel dienten, mit ihnen etwas über die gute alte Zeit am Ort und auf dem Land zu erzählen, und zwar aus einer dezidiert bürgerlichen Perspektive. Aus dieser Sicht war das Land- und Handwerkerleben Inbegriff einer »ursprünglichen«, industriell noch nicht verformten

Lebenswelt. Es war nicht durch harte Arbeit, Landflucht und karges Wohnumfeld gekennzeichnet, sondern durch idealisierte Bauernschränke und pittoreske, heimelige Bauernstuben, durch Kachelöfen und rustikale Möbel.[13]

Die Heimatdarstellungen des Bürgertums in Heimatbünden, -vereinen oder -museen einte, dass sie sich auf wenige, stark klischeehafte Symbole aus der Vergangenheit beschränkten. Fachwerkhäuser, Trachten, Volkslieder, Bräuche oder Mundart gaben dieser Heimat ihr Gepräge, nicht aber Fabrikarbeit, Automobile oder die Sozialversicherung. Ihr exemplarisches Subjekt waren Bauern und Handwerker, nicht Arbeiter oder Dienstleister. So wurde ein statisches Bild einer beständigen Kultur vermittelt, die sich im Laufe der Zeit kaum veränderte. Romantisch verklärt, blendeten solche Darstellung reale Konflikte der (ständischen) Gesellschaft zwischen Bürgern, Bauern, Adel und Arbeitern ebenso aus wie die Härten des Lebens der einfachen Leute. Diese rückverzauberte Heimat kannte man eher als Kulissenlandschaft denn als gegenwärtige Lebenswelt. Sie musste absichtlich bewahrt werden, und zwar bevorzugt in Relikten, die im Alltag keine Rolle mehr spielten, sondern dem Schüler nur noch als Bildungsgut im Heimatkundeunterricht (der in der Weimarer Republik als geregeltes Unterrichtsfach flächendeckend institutionalisiert wurde) entgegentraten. Das so erzeugte Heimatgefühl entstand aus der Geschichte. Es sollte Identifikation mit der Heimat aus dem Wissen um ihre Gewordenheit stiften.[14]

Mit den Details nahmen es die Heimatkundler nicht so genau: Sie kompilierten Schnitzereien und Mobiliar aus unterschiedlichen Regionen und Zeiten zu heimatlichen Bauernstuben und erfanden sich neue »Traditionen«, die sie in Trachten aus Nachbarregionen als lokales Brauchtum aufführten. Die Volkskunde bezeichnete das früh als »Folklorismus«, als »Volkskultur aus zweiter Hand« (Hans Moser), und stellte bald grundsätzlich infrage, ob es eine »authentische« Volkskultur »aus erster Hand« jemals gegeben habe.[15] In jedem Fall galten Heimat und technische Welt lange Zeit als entgegengesetzte Enden einer Skala, die zwischen Land und Stadt sowie Tradition und Gegenwart verlief.

4. Herkunft und Zugehörigkeit: Sesshaftigkeit und Migration

Das Heimatkonzept hat nicht nur eine zeitliche Dimension, sondern auch einen historischen Index: »Heimat« als politischer Begriff wurde erst nötig, als Nationalstaaten an die Stelle der direkten lokalen Umgebung traten. Jetzt, wo der Einzelne nicht mehr aus eigenem Erleben komplett überreißen konnte, was alles seine Heimat war, sondern unpersönliche »imaginierte Gemeinschaften«[16] seine Loyalität verlangten, bedurfte es wirkmächtiger Begriffe, die symbolisch und emotional gefüllt werden konnten. Heimat wurde jetzt sentimental unterfüttert. War Heimat bis in die Mitte des 19. Jahrhunderts vor allem ein juristisch relevanter Begriff, der denen das Recht auf Heirat, Gewerbe und Versorgung im Alter oder bei Krankheit einräumte, die durch Steuern ein Gemeinwesen finanzierten, so wurde Heimat Ende des 19. Jahrhunderts zu einem Kompensations- und Integrationsbegriff: Heimat sollte den Bürgern die Angst vor der Modernisierung nehmen und sie sollte möglichst alle emotional an die Nation als »Vaterland« binden.[17] Diese neue Heimat war territorial größer, umfassender als die kleineren Räume und Territorien, denen zuvor die Loyalität gegolten hatte.

Die Heimatideologie des Deutschen Reichs versuchte von 1871 an die Idee, dass ein Mensch mit seinem Herkunftsort von Natur aus verwachsen sei, auf den Nationalstaat zu übertragen. Die organisch gewachsene »echte Gemeinschaft« der Deutschen spielten die Staatsphilosophen alsbald gegen die vermeintlich »künstlichen Gesellschaften« in England oder Frankreich aus (besonders prominent im 1887 publizierten Klassiker *Gemeinschaft und Gesellschaft* des Soziologen und Nationalökonomen Ferdinand Tönnies). Wo hier Tiefe und naturwüchsige Verbundenheit das Zusammenleben prägten (»Kultur«), erkannten sie dort nur Zweck- statt Blutsbande (»Zivilisation«). Die »Blut-und-Boden«-Rhetorik des Nationalsozialismus griff diese intellektuelle Vorarbeit dankend auf und verwob sie mit ihrem Rassedenken zu einer tödlichen Ideologie, die sich im Namen der Heimat gegen »fremde Rassen«, »fremde Völker« und »fremde Ideologien« richtete. Heimat in diesem Sinne konnte niemand finden, der nicht von Geburt an zu einem Ort und einer Gruppe gehörte.[18]

Dass Heimat immer mit Ortbindung zusammen gedacht wurde, zeigte sich nicht nur in nationalistischen Ideen von Staatsbürgerschaft, sondern auch im Kontext der massiven Vertreibungen und Migrationen des Zweiten Weltkriegs. Der Verlust der alten Heimat war für die Geflüchteten mehr als bloß der Verlust einer vertrauten Umgebung. Mit ihm ging eine ganze Lebenswelt verloren, die zentral für die eigene Identität war: Heimat, schrieb 1979 die Kulturanthropologin Ina-Maria Greverus, ist für Menschen »nur in der Dreiheit von Gemeinschaft, Raum und Tradition zu finden«.[19] Ihr Verlust verlange nach Kompensation. Die vielen Heimatstuben, die sich Flüchtlingsgruppen auf der ganzen Welt nach 1945 einrichteten, zeugen davon: Sie waren gleichermaßen Räume, in denen Dinge und Relikte die Erinnerung an die alten Orte wach hielten, wo sich Geflüchtete treffen und miteinander Essen, Feiern oder Singen konnten und so vertraute Traditionen am Leben hielten.

In Reaktion auf die Vertreibungen im und nach dem Zweiten Weltkrieg schrieb die *Allgemeine Erklärung der Menschenrechte* 1948 das Recht auf Heimat fest. Es garantierte, dass jeder Mensch irgendwo als Einheimischer anerkannt werden muss und dass er seine Heimat verlassen und in sie zurückkehren darf. Damit verbunden war ein staatlich verbürgter Anspruch auf Versorgung. Zugleich wirkte diese Idee exklusiv, weil sie diejenigen ausschloss, die nicht per Definition dazugehörten (zum Beispiel Geflüchtete).[20]

> *Das Heimatrecht entsprach den Prinzipien einer stationären Gesellschaft, an deren Rändern allerdings die Zahl der Heimatlosen, der Vagabunden und Bettelleute, ständig wuchs. Es wurde aber vollends problematisch, als die wirtschaftliche Entwicklung eine immer größere Mobilität erforderte.*[21]

Statt fester Grenzen forderten die liberalisierten Weltmärkte Freizügigkeit für Waren und Personen.

Heute leben wir in Migrationsgesellschaften, die durch starke Zu- und Abwanderung gekennzeichnet sind: Heimat ist ihren Mitgliedern immer öfter ein *Ort der Wahl* und nicht mehr der Geburtsort. Eine solche Heimat hat man nicht, eine solche Heimat muss man sich erschaffen. Wer so denkt, teilt nicht die in Deutschland »hegemoniale Vorstellung [...], dass Migration zur Entwurzelung führt«.[22] Wer so denkt, geht vielmehr davon aus, dass sich Menschen ihre Heimat wählen können und auch an Orten heimisch werden, die sie erst im Laufe ihres Lebens kennenlernen. »Beheimatung« lautet das Schlagwort, das dieses neue Heimatverständnis codiert. Seine Vertreter fragen danach, welche Anstrengungen und Strategien wir unternehmen, um irgendwo anzukommen, und was uns gegebenenfalls daran hindert, heimisch zu werden. So ein Heimatverständnis akzeptiert nichts als gesetzt und unveränderbar, sondern nimmt auch diejenigen, die schon immer einen Ort besetzten, in die Pflicht, sich auf die Neuen zuzubewegen. Es erwartet nicht, dass sich Migranten bedingungslos assimilieren, sondern dass sich mit jedem Neuankömmling ein Gemeinwesen verändern muss – und das ist auch gut so.

5. Fazit

Ihre Aura verdankt Heimat vor allem der Konnotation, die sie schon früh begleitete: Heimat ist der Ort, an dem ich mich nicht fremd, sondern absolut sicher fühle, weil ich um die geschriebenen und ungeschriebenen Regeln weiß. Es ist der Ort, an dem mein Habitus, also all das, was (oft unbewusst) mein Denken, Handeln und Fühlen bestimmt, sein Habitat findet. Das ist oft der Ort der Geburt, wenn man dort lange genug gelebt und die dort herrschenden Konventionen als Norm verinnerlicht hat. Aber Heimat kann man sich auch woanders schaffen, wenn man sich auf andere Orte einlässt und eingelassen wird (räumlich wie psychologisch).[23]

Vielleicht sollten wir Heimat deshalb als *Moderationsbegriff* verstehen: Ein Begriff, dessen implizite Referenz zwar der Status quo ante ist, der die stabile Ordnung der guten alten Zeit verspricht, der zugleich aber – wenn man ihn entschieden (ent)provinzialisiert – klar macht, dass die Unterschiede zwischen Stadt und Land, zwischen Modernisierung und Tradition, zwischen Herkunft und Wahlfreiheit nicht länger haltbar sind und dass die Idee einer ethnisch homogenen Gesellschaft nicht mehr zeitgemäß ist.

ENDNOTEN
1 Dieser Text basiert in Teilen auf zwei früheren Veröffentlichungen: THIEMEYER/BÜRKERT: Erfindung, und DERS.: Provinzialisierung.
2 https://www.thelaend.de. Mein Dank gilt Hanna Scheffold, die Informationen zu der Kampagne recherchiert hat.
3 https://www.thelaend.de.
4 https://www.thelaend.de.
5 Vgl. zum widerspenstigen Dorf: JEGGLE: Kiebingen.

6 WARNEKEN: Volkskundliche Kulturwissenschaft.
7 HÄGELE/KÖNIG (Hgg.): Völkische Posen.
8 KÖSTLIN: Heimatgefühl, S. 164.
9 RIEHL (Hg.): Land und Leute.
10 LINDNER: Berlin, S. 24; DERS.: In einer Welt von Fremden.
11 BAUSINGER: Heimat.
12 BRANDT: Museen und Heimatschutz, S. 31. Vgl. dazu auch HEIMPEL: Geschichtsvereine.
13 BAUSINGER: Heimat.
14 BAUSINGER: Volkskultur.
15 MOSER: Vom Folklorismus; dazu BAUSINGER: Folklorismuskritik.
16 ANDERSON: Imagined Communities.
17 KÖSTLIN: Heimatgefühl.
18 BAUSINGER: Heimat.
19 Greverus: Suche, S. 112.
20 Das knüpfte an die juristische Funktion des Heimatrechts aus dem 18. und 19. Jahrhundert an, die heute weitgehend vergessen ist.
21 BAUSINGER: Heimat, S. 353.
22 BINDER: Beheimatung, S. 194.
23 Vgl. zum größeren Kontext der Identitätsdebatten THIEMEYER: Identität.

QUELLEN- UND LITERATURVERZEICHNIS

https://www.thelaend.de [zuletzt aufgerufen am 04.12.2023].

ANDERSON, Benedict: Imagined Communities. Reflections on the Origin and Spread of Nationalism, London/New York 1983.

BAUSINGER, Hermann: Heimat in einer offenen Gesellschaft. Begriffsgeschichte als Problemgeschichte (1990), in: Reinhard JOHLER/Bernhard TSCHOFEN (Hgg.): Empirische Kulturwissenschaft. Eine Tübinger Enzyklopädie, Tübingen ²2015, S. 351–366.

BAUSINGER, Hermann: Volkskultur in der technischen Welt, erw. Neuausgabe, Frankfurt/New York 2005.

BAUSINGER, Hermann: Zur Kritik der Folklorismuskritik, in: Reinhard JOHLER/Bernhard TSCHOFEN (Hgg.): Empirische Kulturwissenschaft. Eine Tübinger Enzyklopädie, Tübingen ²2015, S. 273–284.

BINDER, Beate: Beheimatung statt Heimat. Translokale Perspektiven auf Räume der Zugehörigkeit, in: Manfred SEIFERT (Hg.): Zwischen Emotion und Kalkül. »Heimat« als Argument im Prozess der Moderne, Leipzig 2010, S. 189–204.

BRANDT, Gustav: Museen und Heimatschutz, in: Museumskunde 5 (1909), S. 30–34.

GREVERUS, Ina-Maria: Auf der Suche nach Heimat, München 1979.

HÄGELE, Ulrich/KÖNIG, Gudrun M. (Hgg.): Völkische Posen, volkskundliche Dokumente. Hans Retzlaffs Fotografien im Nationalsozialismus, Marburg 1999.

HEIMPEL, Hermann: Geschichtsvereine einst und jetzt, in: Hartmut BOOCKMANN u. a. (Hgg.): Geschichtswissenschaft und Vereinswesen im 19. Jahrhundert, Göttingen 1972, S. 45–73.

Jeggle, Utz: Kiebingen – eine Heimatgeschichte. Zum Prozeß der Zivilisation in einem schwäbischen Dorf, Tübingen 1977.

Köstlin, Konrad: Heimatgefühl, Heimatbedürfnis und sozialer Wandel, in: Gerhard Hacker/Gerhard Lippert (Red.): Heimat und Schule: Fortbildungsmodell, hg. von der Akademie für Lehrerfortbildung Dillingen, Donauwörth 1989, S. 160–169.

Lindner, Rolf: Berlin, absolute Stadt. Eine kleine Anthropologie der großen Stadt, Berlin 2016.

Lindner, Rolf: In einer Welt von Fremden. Eine Anthropologie der Stadt, Berlin 2022.

Moser, Hans: Vom Folklorismus in unserer Zeit, in: Zeitschrift für Volkskunde 58 (1962), S. 177–209.

Riehl, Wilhelm Heinrich (Hg.): Land und Leute (Die Naturgeschichte des Volkes als Grundlage einer deutschen Social-Politik, Bd. 1), Stuttgart 1861.

Thiemeyer, Thomas/Bürkert, Karin: Die Erfindung des Dorfes, in: FAZ (09.01.2023), S. 11.

Thiemeyer, Thomas: Identität, in: Tobias Schade u. a. (Hgg.): Exploring Resources. On Cultural, Spatial and Temporal Dimensions of ResourceCultures, Tübingen 2021, S. 81–89.

Thiemeyer, Thomas: Die Provinzialisierung der Heimat, in: Blätter für deutsche und internationale Politik 3 (2018), S. 69–78.

Warneken, Bernd Jürgen: Die volkskundliche Kulturwissenschaft als postprimitivistisches Fach, in: Ders./Kaspar Maase (Hgg.): Unterwelten der Kultur. Themen und Theorien volkskundlicher Kulturwissenschaft, Köln u. a. 2003, S. 119–142.

Autorinnen und Autoren

Hartmut Blum, Dr., hat Geschichte, Philosophie und Politikwissenschaft in Tübingen und Stony Brook, NY, studiert und wurde 1997 in Alter Geschichte mit einer Dissertation zum Thema »Purpur als Statussymbol in der griechischen Welt« promoviert. Er ist seit 2002 Akademischer Rat und seit 2010 Akademischer Oberrat am Seminar für Alte Geschichte der Universität Tübingen. Seine Forschungsinteressen liegen u. a. in den Bereichen Historische Geographie des antiken Kleinasiens, Geschichte der späten römischen Republik sowie Romanisierung und Urbanisierung in der römischen Kaiserzeit.

Christina Brauner, Jun.Prof. Dr., hat Geschichte und Philosophie an der Universität Münster studiert. Promotion 2014 mit einer Arbeit zu europäisch-afrikanischen Beziehungen im 17. und 18. Jahrhundert. Nach Stationen in Bielefeld, London und Berlin ist sie seit 2019 Juniorprofessorin für Globalgeschichte des Spätmittelalters und der Frühen Neuzeit an der Universität Tübingen. Ihre Forschungsschwerpunkte liegen in der Geschichte (West)Afrikas und der Theorie und Methodik der Globalgeschichte, der Diplomatie- und Wirtschaftsgeschichte sowie der Religions- und Wissensgeschichte; ihr aktuelles Buchprojekt beschäftigt sich mit Werbung und Praktiken des Vermarktens.

Attila Dézsi, M.A., hat Vor- und Frühgeschichtliche und Historische Archäologie in Hamburg und Wien studiert. Er ist seit 2020 wissenschaftlicher Mitarbeiter im Landesamt für Denkmalpflege im Regierungspräsidium Stuttgart, wo er im Inventarisationsprojekt »KZ-Komplex-Natzweiler: Denkmalfachliche Evaluierung der Außenlager und Arbeitsstätten in Baden-Württemberg« mitwirkt. Zudem forscht er als wissenschaftlicher Mitarbeiter an der Universität Tübingen im SFB 1070 »RessourcenKulturen« zur deutschen Auswandererkolonie Nueva Germania in Paraguay. Im Jahr 2023 verteidigte er seine Promotionsschrift zur Zeitgeschichtlichen Archäologie an Orten des Protests, welche Untersuchungen am Anti-Atom-Protestdorf »Republik Freies Wendland« im Jahr 1980 beinhaltete. Demokratisierung der Archäologie, Methodik und Theorie der Historischen Archäologie sowie Fundorte von Alternativbewegungen begleiten ihn als Forschungsschwerpunkte.

Renate Dürr, Prof. Dr., hat Geschichte und Politikwissenschaften in Hamburg und an der FU Berlin studiert. Seit 2011 ist sie Professorin für Neuere Geschichte an der Universität Tübingen. Ihre Forschungsinteressen liegen in der Globalgeschichte, der Geschichte jesuitischer Missionen in der Frühen Neuzeit und in der Geschichte lutherischer Religiosität im Alten Reich. Mit Ulrike Strasser (San Diego) arbeitet sie derzeit an einem Buchprojekt zu »Unexpected Proximities: Enlightenments, Jesuits, and Indigenous Worlds«.

Ulrike Gleixner, Prof. Dr., hat Geschichte und Theologie in Tübingen, Münster und Berlin studiert. Sie ist Leiterin der Forschungsabteilung an der Herzog August Bibliothek in Wolfenbüttel und Professorin für Geschichte der Frühen Neuzeit an der Technischen Universität Berlin/Zentrum für Interdisziplinäre Frauen- und Geschlechterforschung. Zu ihren Forschungsgebieten gehören historische Kriminalität, Selbstzeugnisforschung, Geschlechtergeschichte der Wissenskultur, Kultur- und Emotionsgeschichte der Religion (insbesondere Pietismus und lutherische Mission) sowie die Geschichte von Dingen. Zuletzt herausgegeben wurde von ihr der Band »Religiöse Emotionspraktiken in Selbstzeugnissen« (2024). Derzeit arbeitet sie an einer Monographie mit dem Titel »Das Pietistische Empire. Expansive Frömmigkeit und Emotionspraktiken der Indienmission im 18. Jahrhundert«.

Carsten Gräbel, Dr., hat Geographie, Botanik, Geologie, Politikwissenschaften und Agrarwissenschaften in Potsdam, Berlin, Tübingen, Rio de Janeiro und Stuttgart-Hohenheim studiert. Feldforschungsaufenthalte in Lateinamerika, 2012 Promotion in Neuerer und Neuester Geschichte an der Universität Konstanz mit einer Dissertation zur Wissenschaftsgeschichte der deutschen Kolonialgeographie. Seit 2019 ist er wissenschaftlicher Mitarbeiter an der Universität Tübingen in der Public History, Rechtsgeschichte und Zeitgeschichte. Seine Forschungsschwerpunkte liegen in der Wissenschaftsgeschichte, historischen Geographie und Kolonialgeschichte.

Philip Hahn, Prof. Dr., hat Geschichte und Lateinische Philologie in Tübingen, Oxford und Cambridge studiert und wurde 2009 an der Goethe-Universität Frankfurt/Main mit einer Arbeit zur Buch- und Lesegeschichte frühneuzeitlicher Gebrauchsliteratur promoviert. 2009–2011 arbeitete er als wissenschaftlicher Mitarbeiter in einem Projekt zur politischen Sprache protestantischer Predigten. 2011–2023 war er wissenschaftlicher Assistent an der Universität Tübingen (unterbrochen durch 2 Elternzeiten) und wurde dort 2020 mit einer Arbeit zur Sinnesgeschichte der frühneuzeitlichen Stadt habilitiert. Seit 2023 ist er Professor für Geschichte der Frühen Neuzeit an der Universität des Saarlandes, Saarbrücken. Er forscht derzeit zur Stadtgeschichte, zur Geschichte von Migration und Mobilität und zur Geschichte der sinnlichen Wahrnehmung.

Sabine Holtz, Prof. Dr., hat Geschichte und Evangelische Theologie (Staatsexamen) in Tübingen studiert. Im Anschluss an ihre Promotion (»Theologie und Alltag. Lehre und Leben in den Predigten der Tübinger Theologen 1550–1750«) war sie als wissenschaftliche Assistentin am Institut für Geschichtliche Landeskunde und Historische Hilfswissenschaften in Tübingen tätig. Sie habilitierte sich mit der Studie »Bildung und Herrschaft. Zur Verwissenschaftlichung politischer Führungsschichten im 17. Jahrhundert«. Zunächst als Referentin/Referatsleiterin im Landesarchiv Baden-Württemberg beschäftigt, leitet sie seit 2012 die Abteilung Landesgeschichte des Historischen Instituts der Universität Stuttgart, seit 2015 ist sie zudem die Vorsitzende der Kommission für geschichtliche Landeskunde in Baden-Württemberg. Ihre frühneuzeitlichen Forschungsschwerpunkte liegen in der Bildungs- und Universitätsgeschichte, der Kirchen- und Religionsgeschichte sowie der Verwaltungs- und Verfassungsgeschichte des deutschen Südwestens sowie in der vergleichenden Landesgeschichte.

Folker Reichert, Prof. Dr., Studium in Würzburg und Heidelberg (Geschichte, Germanistik, Latein); Promotion in Heidelberg 1982 (»Landesherrschaft, Adel und Vogtei«). 1982/83 Lektor des DAAD in Shanghai (VR China). 1990 Habilitation in Heidelberg (»Begegnungen mit China. Die Entdeckung Ostasiens im Mittelalter«). Lehrstuhlvertretungen an den Universitäten in Dresden, Köln und Bonn. 1994–2012 Inhaber des Lehrstuhls für mittelalterliche Geschichte an der Universität Stuttgart. Gastprofessuren in Shanghai, Yokohama und Bangkok. Preis des Verbandes der Historiker Deutschlands 1992; Wedekind-Preis für deutsche Geschichte der Akademie der Wissenschaften zu Göttingen 2010. Ordentliches Mitglied der Kommission für geschichtliche Landeskunde in Baden-Württemberg sowie der Kommission zur Erforschung der Kultur des Spätmittelalters bei der Akademie der Wissenschaften zu Göttingen. 2011/12 Fellow am Alfried-Krupp-Wissenschaftskolleg in Greifswald. Publikationen zur mittelalterlichen Verfassungsgeschichte, zur Geschichte des Reisens, der Entdeckungen und der Kartographie sowie zur Geschichte der Mediävistik im 20. Jahrhundert.

Thomas Thiemeyer, Prof. Dr., ist seit 2011 am Ludwig-Uhland-Institut für Empirische Kulturwissenschaft der Universität Tübingen tätig. Von 2003–2006 war er Kurator bei dem Stuttgarter Architekten und Museumsgestalter HG Merz (u. a. Mercedes-Benz-Museum 2006), 2006–2009 Promotion bei Gottfried Korff (»Fortsetzung des Krieges mit anderen Mitteln. Die beiden Weltkriege im Museum«, Paderborn u.a. 2010), 2009–2012 Projektleiter des museumswissenschaftlichen Forschungsprojekts wissen&museum. Seine Forschungsschwerpunkte bilden Museen und Sammlungen, Erinnerungskultur, Identität und Heimat, Wissenschaftskommunikation und Wissenspraktiken.

Bettina Severin-Barboutie, Prof. Dr., hat Geschichte, Fachjournalismus, Russisch und Philosophie in Giessen und Bordeaux studiert. Seit 2022 ist sie Professeure d'Histoire Contemporaine an der Universität Clermont Auvergne in Frankreich und Mitglied in den Forschungsverbünden *Centre d'Histoire »Espaces et Cultures«* und *Arts, civilisation, histoire de l'Europe*. Ihre Forschungsinteressen liegen auf Europa und seinen Verflechtungen in und mit der Welt vom 18. bis ins 21. Jahrhundert mit einem Fokus auf Mobilität und Migration sowie auf Kolonialismus und Dekolonisation. Darüber hinaus beschäftigt sie sich mit theoretisch-methodischen Fragen, die sich der geschichtswissenschaftlichen Disziplin grundsätzlich stellen.

Tjark Wegner, Dr., hat Geschichte und Latein in Trier und Tübingen studiert. Er ist seit 2014 wissenschaftlicher Mitarbeiter am Institut für Geschichtliche Landeskunde und Historische Hilfswissenschaften in Tübingen und seit 2023 wissenschaftlicher Leiter des

Tübinger Universitätsjubiläums 2027. Seine Forschungsinteressen liegen auf dem deutschen Südwesten in Mittelalter und Früher Neuzeit mit einem Fokus auf der Stadt-, Ordens- und Universitätsgeschichte.

Lukas Werther, PD Dr., Stellvertretender Direktor der Römisch-Germanischen Kommission des Deutschen Archäologischen Instituts und Lehrender an der Universität Tübingen. Studium der Archäologie des Mittelalters und der Neuzeit an der Universität Bamberg, Promotion und Habilitation an der Universität Jena; wichtige Forschungsschwerpunkte sind Mensch-Umwelt-Beziehungen, Wasser in der Kultur des Mittelalters und der Neuzeit, mittelalterliche Burgen und Klöster, Siedlungs- und Landschaftsarchäologie, Produktion, Distribution und Konsum in Mittelalter und Neuzeit, Archäologie von Gewalt und Konflikten sowie vergleichende diachrone Untersuchungen gesellschaftlicher Wandlungsprozesse.

Ellen Widder, Prof. Dr., Studium der Geschichte, Geographie, Pädagogik und Kunstgeschichte in Münster, Promotion 1986 (»Itinerar und Politik. Studien zur Reiseherrschaft Karls IV. südlich der Alpen«, Köln [u. a.] 1993), Habilitation 1996 (»Kanzler und Kanzleien im Spätmittelalter. Eine *Histoire croisée* fürstlicher Administration«, Stuttgart 2016) an der Universität Münster, nach verschiedenen Lehrstuhlvertretungen seit 1997 Professorin für mittelalterliche Geschichte an der Universität Tübingen. *Mitgliedschaften*: Seit 1997 Historische Kommission für Westfalen (korrespondierend), seit 1998 Kuratorium des Instituts für vergleichende Städtegeschichte Münster, seit 1999 Alemannisches Institut Freiburg i. Br., 2008–2022 Südwestdeutscher Arbeitskreis für Stadtgeschichtsforschung (Vorstand), seit 2012 Kommission für Geschichtliche Landeskunde in Baden-Württemberg. *Veröffentlichungen*: Vornehmlich zum europäischen Spätmittelalter sowie zur Westfälischen, Niedersächsischen, Südwestdeutschen und Tiroler Landesgeschichte, zu religiöser Sachkultur, Historischen Geographie und Kartographie sowie Globalgeschichte des Mittelalters.

Bildrechtenachweis

UMSCHLAGABBILDUNG
Foto: Tjark Wegner, mit freundlicher Genehmigung der Ortsverwaltung Ringingen (Burladingen).

Christina Brauner / Tjark Wegner: Einführung: Schwaben und die Welt. Oder: Wie schreibt man Globalgeschichte(n) einer Region?
Abb. 1, 2 © Württembergische Landesbibliothek, Stuttgart, Cod. hist. 2° 116, 25r, 26v.
Abb. 3 © Stadtarchiv Oberndorf a. N., Bildbestand, Oberes Werk und Türkenbau 1907.
Abb. 4 © TECHNOSEUM, Archiv.

Hartmut Blum: Das Dekumatland in der antiken Welt: Religiöse und kulturelle Diversität im römischen Südwestdeutschland
Abb. 1 © Universität Freiburg, Abteilung für Provinzialrömische Archäologie.
Abb. 2 © Grafik: H. Fischer, Ranger-Design.
Abb. 3 © Landesmuseum Württemberg, P. Frankenstein/H. Zwietasch, Inv. Nr. RL 416.
Abb. 4 © Badisches Landesmuseum, Karlsruhe, Inventar-Nr. C 16. Foto: Thomas Goldschmidt.

Ellen Widder: Kings of Color? Schwarze Könige in mittelalterlichen Kirchen Schwabens
Abb. 1 © Foto: Uoaei1; https://de.wikipedia.org/wiki/Datei:Blaubeuren_Kloster_Kirche_Fl%C3%BCgelaltar_01a.jpg#filelinks (CC BY-SA 4.0 Deed).
Abb. 2 © Mark Mersiowsky, mit freundlicher Genehmigung des Evangelischen Seminars Blaubeuren.
Abb. 3 gemeinfrei.
Abb. 4 © Landesmuseum Württemberg, Frankenstein/Zwietasch (CC 0).

Folker Reichert: Von Ulm in die Welt und zurück: Felix Fabri auf dem Sinai
Abb. 1 © Ulm, Stadtbibliothek, Hs 19555-1, fol. 1r.
Abb. 2 © Folker Reichert.
Abb. 3 © Ulm, Stadtbibliothek, Hs 19555-2, fol. 51v.
Abb. 4 © Ulm, Stadtbibliothek, Hs 47714.
Abb. 5 gemeinfrei.
Abb. 6 © Carlos Sanz: Bibliotheca Americana Vetustissima: Mapas antiguos del mundo, Madrid 1961.

Philip Hahn: Beutelsbach – Batavia und zurück: Globale Arbeitsmigration aus dem Südwesten im 17. und 18. Jahrhundert

Abb. 1 gemeinfrei; Landesarchiv Baden-Württemberg, Hauptstaatsarchiv Stuttgart H 107/15 Bd 7 Bl. 23, Permalink: http://www.landesarchiv-bw.de/plink/?f=1-513076.

Abb. 2 © Delft University of Technology, uuid:e6102992-b874-458f-b107-652a811f3b27.

Abb. 3 gemeinfrei; Rijksmuseum Amsterdam, RP-P-OB-75.356.

Abb. 4 © Martin Goll, aus Fotoalbum Fritz Dippon, Beutelsbach.

Abb. 5 gemeinfrei; Exemplar der UB Erlangen, Sig. H00/GGR-II 489.

Renate Dürr: *...mit einem Crantz von Perlin und Roßmarin*: Taufen im Kontext von Kriegsgefangenschaft und Versklavung in Württemberg im 17. und 18. Jahrhundert

Abb. 1 © Germanisches Nationalmuseum, Sklaven-Figuren, Inv.-Nr. Pl.O.3191 und Pl.O.3192.

Abb. 2 gemeinfrei; Landesmuseum Württemberg, KK grau 134: Miniatur der Familie von Herzogin Johanna Elisabeth von Württemberg (1660–1757), um 1730. Permalink: https://bawue.museum-digital.de/object/13867 (CC BY-SA Deed).

Ulrike Gleixner: Südindien in Schwaben. Verflechtung und Emotion im pietistischen Missionsnetzwerk: Menschen, Medien, Objekte

Abb. 1 © HAB K 23,30a.

Abb. 2 © Ausschnitt aus: George W. Colton: Hindostan or British India, in: Ders. (Hg.): Colton's General Atlas. Containing One Hundred and Eighty Steel Plate Maps and Plans, New York 1874, S. 126.

Abb. 3 © The Danish Royal Library: Billedsamlingen. Danske portrætter. Ziegenbalg, Bartholomæus (1683–1719) 2°.

Abb. 4 © Württembergische Landesbibliothek, Stuttgart, B Indien 172201.

Abb. 5 © Landeskirchliches Archiv Stuttgart, Nachlass Christian Renz (1877–1958), Basler Missionar in Cannanore (Kannur).

Abb. 6 © Museum der Kulturen, Basel IIa 8886.

Abb. 7 © Haus der Geschichte Baden-Württemberg 2021/0243.

Carsten Gräbel: Koloniale Forschung und Lehre an der Universität Tübingen

Abb. 1 © Koloniales Bildarchiv der Universitätsbibliothek Frankfurt a. M., urn:nbn:de:hebis:30:2-968910, Bildnummer 033-7020-37.

Abb. 2 © Carl Uhlig/Fritz Jaeger: Die Ostafrikanische Bruchstufe und die angrenzenden Gebiete zwischen den Seen Magad und Lawa ja Mweri sowie dem Westfuß des Meru. Wissenschaftliche Ergebnisse der ostafrikanischen Expedition der Otto-Winter-Stiftung, Teil 2. Bodengestalt und Landschaft (Wissenschaftliche Veröffentlichungen, Deutsches Institut für Länderkunde, N.F. 10), Leipzig 1942.

Abb. 3 gemeinfrei.

Sabine Holtz: Württemberg in Palästina. Technologische und kulturelle Verflechtungen (1850–1920)

Abb. 1 © Illustration aus: Eduard SCHMIDT-WEISENFELS: Die Schwabenkolonien in Palästina, in: Die Gartenlaube, Heft 23, 1893, S. 379; Wikicommons (https://de.wikisource.org/wiki/Die_Schwabenkolonien_in_Pal%C3%A4stina#/media/Datei:Die_Gartenlaube_(1893)_b_379_2.jpg). Foto aufgenommen vom Jüdischen Museum Berlin.

Abb. 2 © Illustration aus: Eduard SCHMIDT-WEISENFELS: Die Schwabenkolonien in Palästina, in: Die Gartenlaube, Heft 23, 1893, S. 381; Wikicommons (https://de.wikisource.org/wiki/Die_Schwabenkolonien_in_Pal%C3%A4stina#/media/Datei:Die_Gartenlaube_(1893)_b_379_2.jpg). Foto aufgenommen vom Jüdischen Museum Berlin.

Abb. 3 © TGD-Archiv; Jerusalemer Warte Nr. 2 vom 8. Januar 1912, S. 16.

Abb. 4 © Landeskirchliches Archiv Stuttgart, AS 9 (Museale Sammlung), Nr. 9378.

Lukas Werther / Attila Dészi: Wüstewerke, Neckarlager, Weltkrieg: Historisch-archäologische Perspektiven auf NS-Zwangsarbeit in Südwestdeutschland

Abb. 1 © Daten: Glauning 2006, 130 (Basisdaten SRTM data (2014)/NASA processed by mundialis, Kartographie Werther 2023).

Abb. 2 © Datengrundlagen: Luftbild LGL Baden-Württemberg, (USAAF) Aerial Images: Area: L 7718, Sortie: 104W/C41, Frame 3143, April 8, 1945; LGL, www.lgl-bw.de; Plan Stadtarchiv Bisingen, Signatur T1-1671. Kartographie L. Werther 2023.

Abb. 3 © Zeichnungen und Fotographie: C. Biesenthal/T. Blazek/T. Bühler/V. Brigola/D. Gabler/R. Frey/C. Raich/T. Unland. - Grafik: R. Frey/L. Werther 2023.

Abb. 4 © Foto: A. Dészi, 25.11.2020.

Abb. 5 © Datengrundlagen: Luftbild LGL Baden-Württemberg, (USAAF) Aerial Images: Area 7L, Sortie 34-3820, Frame 3049; LGL, www.lgl-bw.de; Google Earth; Patzelt 2021; Kartographie A. Dészi/B. Hausmair 2023.

Bettina Severin-Barboutie: Bewegte Zeiten: Stuttgart going global

Abb. 1, 2 © Stadt Stuttgart.
Abb. 3 © Verlag auf dem Ruffel.

Thomas Thiemeyer: Heimat provinzialisieren

Abb. 1 © Institut für Geschichtliche Landeskunde und Historische Hilfswissenschaften, Tübingen.
Abb. 2 © Scholz & Friends.
Abb. 3 © Thomas Thiemeyer.
Abb. 4 © Daniel Blochinger und Christian Egeler, 2021.
Abb. 5 © Hans Retzlaff, Ludwig-Uhland-Institut-Archiv.